U0103225

明朝的皇帝（上）

高陽著

臺灣學生書局印行

明朝的皇帝目次

㈠建文帝之謎

一、獨特的封建制度

歷代開國之主，多子首推明太祖朱元璋。太祖早年孤寒，親屬僅一姪一甥，起事以後，多撫養子，計有二十餘人；力戰經營，光復漢土，頗得其力。而太祖的親子，亦有二十六人之多，夭折的只有兩個；此在歷代宮闈中，是個很優異的紀錄，主要的是因爲馬皇后賢德過人，妃嬪宮人被寵有子的，無不厚待，視庶子如己出，所以多能撫養成人。

明太祖的兒子，一律取木傍單名，長子標、次子樉、三子棡，四子棣；朱棣在弟兄中最傑出，他有一半韓國血統，生母是元朝的宮人，爲太祖所納，以後被封爲碽妃。此是終明之世的一大秘密，甚至主修明史的萬斯同都可能不知道；爲傅斯年先生所考證明白。以後將會談到，暫且擱下。

「廿二史劄記」的作者趙翼，指出明太祖行事多仿漢高；這話雖不錯，但明太祖並非亦步亦趨，事事以漢高爲法。漢高身後的倫常骨肉之變，尤須避免。馬皇后不是呂后，「人彘」之慘，諸呂之禍是決不會有的，但「吳楚七國之亂」則不能保其必無，因此，明太祖參酌漢、晉及元朝的成例，設計了一套獨特的封建制度。

這套制度的精神，在於親王能爲帝室的屏藩，而不致謀反作亂；所以藩王只有虛榮，並無實權，但亦有例外，而就在這例外之中，把太祖的整個理想打破了。

明太祖的理想，跟秦始皇的打算有點相像，都是希望萬世一系，永垂無疆。他有計劃地訓練一個賢德愛民的皇帝；而這位未來的賢君需要強藩保護，所以在洪武三年，封皇二子爲秦王、鎮關中；皇三子爲晉王、鎮河東；皇四子爲燕王、鎮燕京。這三個地方，不但爲自古成王稱霸的形勝之地，而且也是國防的第一線。

那時的燕王朱棣才十一歲。成年以後，太祖聘開國名將徐達的女兒，立爲燕王妃。燕王相貌奇偉，智勇有大略，深得太祖的重視。

二、明太祖初立皇儲

洪武十三年，燕王二十一歲，自南京「就國」燕京，當時亦稱爲北平。過了兩年，馬皇后崩逝，已就藩的秦、晉、燕、周、楚等五王，都入京奔喪。燕王在京遇到一個人，是個和尚；這個人改變了燕王的一生及明朝的歷史。

這個和尚姓姚，以後賜名廣孝。姚廣孝是蘇州人，父親行醫。十三歲時，姚廣孝出家做了和尚，法名道衍，卻又拜一個名叫席應眞的道士爲師，學習陰陽術數。當馬皇后崩後，太祖選拔高僧，分侍諸王，以便歸藩之後，爲馬皇后做佛事薦福。道衍在與選之列，跟燕王一見投契，他說：「大王如果用我，我送一頂『白帽』與大王戴。」王字加白成「皇」；燕王領會得其中的意思，便請以道衍隨侍，偕回北平。

燕王在這時便有了爭奪皇位的「雄心」，而太祖卻正在「製造」皇帝。早在洪武初年，他就對太子標展開了有計劃的教育，先選國子監的高材生爲太子伴讀，讀書的地點名爲「大本堂」，明史卷一百十五記：

建大本堂取古今圖籍充其中，徵四方名儒，教太子諸王，分番夜直；選才俊之士充伴讀。帝時時賜宴賦詩，商榷古今，評論文字無虛日。命諸儒作「鍾山龍蟠賦」，置酒歡甚；自作「時雪賦」賜東宮官。

這樣到了洪武十年，太子已經二十三歲，學業已成，太祖進一步命他見習政事。十年會：自今政事，並啓太子處分，然後奏聞。諭曰：「自古創業之君，歷涉勤勞，達人情，周物理，故處事咸當。守成之君，生長富貴，若非平昔練達，少有不謬者。故吾特命爾日臨羣臣，聽斷諸司啓事，以練習國政，惟仁不失於疏暴；惟明不惑於邪佞；惟勤不溺於安逸；惟斷不牽於文法，凡此皆心爲權度。吾自有天下以來，未嘗暇逸，於諸事務惟恐毫髮失當，以負上天付託之意，戴星而朝，夜分而寢，爾所親見；爾能體而行之，天下之福也。」

在見習政務之暇，太子依然還要讀書，儒臣常常進講聖經賢傳；可能因爲這樣「惡補」的緣故，太子的身體在年輕時便很孱弱。

三、太子標不幸病逝

洪武二十四年，秦王有過失，召還京師。又適逢有遷都之議，有人上書，認爲宜遷都西安，太祖深以爲然，於是派太子朱標巡視關中，一則勘察形勢，作爲遷都的參考；再則考查秦王在西安做了些甚麼？

金風送爽的八月天氣，太子在文武百官恭送之下，出都渡長江，由徐州折而往西，經洛陽入潼關。此行前後歷時三個月，十一月回京就病倒了。

在前一年，太子朱標就生過一場不算輕的病；他生的大概是一種因身體虛弱而起的慢性病，可能以關中之行，旅途勞頓，舊疾復發，纏綿病榻到第二年四月不治，諡爲「懿文」。

這對明太祖的打擊太大了，因爲太子孝友仁慈，正是他父親理想中的仁君；內有仁君，外有強藩，才能造成大明的一座鐵桶江山。現在，理想破滅了，爲國爲家，他不能不對羣臣痛哭。

這時便發生了儲位的問題，照歷來的傳統，太子薨逝或被廢，另擇賢子爲儲；但明太祖堅持他立嫡立長的原則，因有一個起自田間，博通經史的宿儒，翰林學士劉三吾建議，立懿文太子的兒子允炆爲「皇太孫」，太祖依議於九月間下詔，以允炆入居東宮。

懿文太子是開平王常遇春的女壻，元妃生子名照雄，幼殤。允炆是老二，爲呂妃所出；生來儀表有缺陷，頭蓋骨偏歪，太祖摸着他的頭，嘆口氣說：「半邊兒月！」心裏就不大高興。以後發現允炆聰明，書讀得很好，太祖才另眼相看。及至立爲儲君，太祖親自監督上學，教導政事；太祖爲政尚嚴，而允炆像他的父親一樣，秉性柔慈，所以每奉裁決，常濟以寬大。這位皇太孫，頗受臣民愛戴，唯有他的叔叔們是例外。

太祖諸子，有九子封在東北到西北的邊境，依地勢自東往西數過來是：遼、寧、燕、谷、代、晉、秦、慶、肅九王，爲了備邊，九王都在練兵，每年作「軍事演習」。太祖對允炆說：「我把禦外侮的責任，交給諸王，邊塵不動，讓你做太平天子。」

允炆答道：「敵國入侵，由諸王對付；諸王有異心，誰來對付？」

太祖默然，好久才問了句：「你的意思怎麼樣呢？」

四、立允炆爲皇太孫

允炆經過考慮後答道：「以德爭取其心，以禮約制其行。如果無效，削他的屬地；再無效，改封到別處。這樣再不知改悔，就只好舉兵討伐了。」

「對了！」太祖十分欣慰，「沒有比你所說的辦法更好的了。」

於此可見，允炆要裁剪諸王的事權，早在他身居儲位時，就因爲感受到他那些叔叔們不遜的刺激而有了打算；同時不惜兵戎相見這一個原則，也是得到他祖父的同意的。可惜，說得頭頭是道，付之實行，卻嫌操切，此爲允炆所犯的第一個錯誤；且留到後面再談。

明太祖在位三十一年，閏五月駕崩，皇太孫卽位，定明年改元「建文」。遺詔中特別囑咐：諸王不必至京師奔喪，王國所設的官吏，聽朝廷節制。這是太祖爲身後打算，諸王來朝，不服幼主；必有人覬覦大位，起而謀逆。接下來諸王兄弟之間，爭奪皇位，骨肉相殘，爲禍不可勝言。但命諸王不必奔喪，還可以找冠冕堂皇的理由來掩飾；要節制王國的官吏，則用意顯然在利用此輩以防範諸王，當然會招致極大的反感。建文帝的第一着棋就犯了大錯；而爲齊泰和黃子澄所誤。

齊、黃二人，是中國歷史上一等一的忠臣，但才具實在有問題，充其量只是治世的良臣，決不能擔當「削藩」的重任。齊泰原名齊德，洪武年間，太祖以謹身殿爲雷所毀，禱廟謝過，選擇九年無過失的臣子陪祀，齊德爲其中之一，因而賜名爲泰，齊泰當兵部左侍郎，太祖問邊將姓名，他歷數無遺；又問各地形勢，他從袖子裏取出一本手册，進奉太祖，其中的記載，異常扼要，太祖大爲欣賞。但這是參謀長的本事，不見得能定大計、決大策。

黃子澄是嚴嵩的同鄉先輩，以洪武十八年的會元，被選爲東宮伴讀；建文帝爲皇太孫時，仍侍東宮。一天在東角門跟他談起諸王難制，黃子澄認爲不足爲憂，諸王的護衞，兵力單薄，倘有叛變，臨之以中朝大軍，其誰能敵？及至建文即位，以齊泰爲兵部尚書，黃子澄兼翰林學士，同參國政——自洪武十三年罷相後，明朝永無名義上的宰相；所以有此「同參國政」四字，就等於宰相之任。

五、建文帝裁剪諸王

這時建文帝就問黃子澄：「先生！你還記得東角門所說的話嗎？」

黃子澄肅容答道：「不敢忘！」

於是他與齊泰去密議削藩的步驟。齊泰主張先拿燕王來開刀，黃子澄以爲不然，他說周、齊、湘、代、岷諸王，在太祖時就有不法的行爲，削之有名。現在應該先問罪周王，這是剪除燕王的手足，因爲燕、周一母所生。

事情就這樣定局了。正好有人密告周王橚不法，於是派李景隆領兵出發，以「備邊」爲名，經過開封，突出不意，把周王抓到了京城。

這是建文帝卽位那一個月的事。手段未免太辣了些，建文帝便想把他的這位五叔放掉；齊、黃力爭，遷延到八月間，終於廢周王爲庶人，徙置雲南，不久又召還，與因爲同樣的原因被廢的齊王榑，一起禁錮在京城。以後被廢的還有代王桂，關在大同；岷王楩，徙置漳州；更有個封在荆州的湘王柏，文武全才，好道家之言，自號「紫虛子」，徜徉勝地，流連自適，也被人「告變」，朝廷遣使訊問，湘王怕無以自明而被誅，學他八哥潭王梓牽連在洪武年間胡惟庸謀反案中，畏懼自殺的樣，「闔宮焚死」！

這一下，燕王自然大爲不安。他早就受了「和尙軍師」道衍的慫恿，決心謀反；燕王府是元朝故宮，也就是淸故宮西面的那部份。招致奇材異能之士，秘密在府內後苑練兵；又造了一座極大的「地下室」，周圍築了很厚的圍牆，在裏面鑄造兵器。特意養了許多鴨和鵝，一天到晚咭咭呱呱亂叫，好遮沒叮叮噹噹打鐵的聲音。在這樣的情況之下，再不斷加以刺激，便只有促使他提早舉兵了。

不過，燕王有個顧慮。爲了太祖崩逝週年，他派了他的三個兒子高熾、高煦、高燧進京行禮，一謀反則三子必先被殺。所以上書稱病，請求遣還三子；這時齊、黃的意見又不同了，齊泰主張把高熾弟兄下在獄裏，黃子澄則以爲不如放還，使燕王不疑，然後派兵突襲，可以一鼓成擒。齊、黃二人都辦不了大事，黃子澄以不能知己亦不能知彼的庸才而好用奇計，誤事尤甚，而遇到齊、黃意見不協，建文帝總是聽信黃子澄的話，放還燕王之子，便是致命的錯誤。

六、燕王在北平裝瘋

庸才而不自知其爲庸，而又喜歡有表現的，每每把天下的人看得都不如自己聰明；削藩圖燕，在當時朝廷的措施中，形跡已很明顯，而猶以爲可以瞞住燕王，眞所謂掩耳盜鈴，愚不可及！黃子澄就是這樣一個人。

圖燕的措施，開始於洪武三十一年十一月，主要的是從政、軍兩方面來削弱燕王的力量，第一，派工部侍郎張昺爲北平布政使，爲該地的最高地方長官；又以謝貴、張信掌北平都指揮使司，負責北平地區的軍政，作爲對燕王的監視。第二、建文元年三月，派都督宋忠等率兵三萬，開屯平、臨清、山海關，並調燕王的一部份精銳的護衛協防，作爲變相的收兵權。這些劍拔弩張的佈置，燕王難道還不明白朝廷的用意？而黃子澄居然以爲放還燕王之子，可以「示彼不疑」，豈不可笑？

等他們父子相聚，燕王喜出望外，說是「天贊我矣！」自此再無顧忌，謀反的舉措，越發積極。但是，燕王實在也很怕朝廷眞個遣派大軍，包圍逮捕，所以在六月間有人上書告密，朝廷下詔責備時，他不能不設法遮掩行跡。

他的方法是裝瘋，裝得很像；在鬧市中大呼小叫，語無倫次，隨便闖進人家，搶奪酒食，或者就睡在路旁，一睡一整天不醒。張昺和謝貴聽說燕王得了瘋病，自然要去探問；進了王府，只見他六月天氣坐在火爐傍邊發抖，不斷喊冷。這樣的裝瘋，實在也要些本事，燕王的「忍」，於此可見。

當時王府的長史名叫葛誠，這年正月入京奏事，建文帝密問燕王的情況，葛誠據實以告；建文帝便派他「臥底」。此時悄悄爲張、謝二人拆穿了裝瘋的內幕。報告到京，齊泰決定動手。但兩個指揮使司之一的張信，背叛朝廷，將眞情告訴了燕王。

於是燕王與道衍密議，秘密調遣護衞指揮張玉和朱能，選取勁卒八百人入府。七月底，朝廷有詔旨到，指名逮捕燕王的官屬；而張昺、謝貴則全副披掛，領兵包圍王府，如果不把所逮捕的人交出來，便不撤兵。

這時燕王的瘋病，忽然好了，說是在東殿等候，親自交人，召張昺、謝貴入府。等他們一進門，跟隨的衞士便被阻斷。兩人進去一看，燕王拄着枝柺杖坐着，傳諭賜宴。

七、靖難軍待命討逆

酒過一巡，燕王突然把桌子一拍，滿面病容變成滿面怒容：「尋常百姓家，那怕是貧苦小民，兄弟宗族之間，還有情分，患難相扶；我身爲天子親屬，朝不保夕，不知道一條命甚麼時候送掉？你們這些地方官，這樣子對待我，天下還有何事不可爲？」

一頓罵完，擲杯爲號，埋伏在東殿周圍的護衞，在張玉和朱能指揮之下，一擁而出，除了抓住張昺、謝貴，還有長史葛誠以及其他暗通款曲於朝廷的人，牽到殿前，立卽斬首。

府內已生鉅變，府外還不知道，消息保守得極其嚴密，加以另一個都指揮使張信，輸誠燕王，早已取得默契，所以張昺、謝貴入府不出，大家雖有些懷疑，猶在觀望等待，人心未亂。

到了夜裏，張玉、朱能奉命出動了，一夜之間，佔領九門——北平的九座城門；天亮出示安民；但仍有小規模的巷戰，有的戰死、有的逃走，有的降了燕王，三天功夫，城中大定。

其時都督宋忠，領兵三萬屯開平，卽今內蒙古多倫，外則備邊，內則監視燕京；接得消息，星夜急馳，但到了居庸關，忽然膽怯，退保懷來。這一下，燕王就可以從容部署了。

誓師以誅齊泰、黃子澄爲名，把他的軍隊稱爲「靖難」軍，廢除建文的年號，改稱「洪武三十二年」。並且上書朝廷，引用祖訓說：「朝無正臣，內有奸惡，則親王訓兵待命，天子密詔諸王，統領鎭兵討平之。臣謹俯伏待命。」按：明祖訓法律規定：「凡朝廷新天子正位，諸王遣使奉表稱賀，謹守邊藩，三年不朝」，祇准屬下官吏奏事，這是怕嗣君卽位，朝局未定，親王入朝，或有不測之變，不得不加以限制。但這一來，可能又有姦臣謀反，因而又課親王以「勤王」的責任。

這個責任行使的條件和程序是：「如朝廷循守祖宗成規，委任正臣，內無姦惡」，換句話說，這些正臣已委以保護新天子，如是則不怕親王有異心，所以「三年之後，親王仍依次來朝」。倘使「朝無正臣，內有奸惡，則親王訓兵待命」，準備鋤奸，但仍不准擅自行動，須「天子密詔，諸王統領鎭兵討平之。」

八、建文帝出師不利

既平之後，即當「收兵入營，王朝天子而還。如王不至，而遣將討平，其將亦收兵入營；將帶數人入朝天子，在京不過五日而還。其功賞續後頒降。」這是明太祖的精心設計，既防親王，又防姦惡；既防親王本人，又防親王所遣之將。顧慮不可謂不週密，但他沒有想到，這些規定祇能防君子不能防小人；而君子不必防，小人又非一紙憲法所能防。道衍這種倒黑為白的做法，為後世的野心家開了一個惡例，罪不可恕。

這一通書奏抵達京城，滿朝震動，建文帝召集御前會議，商議聲討。齊泰提出主張：「明其為賊，敵乃可克！」這是針對燕王假借「靖難」的名義，以堂堂之陣，正正之旗，昭告天下，號召仁人義士共起勤王。想法是不錯，無奈沒有足智多謀的大將，堪以當此戡亂的重任。

那時開國的宿將，多已凋零，剩下的祇有一個長興侯耿炳文，年已六十五歲，拜命為大將軍，帥諸將渡江，分道北進迎敵。出師以前，建文帝告誡將士：「毋使朕有殺叔父名。」這句話說壞了——建文帝不明大義，當此時也，祇有忠臣與叛逆之分，縱有不忍之心，祇可存之於心，相機辦理；公然作此表示，正好為燕王所利用，在以後每當燕師危急時，燕王便站出來成了個「擋箭牌」，建文帝太失策了。

耿炳文出師一個月，戰於滹沱河北，大敗。建文帝決定易將，這時愚而好自用的黃子澄，保薦李景隆堪當重任；建文帝聽了他的話，賜斧鉞，專征伐，領兵五十萬，去代替耿炳文。

李景隆的父親叫李文忠，是明太祖的外甥，與燕王爲姑表兄弟，李景隆算起來與建文帝同輩份，此人根本是個紈袴子弟，所以燕王聽說他掛帥，且將兵五十萬之衆，大喜過望，對他的部下說：「此人膏粱孺子，謀寡而驕，色厲而餒。從前漢高祖自稱祇能將兵十萬，他如何將得了五十萬兵。看着，他一定會自己坑害了自己。」

果然，這年十一月，兵臨燕京城下，李景隆大敗，逃回德州。燕王用了條誘敵之計，假稱出兵攻大同，引誘李景隆去救，等他出紫荆關，即由居庸關出塞。李景隆的部隊都是南方人，不耐塞外隆多苦寒，手指頭都凍得掉落，何能打仗？

九、鐵鉉堅守濟南

李景隆一敗再敗，建文二年五月，德州失守，這個水陸要衝的碼頭，在當時是伐燕大軍的主要兵站，貯糧百餘萬石，兵器不知其數，竟盡爲燕軍所得。

爲李景隆督運糧餉的是山東參政鐵鉉，齊魯之士，提起鐵鉉，無不肅然起敬，至今濟南有「鐵公祠」，廟食千秋，當之無愧。因爲鐵鉉不僅僅是忠臣——忠臣跟奸臣一樣，也有好多種，有有用的忠臣，有無用的忠臣，有無用而誤事的忠臣，如鐵鉉與黃子澄就是一個強烈的對比，如果建文朝參國政的是鐵鉉與齊泰，此兩人的合作，定可戡平大亂。

在李景隆潰敗時，鐵鉉爲他辦善後，一路收集潰退下來的散兵游勇；及至燕師南追，李景隆在濟南城外，又吃了個大敗仗，單騎南奔。鐵鉉與李景隆手下的一個都指揮使盛庸，便合力堅守濟南城。燕王起兵以後，因爲兵力單薄，深怕各路官軍合圍，「以大吃小」把他的部隊吃掉，所以攻城如果兩三日不克，便即引兵走避；但自攻濟南開始，他的戰略改變了，因爲李景隆大敗，五十萬大軍，剩下十萬不到，而燕軍則盡得德州的糧儲，復多降卒，軍力一消一長，在燕王認爲可以硬拚一下了，所以決心攻佔濟南，截斷南北水陸道路，準備畫疆而守，這樣先穩住了，再進一步設法窺伺金陵。

打算倒是不錯，偏偏遇着鐵鉉與盛庸，不但守住了濟南，而且常出奇兵突襲，相持達三月之久。燕王決水灌城，情勢危急；鐵鉉將計就計，故意派出一千人詐降，燕王大喜，軍中歡呼；那知鐵鉉在城上埋伏壯士，城門上設下機關，是一塊鐵閘板，預備等燕王進城時，放下閘板，同時隔斷護城河上的橋樑，活捉燕王，則大事可定。

到了獻城的那一天，燕王得意洋洋地策馬進城；不知是那個冒失鬼，把閘板放早了，落下來打在燕王的馬頭上，而橋樑又一時弄不斷，以致燕王死裏逃生，回營震怒，下令轟城。

那時已有大炮了，稱爲「紅夷大炮」，紅夷者葡萄牙等國的人；以其威力強大，常封爲「大將軍」；用紅布作炮衣，所以亦稱「紅衣大將軍」；又根據 Ferangi 的音譯，稱爲「佛郞機大炮」。

十、東昌之役燕王大敗

一看燕王預備用紅衣大炮轟城，鐵鉉想了一個絕妙的辦法，做了許多大木牌，恭楷大書：「大明太祖高皇帝神牌」，懸掛在城墻四週。燕師名爲「靖難」，用洪武的年號，如何敢炮擊神牌，冒天下之大不韙？鐵鉉這一着，想得很絕；所謂「談笑退敵」，頗有玩弄燕王於股掌之上的味道。

又不僅是退敵而已，鐵鉉進一步募死士出城突襲；燕王看此情形，釘死在這個地方，坐待朝中調兵遣將，分道合擊，大爲可危，事實上，先鋒平安已統兵二十萬正要攻德州，斷燕糧道，於是燕王撤圍回北。盛庸乘機領兵追擊，克復德州。

捷報傳到京師，建文帝大爲欣悅，遣官慰勞，賜金幣，封其三世，擢升爲山東布政使，不久又進位爲兵部尙書，贊理大將軍軍事。盛庸則拜爲平燕將軍，代替李景隆而掛帥，並封爲歷城侯。

到了九月間，盛庸領兵北伐，燕王迎戰，先襲滄州，由河北入山東，循運河南下，在東昌府卽今山東聊城一帶，兩軍相遇，盛庸背城而陣，燕王親自領兵，先衝左翼，盛軍屹然不搖；再衝中軍，盛庸下令開陣，等燕王一入袋形陣地，立刻收緊，圍之數重。虧得燕將朱能來救，而盛軍又奉有詔旨，「毋使朕有殺叔父名」，心存顧忌，因而燕王得以突圍。

盛庸的後面還有炮兵，前軍閃開，後軍轟擊，燕軍大敗；燕王手下第一悍將，以後被稱爲「靖難功臣第一」的張玉，卽在此役陣亡。燕王親領百餘騎殿後，退保舘陶。

這一役是戰史上有名的「東昌大捷」，燕王精銳盡失，如果沒有建文帝不得殺燕王的誡諭，則所謂「靖難」軍，已經完蛋，而平燕大功，亦近於告成。建文帝之「仁」，與楚霸王之「仁」，都是婦人之仁；而燕王的無賴，又甚於漢高，相形之下，自然建文帝更值得同情。此所以終明之世，明朝的老百姓念念不忘此君者，原因在此。

東昌一仗在十月間，而燕王到第二年正月，才得回燕，因爲盛庸飛檄他的副將吳傑、平安，自眞定出兵，遮斷燕師歸路。不料深州接戰失利，燕王才得了一條生路。於是三月間又出師南下。

十一、燕師進駐大名府

建文三年三月，燕王再度引兵南下，在河北南部的夾河，與盛庸相遇，一陣惡戰，互有勝負，各自收兵。傍晚時分，燕王與少數隨從，策馬敵前，視察形勢，當夜露營野宿，第二天一早起來一看，已陷重圍之中，「乃從容引馬，鳴角穿營而去。諸將以天子有詔，無使負殺叔父名，倉卒相顧愕眙，不敢發一矢。」類此情形，不一而足。

夾河之戰，盛庸初遭敗績，但亦非戰之罪。那天忽然東北風起，塵埃滿天，飛沙走石，燕師在北，盛軍在南，處於下風，燕師利用天時追擊，盛庸退保德州；吳傑和平安自眞定出兵亦不利。於是建文帝在表面上解除齊、黃的職務，希望安撫燕王，但無效果，燕師已進駐河北、河南、山東交界之處的大名府。

其時鐵鉉在山東，盛庸在河北，此一線固然守得很好，使燕師南下，不敢經山東；但後防空虛，所以燕王派降將李遠，帥輕騎南下，換着南軍服飾，以背插柳枝爲號，竟無人識破，直達徐州沛縣，縱火燒燬糧船上萬艘。這一下京師震動，虧得河北、山西紛紛出兵，燕王怕北平根本之地不保，引師北還。三進三出，爲時三年，而所能控制的地方，不過北平、保定、永平三郡，當今河北北部的半省而已。

於此可見朝廷與燕軍的強弱之勢，如果齊、黃能辦大事，調遣有方，號令明確，則備邊諸將入關合圍，盛庸北上迎堵，一舉翦除逆藩，並非難事。無奈一誤再誤而至無數錯誤，硬生生自毀金湯，這實在是天意了。

此時燕王的信心，似乎也動搖了。建文三年十二月第四次出師，慨然而言：「頻年用兵，何時已乎？要當臨江一決，不復返顧矣！」所謂「臨江一決」，就是直逼長江；三次南下的經驗，尤其是李遠輕騎奇襲的啓示，使燕王得到一個新的戰略觀念，爭城爭地而戰，吃力而不易收功，不如繞道山東，逼近徐淮，直撲京師。這個決定，「和尙軍師」道衍力贊其成，於是建文四年正月，燕師由館陶渡河，直薄徐州。這一次全軍深入，抱着有去無還的決心，所以平安和鐵鉉，從他的後路進攻，燕師拼死力戰，得以獲勝。三月間，平安領軍四萬追擊，燕王在淝河設伏，平安大敗；於是而有小河一戰，爲燕王成敗的關鍵所在。

十二、建文帝派員徵兵

小河之戰，燕軍雖敗，但燕王在諸將饑疲之餘，都願渡河而北，暫且休兵的壓力下，堅持不退，於是乃有靈壁一場大勝仗，生擒平安等三十七將，使燕師的處境，大爲開展。

五月間下泗州，這是回到老家來了，謁祖陵、慰父老、賜牛酒；在「政治戰」中，燕王初次獲得一個有利的據點。歇兵數日，召集諸將會議，有的說宜取鳳陽，有的說應先取淮安；燕王仍舊依照他原定的戰略指導原則，以進逼京師爲先，他說：「鳳陽武備完好，淮安爲軍糧貯積之地，有重兵保護，這兩個地方都不是輕易攻得下來的，不如乘勝直趨揚州和儀徵，則鳳陽、淮安，自然震動。我軍臨江佈陣，京師孤危，必有內變。」

於是撇開東面的淮安，西南的鳳陽，居中穿過，渡淮直撲揚州。

果然，京師大震，而燕王這幾年所秘密收買的太監，紛紛到江北來，賫夜相投，燕王對京師的虛實，百官的動態，得以瞭如指掌。

這時的建文帝，自然徬徨苦悶，無所適從，一面詔天下勤王，派出大批他信得過的官員，分道徵兵，同時把齊泰、黃子澄召還京師，以備顧問；一面派慶成郡主爲「專使」，到燕王軍中去議和。

慶成郡主原封慶陽公主，爲太祖的姪女，也就是燕王的從姊，奉命議和，許以割地。燕王千辛萬苦才走到這一步，自然不肯。但兄弟姊妹必須籠絡，所以寫了一封信，讓慶成公主帶回京師，這封信大概是燕王的親筆，開頭是這樣寫的：

兄致書衆兄弟親王、衆姊妹公主：相別數載，天倫之情，夢寐不忘。五月二十五日，有老姊姊公主到，說衆兄弟姊妹公主每請老姊姊公主來相勸我，說「這三四年，動軍馬運糧的百姓；廝殺的軍，死的多了！都是一家的事，軍馬不要過江。回去！天下太平了卻不好說？」

由此可見，慶成郡主受命議和的措詞，是假託親王公主的代表，勸以百姓爲重。而燕王的答復是「我之興兵，別無他事，爲報父皇之仇」，以下歷數齊、黃「奸惡」，申明「靖難」的宗旨，最後提出的要求，則是要當攝政王：「如朝廷知我忠孝之心，能行成王故事，我當如周公輔佐，以安天下蒼生。」

十三、兩度議和均未成

最後一段話，是一個很鄭重的警告：「如其不然，爾衆兄弟親王、衆姊妹公主，當速挈眷移居守孝陵，城破之日，庶免驚恐。惟衆兄弟親王、衆姊妹公主，審之詳之。」在這個警告中，很明顯地暗示，不但要屠城，而且連宮廷亦不免喋血；唯一不動刀兵的地方是太祖埋骨的孝陵。

及至將抵京師時，建文帝一面飭諸王分守都城，一面遣李景隆、兵部尙書茹瑺、都督王佐，再次求和，「伏地乞憐」，一無效果；再遣谷王橞、安王楹去見燕王，祇不過徒然給他們「兄弟連襟」一個聯絡的機會而已。

按：中山王徐達，爲太祖的布衣昆季之交，太祖稱之爲兄，他有四子三女，長女配燕王，次女配代王桂，幼女配安王楹；四子名輝祖、添福、膺緒、增壽。輝祖曾統兵山東，與燕師戰於齊眉山下，他的效忠帝室，是無可置疑的；但老四增壽則與他的大姊夫有勾結，明史一百二十五卷「徐達傳」記：

增壽以父任仕至左都督。建文帝疑燕王反，嘗以問增壽。增壽頓首曰：「燕王先帝同氣，富貴已極，何故反？」及燕師起，數以京師虛實，輸於燕。帝覺之，未及問。比燕兵渡江，帝召增壽詰之，不對。手劍斬之殿廡下。

此與崇禎帝當李闖破城之時，手刃長平公主和昭仁公主，同爲匹夫之勇，祇令人徒增嘆息而已。

建文四年六月乙丑，也就是最後請和決絕以後的第四天，燕王師抵京師城下。南京城在現代是全國第二大城，在當時是第一大城，東盡鍾山之麓，西阻石頭之固，北控湖山，南臨長干，而秦淮貫穿其中；京城周圍九十六里，共十三門，南面爲正陽、通濟、聚寶三門；西南爲石城、三山兩門，三山門就是水西門；北面爲太平、神策、金川、鍾阜四門；東面一門，稱爲朝陽；西面三門：清涼、定淮、儀鳳。相傳南京城在明初由沈萬三捐獻建造，此非虛語，明史「后妃傳」說：「吳興富民沈秀，助築都城三之一，又請犒軍；帝怒曰：『匹夫犒天子軍，亂民也。宜誅！』后諫曰：『妾聞法者誅不法也，非以誅不祥。民富敵國，民自不祥，不祥之民，天將災之，陛下何誅焉？乃釋秀，戍雲南。」此一帝一后就是明太祖、馬皇后，沈秀則是沈萬三。

十四、金川門開城投降

南京城興工於洪武二年，歷時四載，方始告成，除了沈萬三負責三分之一的工程以外，並遣發重囚服役，它的堅固是出名的，以花崗石爲基，巨磚爲墻，並煑糯米爲漿，加入石灰，塗敷墻外，所以隨便找一處敲擊，所呈現的顏色都純白。這樣堅固的城池，祇要糧食不缺，守個三年五載都不成問題。

但是，祇要有了奸細，金湯之固亦如片紙之薄；奸細有二：一是谷王橞，二是兵敗還京，建文帝不忍加誅的李景隆，這兩個人守南京北面靠西首的那個金川門，望見燕師沿長江迤邐西來，開城投降，京師淪陷。

建文帝之謎，卽從此一刻開始。先要從燕王說起，照明史「成祖紀」載：「是日王分命諸將守城及皇城，還駐龍江，下令安撫軍民。」按：龍江有二：一爲龍江關，在儀鳳門外，那是在南京西門；一爲龍江驛，離金川門十五里的江邊。照燕王進兵的路線看，此龍江自是龍江驛。

問題在這裏，燕王旣入金川門，何以不進皇城而退處龍江？這是給時間讓建文帝有以自處。在燕王的想法，結果不外乎遜位讓國或者自裁。照明朝的官史記載，建文帝是走了第二條路，如仁宗御製「長陵功德碑」：

皇考慮鸞乘輿，駐金川門，遣人奉章，言所不得已來朝之故。姦臣蒼黃，知罪不宥，閉皇城門不內，而脅建文君自焚。皇考聞之大驚，發衆馳救，至已不及。皇考仰天慟哭曰：「臣之來也，固將清君側之惡，用寧邦家，何不籍耶？」遂備天子禮斂葬。

按：燕王卽位，是爲成祖，崩後葬長陵。仁宗以子述父，應該是最正確的；可是到了仁宗之子宣宗修「成祖實錄」，說法又不一樣了：

時諸王及文武羣臣父老人等皆來朝，建文帝欲出迎，左右悉散，惟內侍數人而已，乃嘆曰：「我何面目相見耶？」遂闔宮自焚。上望見宮中煙起，遣中使往救，至已不及，中使出其屍於火中，還白上，上哭曰：「果然若是癡騃耶？吾來爲扶翼爾爲善，爾竟不諒，而遽至此乎？」

十五、建文帝引火自焚

拿這兩段文章來作一比較，似乎「長陵功德碑」述成祖當時的態度，假仁假義，不甚可信；而成祖實錄較爲「親切眞實」。其實不然，我認爲仁宗述父比宣宗述祖較爲接近眞實。除卻假冒爲善的態度不論，在「長陵功德碑」中，至少讓後世知道了四件事：

第一、成祖入駐金川門後，曾有文件致建文帝。

第二，「大圈圈中的小圈圈」的皇城已閉，不納成祖，如果他一定要入宮，就非用武力不可，而成祖不願這樣做；因爲怕激起忠臣義民更深的反感。

第三，宮內火起，成祖曾派兵馳救。

第四，在仁宗卽位之初，天下尚對成祖的篡奪不滿，所以仁宗御製長陵碑文，不能不以謙卑的語氣，宛轉解釋。

到了宣宗朝，大家對成祖的惡感，比較淡了，而碑文中的語氣，顯得有些低聲下氣，作賊心虛，並且有些事實亦顯然不符，如所謂「姦臣蒼黃」這句話就已證明不實，原來「靖難」師起所指的「姦臣」僅不過齊泰、黃子澄等人，連方孝孺都不在內；而齊、黃二人，城陷之日，不獨不在御前，且不在京城，然則「閉皇城門不內」雖爲事實，而「姦臣蒼黃」、「脅建文帝自焚」這兩句話，卻無着落。因此宣宗要在「實錄」中「改正」。

歷朝凡先帝有失德，子孫要瞞天下人耳目，輒以在實錄動手腳爲主要手段，但作僞者心勞力絀，眞相是無論如何湮沒不乾淨的。且不說有許多私人筆記可作傍證，卽以前後修改痕跡來看，亦足資爲事實的判斷，如以「長陵功德碑」和「成祖實錄」對勘，誠所謂「越描越黑」，試作簡單分析如下：

第一，宣宗要表示建文帝亦有投降之心，所以有「欲出迎」之語。

第二，宣宗要表示羣臣離心，多以爲天命有歸，紛紛投誠，所以說「左右悉散，惟內侍數人而已」。

第三，因爲無人爲他引見成祖，所以自焚；「我何面目相見」之嘆，是要表示建文帝自覺所謂「忠臣」，急難之時，各奔前程，棄而不顧，可見自己知人不明，還有甚麼面目見人？

第四，「長陵碑」中有個大漏洞，即對建文帝的「屍首」沒有交代，因而宣宗補上一筆。此「中使」是成祖的太監，自然不會欺主，則所出建文帝之「屍」，可見決不會假。

十六、明成祖大索「姦臣」

爲了眉目醒豁起見，成祖內犯陷京師的經過，我再撮要提示一遍：六月初燕師以都督陳瑄投降，得以渡江，取道鎭江、龍潭，直薄京師；大約在六月十三，谷王及李景隆，開京城西北的金川門迎燕，燕王入城，分遣諸將守城，致書建文帝；其時皇城已閉，燕王不願以武力破宮，還駐龍江驛。約在午後不久，皇宮火起，成祖派兵馳救；火息搜索，由成祖的太監，找出一具屍首，說是建文帝已自焚；其實不是。那末建文帝到那裏去了呢？這個謎，留待以後再研究，先談成祖入承大位之初的殘忍暴虐。

成祖的本意，希望建文帝遜位讓國，及至皇宮火起，才知如意算盤落空，於是一面拷問宮嬪太監，追問建文帝的下落；一面大事搜索，捉拿所謂「姦臣」。

這兩件事，前者無結果，不得已肯定建文帝自焚，而在破城後的第八天將那具屍首下葬；建文馬皇后亦無下落，相傳被指爲帝屍者，實爲后屍。

搜殺「姦臣」則成祖可謂如願以償。他的第一個目標是齊泰、黃子澄，此兩公以後不太爲建文帝所信任，在進退失據的困境下，每每以此兩人的名位作犧牲。與燕謀和時，他們被解職；對燕強硬時，則又召還。成祖陷京時，齊、黃都在外面募兵勤王，黃子澄在嘉興爲人所密告被捕，成祖親自審問，不屈「磔死」，族人無少長皆斬，姻親一律充軍。但留下一個兒子，改名田經，移居湖北，子孫中後來有人中了進士。

齊泰在燕師渡江時，奉旨回京，走到半路上聽說京師淪陷，走外郡想號召義士反攻；其時成祖已懸賞捉拿齊泰；他的那匹白馬大概像關公的赤兔馬那樣，十分出名，成了一個很顯著的目標，齊泰異想天開，用墨把白馬塗黑，走不多遠，馬一出汗，墨汁淋漓，依舊褪成白色，有人詫異：「喲！那不是齊尚書的馬？」因而被識破行藏，捉到京裏。書生不經世務如此！而建文帝用他參國政，豈不是自找倒楣？不過話說回來，齊泰雖似書獃子，也講原則，而且亦不算剛愎，比黃子澄要略勝一籌。

齊泰亦是不屈而死。成祖對他比對黃子澄要客氣些，給他留下一個六歲的兒子。至於遭遇最慘的則是方孝孺。

十七、方孝孺臨危不屈

方孝孺是明太祖開國文臣第一位的宋濂的得意弟子，兩蒙召見，太祖看出他是亂世忠臣的氣質，認爲一時用不着他，派爲陝西漢中的學官。蜀王慕名聘爲他的世子——嫡長子的老師，以禮相待，題其書齋名爲「正學」；後世尊稱他爲「正學先生」的出典在此。

建文帝卽位，奉召入京爲翰林院侍講，這個官銜，顧名思義是侍奉皇帝講讀，實際上就等於建文帝的老師之一，第二年升爲「侍講學士」，權責也加重了，成爲建文帝的最高顧問，凡有大政事裁決，往往先徵詢他的意見。不久，又成了建文帝的副手或代表；臨朝奏事，當面決定了可否，建文帝往往就命方孝孺代為批答章摺。一有空，君臣二人便商量如何臻於三代之治？甚至想復行經王莽試驗失敗了的井田制。建文帝對他的尊敬和信任，已駕乎齊、黃以上。

燕兵內犯，朝廷討伐，一切詔旨檄令，都出於方孝孺之手，自然也參贊軍事。他出的那些計策，道衍一望即知，不會上當。譬如說，仁宗為燕世子時留守北平，方孝孺知道他的弟弟高煦狡詐，曾想奪嫡，於是定了條反間計，在成祖兵次徐淮時，特遣一名錦衣衞千戶携帶詔書賜燕世子，想為高煦製造口實，引起燕府的內亂，那知燕世子不拆詔書，連同那名千戶一起送至軍前，輕易破了方孝孺的計策。但是那些義正辭嚴的討伐詔檄，卻引起了道衍惺惺相惜之心，所以成祖最後一次出兵時，道衍特以方孝孺為託。

道衍是這樣對燕王說的：「到了京城，方孝孺一定不肯投降，請不要殺他。殺了方孝孺，天下讀書種子絕了！」

成祖當時答應了他的要求，等方孝孺被捕下獄，成祖記起道衍的話，同時想借重他的名望及文筆，於是派人把他召入宮內，草擬即位詔書。

方孝孺一進宮就放聲大哭，響澈殿庭，成祖親自從御榻上走下來勸他說：「方先生不必如此悲苦，我不過想效法周公輔成王的故事而已。」成王是指建文帝。

「那末成王呢？」方孝孺問。

「他自己自焚而死了。」

「何不立成王之子？」

「國賴長君。」成祖有些窘了。

十八、成祖滅方氏十族

所謂「成王之子」，是指建文帝的兩子，長子名文奎，年方七歲，陷城後不知所終，大概是焚宮之時，燒得屍骨無存也。次子則尚祇兩歲，名文圭，禁錮禁中五十五年，號爲「建庶人」，從小沒有接觸過高牆以外的人世，所以釋放以後，形同白癡，連猪犬都不認得，此眞人間慘不可言之事，「不幸生在帝王家」，正此之謂。

「主少則國疑」，所以「國賴長君」這句話，還勉強可以辨解，但「長君」應另有人——建文帝行二，他下面還有三個弟弟，吳王允熥、衡王允熞、徐王允熙，因而方孝孺反駁：「何不立成王之弟？」

駁得成祖啞口無言，祇好這樣說了：「這是我的家事。」叫左右拿筆墨來，堅決地說：

「詔告天下，非先生來寫不可！」

方孝孺一下子反了，把筆札擲在地下，且哭且罵：「死就死！詔書決不寫。」

成祖勃然變色，提出警告：「你難道不怕滅九族？」

「滅十族又如何？」

「好！」成祖接口：「我就滅你的十族。」

按：「九族」有兩個說法：一說是高祖、曾祖、祖、父、本身、子、孫、曾孫、玄孫爲九族；再一說是外祖父、外祖母、姨表兄弟、岳父、岳母、姑表兄弟、外甥、外孫，以及本身的族人，自然包括直系親屬在內。前一說爲「九代」不是「九族」，應以後一說爲是。但自古極刑無過於滅九族，現在再要加一族，倒楣了方孝孺的門生。被滅「十族」的人數不可考；祇知方孝孺「外親戍邊」，於萬歷年間赦還的，共有一千三百餘人之多。

方孝孺當然「磔」死，臨終以前有首絕命詞，不如「正氣歌」出名，介紹在此：

天降亂離兮孰知其由？

奸臣得計兮謀國用猶；

忠臣發憤兮血淚交流！

以此殉君兮抑又何求？

嗚呼哀哉兮庶不我尤！

死時年四十六歲，絕後。方孝孺有此決絕的表示，是因爲他相信建文帝已殉社稷——這也是他的主張；如果他知道了建文帝生死成謎，或許會忍死須臾，以謀匡復。

十九、卓敬被誅五族

方孝孺既死，即位詔書還得有人來擬，成祖找到另一個宋濂的學生，侍讀樓璉。他當面不敢辭謝，回到家對他妻子說：「我甘於學方孝孺那樣而死，但怕連累了你們。」當夜自縊，不負本心。

成祖破京之初，類此的忠烈孤臣，比比皆是，其中有個卓敬，需要特加介紹。卓敬字惟恭，浙江瑞安人，洪武二十一年中進士後，除戶科給事中。給事中與御史同爲言官，御史以省分道，如「浙江道」、「山東道」等，而給事中配合六部分科，所以合稱「科道」。卓敬爲言官時，鯁直無所避忌。建文初他上一道密疏，說燕王智慮絕倫，雄才大略，酷類先帝；北平形勝之地，士馬精強，金、元由此而興，所以不宜讓燕王鎮北平，建議徙封南昌，就近監視，萬一有變，亦易於控制。這確是曲突徙薪，防患未然的救時良方，可惜建文帝不聽。

卓敬被捕，成祖雖責以離間骨肉，但頗有憐才之意，把他下在獄中，勸他投降。卓敬不屈，成祖亦不殺。那知道衍與卓敬有仇隙，便在成祖面前進讒：「如果卓敬的建議，見諸實行；皇上那裏會有今天？」成祖因而斬卓敬、誅五族。

至於鐵鉉，本來一直守山東，燕軍南侵，建文帝命東遼總兵楊文領兵十萬，會合鐵鉉，絕燕歸路。楊文無用，所部入關，爲燕將攔截，無一能至濟南。建文四年四月，鐵鉉與盛庸戰燕軍於淮徐之西，時有斬獲，不幸平安一軍垮了下來，盛庸亦遭敗績，鐵鉉不得已屯兵淮上。京師淪陷，所部潰散，鐵鉉被擒，解至京師，成祖親自審問，鐵鉉背對殿上，醜詆成祖不仁不義。死時年三十七歲。

明太祖最受人批評的一事，是侮辱衣冠，至成祖又變本加厲，清朝章學誠曾指出：「前朝虐政，凡縉紳籍沒，波及妻孥，以致詩禮之家，多淪北里。」在明太祖時，於南京乾道橋設「富樂院」，罪人眷屬，發此爲官妓。成祖處置建文孤忠的妻孥，實在與流寇的作風，無甚分別。如「國朝掌故」所記：「鐵鉉妻楊氏年二十五，迗教坊司。勞大妻張氏，年五十六，迗教坊司。張氏旋故，教坊司安政於奉天門奏，奉聖旨：『分付上元縣，抬出門去著狗吃了。欽此！」請想，這是甚麼皇帝。

二〇、成祖天性好殺

這種暴虐不仁的情形，甚至在成祖得位十年以後還存在，如「南京司法記」：

永樂十一年正月十一日教坊司於右順門口奏：「齊泰婦及外甥媳婦，又黃子澄妹四個婦人，每一日夜二十餘條漢子看守着，年少的都有身孕，除生子令作小龜子，又有三歲女子，奏請聖旨。」奉欽批：「由他。不的到長大便是個淫賊材兒。」又奏：「黃子澄妻生一小廝，如今十歲。」也奉欽批：「都由他。」

成祖對建文死難諸臣，餘憾不釋，一至於此；在歷史上，實所罕見。「明史」號稱良史第一，於此多所隱晦，不是略而不提，就是說她們自殺，如方孝孺的女兒，本傳不詳，而「劍氣珠光集」有記：

方正學家在雨花台下，以隻梅樹爲記，其女發流教坊，遂隸籍焉。

成祖的嚴苛好殺，出自天性，在他晚年，宮中還掀起了一件殺人盈千、株連極廣的大獄。事起於一名來自韓國的妃子，因爭寵謀害另一名來自韓國的權妃；成祖因爲有韓國血統，飲食非權妃照料，不能適意，所以對權妃被害震怒不息，窮治其事。明史中對此隻字不載；傅斯年先生曾根據韓國「李朝實錄」考證其始末。此是另一個宮闈故事，這裏從略。

仁宗卽位後，立卽赦免靖難之變中的死難諸臣的家屬，遣戍者大都放還，並有「御札」，凡「建文中『姦臣』家屬初發教坊、錦衣衞、浣衣面習匠、功臣家奴，今有存在，並宥爲民，給還田土。」善於爲父補過，不愧爲「仁」。

我們現在要談燕師入金川門當時，建文帝的動態及下落。當時情形，數百年來始終是一個謎，因爲沒有確實可靠的記載，祇能根據各種跡象來判斷。首先所能確定的是，當時並沒有重要的大臣在建文帝身邊，祇有少數的文學侍從之臣，與他一起繞殿彷徨；建文帝可能有自殺的舉動，但決沒有死。他是出亡了。這一點絕對是事實；而除此一點事實以外，其他就祇有像猜謎一樣去猜了。

二一、傳建文帝出家遁走

建文帝是如何出亡的呢？他是「化粧」成和尚，混出京城的。這一點已成定案。但其間過程，說法不同：一說係近臣爲帝祝髮，相偕出「鬼門」逸去，這個傳說，時日分明，行跡淸楚，有頭有尾，枝葉俱全，似乎不能令人不信；另一個說法是一位高僧名溥洽者，爲帝剃度，此說見於正史，明史「姚廣孝傳」：

道衍定策起兵，及帝（按：指成祖）轉戰山東、河北，在軍三年，或旅或否，戰守機事，皆決於道衍。道衍未嘗臨戰陣，然帝用兵有天下，道衍力爲多，論功以爲第一，永樂二年四月，拜資善大夫，太子少師，復其姓（姚）賜名廣孝，贈祖父如其官。帝與語，呼「少師」而不名。命蓄髮不肯；賜第及兩宮人皆不受。……（永樂）十六年入覲，年八十有四矣，病甚不能朝，仍居慶壽寺，車駕臨視者再，語甚懽，賜以金唾壺，問欲言？廣孝曰：「僧溥洽繫久，願赦之！」溥洽者，建文帝主錄僧也。初，帝入南京，有言建文帝爲僧遁去，溥洽知狀。或言匿溥洽所。帝乃以他事禁溥洽；而命給事中胡濙等遍物色建文帝，久之不可得。溥洽坐繫十餘年。至是，帝以廣孝言，即命出之。

這是建文帝出家遁去，最有力的一個證據。成祖爲絕天下人懷念故主之心，明知建文帝未死，而故意說他閤宮自焚；這樣就不能承認建文帝做了和尚，自然也不能課溥洽以私助建文帝出亡的罪名，因而「以他事」收捕溥洽下獄。同時，在暗中大搜建文帝的行蹤；受命擔任此任務的，至少有兩個人，一個是給事中胡濙，還有一個就是大家耳熟能詳的「三寶太監」鄭和。

胡濙是常州人，他與成祖並沒有特殊的關係，而能被選中擔負此極端秘密艱難的任務，可能因爲他的「節儉寬厚，喜怒不形於色，能以身下人」的性格，最宜於做私訪的工作。明史本傳：

> 五年，遣濙頒御製諸書，並訪仙人張邋遢，徧行天下州郡鄉邑，隱察建文帝安在？濙以故在外最久，到十四年乃還，所至亦間以民隱聞。母喪乞歸，不許，擢禮部左侍郎。
>
> 十七年復出巡江浙湖湘諸府。

二三、鄭和赴海外查訪

胡濙這一次遠行，目標在兩湖江浙一帶，顯然是因爲得到情報，建文帝遁跡在這一帶的佛寺之故；他化粧成一個性好尋幽探勝的書生，每遇名刹古寺，大小廟宇，總要作整日的盤桓，與僧衆閒談論佛法，藉以查訪蹤跡，這樣又是好幾年。

另外往海外尋訪的三寶太監鄭和，在海外還要久。鄭和的事蹟，昭著於國史，豔傳於人口。明朝太監有好的一面；當然也有壞的一面。明朝亡於宦官閹黨，於此，附帶談一談明初的太監。

明太祖定天下以後，開國規模，盡懲前代之失。宦官之禍，自漢十常侍以來，史不絕書。太祖對此特持戒心，最初在宮內供奔走的，不到一百人；到末年頒祖訓，定爲十二「監」，計爲司禮監、內官監、御用監、司設監、御馬監、神宮監、尙膳監、尙寶監、印綬監、直殿監、尙衣監、都知監，而以司禮監地位最高，司禮監的秉筆太監，則等於皇帝個人的「特別助理」，後世潛竊政柄的大璫，都以此職銜，與內閣抗衡、交結、乃至指揮。而在太祖年間，定制宦官不得兼文武銜，不得御外臣冠服；官無過四品，每月給米一石，衣食都取給於內廷。太祖還鐫刻了一塊鐵牌，置於宮門：「內臣不得干預政事，預者斬！」

到了建文朝，稟承先帝遺意，對宦官的裁抑，尤爲嚴厲，曾有詔旨，太監奉旨赴各地公差，如有不法情事，准許地方官鎖拏解送至京。

宦官的用事，起於成祖。最初，成祖利用京裏的太監刺探消息，尤其在將渡江時，許多太監逃入燕軍，對宮中情形，朝廷虛實，全部洩露；成祖頗爲得力，因而一改前朝法度，開了重用太監的惡例。

在永樂初年，成祖卽用太監辦「外交」，遣內官監李興奉勅宣慰暹羅國王；永樂三年命鄭和通使西洋。鄭和是雲南人，很早就在成祖身邊，卽使精明強幹，但通使外國，又何致遣派閹人？可知通使其名，另有目的。

當時的傳說，建文帝做了和尚，遁往西南；可能由雲南出境，轉往南洋，鄭和的使命，卽是到海外去查訪建文帝的蹤跡。

二三、許多神秘傳說

鄭和前後出使七次，歷時三十年，所經南洋三十餘國。但是，他的任務到後來顯然變質了，由訪建文帝的行蹤轉變爲外交工作。因此關於「建文帝之謎」，鄭和這部份的情形，可以不談。

建文帝做了和尙，或者說扮作和尙出亡，事無可疑。所成爲謎者，是他離京當時的情況，以及此後數十年的行蹤。有明一代，不斷有人想探索這個謎，甚至強作解人來解答這個謎。到了清初修明史，因爲「朱三太子」一案，於靖難史實，有所顧忌，湮滅了若干眞相，使得本來就不甚易解的謎，越發難解。但以史學的眼光來看，由這個謎帶來的兩個問題，才是最值得去探索的：第一，成祖取得皇位以後，大局很快地就穩定了，何以對做了和尙的建文帝，耿耿於懷至二十年之久？第二，建文帝生來顱骨偏歪，此是極易辨認的一個特徵，何以成祖暗中搜索至二十年之久，未得確實結果？這兩個問題，似乎歷來研究明史的專家，都未曾併在一起研究過，値得重新加以體認。

建文帝之謎的所以難解，原因之一是不僅爲建文一個人的問題。當燕師入京之日，朝官不願投降的，多在當天夜裏從城上用繩子吊到城外，一夕之間遁去者四十餘人，其中有的列名於成祖的「姦臣榜」中，被抓了回去，有的從此不知所終。而隨建文帝出亡的，據說亦有二十餘人之多，這些人的下落，無人知道。懷念忠義，兼以好奇，於是有許多神秘的傳說，自明初流行到明末；這些傳說，有一部份被收入明史，如「河西傭」、「補鍋匠」、「雲門僧」、「若耶溪僧」、「玉山樵者」等等。細察傳說的內容，實爲寓言，如：

河西傭不知何許人？建文四年冬披葛衣行乞金城市中，已至河西爲傭於莊浪魯氏，取直買羊裘，而以故葛衣覆其上，破縷縷不肯棄。力作倦，輒自吟哦，或夜聞其哭聲。久之，有京朝官至，識傭，欲與語，走南山避之，或問京朝官：「傭何人？」官亦不答。在莊浪數年，病且死；呼主人屬曰：「我死勿殮，西北風起，火我。勿埋我骨。」魯家從其言。（明史一百四十三。）

二四、「補鍋匠」的故事

「葛衣」是夏服，燕師入京在六月十三，這表示他是從京城裏逃出來的；「破縷縷不肯棄」，正以此葛衣爲一極慘痛的紀念品，終身不可忘。「問京朝官：『傭何人』？官亦不答」，表示建文舊臣，雖成新貴，但對故人仍加維護，顯得並不如何效忠於成祖。「西北風起，火我」，是希望魂歸東南，而「勿埋我骨」，則信有骸骨還鄉之日。這則寓言中，很清楚地表達了當時的「民意」。「補鍋匠」的故事是如此：

補鍋匠者常往來夔州、重慶間，業補鍋，凡數年，川中人多識之。一日於夔州市遇一人，相顧愕然；已相持哭。共入山巖中，坐語竟日，復相持哭，別去。其人卽馮翁也。翁在夔以章句授童子，給衣食；能爲古詩，詩後題「馬二子」，或「馬公」，或「塞馬先生」，後二人皆不知所終。

此當有其事，但並看不出與出亡後的建文帝有何關係。此外，有隱於佛寺的、有隱於江湖爲醫卜星相的、亦有入山唯恐不深的；這些建文孤忠，爲他的後輩建立了一個先例，淸兵入關，朱明遺臣，恥事新朝的，大多亦如此歸隱。

其時在民間對於建文帝及出亡諸臣，有許多神秘的傳說，好事者輯寫成書，最早的一部名爲「忠賢奇秘錄」，所記還大致與傳說相符；到了萬歷以後，有兩本書先後出現，那更是在「製造」傳說了。這兩本書，一本叫做「從亡隨筆」；一本叫做「致身錄」，內容大同小異，多記建文帝在城破之日出亡的經過。

在談這兩本書之前，先要介紹一位「傳奇人物」，這個人叫程濟，明史有傳：

程濟朝邑人，有道術。洪武末官岳池教諭。惠帝卽位，濟上書言某月日，北方兵起。帝謂非所宜言，逮至，將殺之。濟大呼曰：「陛下幸囚臣、臣言不驗，死未晚。」乃下之獄，已而燕兵起，釋之，改官編修，參北征軍。淮上敗，召還。或曰，徐州之捷，諸將樹碑紀功；濟一夜往祭，人莫測。後燕王過徐，見碑大怒，使左右椎之。再椎，遽曰：「止！爲我錄文來。」已按碑行誅，無得免者，而濟名適在椎脫處。

二五、「致身錄」如斯云云

這個故事的後半段，已證明爲虛構，因爲「考其實，徐州未嘗有捷也」；靖難師起，朝廷打得最漂亮的一仗是「東昌大捷」。旣無所謂「徐州之捷」，則又何來所謂「樹碑紀功」？但這個傳說能够被採入正史，可知流傳甚廣；照它的內容來研究，編造此神乎其神的故事的人，雖昧於史事，卻知乎「道術」；看上去是個相信「先天數」的人。

相信「先天數」的人，照現代的術語來講，卽是個「宿命論者」，他們相信凡事皆由天定，一物之微，成毀亦早經註定，非人力所可抗衡。能預知後果，則知所趨避。而照傳記所述，程濟應亦爲此道中人，他能預知燕王必得天下，必定要「按碑行誅」以爲報復，所以「

一夜往祭」。而他本人則適以「椎碑」椎去了名字，得以倖免。

於是好事之徒，或者說「有心人」，編造建文帝出亡的故事，卽以程濟爲主要配角，說他是爲建文帝祝髮之人，並託名撰寫「從亡隨筆」。程濟有無此隨筆，固爲疑問；但後出而與「從亡隨筆」大同小異的「致身錄」，則已可證明其爲僞書；明史一百四十三：

> 萬歷時：江南又有「致身錄」，云得之茅山道書中，建文時「侍書」吳王史仲彬所述，紀帝出亡後事甚具……然考仲彬實未嘗爲「侍書」。「錄」蓋晚出附會不足信。

「具」者具體，僞書爲欲求信於讀者，常寫得特別詳細，兩書都說當建文帝得報金川門失守時，長嘆想自殺，編修程濟建議：「不如出亡。」又有個太監王鉞說：「高祖駕崩時，留下一個箱子，說是『遇到大難時才可打開。』這箱子收藏在奉先殿。」

羣臣一聽這話，都說快把箱子取來。等抬來一看，是一個紅色的箱子，「四圍俱固以鐵，二鎖亦灌鐵」，程濟一脚把它踩破，裏面有「和尚的身分證」度牒三張，上面的名字是：應文、應能、應賢；袈裟、僧帽、僧鞋、剃刀，一應俱全，另外還有白金十錠。箱子裏面用朱筆寫着：「應文從鬼門出，餘從水關御溝而行，薄暮會於神樂觀之西房。」

當箱子剛抬來時，「帝見而大慟，急命舉火，皇后馬氏赴火死。」等箱子打開，建文帝才知道他祖父要他做和尚，便說：「數也」。就在這最初的一段敍述中，便有兩個漏洞。

二六、建文帝出亡傳聞

第一，旣然這個箱子「四圍俱固以鐵，二鎖亦灌鐵」，異常堅固，何以程濟一腳便能踩碎？第二，太祖旣有這樣的遺命，自然也有妥當的安排，當箱子抬來後，理應先打開看個究竟，再作定奪，何以箱子未開，建文帝卽命舉火，而馬皇后亦遽爾自焚？凡此都是情理不通的地方。

以下所敍述的還有漏洞。照書中所記，當時由程濟爲建文帝祝髮，吳王教授楊應能願意隨亡；這樣，「應文」、「應能」都有了，另有一個監察御史葉希賢說：「臣名希賢，應賢無疑」。於是相繼改裝。其時殿中有五六十人之多，多願保護天子出亡。建文帝認爲人多反而引人注目，易生不測。大家一聽這話也不錯，紛紛痛哭而去。

隨建文帝出亡的，一說九人，一說八十人。依照朱筆遺命，從「鬼門」而出；門外河邊停着一條船，船上有個神樂觀的道士王昇在接駕。見了建文帝，伏地叩頭，口稱「萬歲」，說是太祖託夢，命他在此等候，一起上了船到太平門登岸，在神樂觀暫住；不久「應能」、「應賢」他們也都到了，出亡的一共是廿二個人。

上述的說法，如「託夢」云云，一望而知是胡說。但建文帝做過和尚，在西南一帶有其行跡，實無可疑；同時我們也可以相信，最後胡濙也見到了建文帝，明史「胡濙傳」說他在永樂十七年復出巡江、浙、湖、湘，二十一年還朝，其時成祖親征在外，於是「馳謁帝於宣府。帝已就寢，聞濙至，急起召入。濙悉以所聞對，漏下四鼓乃出。先濙未至，傳言建文帝蹈海去，帝分遣內臣鄭和數輩，至是疑始釋。」孟心史先生就此下斷語：「濙還朝必馳赴宣府行在，爲有確訊可報也。帝已寐而急起召入，爲知濙此來必有所報，而不能復稍延也。所云『至是疑始釋』，必已得建文之確實表示，不與爭國，而後心乃安也。……觀濙入對至漏下四鼓乃出，則其語必甚曲折，非得建文帝有若何死亡之訊，一言而訖者可比；殆必曲傳建文甘心讓國之意，能使猜忌之文皇亦聽而自安。」

二七、老和尚突然自首

孟心史先生的話是非常正確的論斷。於此我們看出，明初百姓的故主之思是如何強烈，以及這一份民心對成祖的威脅是如何嚴重？因為有那麼強烈的故主之思，才會有那麼多神秘的傳說，同時我們也可以想像得到，事實上胡濙雖是秘密查訪，而各省地方大吏，必已奉到密旨，對於胡濙的任務應予以全力支持，這樣就等於動員了全國性的官方力量，大搜在外型上有特徵，易於辨識的建文帝，亘二十年之久，始得一面，其間隨處得到百姓的掩護的情形，可想而知。受傳統倫理觀念支配的百姓，特別是農民，內心深處都有單純而強烈的正義感，厭惡以詭譎手段篡竊政權的任何人，如果不是一方面建文帝出亡以後無所作為，一方面成祖的施政，粲然可觀，則明朝的帝系，是否能由燕府一系保持，大成疑問。

關於胡濙的任務以及宣府覆命以後，成祖始「聽而自安」，這要後世方始明瞭；在當時是不可能為民間所知的。以後還有這樣一個故事，在英宗正統六年，有個老和尚突然去見廣西思恩州知州，大聲說道：「我就是建文帝」。州官大驚，面報藩司，飛章入奏，把這個自稱為建文帝的老和尚以及跟他在一起的十二個人，解送到京，命御史審問。

這位「建文帝」自稱年已九十餘，死後想歸葬在孝陵傍邊，所以自首。御史問他，建文帝生在洪武十年，應該祇有六十四歲；怎麼說是九十餘？於是審出實情，這個和尚名叫楊應祥。自然論死下獄。而另有一說，當時曾由服侍過建文帝的老太監吳亮，去辨認眞相。「建文帝」問道：「你不是吳亮嗎？」吳亮不承認，於是「建文帝」又說：「我記得有一次御便殿進膳，是你『尚食』，我正吃子鵝，丟了一片在地上，說賞你吃；你手上拿着酒壺，跪在地上，學狗的樣子，把那片子鵝舐了吃掉了。你難道不記得這件事？」吳亮一聽這話，伏地大哭；建文帝左腳趾上有黑痣，吳亮求證以後，捧着「建文帝」的腳又哭。但復旨既不能說眞，又不忍說假，左右爲難，祇好上吊自殺。而「建文帝」則終被「迎入西內」。

這個說法，被谷應泰收入「明史紀事本末」，描寫相當生動，而實爲不經之談。

二八、清修明史的爭議

終明之世，對於建文帝未死而出亡，殆成定論，而錢牧齋於此在官史中顯有牴牾的一大事，更煞費苦心，於不悖事實的原則下，爲成祖開脫。他替山東趙士喆的「建文年譜」作序，說「唯是文皇帝之心事，與讓皇帝之至德，三百年臣子，未有能揄揚萬一者」，因而他表而出之。「讓皇帝」爲南明對建文所上的尊號，肯定其「遜國」，他的「至德」不須贅述。所謂「文皇帝之心事」，照錢牧齋的說法：「明知孺子之不焚也，明知亡人之在外也，明知其朝於黔而夕於楚也。胡濙之訪張邋遢，捨人而求諸仙，迂其詞以寬之也；鄭和之下西洋，捨近而求諸遠，廣其途以安之也。」這就是說建文帝的行蹤，在成祖掌握之中，特意放他一條生路，而又唯恐建文帝不明他的「心事」，徒事倉皇，未能安居，所以特派胡濙和鄭和「捨人求仙」、「捨近就遠」，作爲暗示。成祖有那麼仁厚嗎？當然不！不過錢牧齋以明朝的臣子，不如此調停其間，又如何說法？其人雖晚節有虧，在這些上面，不失史實之眞，不暴君父之惡，立言得體，應該要佩服他。

誰知這已有定論的一重公案，到淸修明史時，忽起爭論；因爲康熙初年有「朱三太子」一案，以淸朝的立場而言，朱三太子眞也是假，假也是假，才可以絕明朝的遺民志士之望，而安定人心，用意與成祖之對建文相同，所以在修明史時，主張建文焚死之說。其時明史館曾爲此事，集議辯論，大部份迫於現實，主張「存疑」，作爲對新朝的讓步，小部份堅持出亡之說，而認定「焚死」者，大概絕無僅有祇一個王鴻緒。王是江蘇松江人，康熙進士，官至戶部尙書，曾進呈「明史稿」，卽爲今明史的藍本；「明史稿」原爲一代大史筆萬季野的原作，但在王鴻緒進呈時，爲阿附淸廷的意旨，改動原稿，成爲建文焚死，並自撰「史例議」，力闢出亡之說爲妄。錢大昕撰「萬先生傳」，不知其中有此一番偷天換日的伎倆，誤以爲萬季野主焚死之說，而淸史稿「儒林傳」，又採錢說入傳，於是而成爲對萬的厚誣。

到了乾隆年間，朱三太子一案，早成陳跡，旣無顧忌，遂復其眞，乾隆四十二年詔改明史「本紀」，建文的「書法」，重定爲「棣（按：成祖名棣）遣中使出后屍於火，詭云帝屍」，數百年之謎，至此始正式揭出謎底。但修改過的明史，未有通行本；目前所見，仍爲乾隆四十二年的殿本。此亦是研究明史所不能不知的一番曲折。

(二) 奪門之變

一、宣德年間民生樂業

明朝有個很够格的皇帝，那就是宣宗。自燕王以「靖難」之名，奪了他姪子建文帝的皇位，帝系即由長房移轉到四房，燕王即位為成祖，在位二十二年傳仁宗；仁宗在位未一年而崩，傳位宣宗，年號「宣德」。

明史「宣宗贊」，說宣德年間：「吏稱其職，政得其平，綱紀修明，倉庾充羨，閭閻樂業，歲不能災。蓋明興至是，歷年六十，民氣漸舒，蒸然有治平之象矣」。又說他「英姿睿略，庶幾克繩祖武」。大致一個皇朝在統一四海，與民休息之際，能出一個好皇帝，就必有一段太平盛世出現；而此皇朝，亦就靠此造成太平盛世的深仁厚澤站住腳，享國至數百年之久。漢朝的「文、景」，唐朝的「貞觀、開元」，宋朝眞宗、仁宗之治，以及明朝的仁宗、宣宗都是如此。

可惜，明宣宗與宋神宗一樣，都只活到三十八歲；英年早崩，社稷蒼生的大不幸。在宣德享祚的十年中，朝勢之美，史不勝書，唯一的闕失，就是縱容內監，設「內書堂」，簡文學之臣教太監讀書，並使太監「秉筆」批本。太祖定制，內侍干與政務者斬；既令秉筆，則太監不得不與內閣打交道，因而逐漸與外廷交結，太祖的遺命，至此不行，遂啓一代宦官之禍。就此層而論，不能不說宣宗不肖；而縱容宦官的結果，就在他兒子身上，便生鉅禍。得失興亡，因果歷歷，只是種因者往往不及親見，此所以一部二十四史，充滿了荒謬。

宣宗崩後，皇太子祁鎭卽位，時年九歲，是爲英宗。宣宗在位時，孫貴妃以殊色得寵；胡皇后無故被廢，孫貴妃被册爲皇后。但孫貴妃的得以正位中宮，雖說出於恩寵，也因爲她「生」了皇長子，而此皇長子實在是宮女所生，爲孫貴妃假裝懷孕，取而爲子。及至繼位爲君，當然沒有人再敢提他的生母了。

明朝的年號，都是「從一而終」，唯一的例外，就是英宗，第一個年號定爲「正統」；內閣擬此二字，是不是要特意表明他爲「嫡出」之子，很值得玩味。但當宣宗初崩時，外間有召襄王入承大統的傳說；襄王名瞻墡，仁宗第五子，與宣宗同爲張皇后所出，封在長沙，頗有賢聲，在「國賴長君」的原則下，兄終弟及，亦非無此可能。

二、委任股肱四海大治

這時的決定權操在張太后手裏。明朝多賢后，高祖馬皇后、成祖徐皇后、仁宗張皇后，三代均有懿德；這位宣德朝的張太后，爲她本身着想，應該立襄王，因爲這一來，她的身份不變，仍爲太后；而立皇太子祁鎭爲帝，她就成了太皇太后，祖母與孫子，關係到底隔了一層。但是張太后選擇了孫子，明史「后妃傳」記：

宣宗崩，英宗方九歲，宮中訛言，將召立襄王矣！太后召諸大臣至乾清宮，指太子泣曰：「此新天子也！」羣臣呼萬歲，浮言乃息。

由此可見，她的措施是很賢明的。大致皇位的繼承，以父子遞嬗爲正格；兄終弟及，會發生三種弊病：第一，一弟繼則另一弟亦可繼，因而遭致骨肉間覬覦皇位的奇禍；第二，一朝天子一朝臣，藩王入承大統，則王府僚屬，卽爲從龍之臣，與先朝舊臣，爭奪權勢，必致引起大局的不穩；第三，繼統不繼嗣，宗廟的祭典發生麻煩，如世宗的「大禮議」，就是最明顯的例子。

因此，以社稷爲重的太后，如宋朝的宣仁太后和這位張皇后，都依正規行事。而反面的例子，則是慈禧太后，同治崩後無子，應擇「溥」字輩近支皇裔繼統繼嗣；而慈禧爲求復得長期垂簾聽政，召載湉入宮，私心自用，終於覆淸。相形之下，張太后又有可稱。當時羣臣請她垂簾聽政，她說：「毋壞祖宗法！」只傳懿旨罷一切不急之務，盡心勉勵幼帝向學，委任股肱，四海大治。

「股肱」者：楊士奇、楊榮、楊溥，史稱「三楊」。執政都是二三十年，都享大年，締造太平而享太平之福，眞正是所謂「太平宰相」。明史「三楊傳贊」：

成祖時，士奇、榮與解縉等，同直內閣。溥亦同爲仁宗宮僚，而三人逮事四朝，爲時耆碩，入閣雖後，德望相亞。是以明稱賢相，必首「三楊」。均能原本儒術，通達事機，協力相資，靖共匪懈。史稱「房杜」，持衆美效之君，輔贊彌縫而藏諸用；又稱姚崇善應變，以成天下之務；宋璟善守文，以持天下之正，三楊其庶幾乎？

正統初年，內有賢后，外有「三楊」，在明朝歷史上，是爲全盛時期。

三、太監王振擅作威福

不幸地，三楊也犯了很大的一個錯誤；這要從王振談起。王振是個太監，他的出身很奇特，可能是自有太監以來，獨一無二的。據孟森「明代史」考出明朝嚴從簡的「殊惑周咨錄」中，有這樣一條記載：

王振，山西大同人。永樂末詔許學官考滿乏功績者，審有子嗣，願自淨身，令入宮中訓女官輩。時有十餘人，後獨王振官至太監，世莫知其由教職也！

所謂「學官」就是地方教育官員，其首長在府爲「教授」；在州爲「學正」；在縣爲「教諭」，以下都有「訓導」爲佐理，「月課士子之藝業而獎勵之」，向來是極清高的官職，想不到會淨身去作太監。

就因爲王振的出身「不凡」，所以在宣德年間，被選入侍東宮；英宗一直稱他「先生」，則可知爲敎英宗認方塊字的啓蒙老師，對他極其信任；卽位以後，授爲「司禮監」。而王振可能頗爲嚮往永樂的武功，所以從小就鼓勵英宗「閱武」，「北狩」之禍，種因於此。

王振的擅作威福，早見端倪。張太后一死，更無忌憚，秉筆批本，大權獨攬。而在張太后生前，大約是正統二年正月，張太后曾經要殺王振，「明史紀事本末」敍其事如下：

太皇太后張氏嘗御便殿，英國公張輔，大學士楊士奇、楊榮、楊溥，尚書胡濙被旨入朝，上東立，太皇太后顧上曰：「此五人，先朝所簡貽皇帝者，有行必與之計。非五人贊成，不可行也。」上受命。有頃，宣太監王振。振至俯伏，太皇太后顏色頓異曰：「汝侍皇帝起居多不律，今當賜汝死。」女官遂加刄振頸，英宗跪爲之請，諸大臣皆跪，太皇太后曰：「皇帝年少，豈知此輩禍人家國，我聽皇帝曁諸大臣貸振，此後不可令干國事也。」

張輔是武人，胡濙以周遊天下，訪知建文帝的蹤跡，受知於成祖，才具不及三楊。君子責備賢者，後世多以三楊不乘時機誅王振爲可惜。而以後數年，三楊竟不能不敷衍王振。

四、禁宦官干政的鐵碑

王振只有張太后能約束他。張太后的方法是，每隔幾天，遣太監到內閣問三楊，近日施行何事？如果其中有出於王振獨斷，而未經內閣會議的，張太后一定會把王振找來罵一頓。這樣罵到正統七年十月，太皇太后駕崩了。

當大漸之際，三楊祇剩了二楊——楊榮已死；楊士奇和楊溥被召至寢宮門外，張太后命太監問二楊，國家還有甚麼大事未辦？楊士奇舉了三件事，第一件，「建庶人」——當時對建文帝的官式稱呼——雖亡，應該修他的實錄；第二件，成祖曾有詔令，誰收藏方孝孺等人遺著的，處死，這條禁令應該取消；第三件未及奏上，張太后已崩，因而史書沒有記載，但可以斷言的是，決非裁抑宦官的權勢。

老太后一死，王振首先做的一件事，就是「盜碑」。太祖年間，鑒於前代宦官之禍，特意造一面三尺高的鐵碑，立於宮門口，上鑄八個大字：「內臣不得干預政事」。王振進進出出，看得刺心，把這面碑悄悄移走；照律例言，這是死罪，但沒有人講話。

到了正統十一年七月，三楊均已下世，閣臣的次序爲曹鼐、陳循、馬愉、苗衷、高穀，除了馬愉以外，其餘四人，都是三楊在日，王振所荐。曹鼐、陳循都是狀元；但亦都是庸材，加以舉荐之恩，因而王振得以肆無忌憚。當然，主要的是他能得到皇帝的寵信。

英宗對王振，不僅寵信，實爲敬憚，此亦是不可解之事。正統六年九月，明朝稱爲奉天、華蓋、謹身的「三大殿」及乾淸、坤寧兩宮落成，大宴百官。照規矩，宦官不得參加外廷的大宴；王振自然很不高興。等皇帝派人來問，「王先生」在幹些甚麼時，王振正大發脾氣，他說：「周公輔成王，我就不能在那裏坐一坐?」皇帝聽得這話，綯了半天的眉，下令開東華中門召王振，百官都在門外迎拜，王振才轉怒爲喜。

這時張太后還在，王振已經如此；於此可見，張太后左右，早已爲王振威脅利誘，控制在手下，他的作威作福，根本就沒有人敢去告訴臥病深宮的張太后。

這樣到了正統十四年，終於激出「土木之變」。

五、蒙古部落騷擾邊境

明史紀事本末「土木之變」篇：

正統八年癸亥夏四月，瓦刺太師順寧王脫歡死，子也先嗣。自脫歡殺阿魯台，併吞諸部，勢浸強盛，至也先益橫，邊境自此多事。

按：元朝亡後，元兵遁入沙漠，明太祖全力經營中土，無力征伐，因而議和，並以秦、晉、燕三王備邊；至洪武二十二年設朶顏、泰寧、福餘三衞，許那裏的部落，入貢通商。二十四年，封驍勇善謀的皇十七子權爲寧王，開府大寧，以爲鎭壓。朱權於永樂年間移封南昌，爲王陽明所平的宸濠，卽爲朱權之後。

瓦刺卽爲蒙古的一個部落，其地在河套以北，淸朝名爲衞拉特或烏拉特，淸史稿地理志「烏拉特部三旗」以及藩部傳之烏拉特，所記卽是。瓦刺部最初爲元末強臣猛可帖木兒所佔據；猛死後一分爲三，卽爲以後烏拉特前、中、後三旗的由來。在當時，瓦刺三部中，最強的一個，名爲馬哈木，永樂六年貢馬討封；第二年被封爲「特進金紫光祿大夫順寧王」；馬哈木死，其子脫歡襲爵；先殺其東面韃靼的「太師」阿魯台，後又併呑另外兩部。至此瓦刺部復歸於一，成爲塞外蒙古部落中最強的一個。

於是脫歡打算自稱「可汗」，這等於對成吉斯汗及元朝的背叛，他的部衆不願。脫歡便找了個元朝皇室之後，名叫脫脫不花的爲可汗，自爲丞相。

正統四年，脫歡又死，他的兒子就是也先，繼承了他父親的事業，自稱「太師淮王」。也先與脫脫不花雖有主臣的名義，而實際上是分了家的，對明朝的貢市，各自爲政；明朝亦分別敕答。但脫脫不花的兵馬，是脫歡奪阿魯台所屬而慨然讓與，所以最眞實的情況是脫脫不花爲也先的附庸。

在永樂年間，蒙古各部落，常常騷擾邊境；成祖雄才大略，曾多次親征漠北，第一次在永樂八年春天；第二次在十二年，卽是親征瓦刺；以後二十年、二十二年又親征。最後一次，只有「弓劍歸來」，成祖崩於榆木川。

這幾次親征，都是春去秋還。自古以來，中土征域外，都受了天時、地利的限制，勞民傷財而往往無功。

六、「土木之變」的緣起

要問其中的道理，簡單得很，遠征之師，不能在塞外過多。第一軍糧不繼，其次苦寒難當。相反地，對方秋高馬肥，戰鬭力必見增強，相形之下，勝敗之數，十分明顯。

以北宋爲例，太宗雍熙三年正月，將兵伐契丹，四月間，趙普上疏：

伏覩今春出師，將以收復幽薊，屢聞克捷，深快輿情。然晦朔荐更，已及初夏，尚稽克復，屬在炎蒸，飛挽甚煩。戰鬭未息，王師漸老，吾民亦疲。夙夜思之，頗增疑慮。戰者危事，難保其萬全；兵者凶器，深戒於不戢。前事有兵久生變之言，此可以深慮也。苟更圖淹緩，轉失機宜，旬朔之間，便涉秋序。臣又慮內地先困，邊境漸涼，虜則弓勁馬肥，我則人疲師老，恐於此際，或誤指蹤。伏望速詔班師，無容玩寇。

所謂「飛挽甚煩」、「吾民亦疲」，是說軍糧的運輸成問題；「虜則弓勁馬肥，我則人疲師老」是說作戰能力成問題。這年十一月，君子館一役，宋軍因不耐苦寒，士卒至竟無法操作弓箭。

因此，征塞外的軍事部署，有如次的幾個必不可違反的原則：

第一、春去秋還，期於半年內收功。

第二、分道並進，速戰速決。

第三、人馬未動，糧草先行。並在接近前線的安全地區，大量儲備。

瞭解了這些，就可以知道王振是如何荒唐？而英宗是如何無知？像「土木之變」這種意外，在唐、宋或者清朝，是決不可能發生的，因爲唐、宋、清的皇帝都讀過書，對這種兵法上很簡單的道理，不會不明白。

史書記載：正統十四年七月，也先大舉入寇，大同兵失利，塞外城堡，所至陷沒。緊急軍報，一日好幾起，遞向京師，朝廷因遣駙馬都尉井源，各率萬人禦敵。這是正確的措施。那知井源等剛一走，王振勸英宗親征，「命下二日卽行，事出倉卒，舉朝震駭。」

七月已是秋天，征塞外是班師之時，不是出師之時；親征是何等大事，命下卽行，直同兒戲。無怪乎「舉朝震駭」；兵部尙書鄺埜、侍郎于謙，職責所在，首先提出異議。

七、英宗親征倉卒就道

關於于謙，放在後面再談，這裏先簡單介紹鄺埜，他是湘粵交界的宜章人，永樂九年進士，由監察御史擢升陝西按察副使，久任司法，多所保全，積了許多陰德，從政以淸簡恤民爲尙，這淸字也包括他本人的淸廉在內；立身得力於庭訓，他的父親名叫鄺子輔，是個了不起的「小人物」，明史本傳：

埜爲人勤廉端謹，性至孝，父子輔爲句容教官，教埜甚嚴；埜在陜，久思一見父，乃謀聘父爲鄉試考官。父怒曰：「子居憲司而父爲考官，何以防閑？」馳書責之。埜又嘗寄父褐，復貽書責曰：「汝掌刑名，當洗冤釋滯，以無忝任使。何從得此褐，乃以汚我？」封還之。埜奉書跪誦，泣受教。

鄺家父子與嚴家父子，是個強烈的對比；只看這個對比，就可以知道，何以謂之盛世與衰世。當王振主親征時，不與外廷商議，詔令旣下，鄺埜上疏，說「也先入犯，一邊將足制之。陛下爲宗廟社稷主，奈何不自重？」王振不聽。

除了兵部以外，吏部尙書王直則率大小羣臣，伏闕力諫：

國家備邊最爲謹嚴，謀臣猛將，堅甲利兵，隨處充滿，且耕且守，是以久安。今敵肆猖獗，違天悖理，陛下但宜固封疆，申號令，堅壁淸野，蓄銳以待之，可圖必勝。

按：明朝的衞所制度，撥田設兵，無事則耕，有事則戰，所以明太祖曾有豪語：「吾養兵百萬，不費民間一錢」。其時衞所制未壞，邊關的力量亦頗雄厚，王直主張以逸待勞，先採守勢，準備迎頭痛擊，確是很妥當的戰略。無奈王振好大喜功，一概不納，於是車駕出京，倉卒就道，情況糟不可言。

當時的部署是如此，命皇弟郕王居守，大臣一半扈從，一半留京。扈從的勛臣以英國公張輔為首，他是成祖從龍武臣之首張玉的長子，本人從征有功，有妹又為帝妃，這時是四朝元老，年紀已經七十五歲；亦唯有他能與王振分庭抗禮，但王振很忌他，敬而遠之，不使與聞軍事。

八、五十萬大軍深入漠北

第二個是與張玉齊名，配享成祖廟的朱能的長子，成國公朱勇。文臣中，有入閣的大學士曹鼐、侍讀學士張益，以及戶部尚書王佐、兵部尚書鄺埜等。所統官軍多達五十餘萬，這樣一個大兵團的行動，起碼得有一個月的準備，尤其是軍糧的儲運，任重事繁，以永樂二十年親征為例，運糧的部署分為前、後運，「前運」用總督官三人，以下又分車運和驢運，領隊官共五十一人；「後運」用總督官兩人，各率騎兵千人、步兵五千人護運。總計用驢三十四萬頭、車十七萬輛，民伕二十三萬，而運糧不過三十七萬石。兩相對照，英宗的親征，命下即行，豈僅形同兒戲，直是送死而已。

出師是在七月十七，到月底共十四天，未曾接戰、敗象已呈：十七日，命太監金英輔郕王居守，每旦於闕左門西面受羣臣謁見，遂偕王振並官軍五十餘萬人至龍虎臺駐營。方一鼓，衆軍訛相驚亂，皆以爲不祥。明日，出居庸關，過懷來，至宣府，連日風雨，人情洶洶，聲息愈急，隨駕諸臣連上章留。振怒，悉令掠陣。未至大同，兵士已乏糧，僵屍滿路。

按：明史紀事本末，敍此有誤，照當時的情形，軍糧的補給，一半靠沿路兵站的積儲，一半靠士兵隨身携帶，十四日之間，如果乏糧，也還不致成爲餓殍；這裏所謂「僵屍滿路」，實在是車駕發京師那天，西寧侯宋瑛、武進伯朱冕、都督同知石亨在陽和戰敗的官兵遺屍。

明史「王振傳」：

至宣府，大風雨，復有諫者，振益虓怒。成國公朱勇等白事，咸膝行進；尚書鄺埜、王佐忤振意，罰跪草中。其黨欽天監正彭德清，以天象諫，振終弗從。

八月初一，御駕抵達大同。大同的鎮守太監名叫郭敬，是王振的親信；陽和一戰，宋瑛、朱冕陣亡，石亨單騎逃回，郭敬則因躱在草中，得以不死。他是領教過也先的，便爲王振密陳，不可再進。事實上也先原是有意誘大軍深入；愈深入則兵愈疲、糧愈乏，處境愈為不利。

九、班師回京中途遇伏

王振聽了郭敬的陳述，才知道身臨險地，親征無益，開始害怕。於是決定班師，並奏請英宗順道臨幸他家；王振是蔚州人，地在今山西蔚縣以西、飛狐口正北，在明朝屬於大同府，所以史書稱他為大同人。

如果照此初議，則由大同向東南走，過王振的家鄉蔚州，經飛狐口入易州西面的紫荊關，即抵京師，就不會有土木之變。那知王振忽然改了主意，要避開他的家鄉；因為其時秋收在望，幾十萬大軍路過，人馬雜沓，勢必傷了蔚州的禾稼——這是無法避免的，惟有申明軍律，約束士兵，儘量避免擾民；同時以蠲免賦稅等等措施來作為補救。任何一個公忠體國的當國者，都會這樣子做；但太監大多私心特重，最喜歡示惠於鄉里故舊，以自炫其權勢，所以八月初三從大同班師，走了四十里到一處名叫雙寨的地方，大雨傾盆之下，忽然下令改道向東，要由來的路上去，即仍舊經宣化府，入居庸關。

在改道以前，大同總兵郭登，就告訴大學士曹鼐，車駕宜從紫荆關回京，可保無虞。因為自大同向東南行，很快地就可以脫離前線，而向東到宣化，則數十萬大軍，拉成三、四里長的一個側面，目標太大，危險孰甚？這原是很簡單的道理，人人知道，就是私心自用的王振不聽。

這時的士氣很壞，兵敗、缺糧、大雨，而一切指揮供應，都欠靈活，所以軍中常「夜驚」。此時在泥濘載途中，迂迴奔走，無不怨聲載道，行軍的速度也就慢了下來，走了七天，到八月初十才到宣化府。到了宣化以後的情形，「綱目三編」所記比較明確：

鄺埜再上章，請疾驅入關，嚴兵為殿，不報。又詣行殿申請，振怒曰：「腐儒安知兵事？再妄言必死！」埜曰：「我為社稷生靈，何得以死懼我？」振愈怒，斥左右挾之出。及發宣府，額森（按：清改也先名為額森）兵襲軍後，恭順侯吳克忠及其弟都督克勤禦之，力戰死，後軍潰散略盡。成國公朱勇，永順伯薛綬，帥師四萬往援，次鷂兒嶺遇伏，全軍俱覆。

十、朱勇陣亡全軍盡墨

恭順侯吳克忠弟兄是蒙古人，他們的父親原名把都帖木兒，住甘肅塞外塔溝地方，在元朝官至「平章」，永樂三年，後軍左都督宋晟鎭甘肅，招降入明，帶來五千人，一萬多匹馬和駱駝，因此被封爲恭順侯。賜名吳允誠。宋晟亦以招降之功，被封爲西寧侯；他的幼子襲爵尙主，就是在陽和（山西陽高）與朱冕一起全軍覆沒的宋瑛。

照史書來看，這一役的部署，大致宋瑛是先鋒，吳克忠弟兄殿後，而主力則由朱勇率領。靖難功臣，配享成祖廟者凡四人，張玉、朱能、王眞、姚廣孝；朱能的封號是成國公，永樂四年討安南，病歿龍州，其子朱勇襲爵，明史本傳：

子勇嗣，以元勳子，特見任用，歷掌都督府事，留守南京。永樂二十二年從北征。宣宗卽位，從平漢庶人，征兀良哈。張輔解兵柄，詔以勇代。勇以南北諸衞所軍，備邊轉運，錯互非便，請專令南軍轉運，北軍備邊。又言：京軍多遠戍，非居重馭輕之道，請選精兵十萬益之。又請令公侯伯都督子弟操練。皆報可。正統九年出喜峯口擊朶顏諸部，至富峪川而還，爲兵部尙書徐晞所劾，詔不問。尋論功加太保。勇赤面虬鬚，狀貌甚偉，勇略不足，而敬禮士大夫。十四年從駕至土木，迎戰鷂兒嶺，中伏死。所帥五萬騎皆沒。

與朱勇同時陣亡的，還有永順伯薛綬，也是個蒙古人。就軍事的觀點而論，這一仗是主力戰，也應該是陣地戰，居然在兩山夾峙的鷂兒嶺中伏，全軍皆墨，見得斥堠偵察的工作，幾乎未做，是件不可思議之事。因此，後來論失律之罪，朱勇以大將而喪師辱國，致陷乘輿；雖陣亡而仍追論其罪，削去封號，並不許歸葬。

這天是八月十三。第二天御駕到土木堡，其地在懷來以西二十五里，是塊高地；扈從羣臣認爲天還未晚，應該趕到懷來，閉城以守，比較安全。但王振不聽，因爲他有一千多輛輜重車未到；這些輜重車，內裝何物，今已失考，但可斷言的是，一定是王振捨不得丟棄的東西，他怕一入懷來，城門關閉，這些輜重車，或會失去，所以一定要在土木堡等。

十一、掘地二丈不能見泉

土木堡之敗的直接原因，與馬謖失街亭如出一轍，試以下引兩段文字作對比，即可明瞭：

（張郃）拒（諸葛）亮馬謖於街亭，謖依阻南山，不下據城；郃絕其汲道，擊，大破之。（三國志張郃傳）。土木地高，掘井二丈，不得水，汲道已爲敵據，衆渴，敵騎益增。（中國歷史地圖集「戰役篇」）

馬謖「言過其實，終無大用」，而王振則根本不知兵，但扈從英宗的文武大臣，不知凡幾，竟不能扭轉王振這樣一個常識上的錯誤，這亦是不可思議之事。

所謂「汲道已爲敵據」，是指土木堡「南十五里有河，已爲也先所據」；此河當是桑乾河。十四日夜裏，也先從土木西面麻峪口，大量增兵，都指揮郭懋拒戰終夜，不能抵擋，於是御營被圍。明史紀事本末說：「楊洪總兵在宣府，或勸洪急以兵衝敵圍，駕可突出。竟閉城不出。」此一責備不但過苛，且亦不合事實。宣化離懷來一百五十里，馳救不及；且當時在土木的大軍數十萬，不能突圍，則楊洪遠從宣化來攻，自亦無濟於事。而輕出的結果，可能宣化城陷，大事更不可爲了。

不過也先一下子也「吃不掉」這樣一個大兵團，逼得太急，則作困獸之鬭，勝敗在未定之天；因此也先要設法使明軍自亂陣腳。明史紀事本末載：

十五日壬戌，敵遣使持書來以和爲言，遂召曹鼐草敕與和，遣二通事與北使偕去。振急傳令移營踰塹而行。廻旋之間，行伍已亂。南行未三、四里，敵復四面攻圍，兵士爭先奔逸，勢不能止。鐵騎蹂陣而入，奮長刀以砍大軍，大呼解甲投刀者不殺，衆裸袒相蹈藉死，蔽野塞川，宦侍虎賁矢被體如蝟。

於此可知，當時如果汲道不斷，則持道而守，俟機出擊，不難退敵。所謂「踰塹而行」，卽是脫出深溝高壘的防禦工事，正中了也先的誘敵之計。同時後世史家也看不出，這個大兵團有何中心指揮系統，除了王振的失心瘋的行爲以外，還有甚麼人參贊戎機？

十二、王振爲樊忠捶死

明史「瓦剌傳」：

南軍方動，也先集騎四面衝之，士卒爭先走，行列大亂。敵跳軍而入，六軍大潰，死傷數十萬，英國公張輔、駙馬都尉井源、尚書鄺埜、王佐、侍郎曹鼐、丁鉉等五十餘人死之。

按：這一役被難的官員，除自有傳者以外，明史「英宗前紀」及列傳第五十五「王佐傳」，列有名單及簡歷，鄺埜的事蹟，已見前述，其餘如：

曹鼐——狀元，以楊榮、楊士奇薦，入閣參機務。「少伉爽有大志，事繼母以孝聞。」爲人「內剛外和，通達政體。」

張益——以侍讀學士入閣，「博學強記，詩文操筆立就。三楊雅重之。」

王佐——「器宇凝重，奏對詳雅。」「不爲赫赫名而寬厚有度。政務紏紛，未嘗廢學，人稱其君子。」

丁鉉——「平居恂恂若無能，臨事悉治辦。」

王永和——「少至孝，父病伏枕十八年，侍湯藥無少懈。」「以勁直聞。」

鄧棨——「奉敕巡按蘇、松諸府，期滿，父老赴闕乞留。」土木之變，「同行者語曰：『吾輩可自脫去。』棨曰：『鑾輿失所，我尙何歸？主辱臣死，分也。』遂死。」

俞鑑——兵部職方司主事。「北征，郎中胡寧當從，以病求代，鑑慷慨許諾，或曰：『家遠子幼，奈何？』鑑曰：『爲國，臣子敢計身家？』尚書鄺埜知其賢，數與計事；鑑曰：『惟力勸班師耳。』時不能用。」

羅如墉——以「行人」扈從，「瀕行，訣妻子，誓以死報國，屬翰林劉儼銘墓；儼驚拒之。墉笑曰：『行當驗耳』。後數日果死。」

凡此都是國家的人才，自洪武以來，八十年間休養生息，培育而成，都以王振之妄，一舉而玉石俱焚。小人禍國，有時會造成非人力所能挽回的刼運；消弭之道，唯在早除隱憂，眞恨樊忠一鎚，失之太晚。

王振之死，本傳說他死於亂軍，而明史紀事本末說他爲護衞將軍樊忠一鎚捶死。

十三、英宗盤膝束手待擒

至於英宗的遭遇，頗多可歌可泣的故事。要談歷史上命運奇特的皇帝，英宗是其中之一。

英宗在亂軍中，侍從四散，僅得一個名叫喜寧的太監相隨，而這個太監，從事後種種跡象說明，他的隨侍不去，不是忠心護君，而是不懷好意，有以皇帝爲奇貨的打算。英宗是不會騎馬的，跑又跑不動，就只好向南盤膝而坐，聽其自然。

這時也先的部下，擄掠重於殺敵，有個瓦剌兵看見英宗，要他身上的衣服，英宗不理，此人大怒，以白刃相加，正好他的哥哥到了，一眼認出英宗不是「凡人」，明史紀事本末對此有段生動的記載：

其兄來曰：「此非凡人，舉動自別。」擁出雷家站見也先之弟賽刋王，上問曰：「子其也先乎？其伯顏帖木兒乎？賽刋王乎？大同王乎？」聞其語大驚，馳見也先曰：「部下獲一人甚異，得非大明天子乎？」也先乃召使中國二人問是否？二人見而大驚曰：「是也！」也先喜曰：「我常告天，求大元一統天下，今果有此勝。」問衆何以爲計？其中一人名乃公，大言曰：「天以仇賜我，不如殺之！」伯顏帖木兒大怒，呼也先爲「那顏」，那顏者，華言大人也。「安用此人在傍？」摧其面曰：「去！」因力言兩軍交戰，人馬必中刀箭，或踐傷壓死，今大明皇帝獨不踐壓中刀箭，而問那顏，問我等，無驚恐怨怒，我等久受大明皇帝厚恩，雖天有怒，推而棄之地下，而未嘗死之，我等何反天？那顏若遣使告中國迎返天子，那顏不有萬世好男子名乎？衆皆曰：「者」，胡語云者，然辭也，於是也先以上送伯顏帖木兒營，令護之。

這段記載，不免有渲染之處，但也先不想殺英宗，確為實情。伯顏帖木兒亦為也先的弟弟，所以把英宗送到他營中，就怕有人魯莽，暗中對英宗下毒手；而伯顏帖木兒則必能善盡守護之責。

至於喜寧，這時已離帝而去，投降了也先，把中國邊境及京師的虛實，和盤托出；因此，也先另外派了一名俘虜來伺候英宗。此人叫袁彬，江西新昌人，是個綿衣校尉。英宗問他會不會寫字？說會；於是代帝草書奉太后，派一個名叫梁貴的錦衣千戶，到懷來去送信。懷來守將怕其中有詐，不敢開城；用繩子把梁貴從城牆外吊了上去，這才知道天子不曾殉社稷而是蒙塵了。

十四、八駃細軟去贖皇帝

第二天——八月十六，梁貴被護送到京；三更天敲開西長安門，入宮報信。

消息傳入深宮，自然是從孫太后以次，無不號啕大哭；一面哭、一面還要辦正事。也先志在財貨，孫太后開內庫取珍寶；英宗錢皇后，亦是一位賢后，盡出中宮所有，一共載了八馱的金玉、珠寶、綢緞等等細軟，送到也先營中去想贖回那天字第一號的「肉票」。

這是八月十七日早晨的事，前線的潰卒，已充滿京師；文武百官聽說乘輿失陷，趕到朝堂，痛哭失聲。於是監國的郕王開廷議，論戰守的大計。

有個蘇州人叫徐珵，官居侍講學士，此人是俗語所說的「矮子肚裏疙瘩多」，平時看的「雜書」很多，有些是有用的，如地理、兵法、水利等；有些在現在來看是無用的，如陰陽術數之學。當英宗親征以前，星象中出現一種情況，名爲「熒惑犯南斗」，熒惑就是五星中的火星；五星相聚，視爲祥瑞；兩星經緯同度稱爲「掩」，兩星光芒相接稱爲「犯」，這就有許多疑神疑鬼的說法了。徐珵認爲火星犯斗宿，「禍不遠矣！」叫他老婆回蘇州，他老婆不肯；徐珵發脾氣說：「爾不急去，不欲作中國婦耶？」意思是看出也先會入寇，中國會打敗仗。此時自覺其言已驗，所以在廟堂之上，大放厥詞：「驗之星象，稽之歷數，天命已去，惟南遷可以紓難。」隨侍郕王太監金英，首先呵斥；禮部胡濙也表示反對，說成祖「定陵寢於此，示子孫不拔之計。」兵部侍郎于謙厲聲怒斥：「言南遷者，可斬也，京師天下根本，一動則大事去矣。請速召勤王兵，誓以死守。」大學士陳循亦同意于謙的看法。於是用事的太監金英和興安，把徐珵攆了出去；廷臣亦無不唾罵。

其時京師只有老弱殘兵十萬，數十萬勁卒，潰於一旦，相形之下，似乎不可能守得住，所以人心浮動。孫太后聽得外廷的議論，跟一個太監李永昌商量：「陵寢宮闕在玆，倉廩府庫，百官萬姓在玆。」孫太后覺得他的話不錯，因而支持外廷的決策。這一下，人心才穩定了下來。此為于謙守正應變，扶危濟傾的第一功。

這樣過了三天，英宗沒有能被贖回來，生死已不可測。於是有另一個蘇州人，右副都御史陳鎰，上章痛哭，請族誅王振。

十五、王振之姪王山被處死

其時以為王振罪該萬死的，不止陳鎰一個，彈章紛上，當郕王以監國身份，臨午門聽政時，這些彈劾的奏疏，一道一道念給他聽；郕王不敢作主，只傳諭出宮待命，羣臣大失所望，伏地痛哭，堅請卽時降旨，准為劾奏所請。

於是有個錦衣指揮馬順，是王振的死黨，厲聲叱斥，要把大家攆出殿去。這一下惹惱了一個素性豪邁負氣的戶科給事中王竑，揎一揎衣袖，大踏步上前，撲向馬順，一把拉住他的頭髮，拿着朝笏就打，一面打，一面罵；打罵之不足，恨不得生啖賊黨，居然就咬馬順臉上的肉。在廷羣臣亦一擁而上，把滿腔悲憤，都發洩在馬順身上，活活把他打死在郕王面前。

這時不但朝班大亂，警戒宮門的錦衣衞亦其勢洶洶，預備動手替他們的長官馬順報仇；郕王一看這情形，心裏害怕，打算溜入後宮。如果郕王眞的一走，錦衣衞更無忌憚，滿朝文臣，必受荼毒，摧毀了中樞發號施令的領導機構，天下非大亂不可。

在此關鍵性的時刻，只見于謙從人叢中盡力擠了出去，拉拉扯扯，袍袖盡裂；到了郕王面前，扶住他說：「殿下！請宣諭百官：馬順之罪當死。打死馬順的人，無罪！」郕王聽了他的話，大聲宣諭。如是，錦衣衞才不敢盲動，而百官亦得安心。一幕喋血宮門的悲劇，就在這片言中，消弭於無形。是爲于謙濟危扶傾，平亂定國的第二功。退出左掖門後，老成耆宿的吏部尚書拉着于謙的手說：「國家正要你這樣的人。今天那怕一百個王直，亦無濟於事。」

當天，王振的姪子，都督指揮王山被綁到西市，凌遲處死，替王振當罪。這好像過份了些。但中國傳統的司法觀念，大逆不道行族誅，似乎贊成的人多於反對的人；是無法以現代的觀點來衡量其是非的。

凡此重罪，都有附屬的刑罰，就是「籍沒」，據王振本傳記載，抄出金銀六十餘庫；玉盤上百；珊瑚高六七尺者，二十餘枝。其他珍玩無算。珊瑚樹在此刻來看，似乎不算太名貴，但在海洋資源未曾開發的數百年前，非常値錢；淸朝乾隆末葉，孫士毅平安南，命士兵入海採珊瑚，死數百人之多，於此可以想見其珍貴。

十六、郕王攝政輔佐太子

到了七月廿，八駃細軟送出，已歷三天，照行程計算，皇帝應該贖回來了，但消息沉沉，顯見得也先奇貨可居，還不肯脫手；國不可一日無君，用事的司禮監金英、興安、李永昌等勸孫太后早定大計，於是以太后的名義，下了兩道詔令，第一道是命郕王攝政：

皇帝率六軍親征，已命郕王臨百官，然庶務久曠，今特敕郕王總其事，羣臣其悉啓王聽令。

第二道是立太子：

邇者寇賊肆虐，毒害生靈，皇帝憂懼宗社，不遑寧處，躬率六師問罪。師徒不戒，被留王庭，神器不可無主，茲於皇庶子三人，選賢與長，立見深爲皇太子，正位東宮，仍命郕王爲輔，代總國政，輔安萬姓，布告天下，咸使聞知。

這兩道詔令，說得很明白，郕王總國政是輔太子，如周公輔成王的故事，皇位將來仍舊落在英宗周妃所出，此時兩歲的皇長子見深身上。如果郕王能認清這一點，以後就不會自取其辱；此爲奪門之變的關鍵所在，我在這裏特提一筆，以淸眉目。

其時殉難諸臣的名單已經到京，朝中人事，自然有一番調整，最重要的一個任命，就是于謙升任兵部尙書，接鄺埜的遺缺。「綱目三編」：

謙毅然以社稷安危爲己任。上言：寇得志，要留大駕，勢必輕中國，長驅而南。請飭諸邊守臣協力防遏，京營兵械且盡，亟分道募兵，令工部繕器甲，修戰具，分兵九門，列營郭外，附郭居民，皆徙入內。文臣如軒輗者，宜用爲巡撫。武臣如石亨、楊洪、柳溥者，宜用爲將帥。至軍旅之事，臣身當之，不效則治臣之罪。王深納焉。徵兩京、河南、山東、江北軍入衞。時議欲焚通州倉，以絕寇資，會應天巡撫周忱在京，言倉米數百萬，可充京軍一歲餉，令自往取則立盡，何至遽付灰燼？于謙以爲然，王乃令京官及軍，有能運通州糧至京者，官以腳直給之，都御史陳鎰總其事。

按：最後一段話的意思，是令京官及京營軍，自往通州倉領米折爲薪餉，額外加給米若干，作爲運費的津貼。這是應變的絕妙措施；由這一點看，就可以知道，當時的情勢，雖危不亂，則終必轉危爲安。

十七、也先挾英宗到大同

京師的應變工作，正在積極展開，邊關的防守，亦復嚴密異常，也先的部下挾持着英宗，先到大同，大同守將，武定侯郭英的孫子郭登，不肯開城；再到宣化，宣化的守將楊洪答得更妙：「臣所守者，陛下的城池；天色已暮，不敢開城。」也先的這些花樣，是投降了的蒙古籍太監喜寧的唆使，目的是威脅諸將開關，召見扣留，以爲利用；邊將都不上當，那就只好先把英宗移到塞外，再作道理。

也先的陰謀雖一時不得逞，但挾天子以令諸侯，畢竟是件很麻煩的事，而國賴長君，古有明訓，所以，用事的太監和外廷大臣，有個不謀而同的看法，應該讓郕王卽皇帝位，「絕虜之望」。這就是說，也先以英宗爲「奇貨」，如果別立一天子，則無奇可居，反肯脫手；

因此要想敵人送還天子，非行此著不可。而且以後要談和，也決不能爲了英宗復返這個條件而多所委屈，否則，愈遷就則也先愈不肯放手。這是于謙研究南宋二帝不還的原因，審察也先的實力，準今酌古的老謀深算，是爲此後抵抗也先入寇的最高戰略指導原則。

「綱目三編」對此事的記載如此：

九月，廷臣合辭請皇太后曰：「車駕北狩，皇太子幼沖。古云『國有長君，社稷之福』，請定大計，以安宗社。」太后允之。羣臣以太后旨告王，王驚謙再三，避歸郕邸。羣臣復固請，于謙曰：「臣等誠憂國家，非爲私計。」會都指揮岳謙使衞喇特還。口傳帝旨，以王長且賢，令繼統以奉祭祀，王始受命，癸未卽位，以明年爲景泰元年，遙尊帝爲太上皇帝。

按：「衞喇特」卽瓦剌，岳謙奉太后的命令，爲英宗去送寒衣。英宗既有此意，則郕王的卽皇帝位，在法理上，實無絲毫可以疵議之處，而猶懼不敢奉命，竟至避歸藩邸，可見初無覬覦大位之意。至於以後的逐漸「變心」，另當別論。

郕王卽位，是爲景帝。十月間也先復挾上皇——太上皇帝到大同；第一次郭登還曾出見，奉上金帛，這一次老實不客氣，拒而不納，「遣人謝曰：『賴天地宗社之靈，國有君矣！』也先知有備，不敢攻。」這就是復立一君所得的作用。

十八、于謙堅拒也先誘和

也先在大同碰了壁，聽從喜寧的獻謀，長驅而南，破紫荆關，直薄京師；其時京營兵由陽和敗還的石亨總理，連同各路勤王之師，以及分遣御史十五人赴近畿所招募的新兵，總計二十二萬，由于謙以「本兵」提督。紫荆關一破，京師戒嚴，議防守之方，石亨與于謙的主張不同。

石亨主張盡閉九門，堅壁淸野，待敵自退；于謙不可，認爲賊勢頗爲猖狂，如再示弱，益發助長賊勢。當然，于謙負指揮的全責，他的主張，就是命令，於是二十二萬兵，列陣九門以外，分遣勛臣或都督各守一門；九門緊閉，以絕士卒反顧之心。下令：臨陣將不顧軍先退者，斬其將；軍不顧將先退者，後隊斬前隊。這就是以後戚繼光治軍用「連坐法」的張本。

于謙自己和石亨，率副總兵范廣、武興佈陣德勝門，首當敵鋒。十月初九，上皇由易州經良鄉抵達蘆溝橋，一路有父老進獻茶果羊酒；而上皇則在也先逼迫之下，寫了三封信，一奉皇太后，一致景帝，一諭文武羣臣，這三封信始終未見發表，不過可以猜想得到，是「主張」開城投降，亂命可以不奉詔，所以沒有下文。

照也先原來的想法，京師旦夕可下，及至兵臨其地，才知道不是這麼回事；彰義門（按：西直門在明朝名爲彰義門）初次交鋒，都督高禮、毛福壽殺敵數百人，奪還被掠的百姓一千餘人。也先不敢輕敵，擁上皇入土城暫避。按：在明朝，京師南、西、北三面皆有土城，爲遼、金、元三朝都城的遺蹟，以當時列陣的情況看，此上皇所駐的土城，應在西北角，當爲元朝肅清門遺址。

在土城，喜寧又出了花樣，勸也先遣使議和，索金帛，要大臣去迎駕；景帝以通政使參議王復和、中書舍人趙榮，臨時升官，朝見上皇。喜寧嫌他們的官小，教唆也先拒絕，並指名要于謙、石亨、胡濙、王直等出見。當時廷臣有主張和議的，但于謙的態度很堅決，表示「今日只知有軍旅，他非所敢聞」。

和議不成，便只有作戰。也先以一萬騎兵攻德勝門；于謙和石亨在空屋中設伏，並派少數人馬誘敵深入，伏兵齊起，副總兵范廣發火器；這火器名爲「神槍」，見「續文獻通考」，神槍頗見威力，結果也先的一個弟弟和一個「平章」，死在火器之下。

十九、石亨迎擊也先敗走

京師北面兩門，東爲德勝，西爲安定；當于謙設伏德勝門時，同時安定門亦設下埋伏，由石亨指揮，此時由東西夾擊，收功甚偉。

石亨是奪門之變的要角之一，不可不爲介紹。明史本傳：

石亨，渭南人。生有異狀，方面、偉軀、美髯及膝。其從子彪，魁梧似之，鬚亦過腹。就飲酒肆，相者曰：「今平世，二人何乃有封侯相？」亨嗣世父職，爲寬河衞指揮僉事，善騎射，能用大刀，每戰輒摧破。

按：其時邊將，智略數楊洪爲第一，其次就是石亨，所以威名素著。陽和之敗，壞在王振的死黨郭敬，蓄意阻撓；宋瑛、朱冕陣亡，石亨單騎逃回，因于謙的舉薦，「召掌五軍大營」；明朝軍隊高級的編制，通常分爲「前後左右中」五部，所謂「掌五軍大營」，即成爲拱衞京師禁軍的首腦。

石亨、石彪叔姪，智勇兼備，一出安定門，石彪持巨斧直薄敵陣，也先退向西面；石亨追擊，敵兵往南而退，但以石家的兵馬在北面，所以石彪率精兵千人誘戰，到了相當地點，石亨迎頭痛擊，也先敗走。

但也先的攻勢並非一路，北面失利，西面卻打得還不錯；守彰義門的都督孫鏜，背城而戰，猶自不支，便遣人叩關，準備「轉進」至九門以內。

明朝的軍隊中，都有所謂監軍，或用太監，或用言官，這時在西城監軍的是給事中程信，他不肯開城，說孫鏜小有失利，就要退入城內，則賊勢張而人心危，因而督促孫鏜再戰，他與都督王通等人，在城上鼓譟助威。接着，毛福壽、高禮、石亨紛紛率兵來援，賊被擊退。

于謙的防禦工事中，還有樣威力甚大的利器，卽是大炮。當靖難師起，鐵鉉守濟南不下，成祖以大炮轟擊，在軍事上造成壓倒的優勢，虧得鐵鉉想了一條「絕計」，大書「太祖高皇帝神牌」掛在城牆上，才得免於城破；其後平交趾，大炮益見「輕妙」，沈德符「野獲編」記：

本朝以火器禦虜，爲古今第一戰具，然其器之輕妙，實於文皇帝平交趾始得之，卽用其僞相國越國大王黎澄爲工部官，專司督造，盡得其傳。

二十、脫脫不花遣使修好

于謙雖有此準備，但上皇在也先軍中，投鼠忌器，不敢輕用。及至也先退兵，于謙跟着就派出密探，打聽到上皇的車駕已遠，於是入夜施行奇襲，以大炮轟擊敵營，瓦剌兵死者萬餘人。總計相持五日，京師解圍。

瓦剌兵分兩路撤退，一路由也先率領，往北出居庸關；一路由伯顏帖木兒率領，奉上皇由西南出紫荆關。也有往內地流竄的，于謙派兵分道追擊，石亨叔姪在保定西南的清風店；楊洪、孫鏜在永定河南岸的固安，雙雙報捷，奪回俘虜甚多。

被擊潰的瓦剌兵，數百騎一羣，沿路擄掠；以所俘的人畜作外圍，所以遠遠望過去，聲勢甚壯，京師雖已轉危爲安，京畿各地卻大受災害。幸好，瓦剌名義上的酋長脫脫不花，原爲後隊，聽說也先兵敗，不敢入關；同時認爲跟着也先一起行動，害則均受，利則專歸也先，十分不上算，因而遣使獻馬，願意與明朝修好。景帝接受了胡濙和王直的建議，以爲「脫脫不花與也先君臣不睦，宜受其獻以間之」。因而賜來使衣服酒饌金帛，雖未議和，已有默契。

到了十一月間，瓦剌兵都已退出關外，論功行賞，楊洪封昌平侯、石亨封武清侯、于謙加官銜爲少保，總督軍務；固辭不許。於是得論戰守之計，大學士陳循主張調邊關良將，固守京師，于謙則認爲宜固邊疆，拒敵於關外。這樣重新部署以後，也先不敢妄動，而喜寧又出了花樣。

據「綱目三編」記，正統十四年十二月，「喜寧勸也先西犯寧夏，掠宛馬，直趨江表，居上皇南京」。此所記與地理不符，喜寧的建議，當是由西路迂迴，自天山南路入星星峽，經安西、酒泉、武威到蘭州，越過陝西南部，出老河口直趨江表，順流而下到南京。如果此計得售，則成南北對峙之勢，可能會有第二個元朝出現。幸好上皇聽了袁彬的勸，不願隨行，喜寧的陰謀便落了空。

其時在上皇身邊的，有兩個人，一個是袁彬，一個叫哈銘，也是蒙古人；上皇在沙漠中輾轉流離，得以不死，都靠此二人。明史以袁、哈與曹鼐、鄺埜、王佐等死難大臣，合爲一傳，卽此可見淸初史家對此兩人的成就所許的位置。

二十一、也先獻妹英宗謝拒

明史「袁彬傳」：

帝既入沙漠，所居止氈帳敝幃，旁列一車一馬，以備轉徙而已。彬周旋患難，未嘗違忤，夜則與帝同寢，天寒甚，恆以脅溫帝足。有哈銘者，蒙古人，幼從其父為通事，至是亦侍帝。帝宣諭也先及其部下，嘗使銘；也先輩有所陳請，亦銘為轉達。帝獨居氈廬，南望悒鬱，二人時進諧語慰帝，帝亦為解顏……彬嘗中寒，帝憂甚，以身壓其背，汗浹而愈。帝居漠北期年，視彬猶骨肉也。

從來君臣契合的美談，史不絕書；但像這樣由共患難而激發的至情至性，可以說是絕無僅有。

又：

中官喜寧為也先腹心，也先嘗謂帝曰：「中朝若遣使來，皇帝歸矣！」帝曰：「汝自送我則可，欲中朝遣使，徒費往返爾。」寧聞怒曰：「欲急歸者，彬也。必殺之！」寧勸也先西犯寧夏，掠其馬，直趨江表，居帝南京。彬、銘謂帝曰：「天寒道遠，陛下又不能騎，空取凍飢。且至彼而諸將不納，奈何？」帝止寧計。寧又欲殺二人，皆帝力解而止。也先將獻妹於帝，彬請駕旋而後聘，帝竟辭之。也先惡彬、銘二人，欲殺者屢矣！一日縛彬至曠埜，將支解之，帝聞如失左右手，急趨救乃免。

這段記載很重要，見得英宗的本性，並不糊塗；中朝遣使，爲也先所希望，藉此可以談「贖票」的條件，而英宗知道，中朝決不會主動遣使，所以有「徒費往返」的話。至於也先獻妹，英宗辭而不受，此中卻有異聞，康熙四十八年十一月十二日，上諭大學士等：

明季事蹟，卿等所知，往往皆紙上陳言。萬歷以後所用內監，曾有在御前服役者，故朕知之獨詳。正統間事，史書所載，不能明確，其在沙漠嘗生一子，今有裔孫，現在旗下。

按：淸初修明史，只在淸太祖與明朝的關係方面，有所忌諱；至於正統間事，年代久遠，又爲與蒙古的交涉，與淸朝風馬牛不相及，聖祖不必有所詆毀。且「有裔孫」編入蒙古族的證據，則其言自更可信。至於史館諸臣雖奉上諭，不敢寫入明史，則因「朱三太子」之獄，剛剛於前一年結束；如說蒙古族中有一英宗裔孫，必致聳動聽聞，惹出麻煩，所以略而不書。只是英宗的這個兒子，是否爲也先的妹妹所生，就無可考了。

二十二、大同之役郭登破敵

不過，最後也先還是聽了喜寧的獻議，由寧夏進犯大同。郭登這一仗打得很好，明史紀事本末載：

寇入大同境，登率兵躡之，行七十里，至水頭，日暮休兵。夜二鼓，有報云：東西沙窩賊營十二，皆自朔州掠回。登召諸將問計，或言賊衆我寡，莫若全軍而還，登曰：「我軍去城百里，一思退避，人馬疲倦，賊以鐵騎來追，卽欲自全得乎？」按劍起曰：「敢言退者斬！」徑薄賊營，天漸明，賊以數百騎迎戰，登奮勇先登，諸軍繼進，呼聲震山谷；登射中二人，手刃一人，遂大破其衆，追奔四十餘里，至栲栳山，斬首二百餘，奪還人馬器械萬計。進封定襄伯，食祿千一百石，與世券。是役也，登以八百騎破寇數千，爲一時戰功第一。

據明史「韃靼傳」，此役上皇仍在軍中，郭登亦重施故技，預備奪駕；爲也先所發覺，悄然而去。史家以爲「郭登之於上皇，力奪則可，爲虜所誘，以迎駕爲導虜則不可」；當時以于謙爲主，懲於南宋之失，認爲唯有打勝仗，上皇始得生還。因爲也先戰旣不能勝，則唯有求和，旣然求和，則生還上皇爲也先必須履行的條件。如果中朝主動求和，則也先多方需索，和議一定不成，徒費時日而已。因此，孟森「明代史」中，有一句非常精闢的話：「凡勇於卻虜者，卽忠於返上皇者」！相對地，以「拒君爲非」者，縱或本心無他，卻是未明事理，爲一種很危險的想法，不是由迎駕導虜，使胡騎復臨京畿，就是像南宋那樣，二帝不返，死於五國城中。

此是景泰元年正月間的事，到了二月間，有件大快人心之擧，喜寧被誅。這又是袁彬的一件大功，他跟上皇商量，跟也先去說，預備派人到京師去索禮物；這是也先最愛聽的話，欣然同意，於是上皇建議派喜寧賫書赴京，另外又派了一名「總旗」跟隨前往；總旗是武官的官名，職位甚低，相當於如今的排長，他姓高單名鑾；明史紀事本末則作「軍士高磐」，綱目三編據實錄編纂，應作高鑾爲是。

到臨動身之前，上皇作了一通密書，由袁彬轉交高鑾，「俾報宣府，設計擒寧。」

二十三、袁彬設計誘殺喜寧

景泰元年二月，「喜寧伏誅」；明史「景帝紀」中特大書一筆，可見此人的生死，關乎英宗的禍福。伏誅的經過，說法不一，「綱目三編」記：

先是，喜寧教導誘也先擾邊，上皇患之，言於也先，使寧及總旗高鑾等，還京索禮物，而命袁彬以密書付鑾，俾報宣府，設計擒寧。寧抵獨石，宣府守將設伏野狐嶺，令鑾紿寧至其地，伏盡起，鑾直前抱持之，遂擒寧送京師，羣臣雜治磔於市。

明史紀事本末所記較簡，而人、地、事、時不同：

彬與上皇謀，遣寧傳命入京，令軍士高磐與俱。密書繫磐髀間，令至宣府，與總兵等官計擒之。既至宣府，參將楊俊出與寧飲城下，磐抱寧大呼，俊縱兵遂縛寧送京，誅之。

比較異同，有兩點是一致的：第一，隨行的人與宣府守將合力誘捕；第二，送京師正法。以前者而論，何以不能在中途擊殺，而必誘之於宣府動手？這大概因為隨喜寧同行的，還有許多瓦剌兵，受命者獨力難支之故。至於綱目三編繫此事於景泰元年六月，或指「雜治」定讞，伏誅之日而言；就擒則在二月間，決定不錯。

喜寧被誅，對也先來說，是一極大的損失；因為瓦剌兵恃勇而外，對於進取的方略及敵情的偵察，都靠喜寧；此時失其謀主，戰益難勝。而中朝叠挫也先之餘，並有大舉出塞之議，明史紀事本末記：

都督楊俊請大舉出塞。大同、宣府列營堅守為正兵。獨石、偏頭乘間設伏為奇兵；悉發京營與諸鎮兵出塞，逐北而犁其王庭，可以得志。于謙曰：「報仇雪恥，臣等職也，顧與兵舉事，係社稷安危，即如俊所言，萬一我軍出塞，賊以偏師綴我，而別遣部落間道乘虛入寇，是自撤藩籬，非萬全計，臣愚未見其可。」上從謙議。

于謙不主張輕舉妄動，亦不願徇從也先的要求，由中朝遣使議和；一味堅守，不來則已，來則迎頭痛擊。這樣逼得也先非自動求和不可。這是于謙料透了敵情，獲得景帝全力支持的基本政策。持之甚堅，終於收效；首先使得瓦刺內部起了分裂。

二十四、瓦刺遣使中朝議和

瓦刺內部，共有三大勢力，最強的是也先，其次爲瓦刺可汗脫脫不花，復次是知樞密院阿拉。脫脫不花和阿拉，自從遣使貢馬，向中朝表達了願意議和的本意，即分別撤退其人馬。也先獨木難支，於是也打算息兵；但恥於自屈，便叫知院阿拉出面，派人到懷來議和，邊將奏聞，由禮部派人作了初步的接觸，主要的是要考察其議和的誠意。

雙方在懷來會面，明朝的代表，認爲知院阿拉，確有誠意，據實奏聞。景帝便向大學士陳循垂詢意見；陳循答了四個字：「遣而備之」，則仍是不信其誠意。在議和的立場上，于謙的策略是迫也先自動求和，而景帝到了此時，已有貪位之心，所以根本就不願議和，所以陳循的建議，正合景帝的脾胃。當時給了知院阿拉，這樣一道勅書：

我朝與爾瓦剌和好，也先違天犯順，朕兄太上皇帝，興師問罪。也先又輙遮留，毒我生靈，殘我邊徼。朕嗣承大統，宗室臣民，咸請興兵討罪復仇。朕念也先屢請送大駕回京，以故遣人賜書授賞，乃也先詭詐反覆。今阿拉又使至，朕欲從爾，但聞也先仍聚衆塞上，意在脅挾，義不可從。卽阿拉必欲和好，待瓦剌諸部落北歸，議和未晚；不然，朕不惜戰也！

這樣到了六月裏，也先一面遣使到中朝，探測議和的可能性，一面仍施故技，想利用上皇作餌，破關而入。而大同守將定襄伯郭登，亦始終想建立奪上皇的功，通知也先，在城門內接駕，另外派人守在城上，預備等上皇一入城就下閘板，隔斷也先的兵馬。這是當年鐵鉉在濟南誘擒燕王的辦法，結果功敗垂成；大概也先亦知有此一計，擁上皇將到城門時，發覺城上有埋伏，急急退去，郭登的苦心又落空了。

在京裏，吏部尙書王直認爲議和的時機已至，同時看出景帝不願議和的原因，因率羣臣上書，請皇上許也先自新，「如果至誠，特賜俯納，奉迎上皇以歸。」

上皇回京，是不是要復位呢？不是！王直建議，上皇「不復事天臨民，陛下但當盡崇奉之禮，庶天倫厚而天眷益隆。」這些話，自然有些刺心，景帝不能不作申辯。

二十五、李實自請前往敵營

景帝對王直的答覆是這樣：

卿言甚當，然此大位非我所欲。蓋天地、祖宗、宗室、文武羣臣之所爲也。自大兄蒙塵，朕累遣內外官員賚金帛迎請。也先挾詐不肯聽，若又使人往，恐假以送駕爲名，羈留我使，率衆來犯京畿，愈加蒼生之患，卿等更加詳之，勿遺後患。

話說得冠冕堂皇，目的是要把事情拖延下來。到了七月裏，瓦剌又有使者五人到京，禮部尚書胡濙等，都主張接受和議，奉迎上皇回京；景帝心存猜疑，拒絕了胡濙的奏請，第二天復臨御文華殿，召集文武羣臣，準備澄清此事，藉以鞏固本身的地位。

他首先闡明基本政策，說「朝廷因通和壞事，欲與寇絕」，接着便質問：「卿等屢以爲言，何也？」

王直是主張迎復最力的一個，此時以吏部尚書的資格，代表羣臣發言：「上皇蒙塵，理宜迎復，乞必遣使；勿使他日悔。」這是說：遣使未見得能迎上皇還，不遣使則必不還；這個機會錯過，可能以後再無這樣的機會，爲期無悔，必須遣使。話中的意思，其實很宛轉，但就表面聽來，似乎很率直，景帝頗爲不悅。

他說：「我非貪此位，而卿等強樹焉！今何復作紛紜？」羣臣不知所對，因爲景帝得失之心太重，不知不覺地又誤會王直等人的意思，以爲迎上皇歸來，是在復位。這時于謙從容陳奏：「大位已定，孰敢他議？答使者，冀以舒邊患，得爲備耳！」景帝是最信任于謙的，有此保證，意始釋然，連聲答道：「從汝，從汝！」

其時景帝面前最獲信任的太監，名叫興安；不知受了景帝的指示，還是他自己有所見，別生枝節，在文華門外厲聲質問：「公等欲報使，孰可者？孰爲文天祥、富弼？」富弼於宋仁宗慶歷年間，奉使契丹，在外不顧兒女生死，不閱家書，以爲徒亂人意；文天祥兵敗潮陽，爲張宏範所執，留燕之年，不屈而死。興安說這話，意示羣臣無富弼之才，亦無文天祥之忠，等於侮辱了滿朝文武；王直大怒，厲聲答道：「是何言？臣等惟皇上使；誰敢勿行者？」興安語塞。於是物色使者的人選，有個禮科給事中的長官，官號「都給事中」，名叫李實，自告奮勇，願往瓦剌營中。

二十六、李實等謁上皇於敵營

李實被升爲禮部右侍郎，充任正使；以大理寺少卿羅綺爲副使。由於瓦剌內部是「三頭馬車」的狀態，所以國書及所賜白金文綺，都是三份，國書內容大同小異，以致脫脫不花的一通爲例：

我國家與可汗自祖宗和好往來，意甚厚。往年奸臣減使臣賞，遂失大義，遮留朕兄。今各邊奏報，可汗尚留塞上，殺掠人民，朕欲命將出師，念彼此人民，上天赤子，可汗殺朕人，朕亦殺可汗人，與自殺何異？朕不敢恃中國之大、人民之衆，輕於戰鬬，恐逆天也！近得阿剌使奏言，已將各路軍馬約束回營，是有畏天之意，深合朕心，特遣使齎書幣達可汗，其益體朕意，副天心。

國書中只強調休戰和好，不提奉迎上皇，這是很失體的一件事；而李實臨行請訓，景帝御左順門召見，復有「爾等見脫脫不花、也先，須立言有體」的面諭，意思是不可輕言奉迎上皇。由此可見，李實的任務很困難，實際上是要迎上皇回來，而眞意不能爲也先所看出，免得又有所勒索。

照史書看，李實此人很差勁，而且他自告奮勇的動機，彷彿出於好奇，要看一看被也先俘虜的天子，是怎麼個樣子；所以一到敵營，被引見上皇，問了許多不該問的話，惹得上皇頗爲不悅，明史紀事本末：

實等見上皇泣，上皇亦泣。上皇曰：「朕非爲遊畋而出，所以陷此者王振也！」因問太后、皇上、皇后俱無恙。又問二、三大臣。上皇曰：「曾將有衣服否？」實等對曰：「往使至，皆不得見天顏，故此行，但擬通問，未將有也！」實等乃私以所有糗餌常服獻。上皇曰：「此亦細故，但與我圖大事。也先欲歸我，卿歸報朝廷善圖之，儻得歸，願爲黔首，守祖宗陵墓足矣！」言已俱泣下。實等因問上居此，亦思舊所享錦衣玉食否？又問何以寵王振至此，致亡國？上皇曰：「朕不能燭姦，然振未敗時，羣臣無肯言者，今日皆歸罪於我！」

又「綱目三編」記：「實等頗以上皇前寵王振太過，以致蒙塵，請還京引咎自責。上皇意不懌」。此時唯當慰勸，豈論責任之時？李實的行爲，實在失態。

二十七、也先派員催促議和

由於李實的不能代表「天朝人物」，頗為也先所輕，脫脫不花及也先，另遣使者皮兒馬黑麻催促議和。景帝對迎上皇回京，不感興趣，派遣李實，本為虛應故事；所以此時對皮兒馬黑麻頗為冷淡。此人一看中朝的態度，怕回去無法交差，便對賓館中接待的人表示：知院阿拉派遣使者，朝廷有人答聘，他是瓦剌汗脫脫不花及太師也先的使者；如果不能得到同樣的待遇，是不合道理的。

這話傳到胡濙耳中，面奏其事；廷議請派四個人隨皮兒馬黑麻報聘。景帝仍舊用「等李實回來再說」的話作推託。結果由於王直及朝中大臣的堅持，景帝很勉強地派出右都御史楊善、及工部侍郎趙榮為使，「齎金銀書幣以往」；胡濙再請隨帶上皇御用的衣服食物，景帝就置之不理了。

楊善其人，別具一格，不學有術，可與為惡，亦可與為善；而在迎上皇南歸一事上，表現得極其出色。他多機智、好口才，在明史中與徐有貞合為一傳；都存着擁護上皇而取富貴的打算。但存心雖有可議，而所持的態度無可駁，就事論事，在迎上皇這一案中，我以爲他是可取的。

楊善是地地道道「天子腳下」的人，他籍隸大興——北平從明初以來，不論稱爲行在、京師、或是順天府，城內都設兩縣分治：東大興、西宛平；就像唐朝京兆府的萬年、長安兩縣一樣。當燕王起兵，他才十七歲，是個秀才，以參與城守有勞績，授官爲「引禮舍人」，這個職務做的是司儀的工作，他的儀觀甚偉，音吐宏亮，動止有法，頗爲成祖所注意。開國英主，大致都能守住量材器使的用人原則，所以楊善雖邀宸賞，只不過在他的「本行」；也就是在專管儀禮方面外勤工作的鴻臚寺中，獲得發展。至仁宗卽位時，終於爬到了鴻臚寺正卿的位子，成爲這一「行」的首腦。

楊善因爲少讀書，所以不能期望其有何淸操；而以人地關係，成爲土豪，亦是不足爲奇的事。他與太監有勾結，他的兒子，曾假造太監的書信，向朝官借錢。他本人曾因案入獄，出賣難友，而得復官。總之，其人行徑，頗爲士論所不齒。

二八、楊善奉派出使報聘

由於王振的提拔，楊善當到禮部左侍郎，仍兼管鴻臚寺。正統十四年扈駕北征，土木之變，他見機開溜，逃回京師，調任左副都御史，參與也先入寇京師的城防工作。景泰元年，新正朝賀；照習慣，爲天子賀歲以後，羣臣在朝房相互拜年，他人都高高興興，只有楊善眼淚汪汪，說：「上皇在何所？而我曹自相賀乎？」這自然是做作，但他人不能不「媿而止。」

及至此時奉派出使，他的做法與衆不同。向來「齎幣」只賜瓦剌的首腦，此外並無賞賜；楊善知道也先左右的人，影響甚大，所以定下了籠絡的計劃，自己籌款，買了許多塞外最需要的日用品，如茶葉、鹽、布之類，親自指揮着包裝綑紮，隨帶出關。

到了目的地，也先派人接待，在蒙古包裏喝酒；接待的人，酒後問道：「土木之役，你們的軍隊，何以如此差勁？」

楊善這樣回答他：「那時官軍的精銳，都調到福建、浙江打土匪去了。王司禮監奉請車駕巡幸他的家鄉蔚州，不設戰備，所以你們才能得手。現在南征的將士，早已回京，共有二十萬；另外又招募了三十萬年輕力壯的新兵，日夜訓練，都使用神槍、火器；弓弩所用的箭，都拿了毒藥煉過，百步以外，打中人馬，肚子上馬上就是一個大洞。此外又用策士的獻議，沿邊要害都暗中埋着鐵錐，馬一踏上去，皮開肉穿。再還有無數刺客，每夜窺探你們的營帳，來無影、去無蹤，所以你們從不知道有這樣的佈置。」

也先派來的人，爲他的一番大話，說得動容變色。於是楊善又故作惋惜狀，說可惜，此刻都無用了。問他是何緣故，他說：「和議一成，彼此就像弟兄一樣，那裏還用得着這些？」接着便拿私人所置的東西，分送接待的人；那些人回去，便把他的話加枝添葉地說了給也先聽。有此先入之言，也先就覺得不能不和了。

第二天謁見也先，除去朝廷的賜賞以外，他私人亦有奉獻，也先當然高興。等開始交涉，楊善首先質問：「太上皇帝在位的時候，太師遣貢使，每次一定是三千人，賞賜甚多；朝廷如此相待，太師何以背盟相攻？」

二九、楊善見也先侃侃而談

以前的使者，不是聽也先的責備，便是向也先乞情，而楊善能侃侃而談，從講理開始，便意味着已有了良好的開始。

對於楊善的詰責，也先用四點理由來申辯：第一、貢使交易馬匹，中朝減削馬價；第

二、所賜的布帛，前後多已剪開，歸於無用；第三、遣派的人被扣留；第四、減少歲賜。這四點理由，在也先來說是成立的，當時王振確是如此行事，以致開釁，但楊善另有解釋；其交涉經過，具見明史本傳：

善曰：「非削也，太師馬歲增，價難繼而不忍拒，故微損之，太師自度價比前孰多也？帛剪裂者，通事爲之，事露誅矣！卽太師貢馬有劣弱，貂或敝，亦豈太師意耶？且使者多至三四千人，有爲盜或犯他法，歸恐得罪，故自亡耳，留若奚爲？貢使受宴賜，上名或浮其人數，朝廷核實而予之，所減乃虛數；有其人者固不減也。」也先屢稱善。善復曰：「太師再攻我，屠戮數十萬，太師部曲死傷亦不少矣。上天好生，太師好殺，故數有雷警。今還上皇，和好如故，中國金幣日至，兩國俱樂，不亦美乎？」也先曰：「敕書何以無奉迎語？」善曰：「此欲成太師令名，使自爲之，若載之敕書，是太師迫於朝命，非太師誠心也。」

明史的記載這段對話，生動流暢，楊善的會說話，表現得非常清楚。也先對他的解釋，十分滿意。於是問起上皇復位的問題，楊善答以「天位已定，難再移」。提到堯舜，楊善恰好用舜受堯禪來比擬英宗和景帝的兄弟相讓。最後，也先的一個「平章」，名叫昂克，問楊善爲何不用重寶來贖回上皇？楊善答道：「若齎貨來，人謂太師圖利；今不爾，乃見太師仁義爲好男子，垂史策，頌揚萬世也。」這碗加料的米湯，灌得也先飄飄然樂不可支，當時便答應歸還上皇。

上皇一直住在伯顏帖木兒營中，彼此的感情與瞭解，與衆不可；此時伯顏帖木兒便爲上皇說話，欲成擁立之功。他建議把楊善扣留，另遣使者赴京師交涉，以上皇復位爲上皇復歸的條件。

三〇、英宗的特殊魔力

也先拒絕了伯顏帖木兒的建議，向其部下表示，曾經通知朝廷，如遣大臣來，卽當放還上皇；現在大臣已到，不可失信。於是引楊善謁見上皇，這一段經過，人情味十足，明史瓦剌傳及紀事本末均有詳細記載：

明日（按：英宗歸朝的日期，記載不一，依孟森明代史所繫推算，是日爲七月廿七日），也先設宴餞上皇於其營，善侍。也先與妻妾以次起爲壽。酒中，令善坐。上皇亦曰：「從太師言，坐！」，善曰：「雖朝野，不敢失君臣禮。」也先顧羨曰：「中國有禮。」罷酒，送上皇出。明日，宴使臣。又明日，伯顏帖木兒設宴餞上皇。又明日亦宴使臣。又明日，癸酉（按：爲八月初二），上皇駕行，也先與渠帥送車駕可半日許。下馬，解弓箭戰裾以進，諸渠帥羅拜哭而去，伯顏帖木兒獨送上皇至野狐嶺，進酒帳房，既畢，屏人語哈銘曰：「我也先順天意，敬事皇帝一年矣！皇帝此來爲天下也，歸時還當作皇帝，即我主人，有緩急，我可得告愬。」衆皆道傍送駕，進牛羊，善口呼「皇帝行矣」！伯顏帖木兒再送駕出野狐嶺口，上皇攬轡慰藉，而與之別。伯顏帖木兒大哭歸，仍命渠帥率五百騎送至京師，既別去，行數里，復有追騎至，上皇失色；既至，乃其平章昂克出獵，得一獐，馳使來獻，受之，乃去。

於此，我要談一個發現；在中國所有的帝王中，我找不出第二個像英宗那樣得人緣的。大致妃嬪近侍對皇帝的態度，不外乎這樣三種：最多的是畏；其次是敬；而最難得的是愛。這愛不是忠愛的愛，純粹出於個人的感情，與名位身份無關；英宗似乎有種特殊的魅力，一跟他接近就會喜歡他、關切他，這是他所以能復歸、能復辟的本錢。因爲景帝不是一個壞皇帝，甚至可與清世宗比擬，並沒有在政治上需要把他廢掉，擁立新君，以期更始的理由。

袁彬、哈銘，固無論矣，伯顏帖木兒是一例，楊善又是一例，還有個最好的例子，是英宗的錢皇后。

三十一、賢德的孝莊皇后

明史后妃傳：

英宗孝莊皇后錢氏，海州人，正統七年立為后，帝憫后族單，欲侯之，后輒遜謝，故后家獨無封。英宗北狩，傾中宮貲，佐迎駕。夜哀泣籲天，倦卽臥地，損一股；以哭泣，復損一目。

按：明朝待外戚甚厚，太后、皇后、妃的娘家、公主的夫家，都稱為「皇親」，后父未封侯的，只有錢家，此固可以看出錢后的賢德。但從古以來，帝后間的感情，淡薄的居多，像錢后這樣的至情，求之民間，亦稱難得，何況中宮？感情是相對的，如果不是英宗有令人樂爲之死的魅力，錢后的哀痛，不致如是之深。又：所謂「損一股」不是說斷了一條腿，而是成了瘸子；英宗蒙塵在八月，秋深露重，「倦卽臥地」，當是得了嚴重的風濕性關節炎，以致一足不良於行。

英宗的魅力的主要來源，是他的淳厚的本性而發展出來的摯情，卽如對錢后來說，她沒有兒子，太子爲周貴妃所出；英宗顧慮到他身歿，兩后並尊，新君必偏護生母，所以大漸時特下遺命：「錢皇后千秋萬歲後，與朕同葬。」從這裏亦可以想見，平時伉儷之情甚篤，並不以她既是瘸子又是瞎子而見憎。

因爲如此，當上皇南歸的消息傳到京師，爲他講話的人很多，都以爲「奉迎上皇，禮不宜薄」；其時，閣臣共五人，首輔陳循以外，依序爲高穀、王文、蕭鎡及明朝唯一「連中三元」的商輅，除了一個王文以外，其餘的都認爲應該尊禮上皇，但景帝心存猜忌，最好一切從簡，因而禮部所議的「奉迎儀」，被打了很大的一個折扣。

由禮部尚書胡濙所主持的原議是：禮部派先遣人員，迎於居庸關外的龍虎台，掌管鑾儀的錦衣衞具法駕迎於居庸關，文官百司迎於京師外城以外，諸將迎於教場門。上皇自北面東首的安定門入京，進皇城東面北首的東安門，在東上北門南面坐，皇帝謁見，百官朝見，然後上皇入南城。

南城這個名詞，在淸朝多指宣武門外這個文化水準最高的地區而言；而在明朝專有其地，這個地方在本文中佔很重要的地位，應該先作一個介紹。

三十二、一轎二馬迎上皇

所謂「大圈圈內小圈圈，小圈圈內黃圈圈」，在明朝稱爲大城、皇城、宮城；宮城在清朝稱爲紫禁城，非朝官不得入內，但在明朝，凡皇城以內皆爲宮禁，此所以上皇復歸後，移居「南城」，因其仍在禁內；如果此事發生於清朝，則當在紫禁城內覓地安置。

南城所包括的地區，在宮城的東華門與皇城的東安門之間。此地本爲與西苑對稱的東苑舊址，樹木甚盛而建築物極少，可考的只有兩處：一座建在橋上的亭子，名爲涵碧亭；一座宮殿名爲崇質宮，俗稱黑瓦殿，顧名思義，可以想見其簡樸。至於南城的修葺，是復辟以後的事。當時崇質宮又有「小南城」之稱，或者專指上皇所住的一隅之地而言。其地入清爲睿親王府所在地，吳梅村「讀史偶述」詩：「松林路轉御河西，寂歷空垣鳥雀聲；七載金縢歸掌握，百僚車馬會南城」，即指多爾袞攝政時，南城的盛況。多爾袞敗後，改爲供番佛的瑪哈噶廟，又戶部的緞疋庫，亦爲其府第的一部份。瑪哈噶廟後來改名普度寺，入民國後廢爲小學，在今南池子大街路東。

當時移上皇於南城，朝臣並無異辭；因爲那時的西苑尙未修葺，雖有「遼后梳妝樓」等遺蹟，但比南城更荒涼，且接近妃嬪所居的西宮，非安置上皇之所。只是迎駕的儀注，爭得很厲害；景帝對禮部的擬議，傳旨「以一轎二馬迎於居庸關，至安定門易法駕，餘如奏」。這可以看出，上皇回京一事，景帝似乎根本不願讓民間知道；因爲如以法駕由居庸關入京，則百姓喜上皇復歸，一定夾道焚香，父老獻蒭，爲上皇造成一種新的聲望，如是不免引起復位的問題，從則不願，不從則失民心，極難處置。所以景帝的意思，用一轎二馬，悄悄迎接到京，入安定門後，尊以應得的禮數，經過一番謙讓授受後，上皇定居南城，則生米煮成熟飯，就不能再談甚麼復位的問題了。

於是給事中劉福等上言：「禮太薄」。景帝批示：「朕尊大兄爲太上皇帝，尊禮無加矣！福等顧云太薄，其意何居？禮部其會官詳察之。」這是嚇阻羣臣，不得再言，所謂「其意何居？」這一問便有威脅的意味在內。

三十三、千戶投書論迎上皇禮

於是胡濙奏覆，說劉福等並無他意，無非希望皇帝親其應親而已。景帝則以上皇作擋箭牌說：「昨得太上皇書，具言迎駕之禮宜從簡，朕豈得違之。」本來帝皇辭受推讓之間，彼此都要假客氣一番，才顯得雍容親睦，如果一方假客氣，一方以假爲眞，那是誰也無法去糾論的事，因此，朝中大臣不敢再說迎駕禮儀宜厚的話。

大臣不言小臣言，有個衞所世襲的低級武官「千戶」龔遂榮，投書高穀，以爲迎上皇還京，應仿照唐肅宗迎上皇的故事。退位上皇，就是鼎鼎大名的唐明皇，安祿山破兩京，明皇倉皇出奔；楊貴妃被陳元禮逼死在馬嵬驛，明皇入蜀，太子卽位靈武，是爲肅宗；尊明皇爲「上皇天帝」。兩京收復，迎上皇還鄉，當時的儀注，據胡濙所考如下：

肅宗收復兩京，迎還上皇，至咸陽，備法駕望顏樓，上皇在宮中南樓；肅宗著紫袍，望樓上拜舞樓下。上皇降樓撫肅宗而泣，辭黃袍，自爲肅宗著之。肅宗伏地，頓首固辭。上皇曰：「天下人心，皆歸於汝；使朕得保餘齡，汝之孝也。」肅宗乃受。

照此辦法，則上皇還京，景帝應如肅宗，脫卻黃袍著紫袍，以大位奉還；萬一上皇受之不疑，則又如何？因此當高穀拿着龔遂榮的投書，遍示羣臣，表示「武夫尚知禮，何況儒臣」時，便有兩派不同的意見，一派是胡濙、王直，認為應該轉奏龔書，讓景帝知道，迎上皇禮宜厚，是朝野一心。一派以首輔陳循和都御史王文為首，力表反對，並主張治龔遂榮的罪；這個罪名，通常叫做「莠言亂政」。

就在這相持不下時，有三個給事中，揭破了這件事，上疏言：「諸大臣持一帖，羣立午門傍聚觀，議論藉藉，乞宣問之。」於是景帝派太監把龔遂榮的書信要了去看，上面寫的是：「上皇之出，以宗社故，非遊獵也。都人聞上皇且還，無不喜躍，迎復禮宜厚，上亦當避位懇辭，然後復位，否則貽譏後世。」這話是說得很光明正大，但恰恰犯了景帝的心病；越是說上皇為宗社蒙塵，得以復歸，百姓喜躍，就越不能達成「迎得禮宜厚」的目的；這跟越是不在乎上皇歸不歸，越容易達成迎上皇以歸的目的，事相異而理相同。

三十四、上皇遣使詔諭避位

細心讀史，可以看出，「迎復儀」的重心，還是在皇位問題上，景帝不是不願尊禮上皇，而是由尊禮激起反應，如投石於水，漣漪一圈一圈往外擴展，伊於胡底，並無把握之故。如果說，建言者能够瞭解景帝的這種心理狀態，單純爲了給上皇一份隆重的禮儀，則當如此措詞：大位已定，不可復移；上皇蒙塵得還，歸隱南城，十四年天子，此爲最後一次得用法駕的機會。不談實質，只談浮文，景帝反倒無法峻拒。倘是徐階這樣的人當國，我想大致會如此調停。

龔遂榮的信上並未具名，因此景帝對高穀不滿，他說：「我未嘗閉塞言路，高穀是大臣，有所見，爲何不告訴我而用匿名信？」這是眞的誤會，還是有意轉移目標，無可究詰。不過既有這樣的表示，自然先要追究這封信的來源？龔遂榮倒是條錚錚硬漢，怕連累高穀，毅然出首自白；陳循、王文兩人對龔異常痛恨，把他下在錦衣衞獄裏。景帝大概也知道，如因此而治他的罪，則是自己製造事端，言官論救，紛紛上疏，事態擴大，不論怎麼樣對自己都沒有好處，所以並不深罪，不久，就把龔遂榮釋放。他信中的話，自然沒有人再提；景帝所要的，就是這樣的一個結果。

這時上皇將至居庸關，景帝雖已遣一轎兩馬往迎：但到底是怎樣的一種「迎復儀注」，尙未定議。因爲伯顏帖木兒派兵護送，而楊善亦未回京，情況不明；所以兵部也在集會，商議「防變方略」。百官集議時，都御史王文突然厲聲說道：「誰說是送上皇回來？瓦刺奸狡，不索金帛，必索土地！」王文此人，外貌嚴峻而內心卑污；說話做事不大講道理，大家都有些怕他，因此這個會議，經他突如其來地一攪，就開不下去了。

於是胡濙單獨具儀注覆奏，引敍唐肅宗迎上皇的故事，說「今備法駕安定門外，誠爲太簡。」景帝始終以寇患作藉口，這樣批答：「慮墮狡寇計，故簡其體，大兄入城，朕知尊親。」到此爲止，「迎復儀」終於確定了。

明史紀事本末載：

庚辰，上皇至唐家嶺，遣使回京，詔諭避位，免羣臣迎。

按：庚辰爲八月初九，到京之日爲丙戌，正爲人月雙圓的中秋；至此，有個卜者仝寅的話，完全應驗了。

三十五、仝寅爲上皇卜筮

仝寅其人是個有道之士，在英宗一生的歷史中，曾經發生過極重要的影響，因在這裏先順便作一介紹；相信研究易經的讀者對他會特感興趣。

他是山西安邑人，十二歲失明，從師學「京房術」——京房是漢朝人，從焦延壽學易，斷人禍福；故所謂「京房術」，卽用易經卜休咎。這在三教九流的「巾行」中，屬於最高的等級，與一般跑江湖看相算命的，不可同日而語。藝成後，他的父親仝淸帶他遊大同，因得結識石亨；仝寅在這方面是天才，「占禍福多奇中」，因而石亨奉之如神明，幾乎稍遇疑難就要請教他。

上皇蒙塵時，苦悶不堪，曾派人囑大同鎭守太監裴富，向仝寅「問還期」，仝寅所卜一卦的解釋，明史本傳及明史記事本末，所載微有不同，今從後者轉錄如下，供喜以易經卜休咎的讀者參詳：

筮得「乾之初九」，附奏曰：

「大吉！可以賀矣。龍君象也；四初之應也，龍潛躍必以秋，應以壬午，浹歲而更。龍，變化之物也；庚者更也，庚午中秋，車駕其還乎？」

上皇還京，果在庚午中秋，似乎神乎其神。但其間有仝寅斡旋之力在；明史本傳：

石亨入督京營，挾（仝寅）自隨。及也先逼都城，城中人恟懼；或請筮之，寅曰：「彼驕我盛，戰必勝寇。」果敗去。明年也先請遣使迎上皇，廷臣疑其詐，寅言於亨曰：「彼順天仗義，我中國反失奉迎禮，寧不貽笑外藩？」亨乃與于謙決計，上皇果還。

這段記載說得很明白，仝寅的見解甚高；循理而行，不待卜筮，亦可知勝負成敗之數，所以我說他是有道之士。以後更借卜筮，爲上皇解了一場大禍；復辟後的英宗，待他亦頗不薄，此是後話，暫且不談。

關於上皇還京的經過，史書記載極其簡略，只說百官迎於安定門外，自東安門入大內，景帝迎拜，相持而泣：「各述授受意，推遜良久，帝遂送上皇至南宮，百官隨入，行朝見禮。赦天下。」一國之君陷敵而得復還，即在春秋戰國，亦是一件大事；漢朝以後，更爲絕無僅有，而史書只此聊聊數筆，正見得其間有許多不忍言者在。

三十六、上皇形同「圈禁高牆」

試以民間作譬，大家長子爲匪所擄，多方勒索，此家不甚答理。好不容易「強盜發善心」，放還其人，又時逢中秋，則慶賀團圓，闔家悲喜交集，致賀親友盈門，那番熱鬧，可想而知。而此時當家的老二，亦必多方勸慰，解釋所以不甚答理匪徒之故，求取諒解；長子卽或不再過問家務，但在家庭中必仍處於極受尊重的地位，起居享用，無不優先。如今生於帝王之家的英宗，歷刼歸來，適逢佳節，竟未得一入大內，朝太后，晤后妃，直接送入南城，等於「圈禁高牆」；好比那大家長子，爲匪放回，竟連大廳內室亦不能一到，就爲老二送入別院，加以軟禁。此在民間，那家的老二，必犯衆怒，爲親友所唾棄；但在宮廷就不同了。帝制有無數罪惡，滅絕倫理，卽爲其中之一。

就理論上說，上皇復歸，自是國家可慶幸之事，因此出力的人，應該論功行賞。但景帝卻有意要冲淡這樁「喜事」，對「舉朝競奇其功」的楊善，「以非初遣，旨薄其賞」，升了一級，由左副都御史擢爲左都御史；反倒是李實，出使之前由從七品的禮科給事中超擢爲正三品的禮部侍郎，此時更升爲正二品的右都御史，巡撫湖廣，四個月間，由七品官兒做到方面大員，在明朝極其重視年資，六年一「大計」的文官制度下，李實這樣子的飛黃騰達，是件不可思議之事。

至於上皇的共患難的侍臣，如袁彬只授職爲「錦衣試百戶」，用近代的官制來比較，彷彿警衞旅的一個見習連長；景帝待「大兄」如此之薄，數百年以下，猶覺可鄙，甚矣哉！權勢慾之能滅人本性，毀人名節。

現在要談到于謙。論迎復上皇之功，他與楊善兩人，好比一個曲突徙薪，一個焦頭爛額；有識者以爲于謙功在楊善之上，明史本傳：

謙之爲兵部也，也先勢方張，而福建鄧茂七、浙江葉宗留、廣東黃蕭養，各擁衆僭號；湖廣、貴州、廣西，猺獞苗獠，所至蜂起，前後征調，皆謙獨運。當軍馬倥傯，變在俄頃，謙目視指屈，口具章奏，悉合機宜。僚吏受成，相顧駭服；號令明審，雖勳臣宿將，小不中律，即請旨切責，片紙行萬里外，靡不惕息。其才略開敏，精神周至，一時無與比，至性過人，憂國忘身，上皇雖歸，口不言功。

三十七、景帝命將守備南城

明史于謙傳，出於方象瑛的手筆。象瑛浙江遂安人，九歲能詩，十歲能作賦，康熙六年成進士。十八年，康熙以天下可定，在武功以外講求文治，並以籠絡漢人中的高級智識份子，特開「博學鴻詞」，即所謂「己未詞科」，為一代盛典；方象瑛被荐應試，取中二等十七名，授職編修，與修明史。史館任務的分配，由拈鬮決定，于謙傳本由一個姓范的所拈得，總裁葉方藹等以范某已拈得徐有貞（珵）傳，徐為于的對頭，恐怕范某作敵對的兩傳，下筆有所偏頗，不能盡千古忠良的本心，所以改命方象瑛撰于謙傳。

于傳脫稿，羣相讚美，同為詞科、同在史館的施閏章謂為「毫髮無遺憾，當書一通焚之忠肅祠中」。現在來看，方象瑛的這篇傳，誠為傑作，但說「毫髮無遺憾」，未免溢美；就文論文，上皇復歸，既為于謙定策之功，則迎上皇禮薄，于謙因何不言？此為讀史者皆有的疑問。在作者理應想到而有所說明。否則便是文中的疏失。

於此，我要為于謙作一辯解。于謙的不言，是因為他覺得非他所應言；他的作風，極重本分，不在其位，不謀其政，所以遣使時，除非涉及和戰大計，與他的職責有關，否則他亦不言，因為那純屬外交上的問題，與國防無涉。于謙並未入閣，他的職位是「本兵」——兵部尚書，一意禦寇殺敵。奉迎禮薄，禮部應爭、輔臣應爭、言官應爭；怎麼樣也輪不着兵部來爭。此為于謙不言的原因。至於造膝密陳，言而不納，亦可能有其事，但無可究詰，也就不必去提它。總之，我以為于傳中，對這一點必須要有說明以破惑，否則不能說是「毫髮無遺憾。」

上皇入居南城後，景帝防閑之心，表現得相當明顯，首先是命靖遠伯王驥，守備南城；

此則陽爲保護，陰實監視，結果王驥後來又成爲復辟功臣，於此亦可想見英宗的魅力，凡是跟他接近的人，都會對他有好感，想幫他的忙。

十一月是上皇萬壽之期，禮部尚書胡濙，請羣臣朝賀，不許。景泰二年正旦，胡濙請百官朝賀南城，也不許。於是楊善又在朝房發牢騷：「上皇不受賀，我曹何相賀也？」

三十八、景帝爲易儲賜金大臣

到了景泰三年，景帝做了一件很不對的事，卽是易儲。英宗長子見深，於正統十四年八月以土木之變，由孫太后下詔令，立爲皇太子，命郕王輔佐監國；此後郕王雖被立爲帝，但這是因爲國不可一日無君；而且失一天子得一天子，使也先有「抱空質」之嘆，亦爲得使上皇復歸必不可少的措施，與帝系移轉的情況，根本不同。換句話說，景帝能做皇帝，完全是出於一種意外需要的代理性質，及身而止，不得假借；否則便是篡竊。

明史卷一百十九「諸王傳」：

懷獻太子見濟，杭妃生。始爲郕王世子，英宗北狩，皇太后命立憲宗爲皇太子；而以郕王監國。及郕王卽位，心欲以見濟代太子，而難於發。皇后汪氏又力以爲不可，遲回久之。太監王誠、舒良爲帝謀，先賜大學士陳循、高穀百金；侍郎江淵、王一寧、蕭鎡、學士商輅半之，用以緘其口。然猶未發也。

現在先談懷獻太子見濟，照本傳「先爲郕王世子」，則景帝未卽位，見濟卽已出生；又本傳記：景泰「四年二月乙未，太子冠」；明朝皇太子行冠禮之年，早則十二歲，遲則十五歲，這裏自應從早計算，景泰四年十二歲，則上溯出生之年爲正統七年。景帝崩於景泰八年，得年三十；以此推算，則應生於宣德三年；至正統七年生見濟時爲十五歲。於此可知，明史后妃傳：「景泰三年妃杭氏生子見濟」這句話有了錯誤。

明史紀事本末：

先是，上欲易儲，語太監金英曰：「七月初二日，東宮生日也！」英頓首對曰：「東宮生日是十一月初二日。」上默然。至是，上意既定，恐文武大臣不從，乃分賜內閣諸學士金五十兩，銀倍之。陳循、王文等遂以太子爲可易。……王直得所賜金，叩案頓足曰：「此何等事，吾輩愧死矣！」

陳循、王文與王直等人品格的不同，在這件事上看得淸楚。而金五十、銀一百便成厚賜，見得明朝開國初年風氣的儉樸；至正德以後，則此數充權臣巨璫府第的門包，都嫌菲薄了。

三十九、土官黃竑迎合上意

景帝的舉動，等於行賄；但卽使是陳循、王文這樣的人，也不敢冒天下的大不韙，輕發此議，而景帝又不便主動提出，這樣一直延到景泰三年，才有了機會。

事起於廣西猺人的土司黃𤥨，爲其同父異母兄黃竑所殺；黃𤥨的職位「土官知府」是世襲的，骨肉之禍，就爲了權勢之爭，明史卷三百十八「廣西土司」傳：

景泰三年𤥨致仕，以子鈞襲。𤥨庶兄都指揮竑，欲殺鈞，代以己子。竑守備潯州，託言徵兵思明府，令其子糾衆結營於府三十里外，馳至府，襲殺𤥨一家，支解𤥨及鈞，甕葬後圃，仍歸原寨。明日乃入城詐發哀，遣人報竑捕賊，以掩其迹。方殺𤥨時，𤥨僕福童得免，走憲司訴其事，且以徵兵檄爲證。郡人亦言殺珊一家者，竑父子也。副總兵武毅以聞，將逮治之，竑自度禍及，乃謀迎合朝廷意，遣千戶袁洪，奏永固國本事，請易儲。奏入，帝曰：「此天下國家重事，多官其會議以聞」。

黃竑此舉，深愜宸衷，據明史紀事本末記，景帝大喜，有「萬里外有此忠臣」的褒獎。但萬里外的土官，何能有此政治頭腦？因而有人疑心是戶部侍郎江淵受了黃竑的賄，替他出的計策。後來有人提出一個分辨的方法，看奏疏所用的紙，是產自京師，還是產自廣西？江淵有好財貨的名聲，自有取謗之道；但此事確與他無關，因爲驗出來是廣西的紙。

這一下，黃竑不但免罪，而且升了都督。因爲一己的私念，滅法以至於這樣十惡不赦的逆倫重案，亦可不問；是景帝的一大失德。當廷臣會議時，久久不決，明史紀事本末載：

尚書胡濙、侍郎薛琦、鄒幹會廷議，王直、于謙相顧眙愕。久之，司禮監太監興安厲聲曰：「此事不可已！」即以爲不可者勿署名，無得首鼠持兩端，羣臣皆唯唯署議，於是禮部尚書胡濙等上言：「陛下膺明命，中興邦家，統緒之傳，宜歸聖子，黃竑奏呈，詔從之」。

四十、景帝重新廢立皇儲

為了易儲，景帝還有「家庭糾紛」，明史「景帝紀」：

（景泰）三年五月甲午，廢皇太子見深為沂王；立皇子見濟為皇太子。廢皇后汪后；立太子母杭氏為皇后。封上皇子見清榮王、見淳許王。

這條記載，可分三點說明：

一、皇太子見深不但被廢，而且不能住在宮內；這在歷朝都是如此，廢太子如果仍舊留在宮內，大則會發生奪嫡、報復等禍；小則禮節稱謂等等，諸多不便，所以特為見深在宮外設沂王府另住。但見深生母周氏入侍上皇於南宮，不便出就沂邸；而見深只有五歲，必須有人照料。這個人就是後來見深卽皇位後所封的萬貴妃，明史「后妃傳」記萬貴妃「四歲選入掖庭，為孫太后宮女，及長侍憲宗於東宮」，卽指見深於兩歲被立為皇太子後，孫太后派她負保護之責；此時當然一起出宮，成為沂王府的「女主人」。萬貴妃比憲宗大十九歲，由襁姆而成爲憲宗初戀的情人；這段畸戀，種因當在見深住宮外的數年。

第二、景帝廢后汪氏生二女，無子；景帝要廢見深，汪后執意不可，雖出於不平之心，但亦不無妒忌杭妃之意，或者想等自己生了兒子再易儲。因此景帝對她非常不滿，另立見濟的生母杭氏爲后。

第三、見清爲英宗第二子，本名見濬；見淳爲英宗第四子。按：英宗九子；第三子早殤；第五子見澍則尚未在南宮出生，所以此時只有三子，盡皆封王，自是景帝一番補報的意思。

自易儲以後，上皇的安全就有問題了。因爲如果見深仍爲太子，則此時如有任何人對上皇不利，要防到見深卽位後的嚴厲報復；旣然見深被廢，無繼承大位之望，則所懼何來？於是這年七月，初見端倪，明史紀事本末：

秋七月，殺太監阮浪、王堯。浪侍上皇南宮，浪門下內竪王堯者，往監蘆溝橋。浪以上皇所賜鍍金繡袋及束刀貽之，堯偶飲錦衣衞指揮盧忠家，解衣蹴踘。忠見刀袋非常製，命妻進酒醉之，解其袋刀入告變，謂南宮謀復皇儲，遺刀求外應，上怒殺浪、堯。

四十一、太監阮浪王堯被殺

「踘」就是毬，起於漢武帝時，至唐朝演變為馬毬，為神武門禁軍的軍技，也是一種很高貴的運動，王公勳戚，無不好此，彷彿如今的高爾夫球，非此不足以顯身分。五代以後，馬匹稀少，所以到了宋朝，變為蹴踘，由馬球化成小型足球，同時普及民間，里巷中皆有毬社。踘之亡亡於明初，據此則知景泰間猶存遺風。此是閒話，表過不提；讀者如果對此有興趣，可以一讀拙作「李娃」和「少年遊」，其中有比較詳細的介紹。

這裏我要介紹阮浪，他是越南人，明史本傳：

范弘交趾人，初名安，永樂中，英國公張輔，以交童之美秀者還，選為奄，弘及王瑾、阮安、阮浪等與焉，占對嫻雅，成祖愛之，教令讀書，涉經史，善筆札，侍仁宗東宮。……阮浪至景帝時為御用監少監，英宗居南宮，浪入侍；賜鍍金繡袋及鍍金刀，浪以贈門下皇城使王瑤。錦衣衛指揮盧忠者，險人也；見瑤袋刀異常製，醉瑤而竊之，以告尚衣監高平。平令校尉李善上變，言浪傳上皇命，以袋刀結瑤，謀復位，景帝下浪、瑤詔獄；忠證之，浪、瑤皆磔死，詞終不及上皇。

這段記載極值得注意，「終」字意味深長，耐人咀嚼，因為景帝不是個庸弱不明的天子，憑此一告，就會發怒，不但殺了阮浪、王瑤（卽王堯），而且還要「窮治」。就情勢來說，如果景帝不易儲，則上皇決不會起復辟之心；一易了儲，倘不謀復辟，不但於心不甘，而且遲早不免於禍。所以我以為上皇或眞有此心，「終」字者，有其事而阮浪不肯說而已。

這一案的關鍵人物是盧忠，景帝欲「窮治」，則首先就要他肯進一步出頭，而牽連及於上皇，這關係太大了，可能有大富貴，也可能有殺身之禍；盧忠彷徨不決，便一個人悄悄去請敎仝寅，求他指點明路。

仝寅不知替他卜了一個甚麼卦，但從態度上來看，仝寅是反對他這麼做的，明史紀事本末說：「寅以大義比之曰：『是大兇兆，死不足贖！』」如果就事論事，解釋卦象，則何須「比以大義」！

四十二、盧忠裝瘋得以避禍

由於仝寅的警告，盧忠不再徬徨，但勢成騎虎，不言不可；不知是否出於仝寅所教，盧忠故意裝瘋，以爲逃避。於是商輅和一個名叫王誠的太監，向景帝進言，說盧忠是個瘋子，其言不足信；倘或追究到底，壞大體，傷至性，所關不小。景帝這才罷手。由此可見，上皇有復辟之心的話，並非空穴來風；否則，朝中大臣必有人爲上皇辨誣，何待盧忠裝瘋，始有藉口？

這是景泰三年七月間的事；第二年四月，皇太子行冠禮，又過了七個月，皇太子病歿，諡懷獻。景帝只此一子；一死則儲位又虛；於是景泰五年四月間，禮部郎中章綸與御史鍾同，相約上疏，請復儲位。鍾同的奏疏先上：

父有天下，固當傳之於子，乃者，太子薨逝，足知天命有在。臣竊以爲上皇之子，卽陛下之子，沂王天資厚重，足令宗社有託；伏望廓天地之量，敦友于之仁，蠲吉具儀，建復儲位，實祖宗無疆之庥。

按：起頭的那句話，是有來歷的，在立見濟爲太子時，詔令中有一聯：「天祐下民作之君，實遺安於四海；父有天下傳之子，斯固本於萬年」，是吏部侍郎何文淵自誇的得意之筆。上聯指上皇蒙塵，景帝被立，失君有君，四海得安；下聯以皇位父子相傳，則不起爭執，萬年本固。如今太子薨逝，欲復沂王，則是父有天下非傳之子，所以疏中「以爲上皇之子，卽陛下之子」，措詞甚見苦心，景帝雖覺不快，尚未發作，只將原疏交付廷議。

隔了幾天，章綸繼上一疏，據「綱目三編」載：

越數日，章綸亦疏言復儲，并陳修德弭災事。其大者謂內官不可干外政，佞臣不可假事權，後宮不可盛聲色。又言孝弟者百行之本，願陛下退朝後，朝謁兩宮皇太后，修問安視膳之儀。上皇君臨天下，十有四年，是天下之父也。陛下親受册封，是上皇之臣也。上皇傳位陛下，是以天下讓也。陛下奉爲太上皇，是天下之至尊也。陛下與上皇，雖殊形體，實同一人。伏讀奉迎還宮之詔曰：「禮惟加而無替，義以卑而奉尊。」望陛下允蹈斯言，或朔望，或節旦，一幸南宮，率羣臣朝見，以展友于之情，極尊崇之道。更請復汪后于中宮，正天下之母儀，還沂王于儲位，定天下之大本。

四十三、喜怒無常自營壽陵

章綸一疏，可以想見景帝的私生活，後宮多聲色，而於兩宮皇太后——孫太后及其母吳太后的禮數亦疏，凡此皆直揭景帝的短處，因而大怒；其時已經黃昏，宮門已鎖，從門縫中塞出來一通手詔，命錦衣衞逮捕章綸及鍾同，用苛刑逼供，要他們說出主使的人及「交通南宮」的情形。章、鍾兩人「瀕死無一語」；案子也就擱下來了。

然而景帝的內心實在也很矛盾，良心與權慾時時發生衝突，所以行事有些莫測高深，於是便有幸有不幸了；章、鍾是不幸的，另有個禮部郎中孟玘就不同了，上疏亦談復儲，正好碰到景帝良心發現的時候，竟得無事。再有個刑科給事中，枉爲小人，尤覺意外；明史「廖莊傳」：

刑科給事中徐正，請間言事，亟召入，乃言上皇臨御歲久，沂王嘗位儲副，天下臣民仰戴。宜遷置所封之地，以絕人望。別選親王子育之宮中，帝驚愕大怒，立叱出之，欲正其罪，慮駭衆，乃命謫遠任。而帝怒未解，已復得其淫穢事，謫戍鐵嶺衞。

廖莊則是先幸後不幸。他當南京大理寺少卿時，上疏勸景帝時時朝見上皇，「或講論家法，或商榷治道」，景帝不理亦不罪。隔了一年，赴京朝見，景帝忽然想起他以前的那道奏疏，命杖八十；左右又說，事皆由鍾同發端，實爲罪魁禍首，於是「帝乃封巨梃，就獄中杖同及章綸各百。同竟死；綸死而復甦，繫如故。」

景帝的喜怒無常，顯示出他的心理已有病態，這當然也與他的健康狀況不佳有關。太子已死，別無他子，儲位既虛，後顧堪憂，想迎復沂王爲太子，又怕以後得子；不復沂王爲太子，則一旦崩逝，皇位大致仍會落在沂王身上，那時一定會採取報復的行動。此爲景帝當時彷徨苦悶，始終委決不下的一件大心事。

這時的景帝才二十八歲，照常理來說，何患無子？問題是他的身體已經很壞，壞到自己都已失去信心；在杖廖莊以後半年，也就是景泰七年二月，杭皇后崩後不久，景帝自營壽陵，年未滿三十而無子，則此時的大事是求嗣，不當營陵。除非自知不久於人世，那便又當別論了。

四十五、景帝抱病宿齋宮

最使景帝難堪的是，上皇在南宮，連舉三子；相形之下，似有天意，或者杭皇后之崩，亦以傷子之故。爲了易儲，景帝在精神上付出的代價不輕，千方百計把帝系轉移了過來，結果枉費心血。還不僅止於一場空，且落得一個不義的千秋罵名。所以景帝的病，大致是抑鬱而起，容易發怒是肝病的徵象，而鬱怒則傷肝，病因病狀，殊爲明顯。至於他的身體本來不好，亦可確認；明朝皇帝誤於色者甚多，景帝十五歲生子，即位後，御史又有「後宮盛聲色」的奏諫，可知少年斲傷太甚，體弱殆爲必然。

景帝既多病，又無子，並且自營壽陵，見得生趣蕭然；在這樣的情況下，國家大臣，自然在私底下有一番打算，歸納其主張，共有四派，恰好兩正兩邪：

第一派以于謙爲首，請景帝建儲，復沂王爲太子；朝中老臣，如王直、胡濙等以及中正平和的朝士都屬於此派。

第二派以李賢爲首，此即第一派的主張不能在景帝生前實現，則奉迎上皇復位。

第三派以武清侯石亨、都督張軏、太監曹吉祥等爲首，一直轉動上皇復辟的念頭。

第四派以大學士王文爲首，打算迎立仁宗張皇后所出，宣宗同母弟襄王瞻墡世子，入承大統。

第一、二兩派爲正；第三、四兩派爲邪。兩正派主張中，又以第一派爲正格，第二派爲變格。第三派與第二派的目的相同，但手段不正，誤英宗不淺；第四派則完全欲成擁立之功，但此時決無迎立外藩之理，否則便是搞出第三帝系及第二太上皇，別生一大糾葛，非演變出另一次「靖難之變」不可。王文的用心甚為可惡，以後的殺身之禍，實由自取。

這四派之中，唯一可以在景帝生前提出主張的，只有第一派。景帝得不起之疾在景泰七年十二月廿八，於是罷明年元旦朝賀；于謙發覺情勢危殆，與羣臣上疏請立東宮。而外間則有一項頗為流行的傳聞，說大學士王文與太監王誠，預備奏請懿旨，迎取襄王世子入京。

到了正月十一，因為南郊祭天，景帝「輿疾宿齋宮」。按：「南郊」固為專屬於天子的大祀典，但如抱病，則可遣人代替，通常是皇太子，其次為近支親王；而景帝竟無人可遣，不得不抱病親祭。

四十五、太監興安示意建儲

景帝雖宿齋宮，到期卻不能行禮。按：南郊大祀天地，如果皇帝因病或巡幸在外，不能親行祭禮時，照例派皇太子代表，稱為「攝祀事」；如東宮未建，則派親王。而此時在京的親王，年齡最長的亦不過十歲，即是上皇的長子沂王，未行冠禮，不算成人，因此，景帝另派勳臣「攝祀」。

五等爵中，等級最高的是公爵；不知爲何，景帝派了一個侯爵代表，此人就是石亨。他以也先入寇防禦之功，被封爲武淸侯，易儲時加官太子太師；此時是于謙所創立的「團營」的指揮官，官號叫做「總兵官提督團營」。景帝齋戒，勳臣依例扈從；被召至榻前受命時，石亨看景帝的病勢，沒有多少時候可活，於是退出宮後，卽與張軏、曹吉祥密議復辟。

在此同時，都御史蕭維楨偕百官赴齋宮所在地的左順門問安，司禮監興安亦示意立儲，明史紀事本末載：

（景泰八年正月）十有一日，都御史蕭維楨同百官問安於左順門外，太監興安自內出曰：「若皆朝廷大臣，不能爲社稷計，徒問安耶？」卽日，維楨集御史議曰：「今日興安之言，若能達其意否？」衆曰：「皇儲一立，他無慮矣！」

於是當天廷議立儲，都察院的御史，先擬了一個疏稿，雖未明言迎沂王復儲位，但字裏行間，意思顯然，羣臣亦多認爲復立上皇子爲正辦，惟有王文不以爲然，暗示應立襄王世子爲太子。

當時的首輔爲陳循，依序爲高穀、王文、蕭鎡、商輅，陳循與王文爲一黨，聽見王文的話，他不作聲，表示默許；於是戶部侍郎李賢私下問蕭鎡，蕭認爲「旣退不可再」。得到陳循和蕭鎡一暗一明的支持，王文便說：「今只請立東宮，安知朝廷之意在誰？」照王文的想法，景帝必不願復立沂王；如是便可相機進言，迎襄王世子入京，以成擁立之功。這個算盤其實打得不壞，但局勢的變化，非他所能預料；以致於就在這句話上，自喪其身。

都御史蕭維楨是個投機份子，一看王文的主張佔了上風，便提筆說道：「我要換一個字」。他把原稿上的「早建元良」改爲「早擇元良」；一字之更，涵意大不相同。

四十六、石亨與衆密謀復辟

「早建元良」者，元良本在，只須一紙詔令，名分即可建立；改「建」爲「擇」，則爲否定沂王的明白表示，如是襄王世子，就大有被選入京的可能了。

蕭維楨自覺是點鐵成金的手段，所以當時得意忘形地笑道：「我的腰帶也要換了。」這是說此一字之更，可以升官。按：明朝官制，六部尚書及都御史合稱「七卿」，都是二品，腰帶用犀角裝飾；如襄王世子果能入承大統，則爲酬庸計，加他一個太子太保之類的「宮銜」，即成一品，可用玉帶。

這道請「早擇元良」的奏疏，於正月十四遞上，景帝的批示：「偶有寒疾，十七日當早朝，所請不允。」王文和蕭維楨的打算落空；而石亨密謀復辟，進展卻相當順利。

復辟之謀起於石亨，最早同謀的是都督張軏和太監曹吉祥，張軏為靖難四大功臣之一的張玉的幼子，張輔的弟弟；曹吉祥則為王振的爪牙，一直奉派監軍，所以家有軍器，其時分掌京營，與石亨共事，彼此是臭味相投的好朋友。這三個人談過以後，又去請教一個人：太常寺正卿許彬。此人以到宣化奉迎上皇，代草罪己詔為上皇所稱許；當然因為他平時跟楊善那樣，對上皇忠誠可靠，不虞洩密，所以石亨等人才去跟他商量。

許彬自然贊成，他說：「此是社稷之功，可惜我年紀大了，無能為力。徐有貞善奇謀，不妨跟他去研究。」於是石亨便又去請教徐有貞。

徐有貞就是徐珵。改名的經過，據明史本傳是如此：

珵急於進取，自創南遷議，為內廷訕笑，久不得遷；因遺陳循玉帶，且用星術言：「公帶將玉矣！」無何，循果加少保，大喜，因屢薦之。而是時用人，多決於少保于謙；珵囑謙門下士遊說，求國子監祭酒。謙為言於帝，帝曰：「此議南遷徐珵耶？為人傾危，將壞諸生心術。」珵不知謙之薦之也，以為沮己，深怨謙。循勸珵改名，因名有貞。

改名以後的徐有貞，果然瞞過了景帝，曾經由廷議公舉，到山東治理運河，別人搞了七年未曾搞成功，他花了五百五十五天竣工，以此功勞，升爲左副都御史。此時聽得石亨的創議，很興奮地說：「先要讓南城知道，我們有這樣的意思。」

四十七、孫太后認可復辟

這是人人都想得到的第一着棋，第一、把上皇從南宮請出來復辟，不比刼獄；卽令是刼獄，「本主」事先知悉，臨事配合，亦比片面行動來得好。第二、先上密謀，簡在帝心，爲將來邀功起見，亦須此時報備。張軏在前一天已做了這個工作，只是間接傳達，尙未得到上皇的答復。

其實上皇的答復，是可想而知的。他最後三年在南宮，是生活在恐懼之中；當徐正密請對南宮加強戒備時，御史高平也說城南多樹，便於奸宄隱藏，於是景帝下令，將南城的大樹盡皆伐去。其時爲景泰五年六月間，盛暑之際，上皇常在樹下納凉；一天無樹可倚，問起原故，左右告以實情，上皇大懼，因爲猜疑日深，終恐性命不保。這樣的日子，滋味可知；如果有個跳出樊籠的機會，就是冒險，也要嘗試的。

其次，上皇的復辟，雖是國事，也是朱家的家務，宜乎請老太后作主；於是曹吉祥面見孫太后，密陳其事。上皇雖非孫太后親生，但無論如何比對景帝來得親；而且，假定沂王復立爲太子，等景帝一崩，接承大統，她便是太皇太后——做太上皇不如做皇帝，同樣地做太皇太后不如做太后，所以孫太后也認可了復辟的計劃。

這樣到了正月十六，是個關鍵性的日子；因爲第二天景帝視朝，對於儲位問題，預料將有決定。如果依舊不立儲則復辟的機會還在；如果立了沂王爲太子，則上皇復辟，卽等於與兒子爭皇位，成了絕頂荒唐的笑話。同時在這一天，前述的第一派亦有積極的活動，王直、胡濙、于謙等集會商議，奏請立儲；推三元及第的商輅起草，其中的警句是：「陛下宣宗章皇帝之子，當立章皇帝子孫。」按：宣宗兩子，長爲英宗、次卽景帝；景帝無子，則所立者應爲英宗之子，始爲宣皇帝的子孫。這兩句話，從正面看，是主張立沂王；從反面看，是排除了迎立襄王世子的可能性，因爲襄王是仁宗之子，宣宗之弟。

這道奏疏寫好已經晚了，來不及奏上。倘或能夠早一日上奏，依情勢而論，頗有被批准的可能；因爲景帝如自知不起，則必立沂王，以爲補過。請「早擇元良」一疏的不准，卽因爲意在襄王世子，景帝不致於糊塗得親疏遠近都分不淸楚，將大位拱手讓與遠一房的叔叔。

四十八、徐有貞升屋覽步乾象

策動復辟的集團，這時當然又擴大了，老將王驥和迎上皇復歸最有功的楊善，都已與謀。南城的回音也傳出來了，自然贊成。於是正月十六夜裏，都聚集在徐有貞家，商議起事計劃。

徐有貞以爲先要看一看天象再說，於是爬到屋頂上搗了半天的鬼，下來說道：「事在今夕，不可失！」按：如天文果然下應人事，則像上皇復辟這種歷史上罕見的大事，必有徵兆，或者事前莫名其妙，事後必可得到解釋；但我查了明史「天文志」，這年正月十六辛巳，甚麼變異都沒有。因此，我以爲徐有貞爬到屋頂上是借着十六的好月亮，細察南宮的位置、形勢、出入路線；同時一個人去悄悄考慮禍福得失，而「覽步乾象」不過託詞而已。

明史紀事本末載：

十六日，既暮，(亨、軏)復會有貞曰：「得報矣，計將安出？」有貞乃升屋覽步乾象。

亟下曰：「事在今夕，不可失。」遂相與密語。人不聞。而是時會有邊吏報警。有貞曰：「宜乘此，以備非常爲名，納兵入大內，誰不可者？」亨、軏然之。計定，倉皇出，有貞焚香祝天，與家人訣曰：「事成，社稷之利；不成，門戶之禍，歸，人；不歸，鬼矣！」

徐有貞的計劃是讓張軏與石亨搭檔，張軏藉口「備非常」，帶領一千京營兵入大內；而負禁宮警衞全責的正是石亨，宮門的鑰匙，都在他手裏，因而四更時分，開了長安左門，悄悄把張軏等人及那一千京營兵放了進來，依舊把門鎖上，以防萬一消息洩漏，景帝派大軍鎮壓時，一時不能進宮，得有個緩衝的餘地。

這件事對上皇來說是復辟，對景帝來說是逆謀，當然是冒極大的險，因爲不獨自外包圍，一千兵卽能憑宮城頑抗，亦支持不到多少時候；而且內有宿衞，人數超過臨時調進宮的一千兵甚多，石亨雖負警衞全責，卻不見得都能指揮得動。任何一個得部下愛戴的將領，臨時起意造反，必定會遭遇部下的反抗，因爲這與他平日所講的話，完全相反，那種排拒的心理，是自然而然發生的。反之，平口統馭不甚有力，遇到君國危難之時，登高一呼，號召勤王護國，往往反能得部下的死力。

四十九、率衆毀牆進入南城

這個潛在的危險，徐有貞當然也很瞭解，但他比石亨、張軏來得有魄力，或者說比石、張二人看得透澈，深知不是成功、就是失敗，事已至此，唯有勇往直前；所以進了長安左門，宮門下鎖，他把鑰匙丟入陰溝，表示破釜沉舟的決心。這一下，石亨、張軏只好跟着他走了。

奪門之變自此開始，全由徐有貞指揮，那時是星月皎然的天氣，忽然變得陰沈沈地一片黑，天象示警，石亨、張軏越發惶惑，悄悄問徐有貞：「事情能不能成功？」如果說沒有把握，石、張二人可能就會改變主意。

徐有貞自然也有些害怕，但他非表示不在乎的態度不可；大聲答道：「時候到了！不能退！」一面說，一面領頭奔向南宮；宮門上的鎖是灌了鉛的，自然打不開；叩門亦不應。於是徐有貞命士兵找了一根巨木，合力撞宮門，同時派人爬牆入內，裏外協力的在牆上撞出一個大洞，這樣才把宮門毀壞，一擁而入。

一說，這夜因第二天景帝已有旨意御朝，所以宮門開得極早，「有貞以三鼓卽至朝房，亨、軏等率羣從子弟家兵，混同守禦宮門」，這個見於「綱目三編」的說法，不盡可靠，因爲門既早啓，則以三鼓到朝房的，當然還有其他官員，豈僅事機不密，而且亦必有忠於景帝的人，起而反抗，因此自以明史「徐有貞」傳，「夜四鼓，開長安門納之；既入復閉，以遏外兵」的記載爲得實情。

「徐有貞傳」又記：

既薄南城，門錮，毀牆以入。上皇燈下獨出，問故?有貞等俯伏請登位，乃呼進輿，兵士惶懼不能舉，有貞率諸人助挽以行，星月忽開朗，上皇各問諸人姓名。至東華門，門者拒弗內；上皇曰：「朕太上皇帝也。」遂反走。乃升奉天門，有貞等常服謁賀，呼萬歲。

按：明史紀事本末所記與此微有不同：

衆掖升奉天殿，武士以瓜擊有貞，上皇叱之，乃止。時黼座尚在殿隅，推之使中，遂升座，鳴鐘鼓，啓諸門。是時，百官入候景帝親朝，既入，見南城啓，殿上呼譟聲，尚不知其故。

五十、上皇奪門宣諭復位

於是徐有貞宣佈上皇復位，催促百官入賀。震駭之下，各就班位，上皇這樣宣諭：「卿等以景泰皇帝有疾，迎朕復位，其各任事如故！」復位的事實，便這樣簡單明瞭地確立並被承認了。

我研究過這段史實，認爲徐有貞最高明的一着，就是決定十六日起事，利用十七日黎明，百官因景帝早朝而羣趨闕下的機會，實行奪門復辟。因爲皇帝的名號和權威，建立在臣民的心目中；而這個名號和權威，要在一開始時就被承認，否則，這個皇帝做起來就會很吃力。受禪勸進的三請三讓，以及建儲的制度，就都是爲建立皇帝的名號和權威做預備工作，在此過程中，天下臣民便早都有了這樣一個印象：某人要做皇帝了！如是眞的做了皇帝，只要「布告天下，咸使聞知」，立卽就會獲得承認和尊敬。如果使人感到詫異，彼此相詢：某人怎麼做了皇帝？這消息靠得住靠不住？那一來就要費很大的手腳，才能使其相信確有此事實，而在將信將疑的情況下，號令不行則局勢必致紊亂，這個皇帝是不是能做得下去，頗成疑問。如清世宗得位，卽所謂雍正奪嫡一事，當時在皇族中，都以爲繼統的不出皇八子、皇九子、皇十四子三人，及至謎底揭曉，屬於皇四子，無不驚詫；就因爲這種心理上未有準備而生的排拒性，使得清世宗必須用血腥的手段，才能確定他眞的做了皇帝這個事實。

以英宗來說，如果沒有這樣一個現身宣諭的機會，則復位御殿，召集百官，必有人先打聽是不是眞有其事，上皇奪門的經過如何，景泰皇帝如何處置？於是徘徊瞻顧，於是效忠景帝的人，可以起而反抗，卽眞能達成復辟的目的，亦必演出如唐末、五代那種宮庭喋血的悲劇。而事實上英宗能不能達成復辟的目的，實堪懷疑，因爲這時的兵權是在于謙手裏；而他對景帝有知遇之恩，卽令贊成上皇復位，亦必待景帝崩沒。景帝是時已成不起，來日無多；而不能稍忍須臾，必在此時復位，廢掉景帝，形成篡奪之局，不獨爲景帝想，在人情上太殘忍了些，就爲上皇想，亦爲不智。

五十一、郕王妃挾私蓄出宮

在齋宮的景帝，當然亦發覺情勢有異，要查問其事，明史紀事本末有一段記載，相當玄奇。

明史紀事本末有這樣一段話：

景帝聞鐘鼓聲，大驚，問左右曰：「于謙耶？」

既知爲上皇，連聲曰：「好，好！」

這段話語意相當曖昧。要瞭解其涵義，須先從鐘鼓談起。按：列朝正衙，皆設鐘鼓，但不常用。以皇帝御朝而論，常朝鳴鞭以肅朝班，不用鐘鼓；在明朝，唯有「登極儀」及冬至、元旦、萬壽受賀的「大朝儀」，始用鐘鼓。鼓撾三通，稱爲「三嚴」，嚴者催促之意，由緩而緊，督促百官入朝就班。是故鳴鐘撞鼓，最主要的意義，是在召集百官入朝，當時徐有貞的用意就是如此。

由此可知，景帝在齋宮一聞鐘鼓聲，立刻可以連想到的，是有人篡位；所以問：「于謙耶？」意中以爲是于謙篡位；而左右則報以上皇奪門復辟，並非于謙篡位，所以連聲說：「好！好！」

由谷應泰具名的明史紀事本末，是公認的一部好史書，但景帝的這一段話，不知何所據而云然？以我的看法，此不特厚誣于謙，而且亦未瞭解景帝。景帝與于謙君臣相得，他深知于謙的忠心，決不會一聽見鐘鼓聲，便想到于謙篡位。明史「于謙傳」說：「帝知謙極深，所論奏無不從者」，如果景帝曾疑心于謙有篡位的可能，就決不會「論奏無不從」了。

上皇復位，改景泰八年爲天順元年。爲行文醒豁計，我仍舊稱他爲英宗；諸般更張，先從宮內談起。

第一個是景帝，以皇太后的誥諭，廢帝位仍爲郕王，歸西宮。欽天監奏革「景泰」年號，英宗表示不忍，照舊書寫。這一不忍之心，加惠了後世研究歷史的人，否則排比史實，在年份上會生紊亂。郕王不久卽薨。

第二個是廢皇后汪氏的后號，仍爲郕王妃。汪氏后號原爲景帝所廢，此是第二次，廢中之廢。但汪氏因爲反對廢太子見深，所以英宗對這個弟婦很不壞；明史紀事本末：

> 上以郕王薨，欲令妃殉葬，大學士李賢曰：「汪妃雖立爲后，卽遭廢棄，與兩女度日，若令隨去，情所不堪。況幼女無依，尤可矜憫。」上惻然曰：「卿言是！朕以爲弟婦少，不宜存內，初不計其母子之命。」而皇太子雅知妃不欲廢立意，事之甚恭，遂得出舊府。太子又時時護持之，悉得挾貲屬外。

五十二、于謙王文被逮審問

明史紀事本末這段記載，不甚精確。皇太子見深心感汪妃不欲廢立，「事之甚恭」，乃是他卽位以後的事。在英宗復辟時，見深僅有十歲，孺慕之意有之，談實質上的幫助，卽明史所敍，亦恐失考，明史后妃傳：

> 憲宗（見深）復立爲太子，雅知后不欲廢立，事之甚恭；因爲帝言，遷之（宮）外王府，得盡攜宮中所有而出。與周太后相得甚歡，歲時入宮敍家人禮。
>
> 按：謂周太后，卽是憲宗卽位後事。又，憲宗復立在天順元年三月己巳（初六），而郕王薨在二月癸丑（十九），是則殉葬、出宮之議俱在太子復立之前，可知此段記述，出於「想當然耳」，並未深考年月；特別是憲宗的年齡。

但汪妃實在也不是甚麼大賢大德的婦人，她的脾氣很壞，本傳中有一段頗爲生動的記載：

一日，英宗問太監劉桓曰：「記有玉玲瓏繫腰，今何在？」桓言當在妃所。英宗命索之，后投諸井，對使者曰：「無之。」已而告人曰：「七年天子，不堪消受此數片玉耶？」有言后出，所攜鉅萬計，英宗遣使檢取之，遂立盡。

汪妃薨於正德元年，葬禮從大學士王鏊的主張：「葬以妃、祭以后」，是一種特殊的禮儀。

第三是景帝杭后，原諡肅孝，此時削諡號，「毀所葬陵。」

第四是景帝生母，原尊爲皇太后；此時復稱爲「宣廟賢妃。」

第五是景帝太子，原諡爲懷獻太子，此時改稱懷獻世子。

在外廷，王文押錯了一寶，此局全輸，固在意中；而于謙的被寃，則與誤用王振，爲英宗一生所犯的兩個不能得到後世原諒的大錯！明史「于謙傳」：

上皇復位，宣諭朝臣畢，卽執謙與大學士王文下獄。誣謙等與黃玹搆邪議，更立東宮；又與太監王誠、舒良、張永、王勤等謀迎立襄王子。亨等主其議，嗾言官上之。都御史蕭惟禎定讞，坐以謀逆，處極刑。文不勝誣辯之疾，謙笑曰：「亨等意耳！辯何益？」

五十三、英宗初不忍殺于謙

于謙的被誣受冤，有兩個說法。先談不甚靠得住的一說：「有貞、亨等既定議迎復，有貞恐中變，乃詭辭激亨，言于謙、王文已遣人迎襄王世子矣。又曰：『帝已知君等謀，將於十七日早朝執君』。亨大懼，謀遂決。及是謙、文已下獄，有貞與亨等嗾言官劾之，卽以所詭言之罪，命鞫於廷。」此說見於「綱目三編」，意思是弄假成眞，而不甚可信，因爲徐有貞此時的官職是左副都御史，既非輔臣，亦非近臣，不可能知道臥疾中的景帝的意向；而石亨則掌宿衞，且奉旨代攝祀事，如有召襄王世子以及將被逮捕等事，應該是他比徐有貞得信在先。退一步說，卽令他被蒙在鼓裏，聽得徐有貞所說，亦必先求證；內有曹吉祥，外有京營兵馬，至少要查一查可曾派人去迎襄王世子這樣的大事，並無困難，何致貿貿然聽信徐有貞的「詭言」。

另一個說法是，純爲徐有貞與石亨報私怨。徐有貞誤會于謙不肯幫他的忙，前已談過；石亨與于謙結怨的經過是如此：

石亨本以失律削職，謙請宥而用之，總兵十營，畏謙不得逞；亦不樂謙。德勝之捷，亨功不加謙，而得世侯，內媿，乃疏薦謙子冕，詔赴京師，辭不允。謙言：「國家多事，臣子義不得顧私恩，且亨位大將，不聞舉一幽隱，拔一行伍微賤，以裨軍國；而獨薦臣子，於公議得乎？臣於軍功，力杜僥倖，決不敢以子濫功。」亨復大恚。

但最基本的原因是，他不主和議，使也先抱一「空質」，然後不得不歸上皇，此是鑒於宋朝「二帝不還」的史實，略師漢高「分我一杯羹」的故智而定下的決策，雖已收功，而身歷其境者，總不免有「于謙棄我」這樣一種不快的感覺，這才是于謙致死的主因。

據史書記載，此獄成於蕭維楨。召藩王入京，須用金牌符敕，而此兩物，固在禁中，王文即以申辯；徐有貞說：「雖無顯跡，意有之。」蕭維楨即以「意欲」二字成獄，與殺岳飛的「莫須有」三字，同出一轍，爲中國司法史上最大的兩個污點。

司法程序雖草草了結，最後的裁決在於英宗，他曾有所猶豫，由於徐有貞的一句話，才下了決心。

五十四、景帝賜物封存不用

英宗的躊躇，是因爲于謙有匡扶社稷之功，而徐有貞卻說：「不殺于謙，今日之事無名！」因爲復辟的原因，是說王文、于謙「意欲」迎立襄王世子，爲粉碎「逆臣」的「陰謀」，所以不得已迎上皇「奪門」以應變；如是，則處於尖銳的敵對狀態中，一方復辟成功，一方迎立襄王世子失敗，失敗的「逆臣」自應伏誅。如不誅于謙，將令天下懷疑，迎立襄王世子一事，原屬子虛，不過英宗「奪門」的藉口，本意在篡景帝之位。「今日之事無名」這句話，意思是如此；英宗自然要爲自己找一個堅強的立場，那就不能不聽徐有貞的話殺于謙。所謂「政治無情」，這就是個很顯著的例子。於是于謙、王文與同被誣陷的太監王誠、舒良、張永、王勤等，併斬於崇文門外的東市。時爲英宗復辟後的第六天。

像這樣的罪名，照例不止於「正犯」一死；于謙的兒子于冕被充軍龍門，按：此龍門當指「龍門守禦千戶所」，即今察哈爾與熱河交界之處，赤城縣以東，在長城外的「龍門所」，屬「萬全都指揮使司」管轄，距京師只五百九十里。明朝充軍的輕重等級，分爲：極邊、烟瘴、邊遠、邊衞、沿海、附近等六種，充軍龍門屬於「附近」，是最輕的一種。這因爲于謙之死，死於欲使「奪門」有名，實爲政策下的犧牲者；而石、徐雖與于謙不睦，究無深仇大恨；加以英宗本心不欲殺于謙，對其家屬的遣戍，自然從輕發落，所以于冕得以充軍「附近」。又照各種情況看，亦無遣廠衛番子，跟蹤于冕，必欲置之死地而後快的情事。胡金銓的「龍門客棧」以此爲題材，渲染不免失實。

家屬遣戍之外，自然還要抄家。明史「于謙傳」：

謙自値也先之變，誓不與賊俱生，嘗留宿直廬，不還私第。素病痰，痰作；景帝遣興安、舒良，更番往視，聞其服用過薄，詔令上方製賜，至醯菜畢備。又親幸萬歲山，伐竹取瀝以賜。或言寵謙太過，興安等曰：「彼日夜分國憂，不問家產，卽彼去，令朝廷何處更得此人？」及籍沒，家無餘貲，獨正室鐍鑰甚固，啓視則上賜蟒衣劍器也。

一年以後，代于謙爲兵部尚書的陳汝言，以貪汚而敗，抄家得贓鉅萬，英宗特召大臣入宮去看。

五十五、孫太后嗟悼于謙

明朝宮內有「十庫」，最後一庫名爲「贓罰庫」，英宗召大臣進宮看陳汝言抄家所得的贓物，當即是在此庫。英宗「愀然曰：『于謙被遇景泰朝，死無餘貲，汝言抑何多也？』」於此可見英宗本性並不糊塗，更不刻薄。事實上由於孫太后在于謙被禍後，「嗟悼累日」，英宗已頗爲後悔。成化初年，于冕赦歸，上疏訟寃，得以復官賜祭，誥敕中有幾句話，傳誦一時：

當國家之多難，保社稷以無虞，惟公道之獨持，爲權奸所並嫉！在先帝已知其枉，而朕心實憐其忠。

到了孝宗卽位，在弘治二年，于謙終於獲得表揚，「特進光祿大夫、柱國、太傅、謚肅愍」。按不得善終曰「愍」，此字非美謚，到萬歷中改謚爲「忠肅」，這兩個字，確可概括于謙一生的行誼，易名允帖，無逾於此。

除贈官追謚以外，在河南、山西、杭州皆建祠，奉祀不絕。杭州于墳的祠，名爲「旌功祠」，出於御賜，其地在西湖南高峯下的三臺山，我家有別業在其附近，兒時習聞于祠祈夢的靈異。「湧幢小品」曾記王錫爵因病祈夢事，可見在明朝已然；清朝則每逢秋風桂子的大比之年，赴杭州鄉試的舉子，多往于墳祈夢，卜科名的利鈍；我所聽到的故事，雖不經而有趣，試述一則如下：

有同窗三人同赴秋闈，同往于墳祈夢。三人中一人有夢，半夜裏推醒他的同窗，告訴他們說：「我夢見于忠肅了，他跟我說：中不中，明天一早去看照牆就知道了。」兩人中有一個氣量偏狹，存心要殺他的風景；借小解的機會悄悄溜到祠前，檢塊泥土在白粉照牆上大書「不中」二字；第二天一早去看，成了「一個中」三字，原來黑夜裏無法分辨字跡，「不」字上面的一畫寫得出了格，以致兩個字變成三個字。後來果然是得夢的那個中了。

現在于墳附近仍有于謙的子孫。這是因爲他的後裔在明朝是世襲的杭州衞副千戶；明朝的衞所撥有公地，一面生產、一面服兵役，此即明太祖所自豪的：「我養兵百萬，不費民間一文錢」的兵農合一制度。到了清朝，衞所轉變爲漕幫，依然不脫服役的性質；但于謙的子孫，在明朝就是免役的，因爲指定其義務爲「奉祠」。

五十六、陳循等充軍遼東

至於王文，如果撇開以「意欲」成寃獄的法律觀點不談，則眞正是「公道自在人心」。

他是河北東鹿人，秉性爲「北方之強」，爲人「深刻有城府，面目嚴冷」，以左都御史掌院，明朝的都御史，猶具漢朝「中丞」的遺意，在外則爲總督、巡撫；內召便是掌管都察院，俗稱「臺長」——御史臺之長。王文外表是「鐵面」，所以「諸御史畏之若神，廷臣無敢干以私者；然中實柔媚。」這樣子就無可取了。

他的入閣是出於次輔高穀的援引。高穀與首輔陳循不合，荐王文入閣，思得相助，而結果王文反與陳循相合，中間又以母喪奪情，凡此都可以看出他的性情。大致他寡於情義，苛於責人；在專制時代，對皇帝寡情，即是不忠，非死不可。他薄於英宗者有三事：

一、有拒迎英宗自塞外回京之意。

二、易儲議起，率先承命。

三、有擁立襄王世子之意。

明史「王文傳」：

言官劾文與謙等謀立外藩，命鞫於廷，文力辯曰：「召親王須用金牌、信符；遣人必有馬牌，內府、兵部可驗也。」辭氣激壯。逮車駕主事沈敬按問，無迹。廷臣遂坐謙、文召敬謀未定，與謙同斬於市，諸子悉戍邊。敬亦坐「知謀反故縱」，減死戍鐵嶺。文之死，人皆知其誣，以素刻忮，且迎駕易儲之議，不愜輿論，故冤死而民不思。

「冤死而民不思」亦可說死得不冤。此外閣臣中陳循、江淵及刑部尚書俞士悅充軍遼東；以爲儲君「旣退不可再進」的蕭鎡及商輅除名。陳循及商輅的得罪，是石亨有意陷害，後來俱得昭雪；商輅在成化時復起，入閣大用，爲有明名臣之一。

當然，「該死」的還有人，第一個是廣西思明土司，首上易儲之奏的黃玹，聽說英宗復辟，懼罪自殺，而仍不免發棺戮屍；他的兒子叫黃震，官已當到都督，亦被捕見誅。第二個是錦衣衞指揮盧忠，當初仝寅斷他「大凶兆，死不足贖」，此時果符其言。還有兩個就是建議盡伐南城樹木的給事中徐正及御史高平，言官不守言職，無事生非，一言喪身，可嘆之至！

五十七、徐有貞進位大學士

「一朝天子一朝臣」，英宗復辟有倒楣的，自然也有得意的，論迎復之功，第一個是石亨；他原來是武淸侯，此時以首功進爵忠國公，按：明朝的公侯，「生著號而後襲封」，雖無采邑，但封號取「分茅裂土」的遺意，也像宋朝一樣，「各擬名邦」，如魏國公徐達、鄂國公常遇春、韓國公李善長、曹國公李文忠等等，魏、鄂、韓、曹，在春秋戰國，固有其地，而忠國則為虛擬的美稱。他的姪子石彪則封為定遠伯。石亨與英宗有一段「政治蜜月」，明史「石亨傳」：

> 上皇既復辟，以亨首功，進爵忠國公，眷顧特異，言無不從。其弟姪家人，冒功錦衣者五十餘人，部曲親故，竄名「奪門」籍得官者四十餘人。

這段「蜜月」只維持了三、四個月；但破裂的責任不在英宗，後面將會談到，暫且不提。

第二個是曹吉祥，英宗復位，遷司禮監，總督三大營。嗣子曹欽，姪子曹鉉、曹鐸、曹鏴都做到都督，曹欽被封為昭武伯，門下厮養卒冒官者，多至千百人，勢力與石亨相比，並稱「曹石」。曹欽後來想做皇帝，不知道歷史上宦官的子弟，可有身登大寶的?便拿這話去問他的一個姓馮的門客，姓馮的答道：「君家魏武其人也！」魏武帝曹操是太監曹騰的養子，天生有此掌故，答語可說雋妙；但也就是這句話，替曹家帶來滅門之禍。這姓馮的門客，實在有愧他的老祖宗馮驩！

第三個是徐有貞。論奪門之變的功勞，實在應該以他爲首，但石亨當然要冒他的功，所以徐有貞最初只是以本官兼翰林院學士，直內閣、典機務。當時景泰的輔臣中，只剩下一個高穀，亟須補充，所以除徐有貞外，另簡許彬、薛瑄爲輔臣；二月間又派吏部右侍郎李賢入閣，英宗能用此人，見得他胸中亦有丘壑，決非凡庸之主。

到復辟的第二天，徐有貞調任兵部尚書。他意有未足，跟石亨表示，也想弄個爵位「從兄後」；意思是決不希望封公。後來石亨果然爲他進言，英宗封他爲武功伯，兼華蓋殿大學士，掌文淵閣事，賜號「奉天翊衛、推誠宣力、守正文臣」，祿一千一百石，世襲錦衣指揮使。這是石亨有意利用他作貓腳爪，排除異己。徐有貞也就見利忘義。誣殺于謙，勉強猶可說是以怨報怨；不救陳循，則是以怨報德了。

五十八、徐有貞遣戍到雲南

其時因爲石亨和曹吉祥驕恣跋扈，英宗頗有厭色，而徐有貞此人頗有大志，不願以依附石亨長保富貴爲已足，況且石亨的富貴亦未見得能長保，因此時時在英宗面前，攻石亨的短處。而李賢則利用他們的彼此不和，爲國去奸，他的策略和作風，對正德朝的楊一清、嘉靖朝的徐階影響甚大。「明史紀事本末」記：

天順元年五月，御史楊瑄劾太監曹吉祥、忠國公石亨奪民田，且言其恃寵擅權之罪。上顧徐有貞、李賢曰：「御史敢言如此，國家之福也。」曹吉祥在旁，㦐懼。已，盛怒，欲罪之，上不許。及亨出兵歸，聞之怒，訴御史言不實。意賢、有貞主使，乃激吉祥曰：「今在內惟爾，在外惟我。賢等欲排陷，其意可知矣！」初，吉祥見亨冒濫恩賞，頗不平，恆訐其短；至是，聞亨言，勢復合。

小人的離合，必出於利害關係，無足爲奇。於是，徐有貞不久就垮了下來：

六月，逮大學士徐有貞，學士李賢，都御史耿九疇下錦衣獄。初，有貞得首輔，欲立功名自異，稍與石亨左。李賢入閣，力助之，知無不言；曹吉祥不能堪。……給事中王鉉、錦衣指揮門達乃上疏言九疇附有貞、賢，嗾御史排陷。石亨、吉祥復乘間言，臣等萬死一生，迎復皇上，內閣必欲殺臣。伏地哭不起。上從之，乃逮有貞等。

因爲石亨、曹吉祥「伏地哭不起」，英宗不得已而從，自是他的短處，但到緊要關頭，他亦並不糊塗。徐有貞下獄後，原是論死，適逢其會，京師發生了天災，大風雨，有雷，震壞了奉天門；風勢之大，與最大的颱風無異，拔木壞屋，吉祥門的大樹都折倒，正陽門的「下馬牌」被吹到了郊外，石亨家中水深數尺。天象示警，照理要修省減刑，以感格天心，因而被逮諸人，概從末減，由死刑改爲充軍，徐有貞遣戍到雲南。

李賢原在充軍之列，將行時，英宗下特旨，說「近日行事，惟有貞一人，李賢不可去。」李賢被赦免，供職如舊。英宗亦虧得有此醒悟，才能獲得助力，制抑曹石。

五十九、楊善封伯勉獲善終

徐有貞的被陷害，以曹吉祥的力量居多。太監害人的方法，不脫進讒二字，而設計甚巧，當徐有貞受英宗眷寵時，每每屏人密語，曹吉祥指使小太監偷聽到了，故意將內容外洩，而當英宗追問時，曹吉祥說是徐有貞自己所說，那一天談了某事，如何如何，歷歷分明。英宗對徐有貞大爲不滿，自然就疏遠了。

曹吉祥又對英宗說，徐有貞封伯爵，「封邑」是他自己挑的武功，禹受舜禪在武功，且爲曹操始封之地，又封武功伯的誥辭，爲徐有貞所自草，內有「纘禹神功」的話，凡此皆非人臣之禮，足證徐有貞有異志。按：武功在咸陽以西，徐有貞挑此地爲「封邑」，無非因爲以文人麾軍奪門，由武功封爵，取其雙關之意，而到了小人嘴裏，便又是一樣說法。以後英宗就說道：「徐有貞何大罪？爲石亨輩所陷耳」！可見得曹吉祥的這種「欲加之罪」，英宗亦未嘗不明白，只是迫於情勢，不得不聽而已。

徐有貞好用權術，他有一個門客，名叫馬士權，深受倚重。當徐初出獄將充軍時，拍拍馬士權的背說：「你是義士；我有個女兒，將來要託你以終身。」等充軍到雲南金齒衞，卽今中緬邊境的交通要地保山，俗語所謂「雲貴半爿天」，而馬士權常常跋涉萬里去探望徐有貞；徐卻始終不提婚事。等徐赦回，馬士權辭，終身不言其事，因此輿論多重馬而薄徐。明朝中葉以後，奸邪輩出，而正人君子亦隨處可見，主要的就是輿論扶持正氣之故。

此外，奪門功臣中，張軏封太平侯，他的弟弟張輗封文安侯，楊善則封興濟伯，明史本傳：

天順元年，正月，亨、吉祥奉上皇復辟，善以預謀，封「奉天翊衞推誠宣力武臣」「特進光祿大夫柱國，興濟伯，歲祿千二百石，賜世卷，掌左軍都督府事。尚書胡濙頌善迎駕功，命兼禮部尚書，尋改「守正文臣」。善使瓦剌，携子四人行，至是竝得官。又爲從子、養子乞恩，得官者復十數人。氣勢煊赫，招權納賄，亨輩嫉而間之，以是漸疏外。二年五月卒，贈興濟侯，諡忠敏。

楊善總算得以善終。迎復上皇，固然見功，英宗待他亦不薄。

六十、石亨無人臣之禮

自徐有貞失敗，石亨、曹吉祥愈益跋扈，在御前幾無復人臣之禮，要怎麼便怎麼，英宗非依從不可。有一次石亨帶了兩名千戶入侍文華殿；英宗問是甚麼人？石亨答道：「是臣的心腹，頗有迎復之功，請皇上升他們爲錦衣指揮使」，當時就逼着英宗下手諭。還有個工部侍郎孫宏，是石亨的陝西同鄉，剛被荐得任侍郎，石亨立刻又要請英宗任命他爲尚書。英宗不肯，說先當侍郎，再遷就可以做尚書了。石亨大表不滿，出宮跟人發牢騷，說一下就叫人做尚書，有何不可？何必再遷？

因此，英宗曾與李賢秘密商議，李賢勸他「獨斷」，並用漸進的辦法，裁抑石亨的權力。英宗深以爲然，命令左順門司出入的太監：總兵官不奉宣召，不得入宮。從此以後，石亨進宮的次數就少了。

在這段期間中，英宗對於所謂迎立外藩一事，已經瞭解眞相，明史「諸王傳」：

英宗復辟，石亨等誣于謙、王文有迎立外藩語，帝頗疑瞻墡（按：卽襄王，爲英宗胞叔）。久之，從宮中得瞻墡所上二書，而襄國金符，固在太后閣中。乃賜書召瞻墡……及歸，帝親送至午門外，握手泣別。

按：「所上二書」，卽瞻墡寫給景帝的兩封信，勸他尊禮「上皇」，無忘恭順。而「金符」則爲召藩王入覲所專用，明朝對藩王入京，視如敵國入寇，異常嚴重，所以要用金符；金符既在，就決無召襄王世子之事，因爲召亦不至。

此事的眞相既白，則于謙被誣，不言自明。到天順二年正月，石亨所薦的兵部尙書陳汝言下獄，贓私鉅萬，與于謙的淸廉，相形之下，益使英宗對石亨、曹吉祥、張軏等人不滿，常常追問，于謙迎立外藩之說，究竟是怎麼回事？問到後來，沒話可說了，便只好這麼回答：「臣亦不知，徐有貞向臣言耳！」這一來，無異招認誣害于謙是實。英宗深爲痛惡，而曹、石亦就注定不能再得寵，倘能自警，收斂而保，則猶不失富貴。但「權利」二字，重利則不致造反；弄權則權無止境，往往起謀逆之心，此所以英主往往可以容忍貪官，而決不能容忍權臣，卽令是英宗這樣異常念舊重情的人，亦無法容忍。

六十一、李賢論奪門之非

如果弄權而本心無他，則以英宗的性格，猶可寬容，問題在於曹、石所自恃爲天大功勞，三句不離口的迎復之功，亦卽一般人口中的奪門之變，爲一絕大錯誤，純爲曹、石以「上皇」作賭注的政治投機，此時已爲英宗澈底瞭解，「明史紀事本末」記：

（英宗）與賢語及奪門功，賢對曰：「迎駕則可，奪門二字豈可傳示後世？陛下順天應人以復大位，門何必奪？且內府門寧當奪耶？當時亦有以此事邀臣者，臣辭不與。」上驚問故；賢對曰：「景帝不起，羣臣自當表請陛下復位，此名正言順無可疑者，何至奪門？」

明史「李賢傳」亦紀錄了他的話，以為照此明正言順的迎復，則「此輩又安得邀陞賞；招權納賄安自起？老成耆舊依然在職，何至有殺戮黜降之事，致干天象？易曰：『開國承家，小人勿用』，正謂此也。」但李賢傳記其論奪門之變，在曹、石既敗之後，此或不如紀事本末得實，因為李賢早得寵信，獨參密議，論曹、石之非，自然應在其身前；「馬後炮」何用？且李賢亦不是喜歡放「馬後炮」的人。

石亨、曹吉祥最初亦並無謀反之心，但他們的性格多屬於好大喜功一類，而在感覺上總覺得權勢愈盛，則個人的安全愈有把握，所以每每破壞制度，擴張權力。天順元年四月，盡罷各邊省巡撫，即出於石亨建議，原因是他重武輕文，以為文人不當作巡撫。到了天順二年正月，石亨與曹吉祥又上疏，請將「馬政」自太僕寺劃歸兵部，此事就格而不行了。

要瞭解中國歷史上的軍事，必須瞭解「馬政」，猶之乎要瞭解近代的軍事，必須明瞭坦克，是一樣的道理。中國戰爭方式的第一次改變，始於趙武靈王的胡服騎射，相沿已久的車戰，開始沒落，而戰爭的規模及殺傷力，亦逐漸加大。

漢唐武功之盛，皆得力於馬。當劉邦即位時，欲具「醇駟而不可得」；由找一色四匹白馬來駕天子之車，都不易的漢初，到阡陌成羣，街巷皆馬的武帝時代，然後始有定西域的武功。唐朝開元全盛時，御廄有馬數十萬匹，而民間遠行，只有至貧之人才騎騾，馬多且賤，可想而知。而歷代講求駿馬，如詩篇中所豔稱的名姬寶馬，亦以唐代為最。

六十二、石亨之侄石彪下獄

宋史「兵志」馬政篇：「國馬之政，歷五代寖廢，至宋而規制備具」，但至仁宗末年，已必須向塞外買馬，以鹽、茶交換，特設「茶馬使」經理其事；元祐以後，馬政益復廢弛，欽宗靖康元年，李綱上言：「祖宗以來，擇陝西、河東、河北美水草高涼之地，置監凡三十六所，比年廢罷殆盡，民間雜養以充役，官吏便文以塞責，而馬無復善者。今諸軍缺馬者太半，宜復舊制；權時之宜，括天下馬，量給其值，不旬日間，則數萬之馬猶可具也。」李綱說得太容易了，其時局勢「已不能盡行其說」。南渡後，馬的來源更加缺乏，因為此非「東南之利」。

由於騎兵的威力，勝過步兵，而來自塞外的敵人，如果不能拒之於長城以外，則胡騎一入中原，縱橫輕捷，便難制禦。北宋之亡，純就軍事觀點而言，中朝因缺馬之故，對金人的騎兵，無法匹敵，實為致命傷。明太祖力戰得天下，當然知道馬政的重要，除御馬以外，官馬、民馬都歸太僕寺監養管理，所以不使兵部與其事，還另有相互制衡，防止內亂的作用，因此當石亨、曹吉祥提議以馬政改隸兵部時，太僕寺卿程信提出這樣的反對意見：

高廟有旨，馬數不令人知。今隸兵部，使馬之登耗，太僕不與聞，脫肘腋變生，馬不備給，孰任其咎。

假設的「脫肘腋變生」五字，措詞相當尖銳，無形中指曹、石想干與馬政，心懷叵測；於是「兵部懼，亦以爲言，詔復其事歸太僕。」不久，復以文臣爲邊鎭爲巡撫，提督軍務，「明史記事本末」載英宗對李賢論此事說：「朕初復位時，奉迎之人皆以此爲不便，今乃知其謬也。」其時爲天順二年四月，換句話說，英宗復位一年以後，卽已盡知石亨、張軏、曹吉祥等人的不法和荒謬；而石亨的有異志，亦起於此時。

張軏早死，石亨之敗，則始於天順三年八月間。起初只是他的姪子石彪下獄：石彪久守大同，最初的官銜是游擊，頗有戰功，但驕狂不法，不但目無長官，甚至目無親王，「以代王增祿爲己功，王至跪謝；自是數款彪，出歌妓行酒。」明朝的親王，禮制隆重；石彪凌侮如此，而竟可以不敗，那就一定是末世了。

六十三、想以大同爲根據地

石亨的異志，在那時還剛起不久，他們叔姪的計劃是：石亨在京掌京營，石彪鎭大同，這一內一外兩處兵權，如果都落入石家叔姪手中，則表裏爲用，足以控制整個局勢。因此英宗始終不放心石彪，屢次召回京師；石彪不能忍耐，指使大同衞所的千戶共五十人，到京城「請願」，以石彪爲大同鎭守，至此「司馬昭之心」暴露，逮捕石彪下獄；他把他的叔父攀了出來，「上猶念亨功，宥之，惟罷其兵權，令以本籍歸第。」

以英宗的爲人，固應有此處置；但最主要的原因，還在此時猶未能到動手的時候，因爲第一，謀反的罪證還不足；第二，石亨以奪門之功，「弟姪家人冒功錦衣者五十餘人，部曲親故竄名奪門籍得官者六千餘人」，羽翼甚盛，如果操之過急，可能會影響政局的安定。

現在先談石亨在逐漸形成中的謀反計劃。有一次他赴大同視師，經過紫荊關說：「若塞此關守之，據大同，京師何由得至？」這表示石亨意中想以大同爲根據地，進攻退守，以爲可立於不敗之地。大致謀反不外兩種方式，一種是「裏打出」，先控制宮庭，再及其他；一種是「外打入」，由邊地及於腹心，而石亨的想法，異於此兩種，別具一格。

他的想法是想學趙匡胤，黃袍加身，推戴他爲天子，「明史紀事本末」記：

一日退朝，歸私第，語盧旺、彥敬曰：「吾所居官，皆爾等所欲爲者。」旺、敬不知所謂。對曰：「敬以公得至此，他何敢言？」亨曰：「陳橋之變，史不稱其簒。爾能助吾，吾官非爾官乎？」旺、敬股慄莫敢對。會瞽人童先出妖書曰：「惟有石人不動。」勸亨舉事，亨謂其黨曰：「大同士馬甲天下，吾撫之素厚，今石彪在彼，可恃也。異日以彪代李文佩鎮朔將軍印，專制大同。北塞紫荆關，東據臨清，決高郵之堤以絕餉道，京師可不戰而困矣！」遂請以盧旺守裏河。

童先是石亨的「軍師」，但此軍師的話並未見聽；屢勸起事，石亨這樣回答他：「爲此不難，但天下都司除代未週，待週，爲之未晚。」意思就是說，天下都司，都成了他的私人，自然黃袍加身，坐取天下。因此童先曾私下對他的親屬表示：「此豈可與成大事者？」

六十四、石彪抄家搜出龍衣

在石亨盛時，朝中文武，畏之如虎，「明史紀事本末」載：

上使工部爲亨營宅至三百餘間，上登翔鳳樓，恭順侯瑾，撫寧侯永侍，上指宅顧問，永謝不知。瑾曰：「必王府耳！」上笑曰：「非也！」瑾頓首曰：「非王府孰敢。」上顧太監裴當曰：「人乃不敢言石亨！」

按：「恭順侯瑾」，指吳瑾；卽土木之變戰歿於宣府的吳克誠的兒子。吳瑾被也先所俘虜，他雖爲蒙古人，卻心向中朝，逃回京師嗣襲侯爵，跟英宗可說是「患難之交」。「撫寧侯永」爲朱勇，他的父親叫朱謙，亦爲正統、景泰間，有功於國的大將之一，明史本傳：

是時寇氣甚驕，屢擾宣府、大同，意二城且旦夕下，而謙守宣府，登守大同，數挫其衆。也先知二人難犯，始一意歸上皇。八日，上皇還道宣府，謙率子永出見，厚犒其使者。……永字景昌，偉軀貌，顧盼有威，初見上皇於宣府，數目屬焉！景泰中嗣爵，奉朝請，英宗復辟，睹永識之曰：「是見朕宣府者耶？」永頓首謝，卽日召侍左右，分領宣威營禁軍。

因爲石亨在表面上看，勢力遍佈，至有人「不敢言石亨」，所以在石彪被抄家，搜出繡蟒龍衣，及仿照大內規則的寢床等物，而英宗仍置石亨不問，且希望感悟他，以全君臣始終。據說石亨的姨太太生一子彌月，英宗召見，「摩其項曰：『虎兒也！善撫之。朕行與卿結婚姻』。取金鎖繫兒項，名曰『鎖定侯』」以諷勸，而石亨不悟。

於是英宗不得不先從翦除石亨的羽翼着手，其間頗得力於一個人，此人姓甚僻，姓逯，單名杲；本來只是一個錦衣衛的校尉，曾參與奪門之役。復辟之後，「大捕奸黨」亦曾出力；楊善、曹吉祥大概都假他的手報復過私怨，所以相繼薦他升官；石亨亦很照應他，因而得以做到錦衣衛指揮僉事，但此時已爲英宗所用，密受帝旨，偵察石亨的一切隱私。

這樣到了天順四年，石亨本人既勒歸私第，手下的羽翼亦已被翦除得差不多了，於是以逯杲一疏，石亨下錦衣衛獄。逯杲檢舉石亨：心懷怨望與其從孫石俊，謀爲不軌。

六十五、石亨在獄中瘐死

天順五年五月，逯杲終於動手告發石亨，與其從孫石俊謀反。一方面證據週備，百官憤慨；一方面石亨的羽翼已剪除殆盡，於是下獄抄家；一個月以後，石亨瘐死獄中；又不久，石彪處死。一門兩侯，貴盛無比的豪門，就此自己整自己，整到滅門爲止。從來功臣不得善終，自取其咎未有如石家叔姪者。

石亨一死，曹吉祥不安了。但前車之失不鑒，而且操切從事，所以曹家父子比石家叔姪敗得更快。曹吉祥所恃以謀反的本錢是「韃官」。所謂韃官，卽是韃靼投降明朝的武官。孟森明代史，引正史述其源流，極其淸楚，轉錄如下：

「于謙傳：初永樂中，降人安置近畿者甚衆。也先入寇，多爲內應，謙謀散遣之。因西南用兵，每有征行，輒選其精騎，厚資以往，已更遣其妻子，內患以息。」又李賢傳：「于謙嘗分遣降人南征，陳汝言希宦官指，盡召入還，賢力言不可。帝曰：『吾亦悔之，今已就道，後當聽其願去者。』」據此兩傳，知天順時在京韃官之來歷。韃官不知順逆，祇貪利祿，以故成祖靖難，用三衛爲軍鋒，曹奄陰畜死士，亦以韃官爲奇貨。陳汝言所希宦官之指，自卽謂曹吉祥。李賢於正統初卽深論此事。賢傳：「正統初，言塞外降人居京師者數萬，指揮使月俸三十五石，實支僅一石，降人反實支十七石五斗。是一降人當京官十七員半矣；宜漸出之外，省冗費，且消患未萌，帝不能用。」據此，則于謙始定散遣降人之法，謙被害而降人又召回，賢雖力言不可，帝言悔之而又以就道爲姑息之計，遂爲曹欽犯闕之資。史不詳言，合觀之可見也。

我們也可以想像得到，韃官所屬的「外籍兵團」，戰鬭力是相當強的，不然曹吉祥不致如此加意培養；到此異謀將發之際，越發慷慨，金錢穀帛，恣其所取。韃官亦怕曹吉祥一垮，失卻護符，所以都願盡力，結爲死黨。這時就要提到前文所談過的馮益了，他是一名千戶，景泰間投機，請徙上皇於山東沂州。復辟以後，照說性命難保；但以曹吉祥的庇護，得以不死。當然也不會有官做，便在曹欽家做食客。以「君家魏武其人」這一句話，引發了曹欽想做皇帝的春夢。

六十六、曹欽計劃擁兵入宮

這個春夢實在是個噩夢，來得容易，結束得也快。進入「夢境」是由一樁偶發事件所激起。

曹欽有個家人，名叫曹福，掛名錦衣衞百戶，實際上是爲曹家往來各處做生意的一個伙計。但曹欽對他並不信任，或者眞有洩漏主人家密謀的事實，所以曹欽要置他於死地。

曹欽的方法是如此，一面指使曹福的妻子報案，說他丈夫得了狂疾，走得不知去向；一面另行派了幾名家人，追上曹福，毆擊致死。這樣的案子，在當時的權貴，看來算不了一回事；曹欽指使曹福的妻子報案，原不過爲曹福的「失蹤」留個伏筆而已，官府向來可以聽聽不管；但逯杲偵伺曹欽甚急，認爲其中或有疑問，或者曹福原爲逯杲派去偵察曹欽的眼線，因此「奏請捕治」。

這一追究，眞相大白，於是言官奏劾曹欽。英宗准奏，面諭曹欽：「速改過，不悛，罪無赦！」同時又降勅遍諭羣臣：「毋自專，干憲典。」

所謂「憲典」，是太祖所立的「鐵榜」，規定「文武大臣，無故不得相往來。給事中、御史及錦衣官，不得與文武大臣交通。」這是防閑至密的措施，但事實上難以辦到，所以久而久之，視爲具文。而英宗突然提到這話，自然有極嚴重的意義在內。

當石彪將被捕時，言官擬提出彈劾，誰知有人洩漏給石彪，英宗得知大怒，因而有重申前述「不得交通」的禁令之舉，接着便捕石彪下獄。這次是第二回，所以曹欽大驚：「前降勅，遂捕石將軍，今復爾，殆矣！」

於是曹欽請他的同黨，官居太常寺少卿，掌理欽天監的湯序，挑一個好日子，選定庚子日昧爽起事。曹欽的計劃是，擁兵入宮，廢掉英宗，自立爲帝；曹吉祥在宮內以禁兵相應。

這個日子實在挑得不好！庚子日昧爽要出師，那時正有邊警，英宗命懷寧伯孫鏜掛帥西征；庚子日一早要陛辭，隨卽出宮上馬，領軍出發。其時孫鏜有病，爲了節勞起見，前一天夜裏宿在朝房，到了二更時分，恭順侯吳瑾告變來了。吳瑾是蒙古人，他也是接到另一個蒙古人的告變；此人本名完者禿亮，漢名馬亮，卽是曹家叔姪所刻意結納的韃官之一。

六十七、曹欽造反先殺逯杲

馬亮是從曹欽家逃席而來的。這天夜裏，曹欽大宴韃官，一則先爲犒勞；再則集結在事諸人，免得洩漏秘密，不想還是讓心懷不安的馬亮溜了出來告密。

馬亮是孫鏜部下的高級將官，但因爲與吳瑾都是蒙古人，平日比較親密，所以先告訴與孫鏜同宿在朝房的吳瑾，吳再告孫。這不用說，應該立卽上奏。

明朝的宮禁極嚴；天順年間，似乎因爲奪門之變的本身就是前車之鑒，所以越發看守得緊，宮門天黑下鎖，要到第二天黎明才開。但奏陳此類事件，定下一個規例，就是具疏從長安門門縫中投入，名爲「急變」；急變的奏疏，守門者須卽時直達御前，遲則用軍法斬。

孫、吳告變，卽按此一制度進行。

所苦者，孫鏜與吳瑾都是武夫，識字不多，寫字更難，而這樣的第一等機密，又不能假手於人，同時急切間也找不到適當的人，就找到了亦未見得有詳細書奏的功夫，於是只寫了六個大字：「曹欽反、曹欽反！」從長安西門的門縫裏塞了進去。

這就像淸末的名將鮑超被圍，告急文書，只大書一個「鮑」字，四週密密加圈；曾國藩一看就明白一樣；英宗看到這六個字，也就够了，當機立斷，馬上派人先把曹吉祥抓了起來。同時發下手諭，皇城四門、京城九門，一律不開。這一着異常重要，因爲曹欽的死士只有數百人，全靠曹吉祥舉禁兵相應，曹吉祥被捕，則禁兵不致生變，依然擔任保衞禁城的職責，出入之間，關係大極。

在曹欽那裏，一看溜了個馬亮，知道大事不好；但已騎虎難下，卽時領了他的弟弟曹鉉、曹鐩、曹鐸和一批韃官起事。歷史上造反之事甚多，大致都經過縝密的籌劃，臨事之際，多方計算，雖敗也像那麼一回事；而像曹欽那樣的造反，不過徒留笑柄而已！

曹欽尤其幼稚的舉動是未成大事，先報私怨；逯杲曾受曹吉祥提拔而此時以曹家叔姪爲偵伺的對象，所以曹欽第一個要殺他。趕到他家，逯杲正聞變出門，預備赴難，曹欽砍了他的腦袋之不足，還把他分了屍。這就見得曹欽是個草包；先找逯杲，固然不錯，但如果不是把他殺掉，而是制服以爲用；利用逯杲手下錦衣衞的武力，則事之成敗，或在未定。

六十八、曹欽在朝房殺大臣

至於逯杲其人，可說死有餘辜，錦衣衞官員，自永樂十四年誅紀綱以後，四十年謹肅無事，至是復見橫行，逯杲多行不法，而「四方奸民，詐稱校尉，縱橫無所忌」，皆由逯杲的縱容庇護，其尤爲慘虐無人性一事，則爲誣陷弋陽王奠壏母子相亂，明史「寧王傳」：

錦衣衞指揮逯杲，聽詗事者言，誣奠壏烝母。帝令奠培（按：襲寧王）具實以聞，復遣駙馬都尉薛桓與杲按問。奠培奏無是事，杲按亦無實。帝怒責問杲，杲懼，仍以爲實，遂賜奠壏母子自盡，焚其屍。是日雷雨大作，平地水深數尺，衆咸冤之。

此爲英宗的一失；而信任逯杲、門達等人，任其爲惡，亦爲極不可恕之事。不過英宗是「慮廷臣黨比，欲知外事，倚錦衣官校爲耳目」，說明白些，就是爲了對付石亨；再往深處看，則是由奪門之變而引起的麻煩。於此益見李賢所論，景帝死後，羣臣表請上皇復位，名正言順，「安用擾攘爲？此輩又安得邀陞賞？招權納賄安自起？」眞爲正本淸源的讜論。

逯杲被殺以後，曹欽割了他的腦袋，馳往長安門外的朝房，對大臣施行報復，計砍傷兩個、砍死一個。死的是都御史寇深，他本來與曹欽交好，其時與言官一起奏劾，曹欽恨他反復，在西朝房找到了，從肩上砍下去，把寇深一劈兩半。然後又到東朝房去找李賢，「明史紀事本末」：

大學士李賢待朝東朝房，欽復馳索之，戶外之聲洶洶，賢驚出，則甲而刃者數人。一人砍賢肩，傷耳，刃跗擊賢背，少選，欽持逯杲頭來，叱刃者，執賢手曰：「今日直爲此激變，非得已也，可爲我草疏進上。」亡何。又執尙書王翺。賢乃就翺所索紙爲草疏，同翺投入長安左門隙。

其實所草的奏疏，是請誅賊黨，內中可能有如何處理此事的具體建議，此又見得曹欽的笨不可言，自己爲李賢與英宗開了一條交通路線。果然，在宮內的英宗，正因不知李賢的下落，惶惶不安；得疏大喜，知道外面有李賢在料理，心便定了。

而曹欽的行爲，莫名其妙，既然要李賢奏請釋罪，卻又領人攻打長安左門，攻不進去，便放火，卻只燒了一道木造的門，守衞者應變得法，拆下御河的磚頭，把門堵塞，依然攻不進去。

六十九、孫鏜赴太平侯家求援

曹欽此時槍法大亂，形如神經失常，往來馳騁於長安門與西朝房之間，大聲狂呼，幾次要殺李賢，白刃加頸，卻又躊躇不敢下手，同時又要找兵部尚書馬昂。就這樣擾攘之間，天已經亮了。

長安門內在盡力抵禦，長安門外自然亦有所行動，首先是吳瑾與他的堂弟吳琮，以「五、六騎與欽力戰而死。」其次是孫鏜抱病馳往求救，先到「太平侯張瑾家邀兵擊賊，瑾不敢出」，按：張瑾就是張軏的兒子，張軏與石亨朋比為奸，只以早死，故得免禍，他的兒子亦照依例襲爵；孫鏜向他去求救，當是因為他的住處較近，而所邀之兵，則非官兵，而是「家兵家將」，瞿宣穎「中國社會史料叢鈔」對此曾有所輯述，引錄如次：

明之武官皆有蓄家丁之習，不干例禁。明史馬永傳言，蓄士百餘人，皆西北健兒，遼東變初定，世宗問將於李時，時荐永，且曰其家衆足用。劉震傳言，時率健兒出塞，震歿健兒無所歸，守臣以聞，編之伍，邊將猶頗得其力。二人一鎭遼東，一鎭大同也。迨至末年而亟用有家丁之武將冀其效力。麻貴傳言，廷議貴健將知兵，且多蓄家丁。趙率教傳言，遼事急，詔廢將蓄家丁者軍前立功，率教請於經略王在晉，願收復前屯衞城，率家丁三十八人以往。劉肇基傳言，初爲小將率家丁五十人巡村落間。是廢將小將亦皆得蓄家丁也。劉應秋傳言，子同升携家將入福建，按應秋未嘗爲外官，同升亦僅爲福建按察僉事，是文臣亦得蓄家將也。此蓋明代最奇異之制度。

張瑾家三世勛臣，是一直在京做武官，家兵家將，自然不少，但不敢擊賊，徒喚奈何？這時京城南面，卻有不少兵在，這些兵就是孫鏜預備帶到甘肅去的，但雖然身爲統帥，卻以宿在朝房，不能帶僚屬同行，而統帥除了親軍以外，此外的部隊不能直接調發。他雖有兩個兒子侍奉在身邊，無如不是直屬的帶兵官，各營官兵亦不會聽他的指揮，倉卒之下，只有用計來號召了，他叫他的兩個兒子到宣武門外，馳馬大喊：「刑部大獄中，犯人造反，趕快去抓，抓住了有重賞。」這一下才有兵來聚集，不過兩千人左右。

七十、恭順侯吳瑾力戰陣亡

等把這兩千兵集合起來，孫鏜方指着東長安門說：「你們沒有看見火光？那是曹欽造反。他的兵不多，大家跟我去殺反賊。事平一定有重賞。」士兵踴躍聽命；孫鏜就以這兩千人爲主力平亂。此外工部尙書趙榮，亦以書生而披甲躍馬，在街上號召百姓殺賊，擁有數百人作孫鏜的後盾。其時曹欽已轉移陣地了，由東長安門轉攻東安門，半路上與恭順侯吳瑾遭遇，吳瑾只有五六名隨從，逃既不可，惟有力戰，不敵陣亡。

在東安門，曹欽依舊是用火攻。圍牆爲特製的水磨青磚所砌成，火攻無用；門是木門，可以燒燬。但守衛此門的指揮官，智慮過人，是應變的長才，他想出來的對策，「以火攻火」；等曹欽一燒門，他命士兵在裏面找了許多木料，投入火中，火勢更熾，封住了通路。如果曹欽的部下冒險衝入，則火陣後面，以逸待勞，來一個殺一個，亦可保無虞。

就這一陣擋住，爭取了孫鏜派遣兩子，召兵入援的寶貴時間；天色大亮，攻門不成，曹欽的人，有些膽小怕被人認出來的，紛紛開了小差。等孫鏜趕到，局勢雖未到可以控制的地步，但曹欽之不足爲患，此時便可確定，因爲孫鏜到底是鎭守邊關，久經戰陣的大將；曹欽的都督，則由封蔭而來，「操他的祖宗」而究非曹操，不但不諳韜略，根本就是胡鬧，不亡何待？

巷戰的過程是如此，孫鏜勒兵到了東安門，士氣甚旺，但曹鐸亦甚勇，從辰時戰到午時，曹鐸被斬，曹欽中流矢，退駐東大街。孫鏜帥兵進擊，「相拒至酉」；自午時到酉時，那是從中午十二點到下午六點，在這六個鐘頭中，想來必有招降的行動；因爲照各種史書上簡略的資料來研究，孫鏜並未採取白刃相擊的肉搏戰，而是「環結」——包圍亂黨，使其坐困而投降。當然，巷戰不是野戰，尤其在輦轂之下，必須採取這樣的戰術。

一方面是怕破壞了市面，百姓遭殃，另一方面則是不顧一切的困獸之鬭；曹欽的另一個弟弟曹鉉，帶領一百多馬隊，「往來馳突者三」——衝鋒三次；有一處官兵有抵擋不住而潰亂的模樣，孫鏜「執斬潰者」於馬前，於是陣腳復得穩住。

七十一、曹欽自召滅門禍

黃昏時分，孫鏜開始反攻，先用強弓硬弩，阻遏了曹鉉的攻勢，然後麾軍進擊，殺了曹鉉。孫鏜是父子兵上陣，他的次子孫軏建功甚偉，與曹欽遭遇，砍傷了他的一條手臂，自己亦力戰陣亡。

這時候曹欽知道大勢已去，想逃出京城。但九處城門都已奉詔關閉，走朝陽、東直、安定諸門，皆不得出，天又大雨，於是倉皇逃回家中，孫鏜領軍包圍，而兵部尚書馬昂亦來赴援，一聲令下，攻破了曹家，曹欽投井而死，全家被屠，眞正是滅門的大禍。

一場肘腋之變，在一日之內平定，英宗得奏，當夜御午門召見百官；曹吉祥被交付都察院監獄，當然是凌遲處死，曹欽弟兄雖已被殺，仍舊要「磔屍」；曹家食客馮益和挑選起事日期的欽天監湯序，都以一言喪身。此外曹家的姻黨，株連甚衆，唯一的例外是曹欽的岳父賀三老。

此人是眞能懂得「明哲保身」這句話的，當曹欽炙手可熱時，他斷了這門親戚不往來；曹欽想替老丈人弄個官做，亦力辭不可。有此事實在，所以不受牽累。

論功行賞，孫鏜的功勞第一，進封爲懷寧侯，陣亡的孫軏贈世襲百戶；此外，馬昂、王翺、李賢皆加太子少保，告變的馬亮由指揮使升任都督。殉難的吳瑾追封爲梁國公，都御史寇深追贈少保。其餘出力將士亦各有陞賞。

亂事雖平，警惕猶在。「明史紀事本末」載：

李賢奏言：曹賊就擒，此非小變，宜詔天下，一切不急之務，悉予停罷。又言：自古治朝未有不開言路者，惟奸邪之臣惡其攻己，必欲塞之以肆其非。上曰：「此石亨、曹吉祥實爲之。今宜列之於詔，使天下聞知。」

曹、石之變既平，就理論上說，忠奸正邪，應已昭然若揭，而在現實的政治上，凡爲曹、石所攻訐陷害的，此時都有了「超生」或昭雪的機會，第一個受惠的是徐有貞，明史本傳：

亨敗，帝從容謂李賢、王翺曰：「徐有貞有何大罪？爲石亨輩所陷耳！其釋歸田里。」……有貞既釋歸，猶冀帝復召，時時仰觀天象，謂「將星在吳」，益自負。常以鐵鞭自隨，數起舞。

七十二、重用錦衣衛終于亡明

到了成化初年，也是蘇州人，並爲有明能臣之一的韓雍，平兩廣的猺人和獞人作亂，斷大藤峽橫亘兩崖間的大藤，改名斷藤峽，捷報傳來，徐有貞「乃擲鞭太息曰：『孺子亦應天象邪？』遂放浪山水間，十餘年乃卒。」按：韓雍其時以「左副都御史提督兩廣軍務」，這個職位在清朝就是兩廣總督，而年紀不過四十，所以徐有貞稱之爲「孺子」。

曹石之亂，並未釀成大禍，平心而論，錦衣衞偵伺刺探之功不可沒，但亦因此將錦衣衞破壞司法制度的稗政，愈益深刻化。成祖的重用太監，啓宦官干政之失，英宗的重用錦衣衞，又啓暴力壓制之漸，廠衞如能相制，禍猶不烈，末世廠衞相結，狼狽爲奸，排擊正人，天怒人怨，終於亡明。因此，英宗朝錦衣衞官員權力的擴張，亦爲研究明史所必不可忽視的一大關目。

明史「佞倖傳」，以永樂朝的紀綱爲首，以下就是門達和逯杲：門達爲錦衣衞世家，襲職後以奪門之功，升爲錦衣衞指揮，專任「理刑」，那就是掌管南、北鎭撫司，屬於內勤的工作，但其時英宗要倚任外勤方面的情報工作，逯杲乃得重用，明史門達傳：

> 千戶謝通者，浙江人也，佐達理司事，用法仁恕，達倚信之，重獄多平反；有罪者以下禁獄爲幸，朝士翕然稱達賢。然是時英宗慮廷臣黨比，欲知外事，倚錦衣官校爲耳目，由是逯杲得大幸，達反爲之用。

最後一句話，就是門達由賢而惡的由來。人分三等，上智、下愚佔少數，最多的是中材，可與爲善，可與爲惡；如果受過良好的教育，讀書有得，則學有根柢，心有主宰，遭遇拂逆或不得意，雖心有不平，而充其量發發牢騷，或者有激而入歧途，亦必能自反，復歸於正。像門達這樣的人，就不足以語此了，而且他是處於權力鬭爭最尖銳的那個圈子裏，世襲的職務又不可改行；然則進而求富貴，退而求自保，卽非學逯杲的樣不可，明史本傳：

初，杲給事達左右，及得志，恣甚；達怒，力逐之。杲旋復官，欲傾達；達惴惴不敢縱。杲死，達勢遂張；欲踵杲所爲，益布旗校於四方，告訐者日盛。

七十三、英宗施行嚴刑峻法

由以上的記述看，門達和逯杲權力的擴張，出於英宗的支持和培養，甚爲明顯。但是，我以爲英宗這樣的做法，就政治學的觀點，並不足取，而在個人的處境和心理上，有可以諒解之處。復辟未幾的英宗，由於石亨、曹吉祥的跋扈；奪門之功的冒濫，所受的刺激甚深，在心理上、作風上有下述的感想和改變：

第一，英宗的情感最豐富，但歷經滄桑，在情感上遭受了大大小小無數次的打擊，頗有人心難測的警惕；所以不是像以前那樣，相信一個人便相信到底。他認爲無論怎麼樣地寵信一個人，遇到利害關頭，還是可能背叛他的。

第二，他已自知感情用事之失，極力講求法治，以爲彌補。不過他的法治觀念，當然與現代的法治觀念不同；只是嚴刑峻法使人有所畏而已。

第三，由於曹、石的跋扈不臣，頑惡不化，他深深感覺到，自己必須保有可以制裁任何人的強有力的工具，才談得到宮廷的安全，進而保證政令的貫徹。

這就是他重用逯杲和門達的原因。而門達得勢後，亦以行峻法自許，並在這個原則的掩護下，報復私怨，甚至對皇帝最寵信的大臣、近臣亦無所顧忌。明史「袁彬傳」：

時門達恃帝寵，勢傾朝野，廷臣多下之，彬獨不爲屈，達誣以罪，請逮治，帝欲法行，語之曰：「任汝往治，但以活袁彬還我。」

按：爲了尊重法律，不肯曲庇寵臣，毅然以袁彬交付司法審訊，僅是這樣的一種用心，便是很了不起的。中國的法制精神，行法與行君權，原可並行不悖的；一國的元首，有意出人於死，此即使在最民主的國家，亦是可以容許的。特赦之「特」，即表示不須任何赦免的理由。但爲了有意出人於死而曲加庇護，不令交付司法審判，則是因人而屈法，最爲失策。如英宗所示：「隨你去審，但不准用刑訊，致袁彬於死！」這實在是法理情兼顧，十分正確的態度。清朝行法治，以司法的威嚴與皇帝的寬赦，調劑爲用；大臣有過失，一定交付部議，議罪從嚴而由皇帝裁決寬免，此最得「刑不上大夫」的遺意，因爲「刑不上大夫」並不表示大夫無罪；煌煌上諭，歷數罪狀，則雖加寬免，天下皆知其人有罪，卽爲一種足以使人生畏法嚮善之心的有力制裁。

七十四、楊塤爲袁彬訟寃

門達橫行不法，曾爲李賢在御前告發，因而受責。這一來他與李賢又結下了怨，爲袁彬一案，牽連及於李賢，幾乎不免，亦虧那個做漆工的軍匠楊塤，有強烈的正義感，才得洗刷寃枉。其事足令士大夫有愧色。明史「門達傳」：

軍匠楊塤不平，擊登聞鼓爲彬松寃，語侵達，詔並下達治。當是時，達害大學士李賢寵，又數規己；嘗譖於帝，言賢受陸瑜金，酬以尚書。帝疑之，不下詔者半載；至是拷掠塤，教以引賢。塤卽謬曰：「此李學士導我也。」達大喜，立奏聞，請法司會鞫午門外，帝遣中官裴當監視；達欲執賢并訊，當曰：「大臣不可辱！」乃止。及訊，塤曰：「吾小人，何由見李學士？此門錦衣教我。」達色沮，不能言，彬亦歷數達納賄狀；法司畏達不敢聞。

楊塤的敢言，是因爲在午門外由三法司公開審訊，而復有持正不阿的裴當在。如果三法司有胆氣，有見識，則此時便可爲國除害，無奈「畏達不敢聞」！國運的興衰，時世的治亂，常可以從法官身上看出究竟。盛世必有許多清廉正直的法官；而法官的貪汚、怕事，則爲衰世的開始，通觀史實，歷歷不爽，所以振衰起敝，必自整飭司法着手。按：此時刑部尚書爲陸瑜，他本人被指爲行賄，可知立場有問題；都御史則爲李賓，明史無傳，亦可知其人是庸闇者流。

英宗崩於天順八年正月，得年三十八歲。在他以前，宋神宗得年三十八歲；在他以後，清德宗得年亦爲三十八歲，這兩位都是好皇帝，而都賚恨以歿，我認爲英宗亦然。孟心史先生以爲英宗「始終爲庸稚之君」，持論似欠公平。

明史「英宗贊」：「在位二十四年，無甚稗政。至於上恭讓后謚，釋建庶人之繫，罷宮妃殉葬，則盛德之事，可法後世者矣！」做皇帝「無甚稗政」，則必是一個好皇帝；事實上，英宗如果沒有「土木之變」和「曹石之變」，定有一番作爲，不止於「無甚稗政」。這一節，我留到以後再研究，先談他的三件盛德之事。

七十五、英宗爲胡太后復號

第一件是爲宣宗元后上尊謚。宣宗元后也就是英宗的第一位嫡母；她姓胡名叫善祥，山東濟寧人，在永樂十五年卽被選爲皇太孫妃，仁宗卽位、宣宗爲太子，胡善祥亦進爲太子妃；宣宗卽位，成爲皇后。

當胡善祥被封爲皇太孫妃時，另外一位山東姑娘被封爲嬪，那就是以後的孫太后。孫太后年輕時極美，因而得寵，在宣宗卽位後，封爲貴妃；向來立后有金寶金册，寶者印也，皇后的金寶約六寸見方、龜紐、上鐫「皇后之寶」四個篆字；金册則是兩片一尺二寸長、五寸寬的金葉，用紅絃繩聯繫，上鐫册立皇后的詔書。貴妃有册無寶，但有印；册用鍍金的銀片，印亦金印，文曰「皇妃之印」。由於孫貴妃得寵、宣宗特地請命於太后，製金寶賜孫貴妃，從此成例。

分外之寵，宣宗意猶未足，或者亦可能是孫貴妃在枕頭上的口奏，宣宗以胡皇后無子、善病的理由，叫她上表辭位。依宋朝的故事，封她爲「靜慈仙師」，但不曾出宮另住，只由坤寧宮退居長安宮，按：東、西六宮至嘉靖十四年，全部改名，但原名亦無「長安」，或者爲「長楊」之誤，長楊宮在東六宮的東北角，就是後來的景陽宮。

胡后被廢，孫貴妃立爲皇后。當時大臣，力爭不得；張太后亦頗同情胡皇后，所以宮中內宴，以太后的命令，仍居孫后之上。爲此，孫后常快快不樂。英宗正統七年，太皇太后駕崩，胡后痛哭不已；隔了一年，亦就鬱鬱而終。由於孫太后掌權，大家不敢說話，只用宮嬪的禮節，葬這位宣德的元后。

天順六年，孫太后駕崩。於是錢皇后爲英宗進言。說胡后「賢而無罪，廢爲仙師；其歿也，人畏孫太后，殮葬皆不如禮。」因而勸英宗復胡后的位號。英宗問大學士李賢，李賢自然贊成；所以在天順七年七月，上胡后尊諡爲「恭讓誠順康穆靜慈章皇后」，重修陵寢；但復此位號，不是他父親宣宗的本意，所以恭讓后的神主不祔廟。

第二件盛德之事，是釋「建庶人」；所謂「建庶人」，是永樂以來對建文帝幼子的官式稱呼。建文帝兩子，都是中宮所出，長子文奎，立爲太子；燕王破京，年已七歲，不知所終；大概是焚宮時，跟他的母親一起死在烈燄中了。

七十六、建庶人被幽五五年

建文帝的第二個兒子，名叫文圭。當燕師破城時，文圭尚在襁褓之中，名爲兩歲，其實出生不過一年。燕王卽位爲成祖，儘管殺戮甚慘，但無論如何不能殺他的這個姪孫，但又不肯依親藩之子的例封王；怕有人假借其名義，作亂奪位，因而將他幽禁在中都廣安宮，號爲「建庶人」。

中都就是明太祖的家鄉鳳陽，洪武二年九月建，以後改稱中立府，再復名爲鳳陽府，但明初仍多稱中都。中都建新城，甚爲壯麗，新城在舊城以西，週圍五十里，立門九。城中有城爲皇城，週圍九里，立門四。廣安宮卽在皇城以內。

幽之於廣安宮，卽爲「圈禁高牆」的意思。歷永樂、洪熙、宣德、正統、景泰五朝，不得出宮門一步；英宗復辟後，回憶在南城失卻自由的苦楚，推己及人，早有釋放文圭的打算，所以復辟未幾，卽見諸行動。

在英宗作此決定時，左右有人以爲不可，他們的顧慮，無非因爲他是建文帝的兒子，可能會搞出另一幕的復辟，當然，這是過慮。英宗很豁達，迭經滄桑，深信冥冥中自有主宰，便這樣答復他的左右：「有天命在，隨他怎麼做好了！」

得力的是李賢的一句話：「此堯舜之心也！」於是「請於太后，命內臣牛玉德出之。」按：文圭被釋於天順元年，在高牆之內，五十五年，從未接觸世事，當然也不曾受過教育，形如白癡；紈袴子弟不識菽麥者有之，文圭出宮則連豬犬都不識，這樣一個人，依現代科學的觀點來看，倘非經過特別的安排與照料，則釋放一詞，對他不發生意義。而驟然闖入一個從未經驗過的新環境，難以適應，反不見得是件好事。

由明史本傳來看英宗所加予文圭的恩惠是「聽居鳳陽，婚娶入使自便；與閽者二十人，婢妾十餘人給使令。」可見文圭未婚，而中都廣安宮既無宮眷，則只有太監，並無宮女，文圭亦可能從不曾見過女人，所以此時特與「婢妾十餘人給使令」。我以爲天下至慘之事，像文圭這樣的遭遇，可算其中之一。明史本傳說他「未幾卒」；則如仍被幽繫，或反可盡其天年。當然，這是另一個問題；無礙其爲英宗的盛德之事。

七十七、妃嬪殉葬先令自縊

第三件革除殉葬的制度，那才眞正是盛德之事。唐、宋都無妃嬪殉葬的制度；新唐書雖有武宗王賢妃殉葬的記載，但這是出於武宗的要求，王賢妃慨然一諾，是個特例。宋朝則有妃嬪守陵寢的規例，而南宋各朝妃嬪，年少無子，遣嫁民間者，比比皆是，更爲無殉葬之事的明證。明朝的妃嬪殉葬，起於太祖崩後，但亦非太祖的遺詔，身後務從簡約安靜，指明「天下臣民哭臨之日，皆釋服，毋妨嫁娶。」又說：「諸不在令中者，推此令從事，」則推太祖以大數所限爲「今得萬物自然之理」，則必不贊成硬教活人入墳墓的「不自然之理」。所以這殉葬到底是怎麼來的，已不可考；只知道宮人從死者甚多，張、汪、李、趙皆有，建文、永樂年間，相繼優恤，家屬多爲錦衣衞世襲帶俸的千戶、百戶，在戶部支銷餉項的册子上，稱爲「太祖朝天女戶」。

建文不必談，成祖崩於楡木川軍次後。亦有大批宮人殉葬。成祖有一半韓國血統，多次在韓國選色，現在只知明史「后妃傳」中，有一位權賢妃；其實後宮還有許多，成祖崩後，多數被迫殉葬，聚集一堂，由太監監視自縊，而仁宗則還親臨作生祭式的慰問，那個場面的哭聲震天，悽慘無比是可想而知的。有些殉葬的妃嬪，則在上吊以前，提出要求；能允許的自然允許。其中有一位韓國妃子，要求仁宗遣回伴送她一起來華，在宮中已住了多年的乳母，仁宗准如所請。這異國的「白頭宮女」回去以後，洩露了永樂朝一件宮闈大慘案，具載韓國的「李朝實錄」，而我們的國史、野史皆無隻字的消息。容另撰稿細談。

仁、宣兩朝，仍治舊制，宣宗崩後，起碼有十個妃嬪殉葬——正統元年皆有恤典，進位贈謚，册文中說：「茲委身而蹈義，隨龍馭以上賓；宜薦徽稱，用彰節行。」及至景帝被廢，以郕王的身份而薨，英宗亦曾命郕王後宮唐氏等殉葬——殉葬之制，王府亦然；親藩分封，遍地是王，死一個王，就有好些年輕妾侍跟着他到地下去服侍，一年要死多少人？於此可見英宗一念之仁，眞是「生死人而肉白骨」。

但此一仁政的出現，襄周王有燉，功不可沒。周王爲太祖第五子，名橚，是成祖的同母弟；初封吳王，想請杭州爲封地，太祖以「錢塘財賦地」而不許，洪武十一年改封周王，十四年就藩開封。

七十八、英宗遺命永廢殉葬

周王橚在少年時不安分，晚年則頗有善行；開封一帶受累於黃河，在明朝就是相當苦的地方，荒涼而多野草，他親自「考核其可佐饑饉者」，共有四百多種，畫圖作說明，題名「

救荒本草」。他又好學能詞賦，曾作「元宮詞」達一百首之多；在府中特闢「東書堂」教育世子。

周王橚的世子名叫有燉，博學善書，薨於正統四年。有燉生前曾經陳奏，身後務從儉約，以省民力；王妃、夫人以下，不必從死；妾侍年少有父母的，遣回娘家。英宗記起這段往事，賜書有燉的弟弟祥符王有爝，說明經過。但賜書到達，晚了一步；有燉的一妃六夫人，已全部殉死陪葬。

到了天順八年正月，英宗大漸時，特召太子至御榻前說：「以人殉葬，我所不忍。此事宜自我而止，後世不可再有這樣的事。」於是殘酷無人道的殉葬制度，得以永遠廢除。

這位太子就是後來的憲宗，年號成化。他差一點做不成皇帝，全靠李賢一語迴天。當時是有人在英宗面前進太子的讒言，英宗頗爲所惑，私下向李賢表示對太子的不滿，自然隱約有廢立的意思。李賢伏地磕頭，勸英宗三思而行。

於是英宗問他：「是不是一定要傳位太子？」李賢認爲此是宗社之福，英宗才打消了原意。那時英宗在文華殿養病，立卽宣召太子；李賢扶着他向英宗謝罪，父子二人，相持而泣。此爲李賢後來又得憲宗信任的一大原因。

從以上的介紹來看，不能不說英宗是個很可敬、很可愛的人。只是皇帝到底與任何人不同，情重必致受累。從來賊臣謀反，大致是相對的責任，這也就是說，多少是有激使然。惟有石亨與曹吉祥，英宗待他們眞是至矣盡矣，而此輩一開始就跋扈不臣，步步進逼，自己把自己推到那條絕路上去，從不曾想一想英宗待他們的逾分恩寵；人之無良，一至於此，眞是狗彘不食！然而也是英宗養癰貽患，受情之累。

英宗的情感，豐富到了近乎癡的地步。唐玄宗對楊玉環的癡，不足爲奇；漢哀帝對董賢的癡，癡到想禪讓天下，那是因爲他們同性戀的緣故，也不足爲奇；唯有英宗對王振的癡，癡得異乎尋常！實在是件怪事；也實在是偉大得無與倫比的感情。

七十九、善用李賢剪除巨憝

土木之變，王振是罪魁禍首，而英宗不以爲罪，反以爲念，「綱目三編」記天順元年十月初七事如下：

賜王振祭葬，立祠。初振既族誅，有言其爲敵用者，帝大怒，詔：「振死難，朕所親見。」追責言者皆貶竄。帝追念不已，復其官，刻香木，爲振形，招魂以葬。建祠祀，賜額曰「旌忠」。

按：追責言者，指首先搏擊王振死黨馬順的王竑而言，明史本傳：

英宗復辟，革巡撫官，改竑浙江參政；數日，石亨、張軏追論竑擊馬順事，除名編管江夏。居半歲，帝於宮中得見竑，見「正倫理、篤恩義」語，感悟，命遣官送歸田里，敕有司善視之。

由此可見英宗是明是非的人；與在宮中見襄王奏疏，盡釋猜嫌，召王入朝，面致慰恤，同爲英宗有補過之勇的性格表現。

總之，論英宗的爲人，心本仁厚，才非庸弱，曹石之變，舉朝震駭，而太祖、成祖兩朝嚴格規定的防範叛亂措施及調發軍隊的制度，此時如秦始皇嚴格規定帶甲武士，非奉呼喚，不得上殿一般，形成作繭自縛之勢；而英宗一接「急變」，當機立斷，首先逮捕曹吉祥；禁兵守禦得法，自然亦出於英宗的激勵和指揮，宮門將破者屢，終能化險爲夷，然後孫鏜始能建殊勛於外。英宗有此應變之才，可以想見其膽氣定力。

天順政事，最可稱道者，莫如信用李賢，英宗復辟，即命李賢與徐有貞同預機務。其時外有石亨、張軏、徐有貞；內有曹吉祥，英宗完全在此輩籠罩之下，但以信任李賢，善用李賢，得以次第翦除巨憝。明朝大臣，除三楊以外，得君最專，無過李賢；明史傳贊：

英宗之復辟也，當師旅饑饉之餘，民氣未復，權奸內訌，柱石傾移，朝野多故，時事亦孔棘矣！李賢以一身搘拄其間，沛然若有餘，獎勵人材，振飭綱紀，迨憲孝之世，名臣相望，猶多賢所識拔。偉哉！宰相才也。

李賢得暢其志、能盡其才，在明朝罷相，君權獨尊的制度下，非有君主的支持不可。做皇帝第一緊要之事，就在識拔宰相，並寄予充分的信任；英宗能做到這一點，不可謂不賢。但千錯萬差，在殺于謙一事。于謙如在，不但力足以制曹石，亦足以裁廠衞，則天順以後的歷史，如何演變，就很難說了。

三 成化畸戀

一、宮女萬氏保護太子

宣德三年三月，胡皇后被迫上表辭位；孫貴妃被立爲后。孫皇后是山東鄒平人，所以從山東選取了一批宮女入中宮執役；其中有個四歲的小女孩，姓萬，是諸城人。入宮那年是宣德八年。

英宗卽位，孫皇后成爲孫太后。土木之變，以郕王監國，立初名見濬，後來改名見深的英宗長子爲太子。太子年方兩歲，但應入居東宮。同時郕王卽位爲帝，與太子爲叔姪，而非父子，誰都看得出來，這是一個不正常的現象，維持不久的；如果太子一死，景帝必立自己的兒子爲太子。這一來，太子便處在一種非常危險的境遇之中，隨時可以爲景帝所派遣的、或者先意承志迎合景帝心理的太監謀害而死，以造成東宮缺位，讓景帝得有另立太子的機會。

英宗雖然爲孫太后取宮人之子以爲子，但名義上是親生，而且一手撫養長大，感情亦與母子無異；因此，孫太后對見深亦視如嫡親的孫子，特地派一個親信宮女到東宮，名爲侍奉，實際是保護兩歲的太子。這個宮女就是萬氏，那時已經十九歲了。

景泰三年五月，太子見深被廢，封爲沂王；爲了怕宮中的太監、宮女，仍舊把見深視爲東宮太子，因而五歲的沂王，不能不遷出宮外，住到他的沂王府去。在宮中，見深的生母周妃還可以常到東宮照料；出就沂邸，則以明朝宮禁之嚴，周妃無法出宮探望，這一來，萬氏的責任就更重了。自見深兩歲開始，萬氏是他的褓姆；此時爲始，直如慈母。至英宗複辟，見深復爲太子，而萬氏亦依舊入侍東宮。太子年齡漸長，智識漸開，跟比他大十七歲的萬氏，發生了畸戀；當然，她是決沒有被立爲太子妃的可能的。

英宗崩於天順八年正月，太子卽位，是爲憲宗，年號成化。在英宗生前，爲太子擇配，初選十二人，復選得三人，吳氏、王氏、柏氏；育於別宮，以待成年。據說英宗的本意，定王氏爲后；及至英宗崩逝，有個名叫牛玉的太監，在太后面前進言，別選吳氏爲后，於當年七月行册封大典。吳皇后正位中宮，「一朝權在手，便把令來行」，做了一件令憲宗非常不高興的事。

二、萬貴妃得子但早夭

吳皇后是妒忌萬妃得寵，隨便找了一條「欲加之罪」，將她打了一頓板子；而萬妃的報復很厲害，枕頭上一狀，把吳后告得廢掉，詔書上所敘的理由有二：

一、先帝擇子婦，定的是王氏。

二、吳氏「舉動輕佻，禮度率略，德不稱位」。

這時是天順八年八月，距立后之期，不過一個月。吳后一廢，還有許多人跟着她倒楣，第一個是她父親吳俊，先已授官爲「都督同知」，此時奪官充軍；第二是牛玉，謫遷孝陵衞去種菜，已在做了官的姪子、外甥一併除名；第三個就是平曹吉祥叔姪之亂，建了大功的懷寧侯孫鏜，因爲是吳家的親戚，奉旨「閒住」。

吳后既廢，改立王氏爲后。王皇后很看得開，事實上以吳廢后的前車之鑑，看不開也不行；她對萬妃的「寵冠後宮，處之淡如」，總算相安無事。

到了成化二年正月，三十七歲的萬妃爲二十歲的憲宗生了一個兒子，是爲皇長子；憲宗大喜，派遣太監，分祀名山大川，以謝社稷之靈。萬妃被封做貴妃。照這些舉動來看，皇長子將來必被立爲太子；不幸地，這個皇子福薄，不到一年就夭折了。萬貴妃亦從此不復有喜。

在傷皇子之逝的時候，憲宗還有件拂逆之事；首輔李賢病歿於成化二年年底。憲宗得以嗣位，全靠李賢一語廻天，所以卽位後，頗加尊禮，進位少保、華蓋殿大學士、知經筵事；爲皇帝進講詩書稱爲「經筵」；知經筵事卽主持經筵，此是憲宗尊李賢爲師的表示，非尋常加官可比。

李賢當新君嗣位以後，亦做了一件盛德之事。其時「春日黯無光」，李賢率同官上言，說日爲君象，君德明則日光盛；勸皇帝修身，以召天和。第二天又上書，說「天時未和由陰氣太盛」，自宣德至天順年間，選取宮人太多，後宮上萬的老處女；而浣衣局沒官的婦女，尤多愁怨，宜放還其家。

按：明朝宦官分十二監、四司、八局，其中有一局卽爲「浣衣局」，顧名思義，可知是宮內的洗衣作，據明史職官志：「凡宮人年老及罷退廢者發此局居住。」崇禎初年，客氏獲罪，卽先發浣衣局，然後處死。

三、沒官婦女奉旨釋放

明朝的刑罰比清朝重，更不能比唐、宋。洪武元年定制，除反叛外，其餘罪犯只田產沒官；但自成祖開始，處置異己，慘酷無人道，方孝孺滅十族；建文忠臣妻女多沒入教坊，淪爲官妓。以後廠衞橫行，侵奪了「三法司」的司法權，刑罰更是旣濫且酷，沒入浣衣局作苦工的婦女，成千上萬，老死其中則送阜成門外的「靜樂堂」火葬，連骸骨亦不得還鄉。一旦得以釋放，無不欣喜若狂，稱頌聖明不止。

除了皇子不育、李賢去世以外，成化初年，憲宗還有一大煩惱之事，就是處嫡母與生母之間，難得調停。英宗大漸，遺命四事，其一爲「錢皇后千秋萬歲後，與朕同葬」，旣爲中宮，又有遺命，則憲宗嗣位，錢皇后當然成爲錢太后，而事有不然。

糾紛起於憲宗生母周貴妃宮中的太監夏時；當議上兩宮尊號之際，夏時到內閣表示意見，說「錢后久病，不當稱太后；而貴妃，帝所生母，宜獨上尊號。」那時的輔臣爲李賢、陳文、彭時；陳文庸碌無聞，而彭時則幫着李賢力爭。於是周貴妃命太監傳諭，說「子爲皇帝，母當爲太后；豈有無子而稱太后者？宣德間有故事。」所謂「宣德故事」，即是胡皇后無子，被迫上表辭讓后位，退居別宮。因此，英宗即位之初，胡后不成其爲太后。周貴妃的太監引此故事，擬於不倫，因爲錢皇后名分仍在，非胡后已辭位可比。彭時據此駁斥；那太監說得妙：「既然如此，何不替錢后也草一道辭讓中宮的表文？」

向誰辭？嫡母向兒子辭？這道理是不通的，彭時嚴詞拒絕，他說：「先帝存日未嘗行，今誰敢草？若人臣阿意順從，是萬世罪人也。」交涉到此決裂，太監厲聲威脅，彭時不爲所動；主張「兩宮並尊」。李賢亦以爲是。於是定議，錢皇后稱爲「慈懿皇太后」，周貴妃僅稱「皇太后」，以示區別。

過了幾天，有個憲宗身邊的太監到內閣，說「上意固如是，但迫於周太后，不敢自主，非二公力爭，幾誤大事。」由此可以想見，憲宗在生母的面前處境極難。眼前算是勉強妥協，到了成化四年，慈懿太后駕崩，又起糾紛。

四、爭喪儀百官跪哭

糾紛在錢太后身後；而種因於她在世之日。當英宗崩後，營造陵寢，名爲裕陵；李賢、彭時顧到兩宮並尊，主張裕陵應有三壙，英宗居中，自不待言，左右兩壙即爲錢、周兩太后將來的埋骨之處。而太監夏時秉承周太后的意旨，反對三壙，意思就是不願錢太后合葬。李賢、彭時可能格於情勢，不便力爭，糊裏糊塗，不了了之。

結果錢太后於成化四年六月駕崩，立刻就發生了問題；彭時與輔臣商輅、劉定之聯名上疏，說錢太后「作配先帝，正位中宮；陛下尊爲太后，詔示天下，先帝全夫婦之倫，陛下盡母子之愛，於義俱得」，現在錢太后當合葬裕陵，神主祔廟。而周太后不願錢太后合葬；如果當時是三壙，則周太后此時的反對，根本不能成立。

憲宗事母至孝，「五日一朝，燕享必親，周太后意所欲，唯恐不歡」；所以此時大感爲難。召見輔臣廷議，彭時說：「禮之所合，孝之所歸」；商輅說：「不祔葬，損聖德」；劉定之說：「孝從義，不從命」。但憲宗卻表示：「不從命，尚得爲孝耶？」話雖如此，其實君臣的看法差不多，不肯虧待錢太后，只是憲宗礙於母命，依違兩難而已。

於是，內閣上疏力爭，禮部尚書姚夔集廷臣九十九人，聯名上疏力爭。憲宗只表示「乖禮非孝，違親亦非孝」，始終不作裁決；而周太后則命太監，一再傳諭內閣，爲錢太后別擇葬地。山陵大事，就在這擾攘紛紜中成爲僵局。

於是百官跪哭於文華門外，意志極其堅決，不奉旨不退。照現在計算時間的方法，大概從上午十點鐘哭到下午四點鐘，到底感動了周太后，准如所請；百官歡呼「萬歲」而退。

一帝兩后合葬，錢太后居上首，周太后將來居下首，事成定局。誰知夏時這班人又出了花樣。這個花樣名爲「異隧」；一入寢門，分兩條隧道，東面一條，只通錢太后壙地，中間一條通往「元堂」，英宗一壙與爲周太后預留的一壙是可以相通的，而與錢太后壙地則隔絕。這就是說，錢太后與英宗名爲合葬，其實不合；「死同穴」者只是英宗與周太后。到了孝宗手裏，曾經想糾正此失，終以迷信風水，聽了欽天監及堪輿家的話，「恐動地脈」，事不果行。

五、憲宗畏憚萬貴妃

彭時、商輅皆爲名相，，劉定之博學多才，謙恭質直，雖相業未優，亦多建白，而不能輔佐憲宗成一英主；成化一朝政事，並不出色，且露衰象，主要的原因，在於憲宗本身有問題；亦可說是一個皇朝，綿延到某一時期，必然產生的結果。

凡可稱爲正統的皇朝，開國之主力戰經營，以馬上得天下，繼以第二代的與民休息、振興文教，則此皇朝必將緊接着出現一段黃金時代，是謂盛世。漢、唐、宋、明、清是正面的例子；隋朝是反面的例子。以正面的例子而論，盛極必衰，而衰起於皇帝的本身，一個皇朝經歷了盛世以後，皇位繼承者就會出現這樣的現象：身體衰弱，營養不够，在生理上、心理上，都無法勝任日理萬機的至尊之位。再下來，最明顯的一個徵象是：皇嗣不廣！甚麼立長立賢都談不到，但願祖宗有靈，有個兒子，就是社稷有託。在這樣的情況下，如果這個皇朝待讀書人比較厚道，而相權被適度地尊重，則還有中興之望，否則，不過苟延殘喘而已。

明朝到了成化年間，這個跡象就很明顯了。憲宗生於憂患，而此憂患不是英宗所經歷的憂患；「養於深宮，長於婦人女子之手」，而又有萬貴妃的那段畸戀，生理及心理都極不正常。因此，憲宗的性情中，最明顯的表現是：缺少安全感。在這種感覺之下，萬貴妃在他猶如孺子之於褓姆，而萬貴妃亦以憲宗的保護者自居。明史萬貴妃傳，說「帝每遊幸，妃戎服前驅」，就足以說明憲宗對萬貴妃，是怎麼樣的一種倚賴心理？

其次，憲宗從兩歲被立爲太子，到十六歲卽位，其間的經歷，完全爲命運所簸弄；這是造成他欠缺安全感的心理的由來，同時也使他有這樣一種「領悟」。旣然世事無憑，全靠命運，則唯有祈求冥冥中的鬼神降福。因而信佛、信方術、信番僧。「可憐夜半虛前席，不問蒼生問鬼神」，賢如漢文帝且不免，何況秉賦平凡的明憲宗？至於信方術、番僧以求房中術，則是必然的演變；關鍵在於那段畸戀。憲宗對萬貴妃，愛有幾許？無人可知；但對她存着畏憚之心，則在史書上寫得很明白。當成化初年，「六宮希得進御」，因而始終沒有皇子；於是宰相不能不干預皇帝的房幃之事了。

六、女官紀氏典守內藏

就在錢太后崩逝不久，時爲成化四年九月，有彗星出現；以現代來看，毫不爲奇，但在彼時視作天象示儆，彗星拖一條尾巴，其名爲「芒」，俗稱「掃帚星」，見之不祥。據明史「天文志」，成化四年九月見的那顆彗星，芒長三丈餘，尾指西南。於是彭時等上言，說「外廷大政，固所當先，宮中根本，尤爲至急。諺云：『子出多母』，今嬪嬙衆多，維熊無兆。」這是甚麼道理呢？彭時斷言：「必陛下愛有所專，而專寵者已過生育之期故也。」這是指年將四十的萬貴妃而言，因此，彭時建議憲宗，應該普降雨露，「望均恩愛爲宗社大計。」

這樣的奏疏，若是遇見清高宗這樣的皇帝，必遭申斥；而明朝中葉以後的皇帝，除了世宗以外，連文過飾非的才情都沒有，所以對於彭時的干涉宮幃，只說得一聲：「內事也！朕自主之。」

然而彭時的話還是有保留的，事實上不是憲宗專寵萬貴妃，而是萬貴妃控制了憲宗；「朕自主之」，不過粧點面子的話。當然，六宮粉黛，豈止三千？萬貴妃防範得再嚴密，憲宗還是常有「偸嘴」的機會。只是萬貴妃有汪直、梁芳等大璫爲其爪牙，一發現有妃嬪宮女懷孕，一定逼着她們墮胎，所以彭時所說的「維熊無兆」這句話，並不正確；這可能是宮幃事祕，彭時並不知道，或者雖知其事而缺乏佐證，亦莫可究詰，因而不敢說破。

在憲宗召幸的宮眷中，有一個是猺人，姓紀，本來是廣西平樂府賀縣土官的女兒；成化元年，被徐有貞渺視爲「孺子」的韓雍，如三國演義諸葛亮七擒孟獲般，火燒藤甲兵，大破兩廣蠻寇，改大藤峽爲斷藤峽；紀氏和汪直大概都是在此時被俘入京，汪直派在萬貴妃宮中當太監，以後領西廠爲憲宗「密出伺察」，權傾一時，作惡萬端。紀氏被授爲女官，因爲警敏通文字，被派了一個非常重要的差使：「典守內藏」。

「內藏」者，不屬於國家財政收支系統，純爲天子的私財。明初漕糧，只徵實物；到英宗正統元年，始改折金銀，每年以一百萬兩爲定額，其中除發武臣俸祿十餘萬以外，其餘均解交內承運庫供御用，名爲金花銀。此外還有「贓罰庫」的大宗收入，所以明朝宮內蓄積之富，空前絕後。自正統元年至成化中，約四十年的功夫，積銀便至七窖之多。

七、初承雨露居然懷孕

大概在成化五年的九、十月間，一天憲宗經過內承運庫，詢問內藏收支出納的情形，紀氏的應對，頗得憲宗的好感，因而召幸，這在宮內是常有之事，不足爲奇。

那知紀氏初承雨靈，居然懷孕。「喜信」傳到萬貴妃耳中，大爲妒恨，一方面封鎖消息，不讓憲宗知道；一面派宮女設法爲紀氏墜胎。這位來自「蠻土」的美人，在宮中的人緣極好；萬貴妃派去的宮女幫她的忙，說她不是懷孕，是生了膨脹病。於是將紀氏謫居安樂堂。

安樂堂在今北海以西的養蜂夾道；養蜂夾道在明朝名爲羊房夾道，內有牲口房、虎城，是當時圈養禽獸之地。羊房夾道路西設安樂堂，宮女老病或有過，先發安樂堂，如果病久不愈，或有過不蒙赦免，則發浣衣局。安樂堂後來改名延壽庵，由司禮監管轄。

懷孕足月，紀氏在安樂堂生下一個皇子，其時爲成化六年七月。這消息終於瞞不過萬貴妃，召來一名太監，交付他一個任務：將紀氏所生的皇子投入水中淹死。提到這個太監的籍貫，我們會有親切之感，他是金門人，明史說他是「同安人」也不錯，金門屬於同安，當時稱爲「守禦金門千戶所」。

張敏接到萬貴妃的命令，心中大驚；那時柏賢妃所生的一個皃子，剛爲萬貴妃害死，再弄死紀氏所生的嬰兒，就別無皇子了。因此，張敏與他的同事密議，藏匿皇子於別室，用乳糕一類的食物哺養。被廢的吳后住於西內，也常常經金水橋卽今金鰲玉蝀橋，到安樂堂來親自照料。

這件事做得極其隱祕，萬貴妃心有所疑，多方偵伺，終無所得。太監、宮女，吃飽飯沒有事做，加以心理不正常的居多，所以宮中的閒是閒非，不可勝數；要敎他們保守祕密，就像要他們閉氣停止呼吸那樣困難，而唯有這件事，上下一心，瞞得滴水不漏，所以能如此團結，是出於下列四個原因：

第一、對萬貴妃的反感。

第二、對紀氏的同情。

第三、可憐皇帝受萬貴妃的挾持，竟至不能庇子。

第四、對嬰兒本身的喜愛。

也許還有出於功利思想的，但這樣一件富於人情味的故事，我覺得可以不必從這方面去研究。

八、憲宗自嘆老而無子

這個小皇子雖然被深藏密室，不見天日，但從小就在吳廢后和他的生母，以及宮女、太監的謹愼而週密的照料之下，所得到的慈愛溫暖，倒是比任何人都來得多；就這樣一直到六歲，皇帝都不知道自己有個兒子。

這個皇子六歲的那年，就是成化十一年。這一年大學士彭時薨於位，商輅以文淵閣大學士繼爲首輔；而憲宗年未滿三十，已有未老先衰的徵象，有一天召張敏櫛髮，顧鏡自嘆：「老將至而無子！」於是小皇子的秘密，就在這一刻揭破了。

可想而知的，對於公開小皇子的身份，自吳廢后以次，曾經討論過不止一次，唯一的顧慮是怕皇帝對付不了萬貴妃，則此秘密的洩漏，會大不利於皇子；但長此匿藏，決非善策，所以在多次討論中獲得一個瞭解，一旦皇子身份公開，必將激怒萬貴妃，而必須有人當罪來消她的氣。這個人自是張敏；因爲在萬貴妃看，他是罪魁禍首。

於此，我們不能不敬佩張敏的那片捨生取義之心，當時他伏地稱「死罪」，說「萬歲爺已經有子了。」憲宗愕然，問在那裏？張敏這樣奏答：「奴言卽死，萬歲當爲皇子主！」這意思就很明白，如果萬貴妃惱怒不解，儘不妨將他處死；但皇帝無論如何得庇護皇子。要獲得這個承諾，他才肯說出藏匿之處。

這時隨侍在憲宗左右，用事的司禮監名叫懷恩；此人對於後來的朝局，關係極大，不可不作個介紹。在太監中，他是好出身；原籍山東高密，是宣宗朝兵部侍郎戴綸的族弟。戴綸以諫游獵，坐「怨望」罪，宣宗親審，戴綸抗辯觸怒，因而致死籍沒；連累他的伯叔，一起罷官抄家，其中有個太僕寺卿戴希文，兒子方幼，被「淨身」爲小太監，賜名懷恩。這是宣宗卽位不久的事。

懷恩歷事三朝，到這時已五十出頭，在憲宗面前，頗受尊重，他證實了張敏的話，說「皇子潛養西內，今已六歲，匿不敢聞。」憲宗喜出望外，卽時命駕西內，派使者，迎接太子。

安樂堂內的震動，以及紀氏的悲喜交集，可想而知。當使者到達時，皇子已經打扮好了，穿一件小紅袍，髮長披地，因爲自生下地，卽未剃胎髮，所以能留得這麼長。

九、皇三子育于太后宮中

明史「紀太后」傳：

妃抱皇子泣曰：「兒去，吾不得生！兒見黃袍有鬚者，卽兒父也。」衣以小緋袍，乘小輿，擁至階下，髮披地，走投帝懷。帝置之膝，撫視久之，悲喜泣下曰：「我子也，類我！」

這一段記敍，生動感人；父子天性，固然不可思議；而六歲皇子深藏密室，從未見過「世面」，居然毫不畏生，「走投帝懷」，尤爲不可思議。或者亦是平常意料到有此情景，多次敎導使然。總之，這一個戲劇性的「場面」，對他們父子來說，都是異常重要的；倘或皇子哭哭啼啼，吵鬧不休，如溥儀登極的那種尷尬情形，則憲宗雖得子或者不歡，這個紀太后所生的皇三子，以後或者不可能成爲嗣君。

紀太后那時並無封號，她在送出兒子時，自知萬貴妃決饒不過她，所以說：「兒去，吾不得生！」但在憲宗，自然會有表示，明史本傳說：「移妃居永壽宮，數召見」，封妃當在此時，封號爲「淑妃」。同時，憲宗命懷恩到內閣，細述始末；社稷有託，羣臣大喜，上表中賀，頒詔天下；命禮部爲皇三子命名，名爲「祐樘」，十一月立爲太子。

這時的萬貴妃，「日夜怨泣曰：『羣小紿我！』」當然，紀淑妃不但生子，且「數召見」，而萬貴妃年已四十有六，深恐紀淑妃會奪她的寵，所以不久就謀殺了紀淑妃。又一說，紀淑妃自縊而死；倘或如此亦必出於萬貴妃的逼迫，無奈尋死。

紀淑妃既死，張敏大懼，呑金自殺。於此可知，萬貴妃仍爲宮中的主宰，憲宗在其挾制之下，不能庇護一名太監；否則張敏無須自殺。情勢如此，則皇三子祐樘亦難免不遭毒手；幸好還有住在仁壽宮的周太后，「語帝曰：『以兒付我』」！祐樘託庇於祖母，始得安全。周太后保護孫子，甚爲用心，明史「紀太后傳」：

一日貴妃召太子食，孝肅（周太后）謂太子曰：「兒去無食也。」太子至，貴妃賜食：曰「已飽。」進羹，曰：「疑有毒！」貴妃大恚曰：「是兒數歲卽如是，他日魚肉我矣！」因恚而成疾。

萬貴妃雖氣出病來，並非死因。她死在成化二十三年，「暴疾薨」，此是後話，暫且不提。

十、汪直掌管御馬監

這位被立爲太子的皇三子祐樘，就是後來的孝宗，年號「弘治」，史書稱美；因此，他的得以出頭，自是一大喜事。但憲宗在位，接着這一大喜事以後，便是一片衰象；關鍵所在，就表面看，仍由萬貴妃得寵攬權而起，而實際上則是憲宗的性格使然。

憲宗的性格，如果予以一字之評，謂之曰「懦」！說得具體些，則是「善善而不能用，惡惡而不能去。」他的受制於萬貴妃，卽是這種性格最明顯的表現，萬貴妃不過覇道而已，並不是甚麼厲害腳色；同時四十餘歲一臃腫悍潑婦人，說憲宗會「三千寵愛在一身」，亦悖乎情理。只是積威之下，乾綱不振，此非懦而何？

其次，憲宗的意志薄弱，極易受外在的影響，當時有個戶部主事周軫，曾坦率指出：「神仙、佛老、外戚、女謁、聲色、貨利、奇技、淫巧，皆陛下素所惑溺，而右左近習，交相誘之」，像這樣的直言極諫，憲宗亦不以爲罪，那就是善其言而不能用；至於善其人而不能用，楨幹之材，投閒置散，老死牖下，則比比皆是，更不可勝數了。

自英宗復辟以來，有三個支撐大局的重要人物，李賢、彭時、商輅。彭時一死，商輅獨力已覺難支，不久告老，於是大局迅速惡化。自成化十三年至憲宗崩逝的成化二十三年，這十年間，是明朝二百七十六年歷史中，人才最消沉的一個時期，當時有「紙糊三閣老，泥塑六尚書」之謠；而「紙糊三閣老」，竟能終憲宗之世，安於其位，便不難想見憲宗是如何地懦弱昏庸。

憲宗在位的後一段時期，即自立太子以後的十一、二年，一片烏煙瘴氣。政以賄成，士習澆薄，民風奢靡；明朝政局賴以維持的嚴格的人事制度，幾被摧毀。而憲宗除了暴虐以外，集明朝皇帝一切惡德之大成。這「成化畸戀」的後半段，頭緒紛繁，且先從汪直談起。

汪直的出身，我在以前談過。他起先在萬貴妃所住的昭德宮當差，以後調掌御馬監。在明朝宦官十二監中，這是個很重要的職位，因為下設「騰驤四衞營」，等於掌管羽林軍中的騎兵，與司禮監一文一武相對稱。御馬監的地址在今景山東街；北大校址的馬神廟，即為明朝御馬監的馬王祠。

十一、商輅歷數汪直罪狀

這一片地方很大，大概南起馬圈胡同，北至四眼井，都爲御馬監的範圍；在這片曠地中，平時溜馬，而在每月逢四的三天，另有用處。明朝的宮規，每月逢四之日，各宮淸除垃圾，宮門盡開；太監借此機會，或者以有易無，或者偸出東西來賣，所以逢四之日，亦爲市集，稱爲「內市」，由御馬監向西，直到北海之東爲止，一路都是地攤。當然，「內市」亦必由御馬監管理。汪直由於這樣一個特殊的職位，使得他跟外界接觸的機會，比那一個太監都來得多；因而被憲宗遴選爲提督西廠。

西廠之起，由於有太監勾結方士李子龍，潛上萬歲山（卽景山）觀望宮禁，謀爲不軌；被錦衣衞官員發覺，逮捕伏誅。因此，憲宗「銳意欲知外事」；此時領東廠的太監名叫尙銘，不甚得力，憲宗就以狡黠多智的汪直，在皇城以西的靈濟宮前，別設西廠，主持其事，遴選錦衣衞官員一百餘人，作爲偵探。當成祖設東廠時，偵察的對象，都爲官員；而西廠就不同了，因爲憲宗凡是可以解愁破悶的事，無所不好，所以西廠的校尉，凡「大政、小事、方言、巷語，悉採以聞」，方言、巷語，悉採以聞。」這是件很恐怖的事！「大政、小事、方言、巷語，悉採以聞」，好像就是現在報紙的功用，但報紙是大衆傳播事業，事無大小，可付諸社會公斷公評，更不能造謠生事，自然只有好處，沒有壞處；如果採訪所得，只供獨夫聽聞，而又別無可以印證眞僞之處，則夫婦枕上低語，罵聲「昏君」卽有性命之危，而況爲了交差，必致捏造「小報告」；或者爲了詐欺報復，有意誣陷，皆是意中必有之事，因此成化十三年，正月到五月之間，京城裏成了個恐怖世界；汪直專擅之權，大得嚇壞人，文武大官，可以擅自逮捕，搞得人人自危，夜不安枕，因為這一覺能不能睡到天亮，誰也不曉得！

宰相商輅看着太不像話，率閣臣上奏，數汪直十一條罪狀，他說：「近日伺察太繁，政令太急，刑網太密，人情疑畏，洶洶不安；蓋緣陛下聽斷於汪直，而直又寄耳目於羣小如韋瑛輩也。皆自言承密旨，得專刑殺，擅作威福，賊虐善良。」接着又引遼杲激成曹欽叔姪謀反的往事為鑒，指出：「自直用事，士大夫不安其職，商賈不安於途，庶民不安於業，若不亟去，天下安危未可知也！」

十二、懷恩傳旨詰責宰相

這道奏疏到達御前，憲宗認為商輅危言聳聽，大不以為然，他說：「難道一個太監，能危及天下？」因此命懷恩到內閣，「傳旨詰責」；同時查問，奏疏出於那個的意思，何人執筆？

商輅一口承認，並口數汪直的罪狀。他說，照定制：朝臣不論大小，有罪須先請旨收問。而汪直敢於擅自逮捕三品以上的官員。大同、宣化爲邊關重鎭，與京師安危，直接有關，守將不可一日或缺，而汪直敢於一日間鎖拿數人。南京爲根本重地，留守大臣亦爲汪直所逮捕，而皇帝左右的太監，汪直可以隨意調動。像這樣子的汪直，如果不加制裁，國家何得不危？

這番話說得很有力量，懷恩爲之動容；輔臣劉珝亦慷慨陳詞，都以爲汪直必須罷黜。於是懷恩據實陳奏，憲宗也覺得汪直攬權太過，可能隨意調動近侍這一點，更足以引起皇帝的警惕，即日下詔，取消西廠。

在這一段史實中，最可以看出，明朝中葉以後，以司禮監所處的地位，握有左右一切的樞紐。皇帝與宰相不常見面，凡事用書面諮商，或由司禮監傳話，這個君相相處前所未有的惡例，即起於成化年間；司禮監得人，則可助賢相匡君於正，如罷西廠，即其著例；否則翻手爲雲覆手雨，皇帝聽司禮監一面之詞，必致下情壅塞，措置乖方，造成亂世。

西廠雖罷，而且汪直亦由懷恩傳旨切責，但汪直仍得憲宗的信任；因爲皇帝「銳意欲知外事」這一個問題，依舊存在，所以「有時密召直察外間事」。如是，汪直很快地便有了「翻本」的機會。

汪直是先攻擊司禮監黃賜、陳祖生，說商略請罷西廠的奏疏，出於此兩人的意思。憲宗聽了他的話，將黃、陳二人調往南京，這就是變相的罷斥；同時也說明了憲宗的本意，不願取消西廠。於是有個御史看出苗頭，作了一次很成功的政治投機。

此人名叫戴縉，明史斥之為「佞人」；因為九年俸滿而不遷，一直在想找個出頭的機會；此時上疏，說近年災變迭生，「未聞大臣進何賢，退何不肖？惟太監汪直釐奸剔弊、允合公論」，這是攻擊宰相，實際上亦為商輅的短處，他雖不是婞婀取容的人，但秉性寬和簡易，不喜更張；賢者不進，不肖者不退，此自是宰相的過失，而小人資為口實，反覺振振有詞。

十三、西廠橫行由罷而復

西廠的橫行不法，天怒人怨，戴縉無法抹殺；但可以找一個「頂兒」，他歸罪於已充軍宣化府的韋瑛，說「只以官校韋瑛，張皇行事，遂革西廠。」接着又出了一個罕見的主意：「伏望推誠任人，命兩京大臣，自陳去留，斷自聖衷」。

這是逼迫某些人辭官回里，汪直大為高興；因為商輅等人，一向為汪直所忌，苦於無法攻走，現在有戴縉一疏，商輅不能不表示態度，果然商輅和刑部尚書董方、左都御史李賓畏戀棧之識，都告老還鄉。汪直的死黨王越，當了兵部尙書兼左都御史。西廠當然也恢復了，由罷而復，不過一個月而已。

商輅一去，萬安便成首輔。此人的作風與嚴嵩很相像，但較嚴嵩更爲無恥。他是蘇東坡的同鄉，正統十三年的進士，改庶吉士，授職編修，名爲翰林，而不學無術，他的得居高官，完全是由拍馬而來。

最初是拍他一個同年的馬屁。此人名叫李泰，是正統末年的司禮監，當也先入寇時，奉旨與于謙總理軍務的李永昌的養子；他年紀比萬安輕，而萬安做低服小，一直當他老兄，相當尊敬。這樣，做老兄的自然要提拔兄弟，凡有升遷，李泰總推萬安居先。到了成化五年，要由翰林學士中選拔輔臣；李泰又推舉萬安，他說：「你先入閣，我不愁到不了這個地位。」於是萬安拜了相；而李泰則忽然暴病而死，少了一個靠山，萬安便自己鑽門路，專門結交太監。最後在他的姓上打主意，託昭德宮的太監向萬貴妃遞了一張請安帖子，自稱爲姪。歷代后妃，一得寵之後，往往以出身寒微爲憾，想結託高門，認作本家；或者得名流諛墓，以增聲價，萬貴妃就曾以極豐厚的潤筆，請商輅爲他的父親作「像贊」，商輅堅決拒絕。此時有個「娘家姪子」作輔臣，自然大爲高興。

現在我要先談萬貴妃的親屬。她的父親名叫萬貴，是縣衙門的一個差役，在當時的社會地位極低；後來父以女貴，做了錦衣衛的指揮使。明朝后妃母家，公主夫家，都稱爲皇親，往往驕恣不法，但這個萬皇親人頗謹飭，每遇御賜珍物，一定叫人登記收藏，不准動用。他這樣做是有一套說法的。

十四、萬通進奇技淫巧之物

萬貴此人，深明禍福盈虛之道，「每受賜輒憂形於色」，他自以爲受恩過重，不克負荷，常說：「戚屬子姓皆得官，福過災生，未知所終。」因爲知女莫若父，深知皇帝寵他的女兒，是反常的畸戀；反常者不久，而萬貴妃又驕恣潑悍，一旦乾綱大振，衆怨相積，必獲重譴。如果索回御賜各物，而無以奉繳，便是罪上加罪，所以必須封存。他的想法，爲子姪所笑，多說他太迂。萬貴本人死於成化十年，雖得善終；而生前的憂慮，則竟成先見之明。這是後來的事，暫且從略。

萬貴至少有三個兒子，老二名叫萬通，做小生意出身，眼中只認得錢；既貴之後，一面做他的錦衣衛指揮使，一面做生意。因爲憲宗喜愛「奇技淫巧」之物，他就專找名工巧匠，進獻新奇精緻的珍玩，現在故宮博物院所藏，令人嘆爲觀止的那些九層象牙球等等，可能就是當日萬通所獻，每獻必自內庫「償輦金錢，絡繹不絕」；他的交易就是通過萬貴妃所寵信的太監韋興、梁芳等人，在這樣一獻一賜的方式下完成的。

萬安自從認了萬貴妃作姑母，自然也就認了萬通兄弟爲叔叔，以本家的關係，常有往來；到後來卻又眞的發生了親戚關係，其事近乎傳奇，要從萬通的老婆談起。

萬通的老婆姓王，山東青州府博興縣人；她跟萬貴妃姑嫂之間的感情很好，「著籍禁內。恣出入」；籍者門籍，舉個譬仿就好像握有出入宮門的通行證，「恣出入」則是特別通行證。所以這個萬二太太王氏是當時的一個女大亨。

有一次，王氏的老母從博興到京；她問她母親說：「從前我家窮的時候，妹妹給人做了妾，不知道此刻人在那裡？」事隔多年，她母親的記憶也模糊了，這樣答道：「只記得是四川萬編修。」

萬通聽見這話，心想萬安做過編修，四川人，大概就是他了。細細一打聽，果然不錯；他的小姨是萬安的姨太太。

於是萬通、萬安由名義上的叔姪，變成實際上的連襟，成了至親。萬安以此淵源，地位益復穩固；因爲王氏這條內線，對他非常有用處，「婢僕朝夕至王所謁起居」，馬屁拍得十足。

十五、憲宗生來患有口吃

因爲是連襟兼同宗，兩家來往得極其親密，萬通的太太來看妹妹，少不得誇耀宮中所見，因此憲宗的一動一靜，嗜好意向，萬安都很清楚，趨避有方，迎合有道，地位相當穩固。

萬安的一意諂媚，不顧大體，從這樣一個笑話中，可以看得淸淸楚楚：成化七年冬天因爲彗星犯太微星，其時憲宗已久不視朝，所以廷臣多以爲星變是君臣否禍之象，宜乎常常召見大臣議政。那時彭時未死，與商輅一再力請；於是司禮監安排了一個機會，召見輔臣，但預先叮囑：「初見，情未洽，勿多言；姑俟他日。」等入殿時，「復約如初」。

這話怎麼說呢？上引的「初見」之「初」，疑明史有誤；憲宗卽位已七年，彭時以首輔知經筵，爲皇帝講過書，決不是沒有見過；商輅則三元及第後，爲英宗親選爲東宮講官，更談不到初見。只是憲宗在彼時「怠於政」，確爲事實；但旣已召見，何苦又一再叮囑少說話？其間別有說焉！

原來憲宗生來口吃。有這種生理缺陷的人，最不宜於做皇帝，因爲皇帝第一要講威儀，而口吃總不免予人以滑稽之感。最苦的是發不得脾氣，越氣越急，越說不出話，試想天顏震怒之時，結結巴巴地，脹得臉紅脖子粗，說不成句，這在廟堂之上，成何景象？所以憲宗的憚於視朝，亦有不得已的苦衷。明朝的慣例，臣工面奏，裁可就說一聲「是！」這一個字在憲宗發音，就很困難；有個鴻臚寺卿，名叫施純彥，建議憲宗，改口說「照例。」這兩個字，舌頭一打滾，嘴一張就出來了，非常方便；憲宗大爲高興，將施純彥擢升爲尙書。明朝中葉以後，正論不暢，流於輕薄，便有人替他起個外號，叫做「兩字尙書」，與「萬歲閣老」成對。

「萬歲閣老」就是萬安的外號，即起於成化七年冬天的這一次召見。憲宗對例行公務雖可答以「照例」；但此二字並非處處都用得着，司禮監叮囑彭時、商輅少說話，就是怕皇帝應答之間受窘。但難得一見，照道理說，皇帝就算受窘，亦要勉爲其難；因此彭、商二人準備了許多問題，要請皇帝當面裁決。第一件當然是談彗星，彭時說「天變可變」；憲宗答道：「我知道了。你們在政事上多盡心。」

十六、劉珝爲憲宗進講

第二件是談武官的薪俸，彭時說：「昨天有御史上疏，建議減發京官的薪俸；武官聽得這消息，不免有怨言。不如維持原來的數目爲宜。」憲宗准奏，答一句：「照例。」

就在這時，萬安忽然喊一聲「萬歲！」這是御前叩辭的用語；萬安喊了這一聲，管自己叩頭，彭時、商輅不得已，也只好如此。顯然的，萬安是依照太監的叮囑，迎合憲宗的意向；作爲一個宰相的責任，以及對首輔應有的尊重，都不在考慮之列。當然，這也是彭時比較好說話的緣故；如果是遇着夏言和張居正那種風裁嚴峻的人當首輔，萬安就決不敢這樣荒謬妄爲，因爲明朝的首輔跟淸朝軍機領袖一樣，雖同班進見，奏對只有領頭的發言，萬安豈可擅權，作任何奏事已畢的表示？對付這種小人，亦只有用夏言和張居正那種近乎小人的作風，找個理由把他們攆得遠遠地，才於國事有益。

萬安此舉，頗爲太監所笑，有人向朝臣表示：「你們總說皇上不召見，召見了又如何？不過呼得一聲萬歲而已！」因此大家都叫萬安爲「萬歲閣老」。有這個外號在，遠近皆知，應該是賴都賴不掉的，而無恥的萬安，居然賴到彭時身上；數年以後，尹直入閣，也想請皇帝召見，當面議事，萬安阻止他說：「從前彭公請求召對，一言不合，叩頭呼萬歲而出，因此貽笑天下。現在我們無事不盡言，讓司禮監去作主，那些話可以奏聞，那些話不能亂說？反正司禮監奏上的事，無不允准，這不是比面對來得好？」

小人的無恥，就在善賴，明明鐵案如山的事，他可以面不改色地賴掉，而且話說得很響，彷彿理直氣壯似地。萬安的無恥，又不僅在善賴；聽他跟尹直所說的那番話，堂堂宰相自甘於司禮監的附庸，而且沾沾自喜，成化後期的政事，卽此一端，可以想見。

內閣中，萬安以外，還有兩劉：劉珝和劉吉。這三個人是會試同年，比較起來，劉珝算正派些；他是山東壽光人，如果生在現代，一定是個名教授，他在天順年間就當東宮侍講，憲宗卽位，仍值經筵，「每進講，反覆開導，詞氣侃侃，聞者爲悚。」當時被稱爲「講官第一」，憲宗亦很看重他，稱他爲「東劉先生」。

十七、劉鈗八歲作中書舍人

劉珝此人，長處甚多，短處亦不少。他是個孝子，母死廬墓三年；罷官回鄉，侍父盡孝，父死又廬墓。也許冥冥中眞有報應，因爲他孝順父母，所以生了一個好兒子。

他的兒子單名鈗，字汝中，是個神童；八歲時爲憲宗召見，劉鈗拜起有禮，應對聰敏，極爲憲宗所喜愛。憲宗是紈袴子弟的性格，常爲外物移情，極易着迷；因爲喜愛劉鈗的緣故，根本不考慮國家的名器，以及設官授職的本意，考選推陞的常規，特授劉釪爲中書舍人。功臣蔭封，不過虛銜；而劉釪八歲做官，不是一個名義，是要入宮辦事的。明朝的定制，中書舍人大致掌管繕寫誥諭，如果在「文華殿東房」當值，則就是天子左右的書手，劉釪當值，則在內閣誥敕房，每天穿了青袍烏角帶的七品公服入宮；宮門的門檻太高，跨不進去，常靠他的一個同事「提之出入」，這個同事就是正德年間定計殺劉瑾的名臣楊一清。

還有一個證據，見得劉釪每天須入官，明史劉釪傳說，憲宗怕劉釪的「牙牌易損，命易以銀」；明朝的制度，爲防姦僞，自洪武十一年起始，凡是經常須進宮的人，發一面牙牌，上刻官職，入宮須佩在胸前，作爲通行證，否則不准入宮。如果劉釪不是每日入宮辦事，就不須顧慮「牙牌易損」了。

劉釪在內閣供職五十餘年，「嘉靖中官至太常卿五經博士，仍供事內閣誥敕房」，在一處地方辦公五十年以上，我相信是個獨一無二的記錄。

劉珝的短處是好發議論，而對實際政務，不甚在行；當時內閣三輔臣，萬安「貪狡」、劉吉「陰刻」、劉珝「狂躁」，此爲時人的公評。結果「貪狡」和「陰刻」合謀，「狂躁」的就垮了。

劉吉是河北博野人，他是憲宗在東宮時的講官。此人是個僞君子，父喪回籍，應該守制，而有詔起復，劉吉表面再三懇辭，當然是三年之喪、人子之義的一篇大道理，暗底下卻囑託萬貴妃的兄弟萬喜為他疏通，得以不准；既然不准，只好進京供職。張居正奪情，為天下後世所譏，而劉吉的這套把戲，根本無人齒及；一個人犯錯而使人覺得不屑於斥責，也就很悲哀了。

十八、甚多僧道當「傳奉官」

這就是所謂「紙糊三閣老」。果若紙糊泥塑，尸位素餐，倒也罷了；而在無所匡正之外，還要助君為惡，尤以萬安的荒唐無恥，殊為少見。

明朝的皇帝，害於女色的過多；其尤甚者，先有仁宗，次有憲宗，因好色而患「陰症」，因為陰症而好房中術、興奮劑，於是方士佞倖雜進，終致亂政。仁宗如果不是服金石藥暴崩，在位不足一年，恐亦逃不出這樣一個過程和結果。但大臣而進房中藥，則由萬安開其端，萬歷「野獲編」：

憲宗朝萬安居外，萬妃居內，士習遂大壞。萬以媚藥進御，御史倪進賢又以藥酒進萬；

至都御史李實，給事中張善，俱獻房中秘方，得從廢籍復官。

倪進賢是安徽歙縣人，粗知文字；因爲與萬安講房中術，得以成爲翰林——每遇考試，萬安一定點他的門生當主考，關節風行，不以爲忌，所以倪進賢也能成翰林，當御史；只是他這個御史，有個非常不雅的外號，萬歷野獲編：

萬文康（安）以首揆久輔憲宗。初因年老病陰痿，得門生御史倪進賢秘方，洗之復起，世所傳爲「洗鳥御史」。

未老先衰的憲宗，亦有同病，萬安卽以其方進呈，大概也是有效果的；因爲憲宗在成化十二年後，生了好些兒子。

萬安不但進媚藥、獻春方，而且引進佞倖之徒。有個湖北人賣媚藥的，犯罪逃在京師，萬安通過太監梁芳的關係，引入宮中；爲了掩蔽身份，出入方便，這個賣媚藥的削髮改扮爲和尚，就是明史「佞倖傳」中的繼曉。

憲宗的好僧道方士，在卽位之初已然；最先是寵過番僧，而其原因，亦由於番僧別有一套房中術，名爲「大喜樂禪定」。最得寵的一個番僧，名叫劄實巴，憲宗賜以「法王」的名號，出入以金吾衞開道，奉養過於親王。平時建齋設醮，糜費無度。言官交章奏諫，憲宗心知爲非而不能聽從。僧道當「傳奉官」的，依然相繼不絕。所謂「傳奉官」，即是「內廷供奉」之意，這個「傳奉官」的官名，爲明朝所特有，而始於憲宗。

十九、汪直奉旨在遼東巡邊

在憲宗接位剛過一月，卽以直接由宮內所下的所謂「中旨」，授一工匠爲官；從此以後，相繼不絕，總計他在位二十年之間，這樣的中旨有三百餘次之多，每一傳就是百數十人，那裏來的這麼多官給人做？於是統名之曰「傳奉官」，雖領虛銜，卻須實俸，成爲財政上的一大負擔。當彭時、商輅等人在位時，還稍有節制；及至「紙糊三閣老」的時期，越發浮濫，尤以僧道爲多。僧由繼曉而來，道則出於李孜省的淵源。

李孜省是江西南昌人，原爲江西藩司衙門的一名書吏，因爲在本衙門有貪汚案子，逗留京師不敢回南昌。知道憲宗好方術，結交太監梁芳進符籙，在成化十五年特旨授爲太常寺寺丞，言官提出抗議，說他是贓吏，不宜擔任此一掌管祭祀的職位，因而改授爲上林苑監丞，越發得以親近御前，頗受憲宗的寵信，賜金冠、法劍、兩枚圖章，得以專摺密奏。而寵信之起，則因爲他「獻淫邪方術」之故。

於此我們可以說一句：自商輅去位後至憲宗崩逝爲止這十年間，是明朝歷史上最糟糕的一個時期。比這個時期更黑暗的還有，如天啓年間，但有東林諸君子在黑暗中用迸發的火花，大放異彩，自有其激勵人心的一面。而成化後期的局面，則是烏煙瘴氣一團糟，正氣消沈，生機窒息，是個毫無希望的時代。我相信如果憲宗在位像世宗、神宗那麼長久，明朝的天下可能老早就斷送了。

這一團糟的局面的造成，是因爲冥冥中一種不可知的機運，使得自憲宗以次的一批下愚集結在一起，主宰了國事，宰輔則有萬安、劉吉；太監則有梁芳、韋興；外戚則有萬氏兄弟；佞倖則有李孜省、繼曉，這批渣滓同惡相濟，包圍身心不健全、朱洪武第一不肖子孫的憲宗，乃有這樣令人沮喪的時期出現。

當朝中羣魔亂舞之際，汪眞正在遼東行邊。明史本傳：

十五年秋，詔直巡邊，率飛騎日馳數百里，御史主事等官迎拜馬首；箠撻守令，各邊都御史畏直，服櫜鞬迎謁，供張百里外。至遼東，陳鉞郊迎蒲伏，廚傳尤盛，左右皆有賄，直大悅。

二十、陳鉞掩殺建州衛女眞族

汪直巡視邊境軍事，何以至遼東？在明史中語焉不詳，需要從頭說起。明初的外患，來自韃靼，所以宣府、大同爲邊關重鎭；在成化中期，初度發現「建州三衞」不服中朝羈縻的情事，因此，遼東的地位，突形重要。建州三衞者：建州衞、建州左衞、建州右衞，其地皆爲女眞族，亦卽清朝的祖先。清修明史，不願漢人知道他們的祖先，曾受明朝的官職，原爲明朝所統轄，所以避免建州三衞的字樣，明史「汪直傳」記建州衞的侵犯，只有這樣簡單的幾句話：

直年少喜兵，陳鉞諷直征伏當加，立邊功自固。直聽之，用撫寧侯朱永總兵而自監其軍。師還，永封保國公，鉞晉右都御史，直加祿米。

所指的「伏當加」，是建州左衞都指揮保能的弟弟，想當都督而不得，因寇遼東。此須考查最早的清「太祖武皇帝實錄」，方能瞭解。

但伏當加的侵犯，亦由遼東巡撫陳鉞有激而起，明史「馬文升傳」：

（遼東）巡撫陳鉞貪而狡，將士小過輒罰馬，馬價騰踴。文升上邊計十五事，因請禁之，由是慊文升。文升還部轉左（按：馬文升以兵部右侍郎奉旨整飭遼東軍務；事畢回部，轉爲左侍郎）。

十四年春，鉞以掩殺冒功激變，此所謂「掩殺」，殺的是誰？就是建州左衞伏當加的部下，因爲避諱之故，特意省略。

變亂起後，陳鉞勸汪直領兵平亂；這原是故意做成的一套，陳鉞激起變亂，汪直討平，於是乎就立下了邊功。但憲宗初意不願用兵，命司禮監懷恩等七人，到內閣會議。懷恩已識破汪直的用心，提議遣大臣前往安撫，馬文升應聲稱善。懷恩亦即回宮面奏，派馬文升到遼東慰撫。汪直自然大不高興；要派他的私人王英跟着馬文升一起去，亦爲馬文升婉言謝絕，因而結怨更深。

馬文升的任務很成功，而汪直念念不忘行邊的威風，在憲宗面前再三要求，得以如願。到了關外開原地方，再一次下令招撫；這是想搶馬文升的功勞，馬文升很慷慨地讓了給他。

二十一、馬文升讓功不爭

馬文升遼東建功，太監奉旨犒賞。而馬文升的讓功不爭，汪直頗有愧色。此舉是在特殊政治環境之下所發展出來的，一種推理至盡，唯一切合實際的政治藝術，因為此輩所求者無非功勞，「功勞給你，事情我來辦；但求你不掣肘」，這就是大公無私的謀國之忠。以後王陽明平宸濠，亦師馬文升的故智，以宸濠付太監張永，大功不居，只求江彬、張忠等人不要騷擾。降而至清，胡林翼的降志屈身，刻意交歡於官文；曾國藩的推尊僧格林沁，以及克復金陵以官文領銜入奏，都具有這樣的苦心，只求事情辦通，於國有益；個人榮辱可以不顧。

於此，我要說一段題外之話，一部二十四史，明史雖受重視，但至多與史記、漢書、三國志等相提並論，就著述談著述，固宜如是，但以鑒往知今的價值判斷來說，明史的重要性，決非「四史」可及。滿清得有三百年天下，純粹得力於明室覆亡的前車之鑒，康熙即位時，宮中猶有天啓朝的白頭宦官，明朝官闈的荒謬，康熙從小就有深刻的印象，眞正是拿它當一面鏡子，照出來不像人樣的缺失醜態，無不避免。康熙晚年曾有上諭，談明宮舊事，有極深入的見解。

雍正即位，明史已有初稿。他的駕馭臣下，頗學明世宗的作風，而又矯補了他父親的未到之處；如康熙頗寵信舅家及后族子弟，所以索額圖、佟國維、鄂倫岱等各有擁立之謀，致啓倫常之變，是於明朝外戚之禍，警惕還不够深，引爲很痛心的事。又康熙晚年，大政往往事先洩露，雍正七年特設軍機處，此亦是仿照明朝內書房的辦法。至於打散八旗私有武力，終清之世無肘腋之患，更爲世宗鑒於明朝大璫典軍之失而苦心經營的傑作。

到了乾隆，以明爲鑒，最爲澈底。裁抑宦官，更是無所不至，如內奏事處太監必用王姓，因此姓爲大姓，交結請託，探詢消息，如說王太監，不知是指那個王太監？往往不得要領，便可杜絕太監干政。

裁抑宦官、外戚，是顯而易見的前車之鑒；此外可以標舉的有下列五點，皆爲前明的重大缺失，而在清朝爲大可稱道之事；

第一、勤政，親閱章奏，無日不召見大臣。

第二、講求理學，亦就是所謂「崇正學」；如是則異端不入，此在乾隆朝最爲明顯。

第三、注重皇子教育。康熙曾說「明季諸帝，俱不甚諳經史」，而清朝諸帝多能手批章奏。

二十二、汪直徵調大軍往遼東

第四、明朝雖准庶民伏闕上書，但與百姓並無親近的機會，而康、雍、乾三朝對下情上達十分注意，此又以康熙爲最澈底。

第五、康熙晚年，頒詔天下，永不加派，雍正以後視爲神聖不可侵犯的成憲；此爲洪楊之亂，得以平定的一個主要原因。由於農民的負擔有限，所以向心力不衰，對土地的依戀甚深，如是則平亂爲保護個人的利益，自然出力；而兵燹以後，農村亦能迅速恢復活力。

以上標舉各項，皆爲明朝失國的原因；在清朝則引爲深戒，避免覆轍。爲君如此；爲臣亦然！漢人中的名臣，無不精通明史，或引以爲鑒，或取以爲法，如曾國藩剿東捻，先用四鎭、長圍之法，李鴻章不以爲然；但李接前任，仍以此法收功。而四鎭、長圍，並非曾國藩的創意，是襲自楊嗣昌「四正六隅」的所謂「十面之網」的戰略。楊嗣昌行之不能收功而曾、李行之有效，關鍵所在，則爲得朝廷的全力支持。恭王也是熟讀明史的，肅順雖不讀書，而「肅門十子」皆爲博學高才，必有以崇禎朝政事爲之講說者，是故「辛酉政變」恭王雖打倒了肅順，但大政方針，仍依肅順的原意，此卽重用漢人，「朝廷不爲遙制」。如是，曾國藩始能腳踏實地，不求速效，漸成大功。

由此可見，不研明史，不明清朝政治的源流及特色。就近代史而言，明史「流賊傳」就是毛澤東的教科書，但是明史卷三百九，中共只學上半篇；有些人將中共比擬爲明末流寇，動輒「闖獻」並稱，其實中共只學李自成，不學張獻忠。至於周恩來的婢妾之道，一副呼之卽來的急淚，把馬歇爾都哭軟了心，自然亦非精研明史「宦官」、「閹黨」、「佞倖」諸傳不辦。因此，我認爲，軍政方面的高級研究機構，不應忽略了明史這部必讀之書。

閒話談過，仍入正文。馬文升雖肯讓功，卻不能屈身以事汪直；因而爲汪直所不喜，加以陳鉞的讒言，汪直必欲去之而後快；上疏說他「行事乖方，禁邊人市農器，致怨叛」，此「邊人」亦指建州三衛的女眞族。憲宗不察，下馬文升於詔獄，而汪直與陳鉞便徵調大軍「禦伏當加」。陳鉞亦得內調，升任戶部尙書。

二十三、巡邊邀功謊報大捷

「禦伏當加」之役，以大捷奏聞，實際上是一個騙局。汪直的軍隊是在廣寧地方遇見建州衞進貢的四十個人，硬賴人家窺伺邊關，以此爲由，冷不防殺了好些遊牧耕種的女眞族，燒了幾個村子，引兵而還，就算是「大捷」。而等人家眞的來報復了，卻又不敢迎戰。明史紀事本末載：

> 已而海西諸部以復仇爲辭，深入雲陽、青河等堡，殺掠男婦，皆支解以徇。邊將斂兵不出。鉞隱匿不以聞。

按：於此可知，汪直所殺的還不是伏當加的部下；伏當加屬於建州左衞，而海西則爲建州右衞。明初分女眞爲三種，大致黑龍江爲野人女眞，吉林爲建州女眞，遼寧爲海西女眞。海西女眞共有四部，又稱扈倫四部，卽輝發、哈達、葉赫、烏拉。淸太祖起兵後，卽先滅掉扈倫四部，統一了女眞族，方始進兵侵明。

陳鉞所隱匿的事實，第二年爲巡按遼東御史強珍所揭發，上疏劾汪直和陳鉞「失機隱匿」；接着又有言官攻擊陳鉞，得了罰薪的處分。陳鉞疑心是左都御史王越教唆強珍搗的鬼；而陳鉞和王越則是汪直左右的「哼哈二將」。明史「汪直傳」：

> 惡（汪）直者指王越、陳鉞爲二鉞。中官阿丑工俳優，一日於帝前爲醉者謾罵狀，人言「駕至」，謾如故：言「汪太監至」則避走曰：「今人但知汪太監也。」又爲直狀，操

兩鉞趨帝前，旁人問之，曰：「吾將兵仗此兩鉞耳！」問「何鉞」？曰「王越、陳鉞也。」帝聽然而笑，稍稍悟。

此時「兩鉞」不和，陳鉞在汪直班師時，迎出五十里外，密訴王越指使強珍，上疏彈劾。汪直聽了先入之言，對王越大爲不滿，拒而不見。這樣內中有人在扯汪直的後腿，自己人又鬧窩裏反，汪直自然要垮。

憲宗鑒於他父親的「土木之變」，對外用兵，自具戒心，而汪直一再想立邊功，反於錦衣衞保護皇城的主要任務，漫不經心，此爲失寵的基本原因。這樣到了成化十八年春天，終於因爲東廠的一次意外功勞，使得汪直垮了下來。垮的第一步是復罷西廠。其時有竊盜越過宮牆，潛入西內；那知西廠的人不曾發覺，卻爲東廠的校尉抓住了。

二十四、汪直與王越留在大同

提督東廠的太監尚銘，原在汪直卵翼之下，禁中首獲竊盜，如果他忠於汪直，則應送交西廠處理，而尙銘逕行上奏，獲得厚賞，汪直爲此大怒，責備尙銘不預先告訴他。

尙銘大懼，怕汪直對他還有不利的行動，先下手爲強，搜集汪直「所洩禁中秘語」，奏陳憲宗，同時牽連到王越，「盡發其交通不法事」。王越是左都御史，「禁中秘語」在他就是勒索欺詐的有力憑藉。此外又有李孜省等人，經常攻擊汪直，憲宗口雖不言，心裏對汪直的忠誠和才幹起了很大的疑問。

他是惡惡而不能去的性格，明知如此，仍無斷然的手段，只在汪直與王越出兵宣府以後，不准他們班師回京，移鎭大同，而將吏士卒，一概召回，只留下汪直和王越。

於是言官紛紛上疏，請罷西廠。其時萬安在與憲宗講求房中術之餘，凡是御前寵幸的人，無不刻意結交，知道汪直的寵信已衰，西廠非不可罷；因而想了條一石兩鳥的妙計，明攻汪直，暗攻劉珝，攻去汪直則可沽名、打擊劉珝，則「北黨」必致不振。

明朝的朋黨之禍，最先是以地域而分，即起於成化年間，南黨以萬安領頭，北黨則以劉珝與王越爲首；王越既衰，如果再能打倒劉珝，即成南黨的天下。由此來考察，萬安那條一石兩鳥之計，當然是他門下的「集體創作」。我相信其中必有彭華。

明史「萬安傳」：

（彭）華，安福人，大學士時之族弟。舉景泰五年會試第一，深刻多計數，善陰伺人短，與安、孜省比。

彭時的這個族弟，既是如此的性格，如此的關係，則萬安此計，出於彭華所策劃，應是合理的推測。同時劉珝去而彭華入閣，其間利害關係，更是一望而知。

這條計策是這樣，萬安假意邀劉珝一同上奏，請罷西廠，劉珝素來看不起萬安，而且他奉御賜一顆圖章，文曰「嘉猷贊珝」，凡奉賜了這種圖章的，不問官階大小，都可單銜密奏，所以疏闊的劉珝，根本不曾想到其中有計，很傲慢地拒絕了萬安的邀約。

二十五、憲宗手敕罷黜劉珝

於是萬安單獨上奏，請罷西廠；正在另一輔臣劉吉，於丁憂七個月後，詔令起復，表面懇辭，暗地裏託萬喜設法堅持原旨之時，他雖未列名萬安的奏疏中，而實與密謀。二劉共事已久，何以劉吉此時容不得劉珝？其中的原因，不難想像，劉珝「喜談論」，必是批評劉吉奪情爲貪祿忘親，致爲劉吉所恨。在講名教的時代，讀書人，尤其是以試八股「代聖人立言」而通籍的大臣，有此行爲，便是終身不愈的痛瘡疤，碰都碰不得的——康熙朝的所謂「理學名臣」李光地，平生有三樣敗壞之事：「早年負友，中年奪情，晚年外婦之子來歸」，照現代的觀念來看，「中年」那事，不成其爲敗德，而在當時，爲「彭公案」的主角彭朋，兩疏嚴劾，李光地數十年創鉅痛深。於此可以想見論人不該奪情起復，無異責人行同禽獸；劉珝心直口快，喜論人長短，如以此責劉吉，宜乎爲劉吉所切齒，必欲去之而後快了。

萬安的奏疏到達御前，憲宗頗爲訝異，何以「東劉先生」不連銜同奏？皇帝的反應，自早在萬安的估計之中，於是便有受了指使的太監，說劉珝與汪直有勾結；萬安曾邀他一同列名，劉珝不顧，此時便成爲與汪直有勾結的證據，憲宗當然深信不疑。人情「愛之深則恨之切」，同樣地，期許過高，失望必甚，「東劉先生」在憲宗心目中，一直是侃侃謇謇、力持正論的耿直君子，不想暗地裏是這樣一個人！論心理，憲宗有受騙多年的感覺，所以對珝不僅是失望不滿，還有痛恨。

事有湊巧，劉珝的另一個兒子劉鎡在家鄉「邀妓狎飲」，大概鬧得太過份了，便有他的一個同鄉，寫了一齣雜劇，名爲「劉公子曲」；萬安把這個本子改了一遍，加上許多攻擊劉氏父子以及描寫劉鎡如何荒唐的詞句，雜在教坊的院本中，一起送到御前。憲宗一看，越發大怒，決意驅逐劉珝，親寫手敕一道，派太監宣召萬安、劉吉到左角門，當面交付。

萬安還有一番做作，假裝大吃一驚，四處八方宣揚，要上疏救劉珝。劉珝多少年看不起萬安，此時如何肯讓他來救自己？因此，第二天就上書，請罷歸田里。奏上，當然照准。

二十六、劉珝家居仍食官米

不過憲宗還算忠厚，讓劉珝使用公家的交通工具回山東，每個月教地方官送食料，歲時令節，總有一筆數目不少的現款致贈。

劉珝罷相，江西人大爲得勢，特別是吉安府「人傑地靈」，安福的彭華、泰和的尹直，先後入閣；這都得力於李孜省，因爲他在扶乩的時候，借乩筆宣示：「江西人赤心報國」的緣故。

從成化十二年左右，李孜省以方術進身之後，寵信始終不衰，最主要的原因，是在他能使憲宗的生理上「振衰起敝」。此可以從憲宗的子息來推斷，孝宗生於成化六年七月，爲皇三子，至成化十一年始爲張敏揭破秘密，是則五年之間無子，原因在於憲宗的「無能」，由年未三十而有「老將至而無子」之嘆，可以想像到他心境的灰惡頹唐，以及性生理的狀態。但自皇三子突然「出現」後，憲宗接連生了好幾個兒子，皇四子就是世宗的生父興王；明史本傳及世系表，雖未繫其生年，但可斷定他生於成化十二年，理由是：

第一、興王爲邵太后所出。她的太后尊號，是由世宗入承大統而來；始封「宸妃」在成化十二年，當然是因爲生了皇四子的緣故。邵太后的身世，後來被套用到宋仁宗生母李宸妃身上，因而有包龍圖斷太后的故事。

第二、成化二十三年，皇四、五、六、七、八子，並封爲興、岐、益、衡、雍王，而明史「禮志」又透露這一年曾行皇子冠禮。按：明朝皇子多在十二歲至十五歲行冠禮，嘉靖二十四年，穆宗在東宮，年方十歲，世宗欲行冠禮，嚴嵩及禮部尚書李費家，多以爲難，可知至少須十二歲始行冠禮爲不可易的定制。照此推算，興王亦必須在成化十二年，此時方得十二歲。

皇五子岐王，亦爲邵太后所出，那就至少要小一歲。興王於弘治七年就藩，岐王於弘治八年就藩，這相差的一年，可能正就是實際年齡上相差的一歲。同年就藩的，還有皇六子益王，爲張德妃所出，同父不同母，則可能同歲。又以興王就藩時十九歲爲準則來計算，則皇七子以下諸人的生年，大致都可考查。

二十七、李孜省利用扶乩搗鬼

憲宗共十四子，第一、二、十等三子早夭，除成化二十三年五王並封以外；弘治四年，孝宗並封五幼弟爲王，並自弘治十一年起，諸王分別就藩，而最小的兩王，榮王至正德三年始就藩湖南常德，照年齡推算，憲宗崩逝時，不過一兩歲而已。

由此可知，李孜省進媚藥、淫術，有相當效果；一直到憲宗崩逝以前，仍舊靠藥力維持他的性能力。李孜省始終受到寵信，萬安得以安於相位，都由於這個原因。從前有皇帝生子，一喜之下，遍賜羣臣；有人上表申謝，自慚無功受賜，那皇帝笑道：「此事安得使卿有功？」但對憲宗來說，這不是笑談，成化十二年以後皇子迭見，李孜省等人確是有功的。

李孜省所以有入明史「佞倖傳」的「資格」，是因爲他干預政事的緣故；當時宮內的太監，分爲三派，一派是以懷恩爲首，規規矩矩當他們的司禮監，受到憲宗的重視，但並不親近；一派是以粱芳爲首，專門以諂媚萬貴妃爲能事，而目的是在搞錢，在內則糜費內藏，「累朝金七窖俱盡」，在外則搜括民財，敲詐勒索，細大不捐，這一黨中，最貪的一個人叫錢能，鎮守雲南，有個小販以賣檳榔出名，外號「檳榔王」，錢能把他捉了來，問他庶民何得稱王？結果罰錢。諸如此類的事，不一而足，但還不致像萬歷徵稅那樣大規模騷擾，所以成化之世，雖然內有奸邪，而天下不亂。

再有一派就是汪直。這原是勢力最大、最得寵信的一派，但對汪直自己而言，他犯了一個很大的錯誤，不該去搞甚麼邊功。凡是太監，不在皇帝左右，朝夕相見，一定會失寵；汪直就是這樣被梁芳和李孜省，外結萬安，把他整垮的。

汪直一垮，梁芳一派大爲得勢；但梁芳要伺候萬貴妃，所以李孜省成了憲宗身邊最得力的人。我們有理由相信他此時已代替了汪直的一部份任務，此卽刺探外事，成爲憲宗的另一耳目，而干預政務，亦卽由此而起。

李孜省干預政務，引進私人的方法有二：一是利用扶乩搗鬼，如前述的借乩筆汲引同鄉之類。二是他利用「右通政」的職位，營私作弊。通政司一職，在清朝因爲宮內設了內奏事處，幾乎無事可作；而在明朝則是「要津」。

二十八、李孜省權勢過宰相

明朝的「通政使司」設於洪武十年，長官名爲「通政使」，副手名爲「左通政」，太祖曾有訓諭：

政猶水也，欲其常通，故以「通政」名官，卿其審命令以正百官；達幽隱以通庶務。當執奏者勿忌避；當駁正者勿阿隨；當敷陳者毋隱蔽；當引見者毋留難。

由這段話，可以想見通政使所佔的樞紐地位；至於其具體職掌及辦事規則，有如下述：

一、凡四方陳情、建言、申訴冤滯、或告不法等事，於底簿內謄寫訴告寃由，齎狀奏聞。

二、凡天下臣民實封入奏，即於公廳啓視，節寫副本，然後奏聞。即五軍六部、都察院等衙門，有事關機密重大者，其入奏仍用本司（通政使司）印信。

三、凡諸司公文，勘合、辨驗允當，編號注寫，公文用「日照之記」，勘合用「驗正之記」關防之。

四、凡在外之題本、奏本；在京之奏本並受之，於早朝彙而進之。有逕自封進者，則參駁。午朝則引奏臣民之言事者。有機密則不時入奏，有違誤則籍而彙請。

五、凡議大政大獄及會推文武大臣，必參預。

上述規定的職掌，一言以蔽之，除卻極少數人，如閣臣及奉特賜銀章，可以直接上奏御前者外，天下臣民所有的章奏，能否上達，其權完全操之於通政使司；因此嚴嵩當國時，特以他的乾兒子趙文華擔任此職位，重視的程度，過於六部。

通政使司原設通政使，左通政各一人；成化二年添設右通政一人，但實權仍在左通政。李孜省先當右通政「寄俸本司」，等於現代的佔缺，尚無大害；成化十九年進爲左通政，不久又進爲通政使，那情形就大不相同了，此時憲宗耳目所寄，主要的就李孜省一個人。

彭華、尹直的得以入閣，都靠李孜省的援引；萬安、劉吉亦爲李孜省的附庸；此外江西人復起及升官者，比比皆是，但亦「間採時望，若學士楊守陳、倪岳，少詹事劉健，都御史余子俊、李敏諸名臣，悉密封推薦。」而「縉紳進退，多出其口」，論權勢已過於宰相。

當李孜省得意之時，便是汪直倒楣之日；西廠既罷，汪直仍在大同監軍，與守將總兵許寧不和，巡撫郭鏜據實奏聞；李孜省掌通政使，立即上達御前，極可能還附着建議，於是汪直調掌南京御馬監。

二十九、汪直失勢凄涼萬狀

當汪直掌權時，每次出征或公幹，沿路所過，地方官老早便得準備華麗的行館，精緻的酒筵；隨行大隊儀從，亦須招待得酒醉飯飽，同時在汪直身邊最親近的隨從，例應致送豐腆的紅包，才能博得汪直的歡心，不然小則鞭撻凌辱，大則奏劾治罪。但一失了勢，情形完全不同，所過之處，地方官避不見面，「困頓仰臥驛館，孤燈熒然。」這是成化十九年六月間的事。

又過了兩個月，有言官彈劾汪直及其同黨，於是汪直連南京御馬監都當不成了。手下的「兩鉞」，兵部尙書陳越，革職爲民；另一「鉞」的王越，削了威寧伯的爵位，追奪三代誥封，編管安陸州。編管的制度起於宋朝，凡遷謫的官吏，指定地方居住，編入特種戶籍，由地方官管束，即謂之編管；蘇東坡謫黃州，夜飮江上，做了一首詞，結尾兩句是「小舟從此逝，江海寄餘生」，郡守以爲蘇東坡出亡，大起恐慌，就因爲他是被編管的，倘或失蹤，地方官有責任。當然，像蘇東坡那樣的編管，僅是沒有擇地居住的自由而已，倘或執政與謫官有仇，調了私人去當那裏的地方官，則借編管爲名，羞辱凌虐，甚或致死，也是常有的事。

汪直一去，政局連帶引起若干變動，大致說來，是朝一個好的方向走。先說刺事的西廠，既已罷去，東廠復居獨一無二的重要地位，但尙銘亦不是甚麼好東西，自專東廠，一味搞錢，手法有二：一是看中富室，隨便找個理由，把他抓了進去，送足紅包，始得釋放；二是賣官鬻爵。幸好，憲宗不久便發覺了尙銘的不法，把他攆到南京去打掃明孝陵，同時也抄了他的家，家財「輦送內府，數日不盡。」

代尙銘提督東廠的太監，名叫陳準，跟懷恩的交情甚厚，可知是個很正派的人；他一接事，告誡部下：「有大逆之事，告訴我。不是造反的案子，你們不要參預！」因此東廠在此一期間，非常安靜。

馬文升是爲汪直所攻走的，汪直一敗，馬文升復起，第二年升爲左副都御史，巡撫遼東，「文升凡三至遼，軍民聞其來，皆鼓舞。益禁抑中官、總兵，使不得朘削，衆益大喜。」馬文升至孝宗時大用，爲弘治名臣；但如汪直不去，馬文升無非老死牖下，正邪消長，如響斯應，此又是一個著例。

三十、皇帝中旨不合法

成化朝的政局，自十九年以後，是江西人的天下，以李孜省爲首，尹直、彭華爲要角；萬安、劉吉不過「紙糊」的傀儡而已。從來朝中出了當權而跋扈的臣子，則其家鄉的地方官要想特立獨行，本着良心做事，就不大可能，尤以明朝爲甚。明朝中葉以後，紳權甚重，一則是天高皇帝遠；二則是官吏的禍福往往不測，罷黜編管的廢員，說不定由於一個特殊的原因，立刻又致通顯。這樣，平日得罪了他的，不免受到報復，所以防患未然，每每縱容。權臣在位時，子弟在家鄉橫行不法，幾視爲當然，賢如徐階，亦不免侵佔學宮的「七星池」，入己園林；則李、尹、彭諸人的家族，在家鄉如何作惡，亦就可想而知。

江西的巡撫，名叫閔珪，是浙江湖州人，居官甚見風力，由廣東按察使調升江西。當時江西還只有一個巡撫；王陽明所當的南贛巡撫，是弘治十年才開始設置的。贛南地區，東鄰福建，南接廣東，西連湖南，都是山區，因此在當時是個強盜窩。閔珪到了那裏，發官兵大捕強盜，照理說，贛州北面就是吉安府，淸除南面的伏莽，就是保障北面的安寧，應該會得到籍隸泰和的尹直的支持，然而不然，豈非怪事？

說穿了就不會詫爲怪事了！因爲南贛的強盜，都是「強宗家僕」，明朝原有家將的制度，這些「家僕」就是私人武力，旣可以保護主人，亦可以受主人的指使，謀殺仇家，搶刧行旅；凡此「強宗」自然對尹直有孝敬，所以堂堂宰相，其實是坐地分贓的大窩家。他雖不便公然庇護強盜，對強盜的主人，卻是「得人錢財，與人消災」，不能不出力幫忙。

爲了澈底消弭盜患，閔珪向朝廷提出建議，「獲盜連坐其主」。奴僕受主人約束，爲盜則責成主人連帶負責，猶之乎子弟受家長約束，作惡則責成家長連帶負責一樣，是天經地義，所以三法司擬議，預備接受閔珪的建議。

這一來「強宗」起了恐慌，於是尹直出來做他們的「護法」，與李孜省商議，「取中旨責珪不能弭盜，左遷廣西按察使」，就此把閔珪趕走，連坐之議亦隨之打消。

「取中旨」就是請皇帝直接下旨，不經內閣，更不經有關部會。嚴格而言，這是一條不合法的捷徑；任何一個皇帝，不管他多麼精明，常下中旨，決不能造成治世，殆可斷言。

三十一、狀元居然也有假的

「中旨」雖是一條捷徑，但要經過一道關口方能走通；這道關口就是通政司。通政司承上啓下，凡中旨不合法或窒礙難行的，有權「封駁」，駁是目的，封是手段，換言之，卽是將原旨封還，表示請求收回命令。這是通政使的一項極神聖的職權，太祖所訓：「應駁正者毋阿隨。」卽指此而言。在明朝中葉，中旨有直接降於閣臣者，但一般而論，都須通過通政司這一關；掌通政者旣爲李孜省，中旨又常出於他的請求，自然順利過關。李孜省的結黨營私，十分方便，就因爲庸君佞臣相結，開闢了這樣一條捷徑的緣故。

於此我們可以察知這一個時期，何以人才最爲寥落？一是倖進太多，名器太濫，潔身自好者難免消極，雖不能視富貴如浮雲，但一官如寄，任令浮沈，不求有所表現，則爲普遍的現象；二是不重科舉，眞才埋沒，此爲萬安的罪過。明史本傳說他「在政二十年，每遇試，必令其門生爲考官，子孫甥婿，多登第者」。而尤其荒唐的是，連狀元都有假的；嘉靖年間以彈張璁、桂萼名震天下的陸粲，有部筆記名叫「庚巳編」，其中「曾狀元」一條：

泰和曾狀元彥，老於舉場，成化戊戌，年且六十，乃魁天下。是時殿試館閣諸公，閱卷竟日，未得超拔之作。最後眉州萬公安，得曾公卷，亟賞嘆以示衆，衆傳觀皆欽服，謂文宜第一，特未見其貌。故事：將賜前一日，集諸進士於禮部閣老堂中，呼名閱其儀觀；及呼至曾公，文康（按：萬安謚文康）屬目，覺其秀偉尤異於衆，喜謂諸公曰：「得人矣！」魁選遂定，迨臚傳出，則貌寢多髯，與前不類。文康爲之愕然，退取其卷讀之，亦平平無奇語，以示諸公皆然，乃大驚嘆，以爲有神助云。

我不知道陸粲是否著以隱筆？但科場的神話雖多，這種活見鬼的事，卻是僅有。我相信這套鬼話是萬安造出來的，「由萬歲閣老」的故事，證明萬安能瞪着眼說瞎話。曾彥這個狀元，當然是通了關節買出來的。成化戊戌爲十四年，正是萬安初當首輔之時，如果彭時、商輅在位，決不會有這樣荒唐的故事產生。在萬安執政的十年間，會試四科：十四年戊戌、十七年辛丑、二十年甲辰、二十三年丁未，試看明史有傳的人，究有多少出身於此四科？

三十二、保國公發兵蓋私第

再看成化末年的政風，亦不妨引證兩個小故事，都出於「頗有東方朔譎諫之風」的阿丑，一次是在憲宗面前扮作儒生吟詩，道是：「六千兵散楚歌聲！」西楚霸王八千子弟兵，盡人皆知，因而有人假作糾正：「八千兵散！」阿丑說道：「八千倒是八千，有兩千兵在保國公家蓋房子，所以只有六千。」

保國公朱永其時掌京營，憲宗聽得阿丑如此說，便叫一個太監去密訪，果有其事。朱永趕緊將兩千兵撤回，同時送了那太監一個很大的紅包，憲宗亦不再追究。

又一次是阿丑扮作大僚選派官員出差，先選一人，問他的姓名叫「公論」；阿丑說：「公論如今無用！」再選一人叫「公道」；說是「公道亦難行！」最後選到一個「胡塗」，阿丑始欣然首肯：「胡塗如今儘去得！」憲宗聽了這些話，「微哂而已。」

惡惡而不能去，是憲宗性格上最大的弱點，亦是做皇帝最不够的一個條件。因此，內外雖無重大變故，而時勢混濁，死氣沈沈，表現出一種衰老頹唐的景象，這樣，自然會出現荒

年，適逢其會又有各種「天怒」的徵兆，因而促成了憲宗一次極短期間的反省，

成化二十一年，大年初一下午，發生「星變」，有一顆星向西劃過，化成白氣，其聲如雷；憲宗頗爲恐懼，年初三「下詔羣臣，極言時政」。吏科都給事中李俊，聯合「六科諸臣」上疏，等於對成化二十年來的政事，作了一個全盤的檢討，是明朝一篇有名的奏疏。他舉出「最大且急」的「弊政」，以其程度區分，共爲六項：近倖干紀、大臣不職、爵賞太濫、工役過煩、進獻無厭、流亡未復。說是「天變之來，率由於此。」以下就是這六大弊政的具體檢討，首先論「近倖干紀」：

內侍之設，國初皆有定制。今或一監而叢一二十人，或一事而參五六七輩。或分布藩郡，享王者之奉；或總領邊疆，專大將之權；或依憑左右，援引憸邪；或交通中外，投獻奇巧。司錢穀則法外取財；貢方物則多課責賂，兵民坐困，官吏蒙殃。

按：李俊所舉，都有所指，分佈藩郡者，名爲「鎭守太監」；「總領邊疆」者，名爲「監軍」，如汪直就是。

三十三、天象示警地震迭生

第二段論「大臣不職」，最爲痛切：

今之大臣，其未進也，非貪緣內臣則不得進；其未安也，非依憑內臣則不得安！此以財貿官，彼以官鬻財，無怪其漁獵四方而轉輸權貴也。

按：明朝的文官進退，六年大計，九年俸滿，以及會推的制度，對於循良好官，原是相當有力的保障，只要奉公守法，好人不患不能出頭；加以科舉用心選拔眞才，對於人事上的新陳代謝，是可以保持相當活潑的作用的。但內有無所不管的太監，外有「紙糊泥塑」的大臣；選試則以私情代眞實，進退則以財貨爲資望，是則人才消沈，時勢混濁爲必然之事。其實，此一時期，不過十一、二年，而影響已極深刻。自古以來，立一善政，功效往往非一時可見，而一有秕政，惡果便接踵而至。此當國爲政之所以不易而不可不愼！至如萬安其人，不入明史「奸臣傳」，是因爲他的才具還不够奸臣的資格，而論其禍國之深，實不下於嚴嵩之流，唯以「婞婣取容」，忘所當爲，則禍國的事實，潛而不顯，得逃史臣的「顯戮」，何其僥倖？

另有一條是「進獻無厭」，可說是成化朝特有的現象：

近來規利之徒，率假進奉，以耗國財，或錄一方書，市一玩器，購一畫圖，製一簪珥，所費不多，獲利十倍，願陛下洞燭此弊，留府庫之財，爲軍國之備。

所謂「規利之徒」，第一個就是萬貴妃的兄弟萬通；進獻玩物，無非爲萬貴妃娛老之計，而「所費不多，獲利十倍」，皆由於內府積蓄太富，「留府庫之財，爲軍國之備」這句忠言，則終明之世，未曾做到；明亡以後，內府餘財猶有數百萬，爲李自成綑載以去，到頭來，依舊流入民間，相傳多爲山西九家所得。

李俊的話，說得異常痛切。憲宗因爲天象頻頻示警，地震迭生，十分恐懼；所以對李俊的奏諫，以「優詔答之」，李孜省被降爲「上林丞」，這個職位是管理西苑，仍在憲宗身邊，繼曉則革去「國師」的封號。五百多名莫名其妙的傳奉官，則被淘汰得只剩下六、七十名。這一來，頗見清明氣象，中外大悅。但只不過高興了八、九個月，李孜省復爲「左通政」，於是益作威福。成化一朝的政事，至此已可確定，不會再變好了！

三十四、憲宗病篤太子攝政

在這時，憲宗還幾乎做了一件大錯特錯的事，幸而又有一次不平凡的地震，使他及時警悟住手。這個未造成的錯誤，就是預備廢立。

東宮太子生於成化六年，到二十年已十五歲；那時憲宗三十七歲，萬貴妃則已五十四歲，健康狀況都不太好，憲宗酒色過度，萬貴妃因爲肥胖的緣故，是高血壓，而太子將及成年，已頗懂人事，因而梁芳等人，不免恐慌，怕一旦駕崩，太子即位，必定治他們的罪。或者萬貴妃一死，失去靠山，亦是可憂之事，所以攛掇她向憲宗進言，將太子廢掉，另立興王。

於是司禮監懷恩力爭，憲宗不允；就在這大錯將鑄成之際，泰山發生地震。泰山在洪武三年封爲東嶽，所以泰山地震爲東宮搖動之象；這又是天心示警，憲宗打消了廢立之議，但拿懷恩出氣，謫居鳳陽。於是李孜省益發肆無忌憚，如果憲宗不死，非搞得天下大亂不可。

到了二十三年春天，萬貴妃以「暴疾」崩，大概是腦溢血或心臟病，憲宗爲之輟朝七日。到了八月間，憲宗駕崩，從得病到賓天，只十天功夫，而病作的第五天，已無法視事，由太子在文華殿暫行攝政。致死的原因是服食壯陽的金石藥所致，「孝宗實錄」載有御史攻擊番僧的奏疏，其中有所洩露：

金丹氣傷龍脈，一時寢廟不寧，旬日宮車晏駕。

又陳觳彈劾御醫施欽的奏疏中說：

平時昧於調護，臨事遂至倉皇，投劑乖方，事上不敬。

所謂「平時昧於調護」，意指憲宗經常服食此類藥物，施欽未能及時奏諫，這當然是苛責。明史憲宗本紀的傳贊，對他頗作恕詞；這大概是因爲明朝末葉諸帝，過於不成材，相形之下，在褒貶之間，不能不在語氣上有所軒輊之故。但傳贊上稱他「明斷」，實不知何所據而云然？令人困惑。

於是，太子卽位，是爲孝宗，以明年爲弘治元年。卽位的第六天，就罷斥李孜省，先是充軍，隨後逮捕，爲了不願暴露憲宗的失德，李孜省所坐的罪名是「結交近侍」，論斬。妻子流二千里。奏上以後，孝宗赦他一死，仍舊充軍。但此人結怨甚多，結果是「不勝搒掠，瘐死。」

三十五、孝宗即位秉性仁厚

成化朝的佞臣，除了李孜省，就是湖北的那個和尚繼曉，原已削去國師封號，但仍以言官的彈劾，被捕伏法。孝宗卽位，先朝奸人死的就是這兩個。太監梁芬、韋興等，不過斥退而已，這是孝宗寬厚之故；但濫用傳奉官、濫封番僧等等秕政，則盡皆革去。同時懷恩奉召，星夜回京；由於他的獻議，政局有一番大改革，奠定了弘治十八年淸明之治的基礎。明朝太監論品格，懷恩是出類拔萃的。這些情形，我留待以後再談；先談宮裏的情形。

改朝換代所引起的人事變化，可用兩句俗話來概括，一句是「一朝天子一朝臣」，此是就新君的理智考慮及政治關係而言；一句是「有恩報恩，有仇報仇」，此是就新君的感情狀態而言。一個皇帝的本心是仁厚還是刻薄，是平和還是殘忍，是急公還是重私，在報恩報仇的行爲上，可以看得淸淸楚楚。成祖殘忍，世宗刻薄，在卽位之初，便可斷其生平；同樣地，孝宗的仁厚、平和、重公，也在處理個人的恩怨上，表現得明明白白。

先說萬貴妃，這是孝宗殺母的仇人，但處倫常之間，再深的仇恨，亦當以解消融化爲原則，決無以直報怨，寃寃相報之理，所以說「淸官難斷家務事」，因爲恩怨是非，是筆算不清的帳，唯有寬大處之，一筆勾消。孝宗就是持的這種態度，胸襟偉大，實不可及。

明史「萬貴妃」傳：

弘治初，御史曹璘請削妃謚號（按：萬貴妃謚「恭肅端愼榮靖皇貴妃」）；魚臺縣丞徐頊，請逮治診視紀太后諸醫，捕萬氏家屬究問當時薨狀。孝宗以重違先帝意，已之。

萬貴妃的家屬得以免死，在歷史上類似的情事中，可說是絕無僅有，眞正所謂是「僥倖」。大致英察之主，對削先朝妃嬪封號，顧慮到暴露先帝的失德，都會容忍；而其家屬，必難逃誅戮的命運。當然，萬貴妃的兄弟，再要像以前那樣富貴，是決不可能的事；果然如此，則寬大得過分，反成爲不公平，無是非了。據明史「外戚傳」，萬貴妃的三個兄弟，萬喜已當到都督同知，萬達已當到指揮同知，並皆削職。老二萬通，最得萬貴妃的歡心，所以他的兩歲的庶出之子，四歲的養子，亦都授官；這時當然也都「革職」了。

三十六、追回萬家奉賜珍物

此外萬家三代的誥封被追奪；二十三年中所賜的內帑及珍物，奉旨繳還；萬貴妃的父親萬貴，生前曾憂慮福過災生，御賜各物有一天會「宣索」回宮，這時果如其言。但即使如此，萬家依舊不失豪富。

孝宗的報仇僅此而已；報恩則頗爲用心，情意深厚，卻非濫施恩賞。先從憲宗廢后談起。孝宗初生時，吳廢后因爲跟安樂堂住得很近，經常自金鰲玉蝀橋過來探望，「保抱唯謹」；當初不過是出於對萬貴妃報復的心理，此時便變成自種福田。孝宗行事，不悖於禮，吳后旣爲先帝所廢，且別有繼吳而立的王太后在，不能再請吳后正位中宮，只是除去這名分以外，孝宗有命，「服膳皆如母后禮」，當然，他自己也是晨昏定省，恪盡子職。吳廢后的母家，不能推恩有所封贈，只將他一個姪子吳錦，授爲錦衣百戶。

王太后的家世很好，她的父親叫王鎭，字克安，有長者之稱，原任錦衣左衞指揮使；克安三子，都是王太后的弟弟，「並貴顯，皆謙愼守禮」。弘治年間，王源由瑞安伯進封爲侯；王淸封崇善伯；王源至正德二年封安仁伯。孝宗對這位母親的娘家，相待亦甚厚。

孝宗的生母紀淑妃，母以子貴，自然追尊爲憲宗的皇后，遷葬茂陵，與憲宗同穴。孝宗極孝，追念紀太后生前含辛茹苦的養育之恩，以及受盡委屈而死的不幸遭遇，無限孺慕哀思，唯有寄託於報答母家，但是，紀太后的娘家卻不曉得還有甚麼人？

當成化初年，韓雍平兩廣，俘獲猺獞幼男幼女入京，人數甚多，也沒有甚麼人去記載他們的家世。紀太后姓紀，廣西賀縣人，是她入宮以後，自己告訴別人的，但她入宮時尚幼，除姓氏籍貫以外，另外有甚麼親族，亦搞不清楚。因此發生了許多假冒紀太后親族的案子。

首先是宮中有個太監叫陸愷，廣西人，本姓李；在猺獞中，李與紀發音相同，陸愷便大膽出面，自稱是紀太后的哥哥，他在廣西的親族，亦就變成紀太后的親族，因而又發生冒中之冒。陸愷的一個姊夫，名叫韋父成，冒充姓李。地方官不察，以皇親視韋父成，將他所住的地方改名「迎恩里」。

這一來，有人見了眼紅，便有李父貴、李祖旺兩兄弟表示：「姓韋的尚且冒充，何況我們是眞正姓李。」決定也冒他一冒。

三十七、奉旨查訪紀太后家族

李氏兄弟的手段比韋父成又高一着，假造了一套譜系，當官陳訴，歷歷有據。地方官當然無從究詰，反正遇到這種事，與辦謀反叛逆的案子，正好相反；後者宜嚴不宜寬，前者宜寬不宜嚴，因而將李氏兄弟，送到孝宗特遣到廣西，訪求太后家族的太監蔡用那裏，轉送進京。

孝宗大喜，下詔將冒名為紀父貴、紀祖旺的兩兄弟改名，去掉「父、祖」二字，名為紀貴、紀旺；分別授職為錦衣衞指揮同知和指揮命事，「賜予第宅、金帛、莊田、奴婢，不可勝計」，眞個是既「貴」且「旺」了。

由於紀貴、紀旺假造的譜系，紀太后的父親叫甚麼名字？母親何姓？都有了「確實」的答案，因而孝宗降旨「追贈太后父為中軍都督府左都督，母為夫人。其曾祖、祖父亦如之。」同時派遣官員，到廣西賀縣，照紀貴、紀旺所指的地點，重修紀太后的祖墳。

這一下，騙局開始揭發，首先是韋父成妒忌貴、旺兄弟，上書指出其假冒，孝宗特命太監郭鏞查辦；郭鏞曾經親耳聽紀太后講過家世，所以得到這樣一個不平凡的任務。

但是，郭鏞只能查出韋父成的冒充，卻不辦貴、旺兄弟以李冒充為紀。韋父成的罪名自然很嚴重，而孝宗以「千金市骨」之意，對他並未治罪，反命他馳驛以歸，這是照一般罷斥大臣的待遇，算是異常寬恕的。

另外在賀縣自然也有一班想攀龍附鳳的人，這些人都姓李，紛紛到奉派葺修紀太后祖墳的欽差那裏去申訴，因而眞相漸明。欽差還朝，奏陳紀貴、紀旺非紀太后的親屬。孝宗將信將疑，派了一名給事中，一名御史到廣西，微服入猺獞聚居的深山查訪，把所有因紀李同音而起的假冒經過，打聽得清清楚楚。回京奏覆，孝宗大爲失望。於是紀貴、紀旺的眞面目暴露，被革職充軍，郭鏞亦受累被罰。

此後，孝宗多次遣派專人查訪，終無所得。長此以往，如何了局；於是禮部尙書耿裕上奏，勸孝宗不必再訪外家，並以高皇后馬氏的情況作比。太祖馬皇后的父親，當時以殺人亡命，不知所終？太祖定了天下，數求不得。

三十八、爲紀太后父母立祠

馬公亡命時，託女於郭子興，那時太祖在郭子興帳下，這些情形，馬公都是知道的，如果未死，一定會知道女婿做了皇帝，女兒做了皇后，豈有不露面的道理？因而可以斷定，馬公早就不在人世。

於是在洪武二年，馬公被追封爲徐王，馬皇后的母親姓鄭，早死，稱爲「王夫人」；立祠太廟之東，由馬皇后親自奉安神主。洪武四年，以訪求徐王遺骨無着，在宿州即今宿遷，馬家的祖塋立廟，太祖親製祭文上祭。

耿裕的奏疏中，引此史實，以爲徐王身當馬皇后猶在，尚且尋訪無着，則如今紀太后已崩，家族情況不甚明白，而且廣西賀縣又非徐州、宿遷爲中原腹地，當然更爲困難。從而建議，仿徐王故事，定擬太后父母封號，在桂林立祠，歲時祭祀。

孝宗的批答，能够以禮制情，是一篇至情至性的文字，引錄如下：

> 孝穆皇太后早棄朕躬，每一思念，惄焉如割！初謂宗親尚可旁求，寧受百欺，冀獲一是。卿等謂歲久無從物色，請加封立廟，以慰聖母之靈；皇祖既有故事，朕心雖不忍，又奚敢違？

同時降旨，紀太后的不知道名字的父親，封爲「推誠宣力武臣特進光祿大夫柱國慶元伯」，紀太后的母親便是「伯夫人」，立祠桂林。大學士尹直撰哀册，其中有句：「覩漢家堯母之門，增宋室仁宗之痛」，孝宗每一念及，往往流涕。按：明孝宗與宋仁宗的身世相類，哀痛相同，仁宗生母李宸妃被追尊爲太后，升祔太廟時，蘇東坡的同鄉孫抃當翰林學士，承制所撰册文，異常警闢，眞能道出仁宗的遺憾：「嗟乎！爲天下之母，育天下之君，不逮乎九重之承顏，不及乎四海之致養，念言一至，追慕增結。」仁宗亦爲之感泣。尹直的所謂「增宋室仁宗之痛」，就是用的這個典故。

孝宗的報母之恩，就這樣告一段落，禮與情都得到了一個適當的歸結。由這件事看，與他的姪子世宗相比，仁厚尖刻，益覺明顯。皇帝盡孝，究竟是個人的私情；如爲訪求后族，搞得天下騷然，必受後世批評，所以孝宗適可而止。假使換了世宗，就不會這樣體恤臣民了。

三十九、發現萬安所進春方

現在要談到孝宗在政治上的改革，任何此類措施，必從人事上的進賢遠佞做起。因此我們先要看一看憲宗臨死以前的情形。

憲宗的死，幾乎等於暴崩，病起的第五天卽由孝宗以東宮的身份，在文華殿暫攝國政；又五天而憲宗駕崩。通常皇帝是在久病纏綿的情況下不起，總會預先留下遺詔，一則補救在位時的缺失，再則勉勵羣臣，共輔新主。英宗崩時，卽有免後宮殉葬等盛德之事的遺詔，而憲宗沒有。

其次，如果嗣君年幼，則皇帝大漸時，往往要召大臣受顧命。君臣之道，有此一端，是很好的事，不僅平添許多人情味，而且成爲新舊遞嬗之間，一個綰合的環節，一方面使先朝善政得以賡續；一方面限制新君更張太劇，免得引起政局的不穩定。因爲顧命大臣保有相當高的否決權；如果與新君爭執不下時，只要抬出「先帝」的招牌，就可解決。

憲宗崩時，東宮只有十八歲，以此年齡來說，應該召大臣受顧命。而憲宗沒有這樣做。其原因不出如下三種：第一、沒有大臣堪受顧命；第二、不認爲有此需要；第三、病勢沉重無暇及此。總之，不論是那一種，免於此舉是好的，因爲當時實在沒有赤心報國、才德俱勝的大臣堪受顧命；倘或多此一舉，反倒是對孝宗的束縛或掣肘。

孝宗所完成的初步改革，是靠懷恩。第一個被逐的是萬安；事起於孝宗在他父親的書桌抽斗中，找到一包奏疏，統統談的是房中術，下面具名：「臣安進」。照筆跡看，是萬安無疑。

以首輔而搞這套花樣，是空前絕後的荒唐之事。孝宗如果明斥萬安，則又露了先帝之醜。因此命復掌司禮監的懷恩，拿了這包奏疏到內閣，當面去質問萬安。

懷恩冷嘲熱諷，萬安當然窘不可言，一會兒站起、一會兒跪倒，不斷引罪自責，但始終不說「請皇上放歸田里」的話。世上竟有如此無恥戀棧的人！懷恩忍不住了，他的處置簡單明瞭，大快人心，一伸手把萬安掛在胸前的牙牌摘了下來。我以前談過，牙牌是官員進宮的通行證，所以摘了牙牌，就是告訴萬安：不必到內閣上班了！

四十、玄武湖成了禁地

萬安到此，方如大夢初醒，倉皇索馬，出宮回家，上表請辭，自然一辭就准，收拾行李回四川。其時已經七十多歲，卻還不死心；一路走，一路夜觀天象，看斗魁以下的「三臺星」，三臺星一共六顆，成為三對，稱為「上臺、中臺、下臺」，在人間下應三公。萬安看三臺星的目的是：還在癡心妄想，中途召回復用。

就這樣一路望到眉州，也不曾發現他的那顆星發亮，居鄉年餘，鬱鬱以終。他的兒子名叫萬翼，當南京禮部侍郎；孫子叫萬弘璧，當翰林院編修；萬安死後不久，萬翼和萬弘璧亦相繼而亡，三代單傳，一時俱盡！明史本傳，洋洋灑灑，敍到此處，以「安竟無後」四字作結，戛然而止，餘韻悠然，可以思矣！

第二個被逐的是尹直，言官說他「自初為侍郎以至入閣，夤緣攀附，皆取中旨」，孝宗很看不起他，叫他自請致仕，其時皇帝剛接位兩個月。尹直在江西泰和住到弘治九年，不甘寂寞，上表申賀萬壽；又論太子已當入學的年齡，應當出閣講學，上一篇名爲「承華箴」的文章，作爲東宮的規箴，同時談到黃淮的故事。黃淮在永樂朝先輔導太子，後輔導太孫；尹直這麼做，隱然有自薦爲東宮傅保的意思，孝宗知道，但是拒絕了他。

至此，憲宗在日的閣臣，連同早因中風而致仕的彭華在內，已四去其三，只剩下一個劉吉了。

劉吉此人，工於投機，一看風色不對，首先就討好言官，建議「超遷科道，處以不次之位」；但仍有言官不受他的籠絡，因而又與孝宗所寵信的南京守備太監蔣琮勾結，掀起大獄，逮捕了十名御史。起因是爲了江浦縣新生地的租稅發生爭執，御史彈劾蔣琮與民爭利，蔣琮則反訴御史「私種後湖田」。

後湖者玄武湖，在明朝初年是庋藏「黃册」之處。所謂「黃册」，是天下戶口賦稅的總册，第一次編製在洪武十四年，計一式四份，縣、府、省各存一份，另一份送戶部，用黃紙作封面，所以這一份稱爲「黃册」。

因爲黃册是機密文件，太祖特命在玄武湖四週皆水的沙洲中，建立東西兩庫庋藏。黃册十年重造一次；平時每年訂正，專命戶科給事中一人、御史二人、戶部主事四人負責。而玄武湖也就成了百司所不能至的禁區。

四十一、舊閣中劉吉獨留

到了永樂以後，「黃册」已成爲具文；稅賦徭役，由各縣自編一册，別於黃册而言，稱爲「白册」。但不管黃册或者白册，都不及另一種分戶記載土地狀況的「魚鱗册」來得重要；這本魚鱗册爲簡稱「戶書」的「戶房書吏」的不傳之秘；其中黑幕重重，除了戶書本人以外，誰也弄不清楚。稅賦徭役的徵發，以魚鱗册爲經，白册爲緯；至此，黃册已徒存名目，典守後湖東西兩庫的，也只剩下了戶科給事中和戶部主事各一人，而後湖卻仍爲禁區。

湖面日久湮淤，長出好些土地，典守東西庫的戶科給事中及戶部主事，一向利用新生地種蔬菜、砍野葦作爲兩庫員役的「福利」，行之有年無人說話；此時成爲欲加之罪。往返勘查，互相攻訐，結果因爲蔣琮得到孝宗的寵信，而劉吉從中推波助瀾，製造糾紛，有意偏袒，言官落了下風，一時「臺署爲空，中外側耳」。

劉吉爲何能有這樣的勢力？自然是因爲得到孝宗的信任；而他的所以能得到信任，則由於見風轉舵，看孝宗勵精圖治，非先皇之比，所以「時爲正論，竊美名以自蓋」，此時他不但以首輔的地位，充分支持孝宗所簡派的另兩名閣臣徐溥、劉健，而且對諫止祠禱、遊幸、玩觀、興作，以及講治道、勸節用、斥邪說等事，頗有作爲。於此可知，上有賢君，則雖佞倖小人，亦可勉與爲善，而思宗以爲「朕非亡國之君，諸卿乃亡國之臣」；說到這話，就可以知道他必是個亡國之君。

然而劉吉始終爲士論所不齒，替他取了個很刻薄的外號，叫做「劉棉花」，意思是經得起「彈」；又一說：棉花越彈則越起，言官彈劉吉，亦是越彈越起，與棉花相似。劉吉深恨這個諢稱，疑心是落第的舉子，有意詆毀。這猜測不盡無稽，因爲不論任何考試，尤其是一身功名富貴所關的鄉會試，落第者憤無所洩，痛罵執政及主司，聊資快意，是習見之事。果然如此，則爲劉吉取此外號者，還可能是江西的落第舉子，因爲萬安、尹直皆去，而劉吉獨留；如萬、尹不去，一定會對江西的舉子，特加照顧。同時，不是江西人亦想不到彈棉花這樣的妙喻。

四十二、孝宗暗示劉吉辭官

爲了報復起見，劉吉挖空心思，想到一個辦法，奏請立一考試新章：凡舉人三試不第者，永遠不得再參加會試。這個建議，亦不能說他不對，因爲已成舉人，即爲國家有用的人才，而三試不第，至少七年功夫已經虛擲，如果窮年兀兀，必以成進士爲最後目標，即使如願以償，精力卻已衰頹，梁灝八十歲中狀元，究竟只是佳話，而於治道無補。至於就舉人本身來說，三年一次，「公車北上」，在彼時交通困難，所費的金錢、精力、時間，頗爲可觀，謹飭的寒士，爲此受累一生；而狡黠豪強者，則在地方上包攬是非，魚肉鄉里，成爲劣紳。所以舉人三試不第，不得會試，再輔以授職的辦法，以爲安頓，確是個進步的觀念；但凡事出於私心，情況就不同了。

劉吉的建議，已獲得孝宗的批准。其時爲弘治三年庚戌；庚戌丑未爲會試之年，舉子雲集京師，此一新章實施，不得入闈的，必然大鬧。因而禮部上奏，孝宗體察實情，下詔「姑許入試」，等到下一科，再照新章辦理。下一科應該是弘治六年癸丑；可是前一年八月，劉吉垮了下來，禮部官員看此新章的實施，必有麻煩，因而擱置，照舊辦理。劉吉的建議，就此不了了之。

劉吉在弘治四、五年間，失去了孝宗的恩眷，是有人中傷，還是口發正論，心自營私，致爲孝宗所看不起，不得而知；只知道他的垮是因爲發正論太過。孝宗與張皇后的伉儷之情甚篤，推恩后家，頗爲優厚；張皇后的父親張巒，先封爲壽寧伯，這是后父封爵的通例，繼而晉封爲侯，弘治五年八月病歿，追贈爲昌國公。張巒有兩個兒子，都是張皇后的弟弟，長子叫張鶴齡，襲封壽寧侯；次子叫延齡，孝宗想封他爲伯爵，命劉吉撰制誥。劉吉以爲這是特例，要封，周太皇太后和王太后兩家的子弟，亦非盡封不可。

爲此，孝宗大爲不悅，派了個太監到劉家，暗示他不必再戀棧，劉吉方始上疏辭官，孝宗准他馳驛以歸，這是善遣。同時張延齡封爵的事，亦就不提；此所謂不以人廢言，同時亦表示尊重宰相的權責，孝宗的可以稱道，正在這些地方。

此時的政局，是個嶄新的局面，閣臣及七卿中，成化的舊人，只剩下一個工部尚書賈俊。

四十三、弘治初年人材鼎盛

弘治初年的三閣老、六尚書，明史都爲之立傳，僅從這一點看，可知當時人才之盛且美。論出身，景泰五年成進士的有六個；而此時正爲景帝重用于謙，政局最安定的時期。相反地，統計弘治、正德兩朝的士卿，出身於成化科舉的，不過陸完、陳金等少數人，而足稱爲名臣的，不過謝遷、楊廷和、費宏等三人。再從明史一百八十到一百九十，這十卷弘、正兩朝人物中去統計，成化朝不但得人最少，而且這少數知名人士多出在成化十年以前，彭時、商輅在位的時期。人才的多寡，與世時的盛衰、宰輔的賢否，關係密切到如此，實在令人驚奇！

至於成化二十三年江西鉛山籍的費宏中狀元的那一科，出了四個宰相，並不表示這一榜的人才特盛，只以這一科選了庶吉士入翰林院教習的緣故。清朝每科皆選庶吉士，明朝則不然，原則上間科一選，但亦有三科併選，或數科不選者。而自天順二年起，定下一個不成文的規制，非進士不能入翰林，非翰林不能入內閣，不能任南北禮部尚書及侍郎。成化朝自十四年選庶吉士，至此復選；以後會推閣臣，要講資格，於是費宏、蔣冕、毛紀、石瑤相繼入閣，除了費宏之外，蔣、毛、石三人，以強諫得名，而相業無聞。

弘治初年的大臣，聲望最重、資格亦最老的是王恕。此人剛直方峻，嫉惡如仇，巡撫雲南時，鎮守太監錢能與他不和，設法攻他去職。成化二十年當南部兵部尚書，寃家路狹，與錢能又相遇了，明史本傳記：「時錢能亦守備南京，語人曰：『王公天人也，吾敬事而已！』恕坦懷待之，能卒斂戢。」無欲則剛而又敢作敢爲的君子，能令小人忌憚，於此可見。

王恕的直聲動天下，「侃侃論列無少避，先後應詔者二十一；建白者三十九，皆力阻權倖，天下傾心慕之。」實爲輿論的權威，所以「遇朝事有不可，必曰：『王公胡不言也？』」而王恕亦必有所言；因有口號：「兩京十二部，獨有一王恕」，鶴立鷄羣，愈顯凸出。但到了成化二十二年，憲宗不知如何，忽然在他人辭官的奏疏上，附批一句：「落恕、宮保致仕」，無緣無故丟了官，可是名聲更響，舉荐者無其數。最妙的是，凡有彈劾「劉棉花」的，一定附帶建議，以王代劉；因此劉吉把他恨之切骨。

四十四、邱濬與王恕作對

王恕在成化末年，已成一偶像，所以懷恩奉召回京，參與密勿，首先就舉薦王恕；召用爲吏部尚書。平劇中有大官，輒謂之「吏部天官」；平劇的本子，多脫於明朝的劇曲，此可以想見吏部尚書在一般人心目中的地位。事實亦然，吏部尚書不獨爲「六卿長」，而且進退百官，其權特重。但劉吉懷恨在心，以閣臣的地位，與吏部爲難；凡有言官參劾，不下吏部議是非，定降黜，自取中旨解決。因而王恕以職權不被尊重，上章求去，孝宗自然不允。如是數次，每蒙慰留；王恕既然走不成，就得認眞奉公，凡是不合理的任命，一定奏諫，孝宗亦每能依從。同時所舉薦的亦多爲賢才。明史本傳，以爲「弘治二十年間，衆正盈朝，號爲極盛者，恕力也。」

弘治五年，「劉棉花」終於去職；那知內閣中，去了一寃家，來了一寃家，第二個與王恕作對的是邱濬。

邱濬是海南島人，從小失父，由寡母教讀成名。他是個神童，讀書過目成誦，家貧無書，走數百里去借，借到爲止。景泰初年應廣東鄉試，中了解元；五年成進士，入翰林，讀書益多，見聞更廣，頗爲自負。弘治四年以禮部尚書入閣，已經七十一歲。向來閣臣只在翰林學士中選，以尚書入閣，而且如此高年，邱濬是第一個。

他與王恕的不和，完全是爲了禮貌，王恕的地位本來比他高，及至入閣，他的地位應在王恕之上，而王恕以六卿之長，不爲之下，因而成隙。大計百官，王恕已定了黜降的，邱濬奏留九十餘人，於是王恕又要辭官了。

這時有個太醫院院判劉文泰，常奔走邱家，他想升官而王恕不許，以此仇恨，指王恕的自傳中「沽直謗君」，加以參劾，王恕上疏申辯，並暗指邱濬主使。結果劉文泰雖貶了官，邱濬卻無事，而王恕以請人作傳，「鏤板以行」，被責爲「沽名，焚所鏤板。」這一來，王恕堅決求去；聽其馳驛以故，既不賜敕褒獎，按月應得的錢米亦甚薄，這自然是出於內閣的裁抑，因此輿論對邱濬非常不滿。

邱濬死在任上，發訃開弔，劉文泰去弔孝，爲邱夫人痛罵一頓，她說：「爲了你的緣故，使相公與王公作對，致負不義之名。還弔甚麼？」派人把劉文泰撵出靈堂。而王恕則到正德三年才死，享壽九十三。

四十五、王恕九十歲啖食如常

邱濬廉介而好學，晚年一目失明，而用功不輟，淹博爲一時之冠；他也是一位文學家，做過四本傳奇，名爲：「王倫全備忠孝記」、「投筆記」、「舉鼎記」、「羅囊記」，最後一本失傳，其餘三本，以寫班超投筆從戎的「投筆記」，流傳較廣。作品並不見得出色，因爲以經濟自負的邱濬，塡詞本非當行，而以廣東人從事尋宮數調、樂曲格律特繁的南曲的創製，其難以叶律，亦在想像之中。但大老而有此閒情逸致，對提倡南曲，從而發展爲獨霸明淸之際劇壇兩百年的崑腔，自然也是功不可沒的。

王恕是個福氣人，他的禀賦特厚，精力過人，活到正德三年方始無疾而終，享壽九十三歲。平時飲食具兼人之量，只有死的那天，才略爲減少些。有「五子十三孫，多賢且顯」。他是陝西三原人。

弘治初年的大臣，彼此不和的，大概也只有王恕和邱濬。此外則多能以禮相接，同心爲國。但宦官之害，弘治朝亦未能盡除。當然，孝宗深得宦官之力，所以要他像世宗那樣，盡力裁抑宦官的權勢，起碼在感情上，他就辦不到。

除了懷恩和張敏以外，還有個太監叫覃吉，此人大有功於孝宗，甚至亦可說大有功於明朝，但所得者只明史數行記載，闡幽彰潛，借此篇幅，爲讀者介紹其人，明史懷恩傳：

有覃吉者，不知所由進？以老奄侍太子，太子年九歲，吉口授四書章句，及古今政典。憲宗賜太子莊田，吉勸毋受，曰：「天下皆太子有也。」太子偶從內侍讀佛經，吉入，太子驚曰：「老伴來矣！」亟手孝經。吉跪曰：「太子誦佛書乎？」曰：「無有，孝經耳！」吉頓首曰：「甚善，佛書誕，不可信也！」弘治之世，政治醇美，君德淸明，端本正始，吉有力焉！

從這一段記載，覃吉大概跟懷恩一樣，有着很好的出身，照年齡來算，應該是宣宗爲教小太監讀書而特設的「內書堂」的高材生。看他力闢異端，而熟諳古今政典，居然醇儒，想不到太監中亦有這樣一號人物。

此外有何鼎、鄧原、麥秀、藍忠、劉淸等等太監，在內則忠誠事主，出鎭則廉潔愛民，史稱「是時中官多守法」，亦爲明朝中葉以後，僅見之事。

四十六、李廣因畏懼而自殺

孝宗於聲色貨利無所好，只喜歡鼓琴。但是，他從小的遭遇，禍福之間，沒有道理好講，唯有歸之於菩薩保佑——安樂堂中失意的妃嬪宮女，無不日夕供佛，祈求來世之福；孝宗從小耳濡目染，自然也養成了佞佛的性格，只看他曾讀佛經，就可知道。

因此，太監得以祠祀之事，蠱惑孝宗；這個太監叫李廣，是孝宗所寵信的兩個太監之一。孝宗相信他的符籙，也相信他的禱祀，因而李廣得藉此爲奸，矯旨授人爲傳奉官，而實爲出賣官職，四方賄賂大至。又侵襲京畿的民田，又獲得京畿地區的食鹽專賣權，成了豪富。有了錢，當然要享受，李廣造了一所極講究的園林，明史本傳說他「起大第，引玉泉山水，前後繞之」，其遺蹟至今猶在，而有座橋則凡住過北平的，無不知道，就是藜光橋。

藜光橋即李廣橋，又名李公橋。在什刹後海以南，李廣橋之東有兩座極有名的王府，東面三座橋以北，大小翔鳳胡同之間是恭王府；再往東到什刹前後海之間的銀錠橋有醇王府。

醇王府爲康熙朝權相明珠的舊第；恭王府的歷史，由慶王永璘往上推，則前身爲和珅的第宅，再往上推，卽爲李廣所起的「大第」。

當李廣盛時，言官交劾，孝宗都置之不問。弘治十一年，他勸孝宗在景山上建一個亭子，名叫「毓秀亭」，鍾靈毓秀，當然是爲了皇嗣不廣，在風水上想花樣，那知亭子建成，皇子未生，倒死了一個小公主。

不久，清寧宮又遭祝融之災。有人趁此攻擊李廣，說他所建的亭子，衝犯了值年太歲。那時孝宗的祖母周太皇太后還在世，對孝宗生氣：「今天李廣，明天李廣，果然禍事來了！」

孝宗是極孝順父母的，所以李廣聽說老太后生氣，怕皇帝聽了祖母的話，會治他的罪，因而畏懼自殺。孝宗疑心李廣家裏藏着甚麼珍貴罕見的「異書」，派人到他家去搜索，異書沒有找到，搜出一本登記紅包的帳簿，呈上御前，孝宗一看，多是文武大臣的名字，某人送黃米多少石，某人送白米多少石，孝宗大爲驚異，問左右說：「李廣的食量多大？要受這麼多米？」

四十七、孝宗曲庇外戚貪暴

左右告訴孝宗，這是隱語，黃米指黃金，白米指白銀。孝宗大怒，下令查究行賄的大臣。於是這些人去求援於壽寧侯張鶴齡，才得免禍。

壽寧侯在當時權勢極盛，他的賜第就在李廣橋南面，所住的一條胡同，名爲「張皇親胡同」，民國以後改爲「尚書胡同」。明史本傳：

> 鶴齡兄弟並驕肆，縱家奴奪田廬、篡（按：同竄）獄囚，數犯法，帝遣侍郎屠勳、太監蕭敬按，得實，坐奴如律。敬復命，皇后怒，帝亦佯怒，已而召敬曰：「汝言是也！」賜之金。

由於孝宗的姑息，張鶴齡及張太后家子弟，多爲不法，周太皇太后的弟弟叫周壽，封慶雲伯，在成化年間，卽以「國舅」之尊，恣橫貪暴。明史外戚傳：

> 孝宗立，壽加太保，時壽所賜莊田甚多，其在寶坻者已五百頃，又欲得其餘七百餘頃，……孝宗竟又許之。又與建昌侯張延齡爭田，兩家奴相毆，交章上聞，又數撓鹽

法，侵公家利，有司厭苦之。

所謂「爭田」，其實是搶奪民家的田；所謂「數撓鹽法」，實在是販賣私鹽。周皇親家如此，王太后家也好不到那裏，明史外戚傳：

王鎮……憲宗純皇后父也……子三人，源、淸、濬。源字宗本，后弟也，父卒，授錦衣衞都指揮使。外戚例有賜田，源家奴怙勢多侵靜海縣民業……源賜田初止二十七頃，乃令其家奴，別立四至，占奪民產至二千二百餘頃。

凡此不法，多爲孝宗所曲庇，此爲弘治朝淸明政風中的一大汚點。但除此以外，孝宗的舉措，深愜人心，而待大臣的禮節，猶有北宋的遺風。明史徐溥傳記弘治十年三月的召對，可見一斑：

三月甲子御文華殿，召見溥及劉健、李東陽、謝遷，授以諸司題奏曰：「與先生輩議。」溥等擬旨上，帝應手改定。事端多者，健請出外詳閱，帝曰：「盍就此面議。」既畢，賜茶而退。自成化間，憲宗召對彭時、商輅後，至此始再見，舉朝詡爲盛事。然終溥在位，亦止此一召而已。

按：明初諸帝，經常召見閣臣，自宣宗崩後，張太皇太后聽政，以男女之別，不便召見，從此產生閣臣與皇帝不常見的現象。但此是指正式召見全班閣臣而言，非正式的個別召見，原是常有之事。

四十八、孝宗開經筵賜宴講官

前引徐溥等奉召至文華殿，面議大政的記載，可以看出孝宗對處理事務的能力甚強。明朝自太祖設「大本堂」招致了不幸的後果，皇子教育制度，雖非澈底崩潰，亦是有名無實；因此中葉以後諸帝的不學，頗爲康熙、乾隆所譏。而孝宗的不蔽聰明，亦是得力於好學；覃吉啓蒙，眞如袁子才所說的「開口奶吃得好」，所以卽位以後，屢開經筵，不廢日講，能够自己擇師。此在清初，順治、康熙父子，亦是如此；順治常閱「孝宗實錄」，屢見記載；於此又可以想見，順治、康熙父子，實以孝宗爲法。只不便明言而已。我曾一再指出，清朝善以明朝爲鑑，有所警惕，亦有所取法，大致順、康二帝學孝宗的克己而益以果斷；雍正學世宗的英察而無其怠惰，到乾隆則兼學衆長而又不以爲足，他以爲他的祖父就是文景，而他本人則以漢武帝自命。論情況倒也有些像，可惜盛極而衰，終於也逃不出漢武帝所身經的悲劇。

孝宗的好學，從特進邱濬一事，就已顯然。明史紀事本末「弘治君臣」篇，記成化廿三年十一月事，時爲孝宗卽位後兩個月：

禮部右侍郎邱濬進所著「大學衍義補」。先是，濬以眞西山「大學衍義」有資治道，而治國平天下之事缺焉；乃採經傳子史，有關治國平天下者，分類彙集，附以己意，名曰「大學衍義補」。至是，書成進之。上覽之甚喜，批答曰：「卿所纂書，考據精詳，論述賅博，有輔政治，朕甚嘉之。」賜金幣，遂進尙書，仍命禮部刋行。

以學術晉官，以後並得拜相，在唐宋不足爲奇，在明朝是罕見之事。

弘治元年三月，初開經筵，對講官程敏政等皆稱「先生」，賜茶及宴。按：程敏政安徽休寧人，是個神童；英宗召試，頗爲鍾愛，命在翰林院讀書，後來成爲李賢的女婿。成化朝爲東宮講官，學問淹博，一時之冠，其時李東陽的文章古雅爲翰林中的雙絕，李東陽後來入閣拜相，詩名滿天下。而程敏政大倒其楣；其事牽涉唐伯虎，不妨作個插曲談一談，亦可反映弘治年間對於整頓科場積弊，具有決心；而孝宗亦不以敬愛程敏政便以私廢公。

四十九、李東陽、程敏政主考

明朝的士風，在宣德以前，醇謹自守；宣宗開講學之風，於是而有世稱「薛夫子」的薛瑄，爲上接兩宋、下開陽明的一代儒宗。士風之壞，壞於成化後期，不痛不癢、不冷不熱、不鹹不淡的政局，正人去位，奸佞塞路，讀書人建言則不聽，求用則不可，士風就會流於夸誕尖刻。當時吳中的狂士，惡禮法，縱酒，不事生產，如祝枝山、唐寅、張靈之流，就是在此時代背景下，有激而然。士風到此地步，離亂世已經不遠，而矯正之道，只有當政者返求於己，任賢遠佞，掃開烏烟瘴氣，現出清明氣象，讓夸誕尖刻之輩，不忍作何苛責；即作苛責，亦不能令人發出共鳴作用，則自然消聲匿跡。

孝宗卽位，光是逐進春方的萬安，就有振奮人心的作用，因此，祝枝山自己雖然玩世不恭，卻勸唐寅應試出仕，唐寅亦能聽從勸告，閉戶苦讀，終於「舉弘治十一年鄉試第一」，此即所謂「解元」；而江南爲人文薈萃之地，南闈爲世所重，所以南闈第一，特標舉爲「南元」。第二年春闈，欽派的兩位大主考，都是海內文宗，一個是以禮部尚書兼文淵閣大學士的宰相李東陽；一個就是程敏政，其時爲翰林院掌院兼禮部右侍郎，專典內閣的誥敕。照定制，會試共考三場，每場連入闈出闈各三天；第三場考策論，五道，取材於經史時務。策論中有一道關於「四書」的題目，通場都不知出處。不知出處，自然無從回答，就算望文生義，能夠回答，也是隔靴搔癢；此所謂「還娘家」，考試詰問，最重的是還得出娘家，方能表示澈頭澈尾瞭解。

在許多曳白或者不知所云的卷子中，獨有兩本，不但還得出娘家，而且「條對甚悉」。程敏政大喜，決定「會元」就定在這兩本卷子中。

這兩本卷子是誰的呢？會試卷子「糊名」，即是現代所說的「彌封」；而考官所看的又不是彌封的原卷，而是經過「謄錄」的抄本，這樣就非到塡榜拆封時才能揭曉，那知三場未畢，外面就知道了，這兩本卷子是唐寅和跟唐寅一起進京的舉人，江陰有名的富人徐經的。而外面所以知道，又是唐寅出場後，得意之餘，自己說出去的。

五十、程敏政勒令致仕

於是有個給事中華昶，具疏彈劾程敏政，說他事先出賣試題。當時還沒有發榜，孝宗當機立斷，作了個很適當的處置，降旨入闈，叫程敏政不必閱卷；凡是程所取中的卷子，由李東陽會同房官覆閱。

發榜後，唐寅、徐經兩卷都不曾取中，這是唐、徐二人第三場策論雖「條對甚悉」，而第一場的四書義、經義及第二場的論、判、詔誥考得不好，以致落第；還是有意不取，以便大事化小，小事化無？不得而知。只知道李東陽奏覆後，案子未能平息，言官依然紛紛上奏，主張嚴辦；於是程敏政、唐寅、徐經俱下獄。審問的結果是：

坐經嘗贄見敏政；寅嘗乞敏政作序文，俱黜爲吏。敏政亦勒致仕。昶亦以言事不實，調南太僕寺主簿。」

這完全是行政處分，法律並未規定，赴試的舉人不得請主司作序文；士林中後輩謁見前輩，獻贄敬亦是常事。所以就表面來看，程、唐、徐三人未免冤枉；但實際上另有文章。內幕是如此，程敏政的僕人，受了徐經的利誘，出賣了試題。程敏政本人當然不知道；

唐寅亦未見得與聞，否則他不會自鳴得意，引人注目。這件事可大可小，大則變成受賄瀆職，明朝對此的刑罰甚重，定罪以受賄多寡而論，像這樣的情形，徐經的錢自然花得不少；程敏政倘或牽涉在內，至少是充軍的罪名。但程的失察之咎難逃，所以勒令致仕，亦並不寃枉。只是便宜了徐經，倒楣了唐寅。

然則華昶又何必苦苦來做惡人？據說，他是受了別人的指使；這個人叫傅瀚，他想取程敏政的職位而代之，所以教唆華昶出面彈劾。此事眞相離明，不過程敏政致仕，傅瀚接了他的職務，以禮部侍郎專典內閣誥敕，則是事實。總之，程敏政「才高負文學，常俯視儕偶，致爲人所疾」，因而招了這場禍事，這個推測，相信離事實不遠。

經此打擊，程敏政「出獄憤恚，發癰卒」。至於唐寅被黜爲吏，不但從此不能參加考試，而且連縣官都得伺候，應卯磕頭，自然引以爲恥，不肯就此職務，「歸家益放浪。」這個華昶大概是無錫人。晚明雜劇作家，爲了替唐伯虎出氣，寫劇以華昶爲華鴻山，讓他生「大踱」、「二刁」這「寶一對」。

五十一、王陽明之父爲孝宗進講

以唐伯虎爲體材的劇曲，據孟瑤「中國戲曲史」，最早有明末孟稱舜的雜劇「花前一笑」；後有卓人月改「花前一笑」而成的「花舫緣」。至於彈詞「三笑」，爲嘉慶時松江金山人吳毓昌所編。那兩本雜劇，我沒有看過；而彈詞「三笑」則與當時事實全然不符，表白中有「道我浪蕩無休，功名有礙，約齊衆美，送區區書館孤眠，要我去黃卷留心，以待青雲得路」、以及「秋闈既折蟾宮桂」的話，似乎作者並不知道唐伯虎有此一番科場波瀾，不能再赴春闈。而且明朝亦從未出過姓華的「相爺」；但無錫華家爲大族，唐伯虎的故事，與華家綰合在一起，必非無因，是可斷言。

我現在還要介紹一個人物，仿照「名父之子」的說法，此人可謂「名子之父」。明史紀事本末「弘治君臣」篇：

（弘治）五年春二月，右諭德王華上疏，略曰：「每歲經筵不過三四御，而日講或間旬月始一行，則緝熙之功，毋乃或間？雖聖德天健，自能乾乾不息，而宋儒程頤所謂涵養本源，薰陶心性者，必接賢士大夫之時多，宦官宮妾之時少，庶可免於一曝十寒之患。」上嘉納之。

這王華字德輝，就是王陽明的父親。王華本人是成化十七年的狀元；明史「王守仁傳」中說他「有器度，在講幄最久，孝宗甚眷之」。又說：「華性孝，母岑年逾百歲卒，華已年七十餘，猶寢苫蔬食，士論多之。」有這樣的家庭，才會出王陽明這樣的人物；儒家以為忠孝一貫，求忠臣必於孝子之門，這話實在有些道理。自弘治以後，正色立朝的名臣，大都有孝子賢孫，唯有像劉志選之類的閹黨，其子孫竟會提出以他的老命去換取閹家溫飽的悖逆建議。照此看來還是要做清廉正直的忠臣，至少及身的榜樣是最好的家教。

按：經筵、日講都為皇帝進修的一種制度。經筵的儀式相當隆重，反成具文；日講又稱「小經筵」，擇博雅端介的儒臣，按日進講，除了聖賢經旨、帝王大道以外，人臣賢否、政事得失、民情休戚，皆可隨事敷陳。王華就曾有一次，在講「唐書」時，用了一個很巧的典故，批評張皇后和李廣。

五十二、孝宗命中官賜食王華

王華有一次在文華殿講唐朝李輔國與張皇后「表裡用事」的故事。按：李輔國為肅宗在東宮的太監；張后其時爲東宮「良娣」。安祿山造反，玄宗倉皇西幸，「西出都門百餘里，六軍不發無奈何，宛轉蛾眉馬前死」，楊貴妃吊死馬嵬坡；楊氏一家，盡皆覆滅，陳元禮的這番兵諫，李輔國實與其謀，而內中則有張良娣主持。肅宗靈武卽位，亦爲李輔國與張良娣所定計；以此大功，張良娣封妃進后，兩弟皆尙公主。李輔國則封成國公，因有張后的支持，他的權力在宰相之上；用皇帝的名義下詔書，而肅宗不知其事。說得明白些，肅宗形同傀儡，大權已爲張后、李輔國所侵分。

李輔國與張后表裡用事，最爲天下所不滿的一事，是陷肅宗於不孝。當玄宗自蜀回京，以太上皇的身份住在興慶宮，這個宮在東城興慶坊，與有名的「平康坊」相距不遠；當時稱爲「南內」，內有「花萼相輝樓」，可以俯視大道，李輔國認爲不够謹密，與張后密謀，設計將太上皇騙入「西內」。西內原爲大內，高宗因爲風濕的緣故，移居「大明宮」，從此成爲帝居，視朝亦在此。讀杜甫「早朝大明宮」的詩可知；又長生殿亦在大明宮，爲寢殿。大明宮的位置，現在還約略可尋，卽以西安城內大慈恩寺的大雁塔爲坐標，正北數里，卽是大明宮的故址。

由於大明宮在大內以東，則以大明宮爲中心，稱大內便成西內。西內荒涼潮濕，不宜頤養，而逼遷上皇，以子疑父，更所難堪，玄宗從此抑鬱寡歡，加以肅宗受制於張后，始終不敢一朝西內。從唐高祖到唐玄宗，再到宋高宗，明英宗，太上皇的滋味都不好受，皇帝在世一日，一日不可放棄權力，否則雖父子亦成猜嫌；清高宗英明之主，讀史有得，所以雖內禪而仍訓政，宮中曆書，嘉慶元年稱乾隆六十一年，就是這個道理。

弘治朝，天生一后姓張，一有勢太監姓李，表裡爲用，與肅宗的故事很相像，因而王華借以諷喩。而明孝宗到底比唐肅宗高明，「樂聞」王華的講說，「命中官賜食」。於此又可以推想到，周太皇太后討厭李廣，卽因李廣爲張皇后的黨羽；所謂「今日李廣，明日李廣」，必是張皇后常在周太皇太后面前動輒稱李廣的緣故。

五三、中書省奉旨修律令

弘治朝政事之美，還有特別可稱的一端，此卽司法的革新。中國自有史以來，世之治亂，恆視法之行否，君主寡恩而行法持平嚴峻，仍可造成治世；君主仁厚，而法紀廢弛，可以產生精忠格天的忠臣義士，但無救乎其爲亂世。以此觀點來看，則弘治朝的革新司法，爲必然之事；如果孝宗能容忍當時的司法，又何能稱爲賢君？

中國的法律，大備於唐朝。一部高宗的「永徽律」，不但爲後世奉爲圭臬，且亦影響日本的司法數百年之久。公元七〇一年（唐武后長安元年）日本文武天皇所訂頒的「大寶律令」，爲日本制法之始，內容卽以「永徽律」和「永徽令」爲準。到了開元二十五年「六典」告成，則中國的行政法律亦已具備。此外一部長孫無忌等人合撰，原名「律疏」，至元朝改稱爲「唐律疏義」的法學著作，迄今猶具實用價值。

唐朝的刑書，分爲律、令、格、式四種，所謂「格」、「式」，乃是行政法律，唐書刑法志：「格者，百官有司之所常行之事也；式者，其所常守之法也」。又宋神宗詔稱：「設於此以待彼之謂格，使彼效之之謂式」。準此以舉例，則獎勵僑外投資的條例就是格，所謂「設於此以待彼」，且亦爲經濟部門官員的「常行之事」；而僑資外資如何移入，如何申請獎勵的辦法，就是式，所謂「使彼效之」，卽指必照規定程序及手續辦理，此亦爲該部門官員「常守之法」。

令者敕令。法律的效力高於一切，是民主時代的觀念；在君主時代，敕令可以改變法律。到了宋朝，自神宗時頒詔，「以爲律不足以周事情，凡律所不載，一斷以敕」，於是敕便取律而代之了。

明太祖定天下，第一件大事就是制法，在稱「吳王」的那年十月，卽命中書省定律令，太祖親自參與其事，稱爲「明令」。洪武六年定「大明律」，篇目一準於唐，但這部明律，今已不傳；傳世的明律，爲洪武三十年所更定。同時頒佈「大誥」，大誥者，「太祖患民狃元習，徇私滅公戾日滋，采輯官民過犯，條爲大誥，其目十條。」以後又頒續編、三編，「皆頒學宮以課士，置里塾師敎之」。由此看來，「大誥」有憲法的意味，規定了人民行爲的義務；雖未規定人民的權利，但權利自可見於義務之外。

五十四、皇帝爲病因治療

「大誥」頒行的第二年，明太祖就駕崩了，因此可以這樣說，終其一生，孜孜不倦地在爲法治打基礎。明太祖的思想，自然是法多於儒，他最痛恨不守法，而平生夢寐以求者，就是按照他的規模法度，造成一座萬世不墮的「鐵桶江山」。因此，從建文朝起，就將太祖手定的大明律，視爲神聖不可侵犯，不敢輕議修改。但律條有限，而情僞莫測，到了如宋神宗所說「律不足以周事情時」，就得另外想辦法了。

由於大明律的神聖性質，修改尚且不敢，自更不敢以敕令變更大明律的實質。因而由律起例，因例生例。例者比也，司法原有比附一法；所犯的罪，律無明文，科以相似的罪名，卽爲比附，如劉志選誣害熹宗張皇后，「律無傾搖國母文，坐『子罵母』律」，卽爲比附。

但比附係就理論上研究，不免流於主觀；而例則以成案爲法，對照事實，照例定罪，身受者無怨，旁觀者無言，這樣，例的性質與作用就顯得重要了。而至今司法猶以判例爲重，可知以例判案的原則，並沒有甚麼不對。

問題是在這兩點：第一：司法應該有律論律，無律引例，而明朝到了成化、弘治時代，例與律已至平行的地位。第二、例以輔律，非以破律，而以舊例新例，浩如烟海，非「吏」不明例，因而「中外巧法吏或借以文飾私怒，多引例便己意，而律寖格不用。」到此地步，大明律縱非破產，亦已淪爲例的附庸。

對於司法的改革，在成化朝卽已開始，如廣設「惠民藥局」，療治病囚；修葺監獄等等，頗有恤囚的德政。但憲宗是婦人之仁，而且行任何善政皆不澈底，所以司法改革的效果，並不顯著。

孝宗對於司法的改革，比較是從基本上着手，也就是從法典上着手。弘治五年編纂「問刑條例」；十三年又加修訂，這部刑書，就好像如今的「判例彙編」。原來例只有吏知道，而有此一部「問刑條例」則「事例有定，情罪無遺」，問官及犯人，比較可以不爲吏所欺。

再有一部就是「大明會典」。此爲明朝一部完整的行政法，雖頒行於正德四年，而實成於孝宗生前；武宗御製序，說孝宗「將欲布之天下，未幾而龍馭上賓矣！」

五十五、弘治中纂修大明會典

「大明會典」成書於弘治十五年，御製的序中，說明纂輯的旨趣：

朕祇承天序，卽位以來，蚤（早）夜孜孜，欲仰紹先烈，而累朝典制，散見疊出，未會於一；乃敕儒臣，發中秘所藏，諸司職掌等書，參以有司之册籍，凡事關禮度者，悉分館編輯之，百司庶府以序而列，官各領其屬而事皆歸於職，名曰『大明會典』，輯成來進，總一百八十卷。

而所以不卽刋布者，是因爲文字上還不能沒有錯誤。正德四年由內閣重加參校，補正缺失，頒行天下，從此百官職掌，辨事程序，才有正軌可循；而百官臨事，是否違法失職，亦可根據會典覆按而知。以後世宗、神宗皆數十年不視朝，而凡百庶政，得以照常推行，以會典有成法可資遵守，是一主因。

孝宗在司法改革上，另一要端，是特別注意司法人事。孝宗在位，一共用過四個刑部尚書，何喬新、彭韶、白昂、閔珪，明史「刑法志」說他們「皆持法平者，海內翕然頌仁德」。何、彭、閔三人，明史有傳，何在當時負重望，雖爲「劉棉花」所忌，而何能正直不屈。其尤可稱者，在裁抑廠衛的違法濫權，他一接事即上奏：

舊制遣官勘事爲逮捕，必齎精微批文，赴所在官司驗視乃行；近止用駕帖，不合符。宜復舊制，以防矯詐。

此奏一上，孝宗「立報許」。關於「駕帖」的性質作用，我以前曾談過；所謂「精微批文」，望文生義可知必須具有兩個要件：第一，必須先呈明原因，獲得批准，批文之「批」，明其爲被動、爲准許。第二，「精微」也者，當指此批文中，必須詳細敘明事由及任務目標，「勘事」卽不可「逮捕」，或者「逮捕」而無權「勘事」。有了這樣的批文，再經所在地方官「驗視」而後執行，被冤之事，自然可以減到最低限度了。

明史「刑法志」：

弘治元年，員外郎張倫請廢東廠，不報。然孝宗仁厚，廠衛無敢橫。司廠者羅祥、楊鵬，奉職而已。

孝宗仁厚，固然不錯；然而廠衞又何以不敢橫？就因爲刑部收權，廠衞不能擅發駕帖橫行。於此可知，凡有革新，以行動爲第一，而行動中又以制法爲第一。諄諄告誡，要諸司百官拿良心出來，革新政風，是沒有多大效果的。

五十六、朱驥行刑用小杖

弘治初年的錦衣衞指揮使，名叫朱驥，京師大興縣人，字尙德；世襲錦衣衞千戶出身。于謙當兵部尙書時，很器重其人，把女兒嫁了給他。以于謙的爲國忘家和知人之明，可以想見朱驥的品德。

在成化年間，朱驥已升任本衞指揮僉事，持法務平，而有仁者之心，寧願失出，不願失入，凡下詔獄的犯人，行刑時獨用小杖，憲宗曾經派太監去質問，朱驥仍然堅持用小杖的原則。在刑罰上廷杖之杖是大杖，只笞刑用小杖，痛楚雖不能減，但決無「立斃杖下」的情事。禮記「小杖則受，大杖則走」，以父責子，尙且如此，可知行刑用小杖與用大杖，有性命出入的重大關係。

明史于謙傳說：「驥自有傳」，實際上沒有。王鴻緒的「明史稿」則有朱驥與牟斌合傳，其中說朱驥：

遇重獄，苟可生，必爲之解。迄明世，論典獄之使，率以驥稱首。弘治三年卒於官。

手頭沒有「明史稿」，以上所敍，見「大漢和辭典」及孟森「明代史」。

孟森先生論此又有這樣一段話：

同時又有牟斌。（明史）刑法志：「牟斌者，弘治中指揮也。李夢陽論張延齡兄弟不法事，下獄，附輕比，得不死。」牟斌，後入正德朝，不容於中官，奪職死。是知廢東廠非帝所能，而終帝之世，廠衞循職不爲惡。且歷朝爲中人鷹犬之錦衣衞，於弘治朝卽累有賢指揮使可稱。亦見「上好仁則下好義」，經訓自不易也。

錦衣衞在太祖時卽掌詔獄，在「三法司」外別設此一慘無人道的牢籠，當然是秕政。太祖晚年，頗悔其事，焚錦衣衞獄刑具，有革除之意。而至永樂朝，爲鎭壓異己，不得不恢復，自此廷杖非刑的慘酷之事，無朝無之，只有弘治年間是例外。至於「張倫請廢東廠，不報」，則可以宦官制度之下，必須有此一獄以維持權威，所以孟心史先生下一斷語：「是知廢東廠非帝所能」，在研究歷史的工作上，此一語筆力千鈞。明朝「三害」，宦官、外戚、不肖言官，不能不說宦官爲三害之首。賢如孝宗，不能不受宦官的牽掣；英察如世宗、亦不能不恃宦官爲耳目。眞正如附骨之蛆！

五十八、孝宗召大臣受顧命

孝宗在位十八年，明史紀事本末載：

（弘治十八年）五月，帝不豫。庚寅，召大學士劉健等受顧命，健等入乾淸宮，至寢殿，上便服坐榻中，健等叩頭，上令近前，健等直叩榻下。上曰：「朕承祖宗大統，在位十八年，三十六歲矣，乃得此疾，殆不能興。故與諸先生相見時少。」健等曰：「陛下萬壽無疆，安得遽爲此言？」上曰：「朕自知之，亦有天命，不可強也。」因呼水漱口，掌御藥太監張愉勸上進藥，不答。上又曰：「朕爲祖宗守法度，不敢怠荒，然亦諸先生輔助之力。」因執健手，若將永訣者。上又曰：「朕蒙皇考厚恩，選張氏爲皇后，生東宮，今十五歲矣，尙未選婚，社稷事重，可卽令禮部舉行。」皆應曰諾。時諸內臣羅跪榻外，上曰：「受遺旨。」太監陳寬扶案，季璋捧筆硯，戴義就前書之。上曰：「東宮聰明，但年幼，好逸樂，諸先生須輔之以正道，俾爲令主。」健等皆叩首曰：「臣等敢不盡力？」諸臣出，翌日，上崩。

從這段記載看，孝宗至死神明不衰。明朝皇帝死於壯陽藥者不少，而孝宗「鮮近嬪御」，死因當非爲此；而自知不起，不肯服藥，則此病由來當非一日，看樣子是死於肺病。他的體魄一向清瘦，而勤政不倦，這對需要休養的肺結核患者是非常不相宜的。如果這個猜測不錯，則孝宗可以說是「積勞病故」，與宋神宗的憂國而死，都是千載以下，猶令人感動，亦令人惋惜的事。

谷應泰將明孝宗比擬於漢文帝、宋仁宗；但漢文帝有個好兒子，仁宗無子以英宗爲後，亦是非常賢明的抉擇，而明孝宗在這一點上，是個可悲的失敗。說「東宮聰明，但年幼，好逸樂」，可謂「知子莫若父」，只是知而不能教；從小溺愛，養成了武宗那種「敗家子」的性情。孝宗死而有知，亦當含恨。

孝宗、武宗父子，幼年的境遇，極端相反，孝宗是生於憂患，死於安樂；而武宗則可謂生於安樂，死於憂患，宸濠之叛，幾於失位，而有王陽明戡平大亂，則猶拜受孝宗作育人材之賜，時世治亂，關鍵何在？豈不彰彰明甚！

㈣ 江南代北一遊龍

一、劉瑾自宮爲太監

明孝宗兩子，都是張皇后所出，皇長子名厚照，皇次子名厚煒，生三歲而夭，追封蔚王。皇長子就是武宗，也就是民間家喻戶曉的「正德皇帝」。

武宗生於弘治四年十月，第二年就被立爲太子。武宗有四分之一猺人的血液，依據隔代遺傳的理論，紀太后帶給皇家的新血，在武宗身上發生了作用，他壯健、聰明，也帶些猺人的「野性」。這樣的一種資質，與他的祖父憲宗恰好相反；就歷史上的法則來研究，武宗如果受到良好的教育，將會名符其實地稱「武」，成爲洪武帝一流的、皇帝之中的英雄。

可惜的是，武宗所接受的家庭教育，與一般巨室富戶出敗家子的原因，完全一樣。他從小就被溺愛，原因有三：

第一、孝宗與張皇后伉儷之情甚篤，母親溺愛兒子；做父親的因母愛子，相與姑息。

第二、自皇次子殤後，武宗成爲獨子，格外珍護，也就格外失於管教。

第三、孝宗幼年未受父愛；推己及人，要彌補這一個缺憾。

因此，武宗從小就是個頑童，他所狎習的太監，一共八個，號稱「八虎」；陪着太子爲「狗馬鷹犬、歌舞、角觝」之戲，成爲天字第一號的紈袴。

「八虎」的名字叫做：馬永成、高鳳、羅祥、魏彬、邱聚、谷大用、張永、劉瑾。

劉瑾是陝西興平人，本姓淡，景泰中，「自宮爲劉太監名下，因其姓」。能「自宮」則可決其必已成年，法門寺中的道白：「九歲淨身入宮」，這話就靠不住了。

劉瑾在成化年間領教坊司，因而也是憲宗面前有頭有臉的太監。孝宗卽位，摒絕聲色，教坊司無所見其長處；劉瑾亦被驅逐，攆到憲宗的茂陵去「司香」。後來不知走了甚麼門路，被調回京，入侍東宮。

劉瑾此人與魏忠賢不同，魏不識字，劉則「頗通古今」。有其主必有其僕，反言之，有其僕必有其主，蹩腳皇帝用的奸惡小人亦是蹩腳貨；魏忠賢如在正德年間，一定不能那樣子權勢薰天。同樣地，萬安如在嘉靖年間，一定也早就身敗，不會那樣得意。

二、明孝宗英年崩逝

孝宗英年崩逝，留給他兒子的是一班忠心耿耿、才德兩勝的大臣。閣臣因爲自翰林中選取，年紀都不會太大；六部尚書加上左都御史的「七卿」，則是名符其實的老臣。歷史上凡是經過一段昇平盛世，朝野之間自然而然有一片祥和氣象，民間則數世同堂，廟堂則耆艾滿朝，孝宗初接位時，亦像正統初年那樣，就是這種令人嚮往的景象。

七卿中年紀最大的是吏部尚書馬文升，已經八十歲。其次是兵部尚書劉大夏和左都御史戴珊，也都過了七十歲；此外無不是周歷花甲的老翁。在孝宗初年，馬文升最受倚任，以後是劉大夏更見傑出，與戴珊同受孝宗尊重，君臣相得之情，眞如劉先主所謂「猶魚之有水」，明史紀事本末載：

弘治十八年春正月，上召兵部尚書劉大夏、左都御史戴珊面議政事，議畢，上曰：「述職者集矣，大臣皆杜門。若二卿，雖開門延客，誰復以賄賂通也？」因各手白金一錠賜之曰：「小佐爾廉」，且屬無廷謝，恐他人或觖望。

按：這段記載中，可以察見當時政風之美，述職者自然是外省大吏，到京對當事大臣，例有餽贈，多天稱爲「炭敬」，夏天就是「冰敬」，而「大臣皆杜門」，表示謝絕餽遺，自愛如此，國何不興？如果紅包案發，嘵嘵爭辯是賄賂還是禮物，在職務與法律上的相關責任如何？即使能辯清楚，已落下乘。其次，孝宗手賜「白金一錠」，充其量是五十兩一個的大元寶；在政風頹靡的時代，五十兩銀子送宰相門官的紅包，都嫌菲薄，而孝宗手賜大臣，還要不讓別人知道，怕生觖望，又可想見當時節儉樸實的風氣。

又明史「戴珊傳」：

珊以老病數求退，輒優詔勉留，遣醫賜食，慰諭有加。珊感激泣下，於語大夏曰：「珊老病子幼，恐一旦先朝露。公同年好友，何惜一言乎？」大夏……言珊實病，乞憫憐聽其歸。帝曰：「彼屬卿言耶？主人留客堅，客則強留；珊獨不能爲朕留耶？且朕以天下事付卿輩，猶家人父子，今太平未兆，何忍言歸？」大夏出以告珊，珊泣曰：「臣死是官矣！」

這就是所謂「鞠躬盡瘁，死而後已」，古來君臣有此境界者，實在不多。

三、劉瑾導正德帝微行

武宗卽位，戴珊因爲新君年幼，不忍言去，終於實踐了他的「死是官」的自誓，其時爲弘治十八年年底。

第二年改元「正德」，四月間馬文升致仕，五月間劉大夏致仕，正人去位，可知奸邪得勢；不過一年的功夫，政柄已移到太監手中，馬、劉二人，都是被迫致仕，馬文升猶得善歸，劉大夏則以遵遺詔裁撤鎭守太監及額外的「傳奉武官」，結怨羣小，借故誣害，竟致充軍甘肅，以七十三歲的高齡，「布衣徒步過大明門下，叩首而去，觀者嘆息泣下。父老攜筐送食，所至爲罷市焚香。」人性固善，但沒有甚麼天生的忠臣，有孝宗的深仁厚澤，才有劉大夏的被寃無怨。養士之報如此！可惜中國歷史上沒有幾個皇帝懂得。

這時「八虎」的名聲，已經很盛，他們引導皇帝做許多有傷帝德之事，而幫閒勾當中最不可恕的，是領着皇帝微行，不必有梅龍鎭其地，李鳳姐其人，但確有荒唐遠過於平劇「遊龍戲鳳」情節的事實。

按：英宗復辟後，雖曾建西苑宮殿，規制不大，尙少遊觀之勝；大規模修建西苑，是世宗朝的事。但卽使有清朝乾隆年間的圓明園，以武宗的性格，亦非能欣賞朝暉夕陰、氣象萬千的林泉之勝的人；大內的千門萬戶，關不住他的「野性子」，所以一旦能擺脫羈絆，微行作樂，在武宗眞有「別有天地非人間」之感。於是八虎的愈益得寵，勢所必然。

八虎之中，又以劉瑾可傲視儕輩。在正德元年正月，卽以宦官十二監四司中最不重要的鐘鼓司掌印太監，一躍而爲十二監中僅次於司禮監，掌管營造的「內官監」掌印太監，並兼管神機營屬下的「五千營」。明朝的京軍分爲三大營，其一爲神機營，用火器，在成祖多次御駕親征的戰鬪序列中，神機營列爲先行部隊，宿衛時則在最外圍，說得明白一點，就是京軍中的炮兵。但神機營所轄的部隊，還有騎兵，這就是劉瑾所兼管的「五千營」——明初名將譚廣，永樂年間練兵山西，進代馬五千匹，因而專立一營，名爲「五千營」，歸神機營指揮，此爲京軍中戰鬪力最強的一支精銳。

光是劉瑾一個人，或僅僅是宦官集團，卽惡易制；必須外廷有閹黨表裏勾結，始能作禍國殃民的大惡。明朝有閹黨，始於正德朝。

四、焦芳塗抹長官批示

明史「閹黨傳」首列焦芳，序中說明原因：「中葉以前，士大夫知重名節，雖以王振、汪直之橫，黨與未盛。至劉瑾竊權，焦芳以閣臣首與之比，於是列卿爭先獻媚，而司禮之權居內閣上。」這段話很重要，焦芳以閣臣而爲閹黨，不但敗壞了政治風氣，而且也改變了政治制度，此爲研究明史所必不可忽略的一大關鍵。

談到焦芳，對身負重要責任的正人君子來說，是一個很重要的教訓；政治上的領導階層，無論古今中外，皆以舉賢爲大事，爲必應盡的責任。李賢一時名相，斡旋大局的魄力手腕，甚不可及，但一時徇私，舉薦了焦芳，貽禍後世，這就是教訓，不賢者不可舉，人才進退，千萬愼重。

焦芳是河南泌陽人，而李賢是鄧州人，算是南陽府的大同鄉。焦芳中了天順八年進士；這一科選庶吉士，李賢以同鄉的關係，把焦芳列在名單裏面，授職編修；而此人是怎麼一個人呢？請看明史本傳：

焦芳……授編修，進侍講，滿九年考，當遷學士，或語大學士萬安：「不學如芳，亦學士乎？」芳聞大恚曰：「是必彭華間我也！我不學士，且刺華長安道中。」華懼，言於安，乃進芳侍講學士。先是，詔纂「文華大訓」，進講東宮，其書皆華等所爲，芳恥不與，每進講，故摘其疵，揚言衆中。翰林尙文采，獨芳粗陋無學識，性陰狠，動輒議訕，人咸畏避之。

這完全是個武斷鄉曲，論才論品，說甚麽也不像金馬玉堂的人物，而李賢引以爲翰林，眞不知何所取、何所愛於其人？

像焦芳這樣的人，可想而知的，人緣壞透，這種天生資質冥頑的人，不讀書還好些，書讀到半通，則識字適足濟其惡，最易壞事。而在明朝的人事制度下，像這樣的人，亦可循次以居高位，到弘治中，居然當到禮部右侍郎。其時禮部尙書由大學士劉健兼領，他當然看不起焦芳，而焦芳對劉健，就彷彿清朝咸豐年間肅順對周祖培而又過之，「日於衆中嫚罵；健判牒不可意，卽引筆抹去，不關白尙書。」不久焦芳且改爲吏部侍郎，而且是左侍郎；尙書是馬文升，焦芳欺他年老，「輒加姍侮。」同時又勾結言官，「使抨擊素所不快及在己上者。」

五、閹臣與閹黨勾結

焦芳的投入劉瑾門下，有一段過程；閹黨相互勾結援引的淵源，須作個簡要的說明。有個成化八年的進士，名叫劉宇，此人是個小人，但不知何故，劉健和馬文升都曾薦過他，但孝宗不愧賢明，看出他不可用。明史本傳：

（劉）宇初撫大同，私市善馬賂權要；兵部尚書劉大夏因孝宗召見，語及之。帝密遣錦衣百戶邵琪往察，宇厚賂琪，爲之抵諱。後大夏再召時，帝曰：「健薦宇才堪大用，以朕觀之，此小人豈可用哉？由是知內閣亦未可盡信也！」宇聞，以大夏不爲己地，深憾之。

爲了想攻去劉大夏，同時代大夏爲兵部尚書；劉宇自然要走劉瑾的路子，可是這時候他以右都御史總督宣化、大同、山西軍務，人在邊關，諸多不便，因而把焦芳介紹給劉瑾。劉宇是鈞州，即今河南禹縣人，與焦芳同鄉；所以舉薦以相互利用。

當正德改元之始，戶部尚書韓文，有一天在廷議中說，國庫空虛，而理財無奇術，唯有勸皇上節用。焦芳知道有人在偷聽，便故意表示不平，他說：「平民百姓家，也有用途，何況是皇家？俗語說：『無錢揀故紙』，如今天下積欠的錢糧、逃匿的稅收，不計其數！爲甚麼不加緊催征而要限制皇上的用度？」這話傳入武宗耳中，大爲高興；加上劉瑾替他說話，因而得代馬文升而爲吏部尙書。

這是正德元年四月間的事，過了幾個月，焦芳爲劉瑾立了一件大功。這要從這年六月間說起，明史紀事本末：

六月辛酉，雷震郊壇禁門，太廟脊獸，奉天殿鴟吻。大學士劉健、謝遷、李東陽聞帝與八人戲亡度，連疏請誅……語甚切直，不報。

因此，戶部尚書韓文，每次退朝，跟屬下談到時局，總是忍不住老淚縱橫。其時李夢陽正當戶部郎中，便勸韓文說：「公爲國家大臣，徒泣何益？」於是韓文向他問計，李夢陽以爲「比言官劾羣閹，閣臣持其章甚力，公誠率諸大臣伏闕爭，閣臣必應之，去若輩易耳！」韓文深以爲然，第二天私下向閣臣探詢意旨，反應很好；再聯絡六部九卿，亦都同意列名，韓文便請李夢陽代擬彈劾的奏章。

六、六部九卿劾閹黨

李夢陽才大如海，弘治十八年應詔上書，一通奏疏五千餘言，而且正倡復古，主張「文必秦漢，詩必盛唐，非是者勿道」，所以費了一整夜所擬成的奏稿，自是一篇極精彩的古文。

但韓文一看，完全不合用，他對李夢陽說：「不可太文，太文恐怕皇上看不懂；不可太長，太長皇上沒有耐心看完。」於是他親自動手改削，與同官斟酌定稿，其中可以看出武宗這位「頑童皇帝」，即位一年多，幹了些甚麼？

伏覩近歲以來，太監馬永成、谷大用、張永、羅祥、魏彬、劉瑾、邱聚、高鳳等，置造巧僞，淫蕩上心，或擊毬走馬，或放鷹逐兔，或俳優雜劇，錯陳於前；或導萬乘之尊，與人交易，狎暱媟褻，無復禮體。日遊不足，夜以繼之，勞耗精神，虧損聖德。遂使天道失序，地氣靡寧，雷異星變，桃李秋花，考厥占候，咸非吉祥。緣此輩細人，唯知蠱惑君上以行私，而不知皇天眷命，祖宗大業，皆在陛下一身！高皇帝艱難百戰，取有四海；列聖繼承，傳之陛下，先帝臨崩，顧命之語，陛下所聞也，奈何姑息羣小，置之左右，爲長夜之遊，恣無厭之欲，以累聖德乎？前古閹宦誤國，漢「十常侍」，唐「甘露之變」，是其明驗，今永成等罪惡既著，若縱而不治，爲患非細，伏冀陛下將永成等縛送法司，以消禍萌。

奏疏一達御前，武宗「驚泣不食」；十六歲的少年，畢竟是不更事的少年！其時除了這六部九卿的一道「合疏」以外，內閣中還有言官的許多彈劾的奏疏，八虎已感窘迫，再加上這有力的抨擊，八虎大懼，計無所出；武宗亦唯有派司禮監八人到內閣去會議，一日三至，劉健推案而哭，謝遷亦痛斥劉瑾不止，只有李東陽比較和緩，但當然也贊成嚴辦不法太監。

在八個司禮監中，有個王岳，亦是東宮舊臣，賦性剛直，不滿八虎的胡作非爲，所以在武宗面前，表示支持閣議。武宗此時還不知道如何運用皇帝的權力；而除王岳以外，掌權的司禮監都希望處置的手段，不太激烈，也就是不太刺激皇帝，因而有李榮出面，代表皇帝與大臣「談判」。

七、八虎夜謁武宗乞憐

當時交涉的經過，從下述的對話中，可以覘知大概：

李榮：「有旨：各大臣愛君憂國，話說得很對。但那八個奴才，侍候已久，不忍卽時置之於法；希望大家給皇上一段時間，自有處置。」

韓文：「如今海內民窮盜起，天變示警，那班小人還引着皇上遊宴無度，荒廢大政。我們怎麼能不諫勸？」

李榮：「是的，是的！你們的奏疏中已經說得很清楚。皇上也不是不知道，而且遲早要處置的，只是希望在日子上不要逼得那麼緊。」

吏部侍郎王鏊：「如果不處置，怎麼辦？」

李榮：「這都在我身上。我頭頸上不曾裹着鐵，難道不怕砍腦袋？敢誤國家大事！」

有此保證，韓文等人無話可說。但六部九卿，雖已加以安撫，而閣議是另外一回事，依舊堅持；劉健、謝遷原是打算好的，與六部九卿合唱一齣雙簧，那面發動，這面收功，非把八虎送入監獄不可。在閣議中，兵部尚書許進態度比較緩和，認爲只要皇帝能疏斥八虎，目的便已達到；要求過嚴，恐怕會激出唐文宗時的「甘露之變」。劉健、謝遷不聽。

此時八虎大窘，自求安置南京，閣議拒絕；而司禮監王岳、范亨、徐絹等作桴鼓之應，密奏武宗，不得已而定議，只等第二天一早，降旨逮捕八虎下獄。

八虎還被瞞在鼓裏，但當夜就知道了；是焦芳洩漏了消息，也就是有意告密——我曾說過，淸朝君臣善從明史中去學樣，只是盛世學好樣，學君子的樣；末世學壞樣，學小人的樣，光緒年間的戊戌政變，袁世凱向榮祿告密，我相信就是學的焦芳的樣。

於是八虎「夜趨上前環跪哭」，劉瑾自道不是皇上的恩庇，他們八個人早已被餵了餓狗了。這表示早有人願得此八人而甘心，是句很深刻的煽動的話，武宗爲之動容。因而有下面這段對話：

劉瑾：「害我們八個人的是王岳。」

武宗：「這是怎麼說？」

劉瑾：「王岳提督東廠，應該是皇上的耳目，而一則鼓勵言官，說『各位先生有話儘管說！』再則在閣議中獨獨表示贊成。手臂往外彎，是何用心？況且狗馬鷹兔，皇上請想，王岳曾買來進獻過否？爲何只責備我們八個人？」

八、劉瑾入掌司禮監

武宗腦中從沒有國家、社稷的觀念，聽到劉瑾駁得有理，大為惱怒。於是劉瑾又很巧妙地進言：「狗馬鷹兔，何損萬幾？如今文官敢這樣大吵大鬧，都因為司禮監沒有人！否則，隨皇上愛幹甚麼，那個敢說話？」

凡是世上的敗家子，最聽得入耳的一句話，就是隨心所欲。因此在頃刻之間，推翻全局；劉瑾奉旨掌司禮監，提督團營，文武大權，盡入掌握。邱聚、谷大用提督東西廠，為特務首腦；張永等亦分掌營務。劉瑾當夜接印，而且即時使用權威，逮捕王岳、范亨、徐智，「修理」了一頓，逐往南京，連夜起解。

到得第二天一早，劉健、謝遷以及韓文等人，率領百官，入朝待命，等待武宗實踐他的降旨捕劉瑾的諾言；倘不降旨，便預備伏闕力爭。劉健以為內有王岳相應，必可如願，所以還跟韓文說：「事情一定可以成功，諸公只要堅持好了。」那知旨意一下，劉瑾竟得大用，羣臣相顧失色，紛紛散去。

劉健、謝遷、李東陽都認為事不可為，唯一的辦法，就是求去，於是上疏辭官。劉瑾矯詔，准劉健、謝遷致仕、賜敕、馳驛、家居月給銀米及伕役，凡是大臣辭官回里所應有的優待，一應俱全。

唯有李東陽被挽留下來，這是因爲閣議誅劉瑾時，他的態度比較緩和，所以劉瑾不甚懷恨。但李東陽當然以不與劉、謝同去爲恥，再一次上疏懇請，始終不許。同時，謝遷、劉健如此下場，一則影響政局，再則影響人心，所以十三道御史以山西陽曲人、四川道御史薄彥徽爲首，公疏請留劉、謝，並請加罪八虎。劉瑾大怒，矯詔盡皆收捕下獄，各杖三十，革職爲民；其中有三個人在南京，下令就地杖責。江西清軍御史王良臣上疏申救，亦受到了同樣的待遇。孝宗在位十八年，從未行廷杖之事；更未罪責言官，而正德之初，肆無忌憚如此！總計爲救劉、謝而獲罪的官員計有二十九人之多，包括「陽明先生」王守仁在內；那時他在主管武官人事的兵部武選司當主事，以疏救南京給事中戴銑，爲劉瑾所痛恨，廷杖四十，謫爲貴州龍場驛驛丞，而劉瑾餘憾未已，幾於被害。這是後話，暫且不提。

九、劉健與謝遷致仕

劉健是洛陽人，謝遷與王陽明同鄉，籍隸浙東餘姚，二人同日出都，李東陽在城外設酒餞別，席間傷感而泣，劉健是直性子，當時正色說道：「不必哭，不必哭！如果你當時跟我們一樣力爭，現在就跟我們一起走了！」李東陽默然，內心自不免慚愧，後世亦頗以此為譏。但處士橫議，自可本乎春秋之義作苛責；而實際上李東陽留下來，對大局是有好處的。明史本傳：

瑾既得志，務摧抑縉紳，而焦芳入閣助之，虐老臣，忠直士放逐殆盡。東陽悒悒不得志，亦委蛇避禍；而焦芳嫉其位己上，日夕構之瑾。先是，東陽奉命編「通鑑纂要」，既成，瑾令人摘筆畫小疵，除謄錄官數人名，欲因以及東陽；東陽大窘，屬芳與張綵為解乃已。瑾兇暴日甚，無所不訕侮，於東陽猶陽禮敬，凡瑾所為亂政，東陽彌縫其間，亦多所補救。

此所以李東陽留比不留來得好。

除了焦芳以外，劉瑾還有數名親信，一個是前面談過的劉宇，一個叫曹元，此人是個弄臣型的軟骨蟲，雖是進士，而「柔佞滑稽，不修士行」，當劉瑾侍奉東宮時，他們就是好朋友；劉瑾得志，曹元亦當到兵部尚書，「將校遷除，皆惟瑾命」，不過他的紅包收入，亦很可觀。以後居然入閣拜相，「然瑣瑣無能，在閣中飲酒諧謔而已。」

再有一個叫張綵，此人很值得一談。他出於焦芳的力荐，而焦芳荐他，是因為他跟劉瑾是陝西同鄉。按明史本傳記張綵的籍貫爲「安定」；卽今甘肅定西。明朝設甘肅巡撫，但甘肅並非行省；河西一帶屬於陝西省，因而成爲劉瑾的同鄉。他是弘治三年的進士，授吏部主事，後來升爲掌管文官人事的文選司郎中，其人「議論便利，善伺權貴」，是個「能員」，所以連馬文升也很喜歡他，稱他「聰明剛直，爲上下所推服」；但有言官彈劾，雖經馬文升爲他解釋，奉旨照常辦事，而張綵連上五疏，終於得以辭官，頗爲時論所稱道，其實是他沽名釣譽的手法，並非眞的負責任。

不久有人荐他有將略；同時「三邊總制」楊一清亦荐張綵自代。「三邊」者延綏、寧夏、甘肅；張綵正是那地方的人。

十、玩閣臣于股掌之上

劉瑾因爲焦芳的力荐，決定將張綵召用爲京官，又怕他遷延在鄉，不卽赴京，特地訂頒一條規定：病假已滿而不赴京報到者，斥爲民。於是張綵卽日就道。明史本傳：

既見瑾，高冠鮮衣，貌白皙修偉，鬚眉蔚然，詞辯泉湧，瑾大敬愛，執手移時曰：「子神人也，我何以得遇子？」

那時吏部的文選司郎中已經調職，照資歷應由驗封司郎中石某遷調，奏疏已經發出，劉瑾命尙書許進，追回原疏，改派張綵。

許進先當兵部尙書，劉瑾督京營時，彼此很合得來，因而得以調吏部；但許進不肯事事聽受指使，交情中斷，而已如願內調的劉宇，當到兵部尙書，意猶未足，想調吏部，在得到劉瑾的許可後，張綵便設計將許進攻走，由劉宇繼任。但動不如靜，劉宇這番折騰，反爲失策。明史張綵傳：

宇雖爲尙書，銓政率由綵，多不關白宇。即白宇，宇必溫言降接，綵抱案立語，宇俯僂不敢當。

又明史劉宇傳：

宇在兵部時，賄賂狼藉，及爲吏部，權歸選郎張綵，而文吏贈遺，又不若武弁，嘗悒悒嘆曰：「兵部自佳，何必吏部也？」

十個月以後，劉宇連此「何必吏部」的尚書也當不成了。

明史張綵傳：

居文選半載，擢左僉都御史，與戶部右侍郎韓鼎同廷謝；鼎老，拜起不如儀，爲谷大用、張永輩所竊笑，謹方慚；而綵丰采英毅，大用等皆稱羡，瑾乃喜。

這一喜，劉宇就倒楣了。劉瑾將張綵由左僉都御史調爲吏部右侍郎，更進一步要叫他當尚書；而劉宇則吃了一個空心湯圓，其事甚趣。明史本傳：

瑾欲用綵代宇，乃令宇以原官兼文淵閣大學士。宇宴瑾閣中，極歡；大喜過望。明日將入閣辦事，瑾曰：「爾眞欲相耶？此地豈可再入！」

說「此地豈可再入」，意謂前一天已做過內閣的主人；有此一天，應可心滿意足。再進一步去想，以大學士不能入閣，算是甚麼名堂？自然是暗示他告老還鄉。於是劉宇「不得已乃乞省墓去」，劉瑾能將此輩玩弄於股掌之上，手法比魏忠賢高明得多。

十一、張綵公然奪人美妾

此時最得意的是張綵，以吏部文選司郎中，一年工夫，升爲尚書；六部以古代天、地、春、夏、秋、冬六官相擬，所以明朝俗稱吏部尚書爲「吏部天官」，乃六卿之長，最爲煊赫。張綵素具威儀，一朝權在手，毫無假借，舊日同僚，惴惴白事。而他亦仗勢橫行，毫無顧忌；性好漁色，有同鄉受了他的提拔，竟公然奪人美妾爲酬報。至於侍奉劉瑾，別有一工，明史本傳：

每瑾出休沐，公卿往候，自辰至晡未得見；綵故徐徐來，直入瑾小閣欲歡飲而出，始揖衆人；衆以是益畏綵，見綵如瑾禮。

而見劉瑾的禮節，則是駭人聽聞的，明史劉瑾傳：

公侯動戚以下，莫敢鈞(均)禮，每私謁，相率跪拜。章奏先具紅揭投瑾，號「紅本」；然後上通政司，號「白本」。皆稱「劉太監」而不名；都察院奏讞，誤名瑾，瑾怒詈之，都御史屠滽率屬跪謝，乃已。

「見綵如瑾禮」，則張綵亦受公侯跪拜；這份威風，遠超過「禮絕百僚」的宰相了。

由此可以想見，焦芳的權勢已不逮張綵，但他自以為於張綵有舉荐之恩，所以「荐人無虛日」。張綵先還敷衍，到後來就不買帳了；因而彼此成仇。焦芳有個親信，名叫段炅，是翰林院檢討，一看焦芳勢衰，賣身投靠，轉到張綵門下；焦芳的陰私，都在段炅腹中，此時「張松獻地圖」，和盤托出，最後傳到劉瑾耳中，大為不滿，幾次於稠人廣衆之間，怒斥焦芳父子。焦芳見此光景，萬難戀棧，告老回鄉。

焦芳的兒子名叫焦黃中，「傲狠不學」，恰如其父；正德三年殿試，焦芳一定要讓他的兒子得狀元，李東陽和王鏊「為置二甲首」，二甲第一名也是有名堂的，其名「傳臚」，亦應可滿意，而焦芳大為不悅，訴諸劉瑾，直接將焦黃中授官翰林院檢討，不久又升編修。父子狼狽為奸，但不過兩年的工夫，「以侍讀隨父還」，在泌陽利用殘餘的勢力，徵發數郡民工，造了一所極壯麗的大宅，然而享受不到幾時，就為泌陽的一個大盜，一火而焚之；此是當時大快人心的一件事，值得一敍。

十二、劉瑾樂得獨斷獨行

泌陽有個大盜，名叫趙燧，一次率領徒衆，打進泌陽城裏，第一目標就是焦家，可能焦芳父子知趙燧此來，不盡是爲了財物，所以事先避了開去。

趙燧遍索焦芳父子不得，取了他們的衣服，套在一棵小樹上，砍掉「腦袋」；命徒衆將他們的「屍體」剁得粉碎，說是：「爲天子除害！」然後將那座壯麗宏敞的大宅，放起一把熊熊大火，燒個精光。

這還不算，趙燧又去掘焦家的祖墳，拿焦家祖先的骨殖，夾雜了牛馬骨頭，一起焚燒。以後趙燧被捕，臨刑時自以爲平生恨事，就是不能手刃焦芳父子。

「怨毒之於人甚矣哉！」史書未記趙燧與焦芳父子有何私人的不共戴天之仇，則此舉自是出於公憤。其事與淸初山東孫之獬的遭遇，頗爲相像；孫之獬做滿淸的「順民」，甚爲澈底，首先薙髮，並穿滿淸衣冠，結果鄉人激於義憤，羣起而攻，報復甚慘。焦芳禍延祖宗，孫之猻則是貽禍子孫，他的孫女，竟致被暴民所汚。作此舉動者，絕不足爲訓，但被禍者亦無可同情，而在他人則足資警惕。世上是非，有時難言，正如此類。

現在我們要回頭來談劉瑾的權力，到底是怎麼來的？明朝弄權跋扈的太監甚多，但大致都是「口啣天憲」，在形式上至少經過皇帝認可；唯有劉瑾，往往「矯詔」，而此矯詔，又是「合法的授權」。

此話怎講？一言以蔽之，武宗根本沒有做皇帝的興趣，也不知道皇帝的身份如何尊貴。他是中國有史以來第一號的紈袴，也是第一號的頑童，其行徑有如民國初年葉澄衷的孫子「小抖亂」葉仲芳，凡是可以破顏一笑的玩意，無不當作頭等大事；有時玩得廢寢忘食。劉瑾去回公事，他會這樣呵斥：「來問我幹甚麼？我用你是幹甚麼用的？」既然皇帝有這話，劉瑾樂得獨斷獨行，所以說，他的矯詔是合法的授權。

以後熹宗的情形亦相彷彿，不過魏忠賢是趁他造房子當木匠，正在興會淋漓時，有意去「找痳煩」。熹宗的回答是：「你們好好去搞，莫欺我！」同樣一件事，同樣的結果，但武宗與熹宗的說法不同，恰好表示了兩人不同的性格。

十三、武宗扮演商賈爲戲

有一部叫「明武宗外紀」的書，爲明史「藝文志」所不錄；但據前言，有「身受史職，庶以比當日之紀注」，可知作者曾擔任「起居注」的官職，或者亦曾以翰林充東宮官屬，因而所記相當翔實生動。自武宗初生至駕崩，順次雜記，十之七八爲正史所不載，引錄若干條以爲談助：

前此三朝所立儲皆非嫡，而武宗獨后出，且其生辰爲申酉戌亥，連若貫珠。粹質比冰玉，神采煥發，自少舉止非常，兩歲即册立爲皇太子，孝宗愛之。

按：武宗生於弘治四年九月二十四日，其年干支爲辛亥，而照前記則爲申酉。其故爲何？作者不解星相之學，願求質於好此道的讀者。

武宗即位時爲十五歲，孝宗大漸時，遺囑爲嗣君早立皇后，因而正德元年册立中軍都督府都督同知夏儒長女爲后；同時册封沈氏爲賢妃，吳氏爲德妃。但武宗視后妃蔑如：

故事，宮中六局官，有尚寢者，司上寢處事，而文書房內官，每記上幸宿所在及所幸宮嬪年月，以俟稽考；上悉令除卻，省記注，掣去尚寢諸所司事。遂遍遊宮中，日率小黃門爲角觝蹴踘之戲，隨所駐輒飲宿不返。其入中宮及東西兩宮，月不過四五日。

按：此「六局官」指女官，計爲尚宮、尚儀、尚服、尚食、尚寢、尚幼六局，分領二十四司。據明史記載，永樂以後，女官的職掌，盡移於太監，所存者只有掌管御璽的尚寶司。據此，則六局之廢，似起於正德朝，其詳待考。

嘗遊寶和店，令內侍出所儲攤門，身衣估人衣，首戴瓜拉，自寶和至寶延凡六店，歷與貿易持簿算，喧詢不相下。別令作「市正」調和之，擁至「廊下家」；廊下家者，中官住永巷賣酒家也。箏琴琵琶嘈嘈然，當壚婦於其中，雜出牽衣，蠭湧而入，護茶之頃，周歷諸家。凡市戲、跳猿、䮐馬、鬬鷄、逐犬，所至環集。且實宮人於勾欄，扮演侑酒，醉即宿其處，如是累日。

十四、興建豹房宴樂其中

按：古代都城，前朝後市，明朝京師百貨所集，在後門一帶。孫氏夢餘錄：「玄武門外，每月逢四則開市，聽商貿易，謂之內市」，武宗所遊的寶和、寶延等店，卽在內市中，此類店鋪，多爲太監及皇親國戚的資本。

所謂「廊下家」，是太監所開的酒家，明人筆記載：「玄武門西之長短連房，名『廊下家』，凡內官、答應、長隨，皆於此造酒射利，其酒色殷紅，類琥珀光。」按：「答應」在清朝爲宮女中的一種等級；此處則指在宮內服役的散工，類似清宮的「蘇拉」。朝官奉職宮內，臨時有所使令，僱用此輩，因爲招之卽來，所以稱爲「答應」。

乃大起豹房，興造太素殿及天鵝房、船塢諸工，又別構院落，築宮殿數層，而造密室於兩廂，勾連櫛例，名曰：「豹房」；初日幸其處，既則歇宿，比大內，令內侍環值，名「豹房祗候」，羣小見幸者，皆集於此。

武宗的豹房，極其有名，但遺跡蕩然無存，其地在北海之西，亦卽三座門以北一帶，據瞿宣穎「北京建置談薈」引「日下舊聞」談：

舊虎城在欞星門西北，睥睨其上而阱其下，內有鐵網如籠以獲虎。據日下舊聞考，其遺地在今旃檀寺後，正德二年八月蓋造豹房公廨，前後廳、左右廂，遂朝夕處此，不復入大內。

按：欞星門卽今三座門。所謂「虎城」，在「羊房夾道」，卽今「養蜂夾道」，紀太后生孝宗的安樂堂，就在養蜂夾道路西，有一座庵名，叫延壽庵，相傳卽爲安樂堂舊址。豹房的起名，大概是與虎城相對而言，而確有養豹的牢籠，明人筆記中曾有記載，以爲豹性潔，投肉於地，棄而不顧，必須從鐵絲網中懸肉半空，始躍而食之，論品格在虎之上，此或者卽爲武宗「豹房」的涵義。

上稱豹房曰「新宅」，日召教坊樂工入新宅承應，久之，樂工怨言，樂戶在外府多有，今獨居京者承應，不均。乃敕禮部移文，取河間諸府樂戶精技業者，送教坊承應。於是有司遣官押送諸伶人，日以百計，皆乘傳給食。

十五　劉瑾頗喜沽名釣譽

豹房中羣小畢集，其中最得寵的是錢寧，明史佞倖傳：

> 錢寧不知所出，或云鎭安人，幼鬻太監錢能家爲奴，能嬖之，冒錢姓。能死，推恩家人，得爲錦衣百戶。正德初，曲事劉瑾，得幸於帝，性猥狡善射，拓左右弓；帝喜，賜國姓，爲義子，傳陞錦衣千戶……言無不聽，其名刺自稱「皇庶子」。引樂工臧賢，回回人于永及諸番僧，以秘戲進。請於禁內建豹房新寺，恣聲伎爲樂。

看這段記載，可以恍然於平劇法門寺中劉瑾的由來。「爲義子」、「名刺自稱『皇庶子』」，則彷彿所謂「皇兒乾殿下」、「九千歲」了。至像法門寺那樣的故事，亦並非不可能出現在劉瑾身上，因爲劉瑾喜歡沽名釣譽，明史紀事本末載：

> 瑾又素善矯飾，谷大用用鎭守太監言，請臨清開皇店，瑾捕獻計者罪之。馬永成以私故欲陞錦衣百戶邵琪，瑾持不可。邱聚主東廠，頗恣肆，偶忤瑾，瑾發其事，調留都。……

其中最著名的一件事，就是賣康海的面子救李夢陽；李爲韓文草疏嚴劾八虎，劉瑾恨之刺骨，正德三年正月，藉故捕李下獄，要置之於死地。其時弘治十五年狀元康海，文名與李相頡頏，彼此不服氣對方；而劉瑾因爲康海既是同鄉，又是狀元，慕名不已，想招致門下，數次「降尊紆貴」去訪康海，康總是事先避去；同時師孔子拜陽貨的故智，趁劉瑾不在家時去回拜，以盡禮貌。因爲劉瑾如此看重康海，所以李夢陽的一個姓左的朋友，到監獄中去看他，勸他託康海救命。

李夢陽起初不肯，姓左的強之再三，於是李夢陽在一張紙上寫了兩句話：「對山救我！唯對山爲能救我！」對山是康海的別號，一看到李夢陽求援的字樣，慨諾不辭。明史紀事本末：

遂詣瑾，瑾大喜，延置上座，海曰：『昔唐玄宗任高力士，寵冠羣臣，且爲李白脫韡。公能之乎？』瑾曰：『卽當爲先生役。』海曰：『不然！今李夢陽高於李白，而公曾不爲之援，奈何欲爲白脫韡哉？』瑾曰：「此朝廷事，今聞命當爲先生圖之。」

李夢陽是被救了，但康海竟因而被認爲閹黨，頗玷清譽，這眞可以說是「從井救人」了。

十六、丈田責逋搜括慘毒

此外劉瑾還辦過貪官，但這件事是有失公平的，最初劉瑾規定，各行省的布政使，進京朝覲，每人須送紅包二萬兩。或者朝覲以後，傳出消息，說有調動的可能，於是各布政使向京師富豪稱貸應付，稱爲「京債」；此債的償還，取自各省的藩庫，以二償一。張綵以爲不可，把這些情形告訴了劉瑾；劉瑾頗爲不安，因而遣派言官到各省查庫。同時抓了幾名貪汚有據的地方官，以掩人耳目。

劉瑾之敗，起於安化王寘鐇之反，實亦由劉瑾的虐政，相激而成，其事由於屯田。明朝的屯田，分爲軍屯、民屯兩種；軍屯者，兵農合一之制，每軍受田五十畝，稱爲「一分」，大致應納正糧十二石，貯倉備用，餘糧爲衞軍官所俸糧。至正統以後，屯法漸壞；主要的原因是爲鎭守太監及有勢力的軍官所侵奪，因而到了正德年間，軍屯每畝只能徵糧三升。按：五十畝徵糧十二石，則每畝應納二斗四升，現在只剩下八分之一，換句話說，每「一分」田原來應該五十畝的，幾乎也只剩了八分之一。劉瑾因爲邊用不足，「慨然修舉屯田」，這本來是件好事，如果能令豪強侵呑的田畝吐出來，復歸衞所，則劉瑾不但不會敗得那麼快，而且對此人要另作估價了。

那知按諸實際，完全不是這回事，明史食貨志：

劉瑾擅政，遣官分出，丈田責逋；希瑾意者僞增田畝數，搜刮慘毒，戶部侍郎韓福尤急刻，遼卒不堪，脅衆爲亂，撫之乃定。

按：此「遼卒」實指寧夏屯軍，明史紀事本末：

分遣胡汝勵、周東……等往各邊，丈量屯田，以增出地畝數多，及追完積逋者爲能，否則罪之。各邊僞增屯田數百頃，悉令出租，人不聊生；周東在寧夏尤苛刻，加刑於軍官妻，人心憤怨，指揮何錦等，遂與安化王寘鐇謀起兵。

按：周東爲大理寺少卿，因爲「黃河千里，惟富寧夏」，所以壓榨最力。一頃應爲百畝，而周東以五十畝爲一頃，追比欠賦，則衞所屯軍，平空多負擔一倍賦額，而又按畝斂銀，獻於劉瑾，自更不堪。至於杖辱將士妻室的，據明史「諸王傳」，則爲寧夏巡撫安惟學。

十七、張永在御前怒擊劉瑾

其時寧夏指揮周昻、千戶何錦等人，平素與安化王寘鐇常有往來，而寘鐇久有異謀，兩下一湊，起兵造反，檄文以討劉瑾爲名。消息到京，劉瑾大懼，將陝西守臣所封奏的，寘鐇的告示隱匿不奏。詔起致仕的三邊總制楊一淸討賊，而以八虎之一的張永監軍。

張永與劉瑾不和，明史本傳：

張永，保定新城人。正德初總神機營，與瑾爲黨；已而惡其所爲，瑾亦覺其不附已也，言於帝，將黜之南京。永知之，直趨帝前，訴瑾陷己。帝召瑾與質，方爭辯，永輒奮拳毆瑾。帝令谷大用等置酒爲解，由是二人益不合。及寘鐇反，命永及（原）右都御史楊一淸往討，帝戎服送之東華門，賜關防、金爪、鋼斧以行，寵遇甚盛，瑾亦忌之，而帝方重用，不能間也。

當時是分道出發，楊一清先趕到寧夏，寘鐇已爲其舊部游擊將軍仇鉞所平；仇鉞卽因此功封咸寧伯。等張永率總兵神英，帥京營到達，已無用武之地了。

楊一清是個有心人，看出張永在八虎中如鷄羣之鶴，便設下一條以毒攻毒之計。其事頗近於戰國策上的故事。據史書記載，楊一清結納張永，相當投機，於是有一天有此一番密談。

「藩宗之亂易除，國家內亂不可測。」楊一清嘆息而言：「如之奈何？」

「楊先生，你是指誰？」等楊一清在他手上寫了一個「瑾」字，張永便有難色，「劉瑾日夜在御前；皇上一天不見他便不樂。如今他羽翼已成，耳目甚廣，怎麼動得了他？」

「不然！」楊一清說，「張公公，你亦是天子親信。討賊重任，不付他人付與你，可見皇上對你的信任。我以爲你這回班師進京，找個機會把寘鐇的檄文拿給皇上看，揭發劉瑾亂政凶狡，圖謀不軌；海內怨聲載道，寘鐇雖平，大亂在後。皇上英武，一定震怒，會殺劉瑾。劉瑾一死，張公公自然當政，矯正劉瑾的一切荒謬秕政，這是名留千載的大業。」

張永被說動了，但還有顧慮，「話是不錯！」他說，「如果皇上不聽，又將如何？」

十八、衆口一詞請下詔誅瑾

楊一清回答他說：「別人的話，皇上聽不聽不可知，張公公你的話，一定有用。不過，話要說得有條理，而且要委婉。如果皇上不信，張公公，你必得以死相爭；一退下去，必爲劉瑾所殺，與其死在他手裏，不如死在皇上面前，以盡愚忠。自然，也不妨涕泣陳訴。只要皇上一點頭，立刻就要行事，不能有片刻遲緩，否則事機洩漏，大禍就到。」

張永很認眞地考慮過了，認爲照楊一清所說的話去做，會有效果，因而慨然揮手：「幹！我又何惜餘生以報主？」

這是初夏的話，經過一個夏天的整頓，寧夏地方大定，楊一淸奉旨仍爲三邊總制；張永班師回京。此時劉瑾又神氣了，寘鐇被擒，「侈然自以爲功」，矯旨自加祿米，將他的哥哥劉景祥陞爲都督；但不知是劉景祥福薄，不能長享富貴，還是他命好，竟得善終？陞都督不久，一命嗚呼，定在八月十六下葬。

此時張永已經到京，駐紮城外，行獻俘禮以前，他上奏請求入覲；劉瑾定在八月十六。張永怕劉瑾有暗算他的陰謀，出其不意，在八月十五進城；馳奏武宗，武宗親自在東華門賜宴，劉瑾奉召作陪。入夜劉瑾下令宵禁，這自然有限制張永的部隊的行動意味在內，卻沒有想到張永另有打算；到了半夜，劉瑾因爲第二天要葬劉景祥，先行告退。

張永一看機不可失，從身上取出預先寫好的奏疏，當面遞上，同時陳述寧夏之變，如何由劉瑾所激成；而且他因爲內心不安，陰謀不軌，如何私造兵器，藏在家裏？張永的同黨，亦幫着他攻擊劉瑾，衆口一詞，請求武宗下詔誅殺。

這時武宗已頗有酒意，一心在想作樂，對張永的話聽不進去，只這樣敷衍着說：「算了，算了！喝酒。」

到此地步，張永不能不以死相爭了，他跪下來說：「離此一步，臣再不能見皇上了。」

這話說得太嚴重，武宗便問：「劉瑾到底要幹甚麼？」

張永答道：「取天下！」

誰知武宗答這麼一句：「天下隨他去取！」

「劉瑾取了天下，置皇上於何地？」張永這句話將武宗提醒了。

十九、禁兵夜出逮捕劉瑾

劉瑾取了天下，皇帝當然被殺；武宗爲張永提醒以後，方始斷然決然地下令，逮捕劉瑾。

張永又勸武宗親臨劉瑾私宅「觀變」；武宗也准了。於是禁兵疾馳，直奔劉家；劉瑾已經睡下了，禁兵排闥直入，把他從床上抓了起來，說是「奉旨捉拿」。

當夜劉瑾被捕下獄，到了第二天，皇帝親臨劉瑾私第，監視「抄家」；同時處分劉瑾，「降爲奉御，鳳陽閒住。」奉御是宦官中的五品閒職，所以劉瑾還自慰着說：「就這樣，我也還不失爲富太監！」因爲他的財產，當然還有寄存在別處的，打算着到了鳳陽，還可以慢慢收取享用。

這是縱虎歸山，大學士李東陽頗以爲慮，向張永提出這樣一個疑問：「如果劉瑾復用，如之奈何？」張永還拍胸表示「有我在，可保無慮」。可是過不了幾天，連張永也害怕了；因爲劉瑾上了一個「白帖」，說被捕時赤身無衣，乞賜一兩件蔽體之衣。武宗「見帖憐之，命與故衣百件」，見得皇帝對劉瑾還有舊情，則復起並非無望。而劉瑾上此白帖，照我看很可能是一種試探；探測皇帝，可還眷念？以便籌劃此後進退之計。

於是張永與李東陽密議，發動六科十三道嚴劾劉瑾，數其大罪三十餘條，明史紀事本末：

上……命法司、錦衣衛執瑾午門廷訊之。都給事中李憲亦劾瑾；憲故出瑾門下，瑾聞之笑曰：「李憲亦劾我耶？」鞫之日，刑部尚書劉璟猶噤不敢聲。瑾大言曰：「滿朝公卿，皆出我門，誰敢問我者？」皆稍稍卻。駙馬都尉蔡震曰：「我國戚也，不出汝門，得問汝。」使人批瑾頰曰：「公卿朝廷所用，何由汝？抑汝何藏甲也？」曰：「以衛上。」震曰：「何藏之私室？」瑾語塞。

按：劉瑾抄家，得金二十四萬錠又五萬七千八百兩；元寶五百萬錠，其他奇珍異寶，不計其數，但這都不是致劉瑾於死，使得武宗決心要殺他的是，抄出來衣甲千餘，弓弩五百，又有一把多天用的團扇，扇上飾以貂皮，而皮中有兩把利刃，顯然有行刺之意，武宗方始大怒說：「這奴才，果然要反！」

二十、張綵建議授幼而立

因此，武宗的姑丈，尚英宗第三女淳安公主的駙馬都尉，主審劉瑾的重點，即在謀反一事上面。劉瑾「語塞」，便無異服罪。武宗聽取了報告，降旨將劉瑾凌遲處死，並以劉瑾的「獄詞」和處決的情形，以圖文並列的方式，榜示天下。據說當臠割正法之日，被害人「爭買其肉啖之，有以一錢易一臠」者；嚴刑峻法常有宣洩民憤、恢復向心力的作用，用得適當，不失爲一種高級的政治權術。

劉瑾死有餘辜，自然不冤。但處治閹黨，以比較而言，則頗有欠公平之處，尤其是以焦芳與張綵對照，不能不爲張綵鳴不平。明史張綵傳：

> 綵既銜瑾恩，見瑾擅權久，貪冒無厭，天下怨之，因乘間說曰：「公亦知賄入所自乎？非盜官帑，即剝小民；借公各自厚，入公者未十一，而怨悉歸公，何以謝天下？」瑾大然之……因賄得禍者甚衆，苛斂之害爲少衰，中外咸稱綵能導瑾爲善矣！

以導人爲善作報恩之計，此不能不說張綵的識見做法，高人一等。此是一事；又一事則更見得張綵死得寃枉。明史紀事本末：

> 一日瑾涕泣語張綵曰：「始，谷（大用）、張（永）諸人患外臣籍我輩，推余當之，余以身徇天下，所摧折衣冠多矣！今天下之怨皆集於余，諸人晏然享之，予未知所稅駕

也！」綵因辟左右曰：「今上未子，勢必立宗室子，若長且賢，公受禍矣！不如授幼弱者，公長保富貴無憂也！」

這亦是極高明的獻議，從來保富貴莫善於擁立，如果張綵之說得行，則武宗無親兄弟，自無胞姪，必從憲宗的曾孫中，授幼而立；明朝的帝系就不會落入興獻王一支。按：張綵此說，實亦自謀，因爲此時武宗不過二十歲，即使立宗室子爲東宮，嗣位不知在何年？而劉瑾已老，是否能眼見新君嗣位，殊成疑問。但張綵則只要劉瑾不敗，必居高位；對新君來說，則以始創授幼之議，自爲擁立的首功，依舊可得大用。

當時劉瑾稱善，那知過了幾天，忽然變卦，他跟張綵說：「無以宗室爲，吾自立耳！」劉瑾的改變主意，可能是受了一個算命的俞日明的影響。

二十一、焦芳父子竟得善終

劉瑾有個姪孫叫二漢，俞日明說他「當大貴」；劉瑾的所謂「自立」，即是立劉二漢爲帝。張綵當時表示不可，一言不合，劉瑾用茶盤擲了過去，張綵不敢再響。因此劉瑾既敗，張綵下獄，坐以同叛之罪，他極口呼冤，說「皇天后土，太祖太宗可鑒其心！」

張綵先以「交結近侍論死」，結果還是被指認爲與劉瑾共同謀反，因爲獄中受刑過重，瘐死其中，仍舊剉屍於市，抄家，妻子充軍「海南島」，劉瑾一黨，張綵猶有可取之處，而被禍最慘，這眞所謂天道寧論了！

劉瑾的家屬共十五人，包括劉二漢在內，皆論斬。劉瑾的心腹，除了他的妹夫孫聰以外，文的有個松江人張文冕，劉瑾奉爲上客，批答章奏，大都出於張文冕的手筆；武的是錦衣衛指揮楊玉、石文義，亦皆被殺。此外的閹黨，爲大學士劉宇、曹元、戶部尙書劉璣，兵部侍郎陳震等，削職爲民；再輕一點的，就只是降官，總計因劉瑾一案受牽連的，只有六十餘人；在「滿朝文武，皆出我門」的情況之下，止此數十人獲罪，是因爲李東陽亦不免阿順劉瑾，而張永又不願興大獄的緣故。

令人最不平的是，焦芳父子「竟得良死」！此所以劉二漢臨刑這樣呼冤：「吾死固當，第吾家所爲，皆焦芳與張綵耳！今綵與我處極刑，而芳獨晏然，豈非冤哉！」

劉瑾之敗，論功行賞，張永自居首功，一兄一弟，都封爲伯爵；部院大臣當然亦有一番變動，最重要的一個任命是，楊一淸內召爲戶部尙書，第二年——正德六年一月，調任吏部尙書，由於張永的支持，楊一淸得暢行其志，明史本傳：

一清於時政最通練，而性闊大，愛樂賢士大夫與共功名，凡爲瑾所搆陷者，率見甄錄，朝有所知，夕卽登薦，門生遍天下。

最難得的是他與張永的相結，以立功相勉；而張永亦能聽從，明史張永傳：

涿州男子王豸，嘗刺龍形及「人王」字於足，永以爲妖人，擒之。兵部尚書何鑑，乞加永封，下廷臣議，永欲身自封侯，引劉永誠、鄭和故事諷廷臣。內閣以非制，格之。永意沮，乃辭免恩澤；吏部尚書楊一清言，宜聽永讓，以成其賢。

二十二、大盜入豹房窺帝蹤跡

正德五、六年之間，大憝雖除，憂患方始。這又可分內外兩方面來談，內則佞倖用事，豹房別成政局；外則羣盜並起，最嚴重的是畿南一帶。

> 畿南之盜，起於霸州，明史紀事本末：
>
> **霸州文安縣大盜張茂，家有重樓複壁，多爲深窖。同時劉六、劉七、齊彥名、李隆、楊虎、朱千戶等皆附之。諸大璫多文安人，茂通賂納交；太監張忠者，號「北墳張」，與茂居鄰，結爲兄弟，因得遍賂馬永成、谷大用輩，常因內官家人出入禁中，進豹房，觀上蹴踘，益無忌憚。**

張忠等是八虎以外，太監中的另一禍害；爲自豹房出現以後的新興勢力集團，首腦份子稱爲「三張」，明史「宦官傳」：

> 張忠霸州人，正德時御馬太監，與司禮張雄，東廠張銳，並侍豹房用事，時號「三張」。性皆兇悖，忠和大盜張茂，結爲兄弟，引入豹房，侍帝蹴踘。而雄至怨其父不愛己致自宮，拒不見；同儕勸之，乃垂簾杖其父，然後相抱泣，其無人理如此！

霸州的大盜，因得張忠等人的包庇，釀成大禍。正德六年正月，聚衆攻安肅，由此竄擾畿南各地，聲勢甚惡。其時文安縣有個秀才，外號「趙瘋子」，就是我以前談到過的趙燧；

因爲妻子被劉六所掠，往救被擒，因而從賊。以後又有劉三、邢老虎等，都爲知名盜魁，明朝「流寇」之名，即起於此時，流寇之流是如此：

恃馬力，倏忽馳驟，棲野，不佔城廓；蹈虛，不立方所。每戰，驅脅從者居前，呼號衝突，官軍見形即縮，恣所殺掠。稍遇勁兵，前者俱陷，自以精騎覘勢爲進退，莫可控揣。

這已是非常精到的游擊戰術。以後，明末的流寇、清朝的捻子，近代的中共，都循此成例發展，而愈出愈詭，愈出愈酷，爲禍亦愈出愈烈。

當時武宗雖起谷大用偕兵部侍郎陸完討賊，而收功則實由調用遼東、宣府、大同、延綏四鎮邊兵，以及兵部尚書何鑑所定的戰略及指揮之正確有效。他是浙江新昌人，其時年將七十，於正德六年代王敞爲兵部尚書。

二十三、流寇計劃犯蹕刼駕

何鑑是孝宗十八年清明政風中培養出來的好官之一，由戶部調兵部後，他的辦賊之方是：

選將練兵，錄民間村武士，全鄉悉聚樹柵浚溝，團結相救；河南、山西兵黃河、斷太行；京操班軍留守所在城邑。每漕艘運卒一人屯河濱，護運道，通行旅。文武大吏軟賊，請敕峻責之；而褒縣令能擊賊者。（明史本傳）

在「能擊賊」的縣令中，有一個是山東樂陵知縣許逵；樂陵與河北交界，畿南之盜南竄，樂陵亦當其衝，許逵是如此擊賊：

逵修城濬隍，踰月而成，又使民家各築墻，高踰屋簷，仍開墻竇如圭，僅可容一人；家令一壯丁執刀俟於竇內；其餘人皆入隊伍，令守號令，視旗鼓進退，違者無赦。又設伏巷中，洞開城門。未幾，賊果至，旗舉伏發；賊火無所施，兵無所加，盡擒斬之。自是，賊不敢近樂陵，撫按交荐其才。

許逵的設計，即是清朝咸同年間辦團練所借鑑者；家家戶戶所築的高墻，也就是後來的

「圩」。如果軍民能够合作，此爲以靜制動，辨流寇的不二法門。

當賊勢最盛時，形成公開的叛亂，雖未稱王稱帝，但命將開府，已有「軍政府」的規模，共推劉三爲「奉天征討大元帥」，趙燧更名趙懷忠，爲副元帥。邢老虎等爲五軍都督，軍師名叫陳翰，原是河南鹿邑的守城千戶，投降劉三，認賊作父，乞爲養子，以下又有二十八營，上應二十八宿；置金旗二，大書四六文兩句：「虎賁三千，直抵幽燕之地；龍飛九五，重開混沌之天。」又造無數「鈞牌」，傳檄各縣，所至之地，官吏修橋補路，供應糧草酒肉，「降者秋毫無犯，拒者寸草不遺」，這都是陳翰的設計。

時爲正德六年冬天。劉三等掠淮西而北上，準備「直抵幽燕之地」；其時谷大用領重兵駐臨清；劉三不敢正面相犯，繞道北上，復回霸州。正逢冬至南郊祭天，武宗預定十二月初一出宮；劉三等計劃犯蹕，以叔車駕。何鑑深夜得到消息，以左右無人可以差遣，自具帖子，赴長安門投遞。

二十四、馬賊變而爲水寇

這就是明朝宮禁應付非常事變的一種通訊制度：「急變」。自長安門隙縫中投入後，無論何人經手，即達御前，遲則用軍法斬。天順年間，曹欽謀反，懷寧伯孫鏜即用此法告警，大得其力。

何鑑的「急變」帖子，投入長安門，由打掃廁所的老軍所謂「廁卒」者發現；隔門相語，逐門轉遞，最後由司禮監上達武宗，當夜採取了兩項應變措施，一是通知在京各衙門嚴加防守；二是由城頭上縋人而下，飛報近畿的通州、良鄉、涿州各守備官，整頓兵馬。幸好照例行的規制，駕出南郊，必調軍馬駐紮南海子、蘆溝橋等地，所以只要知照外圍警戒，京師附近，無須部署。

處分略定，時已五鼓，武宗命司禮監召何鑑至左順門問道：「今日大駕可出否？」

這裏就見得何鑑是個大臣了！遇到庸世庸臣，不求有功，先求無過，一定勸阻大駕；而何鑑是這樣回奏：「駕當早出，以安人心。」

於是皇帝駕出南郊，日暮方回。劉六知有防備，悄然遠引。此是曲突徙薪的一大功，但無人知道；清朝康、雍、乾三帝，頗能留意於此，可謂善於借鏡。

流賊在河北存身不住，只得南竄，何鑑估量賊非東奔臨清，就是南擾彰德，因而移文陸完分道追擊，果然大敗劉六於彰德。從此賊分兩路，一路出河南，一路出山東。何鑑復建議以遼東巡撫彭澤提督軍務，而以咸寧伯仇鉞充總兵官，帥延綏、榆林各路人馬追至河南；四鎭邊兵，陸續調發，所向有功，在軍政軍令兩方面的表現，都斐然可觀。深入觀察，不能不說是弘治十八年整頓休養所蓄積的潛力的發揮。

就這樣越逼越緊，流冦竄擾湖廣兩淮，由馬賊變爲水冦，趙燧被擒，劉六、劉三戰歿；劉七、齊彥名被困於狼山，其黨以失地利相怨尤，潰散甚多。明史紀事本末：

賊率衆二百餘攻通州（按：指南通），我軍擊之，賊退入船；是夕，颶風大作，賊船皆解散飄墮，其衆顚踣不支，嘔泄臭穢，自相撞擊。蘇人有應募獻計，用火攻，其名「水老鴉」，藏藥及火於砲矢中發之。形如鳥喙，持之入水；以喙鑽船，機發，自爲運轉，轉透船沉；試賊一舟，沉之。

二十五、狼山大捷官軍凱旋

這段紀載，對關心中國兵器史及科學史的人來說，應是極饒興味的問題。照「藏藥及火於炮矢中發之」，又用來攻擊船隻，則也可以稱爲魚雷。「鳥喙」的「機發，自爲運轉」，則似乎配置了發條；而「轉透船沉」的構想，與近代蛙人的戰術亦相合。

由於官軍用了新穎的戰法，流賊又不得不捨舟登陸，旣登狼山，爲遼東、大同、宣府三處邊兵包圍，一戰大勝，劉七死於水中，齊彥名爲宣府兵活捉，解進京正法。

大軍凱旋，論平賊之功，屢次僨事的谷大用，封一弟爲伯爵。仇鉞進封爲侯；陸完此時是都御史，加太子少保，召回掌院，蔭一子爲錦衣衞百戶，此人亦頗有才，後來因爲與宸濠有交結，下獄抄家。

除此以外，四川的盜匪亦鬧得很厲害。自正德三年起始，因爲太監掣肘，始終未收全功，直到正德七年底，彭澤復起，方始剿平。正德朝論武功頗有可觀，固由於弘治朝的培養，有可用之將、可用之兵；但亦不能不說是內閣李東陽、楊廷和等人，尚有作爲，大政不盡出於中官之故。

談可用之兵，是指四鎭邊兵。京營自于謙整頓過一次以後，此時已歷三十餘年，不但暮氣沉沉，而且由於一向被統於中官之故，將無能而悍，兵無功而驕，成爲禍害。武宗對京軍的無用，是深切瞭解的；可惜武宗之武，不是整軍經武之武，而是文恬武嬉之武，要教他來整頓京軍，他沒有這個耐性；只是想調邊軍拱衞京師。大學士李東陽力持不可，上疏以爲有「十不便」：

宣府京師北門，切近漠北，朝廷屯宿重兵，分地防守，尚恐不給，每年河南等處，邊軍輪班備禦；近因流盜猖獗，動調官軍，乃一時權宜，甚非得已。蓋京軍官軍，各有分地，無故而動，一不便也。

按：此處所謂「官軍」，卽指邊軍而言。觀乎李東陽的極力反對，以及邊軍平盜，所向有功，可知在正德以前，邊防相當有力。京軍雖弱，而邊軍未壞，如果涇渭分明，則不致同流合汚。及至邊軍內調，沾染習氣，明朝中葉以後，便少可用之兵，戚繼光受命禦倭，不得不另練新軍。

二十六、武宗在禁中設內教場

按：明朝京軍最初統於「三大營」，土木之變，京軍幾於盡沒。景帝時于謙重練京軍，三大營之名目雖仍保持，但已成爲京軍所自出的所謂「老家」；由「老家」選十萬人，分立十個團營，加強訓練，這是戰鬬兵。其餘在老家的兵員，僅供役使，事實上成爲皇家及勳戚專用的工兵。英宗復辟，罷團營。憲宗卽位，復設團營，增爲十二，膺選的士兵，名爲「選鋒」，以侯爵十二人分掌，而以汪直總督；明朝以太監典禁軍，卽自此始。又是勳臣，又是宦官，團營兵將自恃背景，橫行不法；雖以馬文升、劉大夏的才具，無法徹底整頓。寘鐇之反，張永領京軍征討；至此則太監之於京軍，不但掌理軍政，而且掌握軍令。張永專征，不戰而捷，京軍未得一試身手，是極大幸事，因爲此時的京軍，如清末的神機營，已經不能作戰。

武宗不顧李東陽力諫，調四鎮「九邊」的邊軍數萬人入衛京師，名爲「外四家」，設立東西兩官廳，以正德元年所選的官軍，在東官廳操練；「外四家」則在西官廳操練。明武宗外紀：

> 上初好武，特設東西兩官廳於禁中，比之團營。後江彬、許泰皆以邊將得幸入「豹房」，乃立內教場，別爲部署，東官廳以太監張忠領之，西以許泰領之。有神周者，嘗以罪坐謫，今以附泰復官，得進用。益以劉暉四人者，皆賜國姓爲義子，名四鎮兵，又名外四家兵，而以江彬兼統之。彬改稱朱彬，爲總管；上乃自領閹人善騎射者爲一營，謂之中軍。晨夕下操，呼譟火炮之聲，達於九門，浴鐵文組照耀宮墻間，上親閱之，名曰「過錦」，言度眼如錦也。

西官廳及內教場都在西苑，卽中海西岸「紫光閣」一帶。此地明末稱爲「平台」，崇禎十年以後，思宗常在此召見閣臣，命將出師；吳三桂被封平西伯，卽在平台。多爾袞入關，自以爲代明朝翦除流寇；一片石大敗李自成，多爾袞卽於軍前承制「進三桂爵平西王」，此爲出於平台的淵源。

江彬、許泰，都是邊軍軍官，由於錢寧的汲引，得以上謁武宗。錢寧的身世不詳，從小被賣入雲南鎭守太監錢能家爲奴，因而冒姓錢；錢死後，推恩家人，大加蔭封，錢寧當了錦衣百戶，正德初年因爲拍上了劉瑾的馬屁被荐於御前。

二十七、江彬助武宗捕虎

錢寧旣能曲事劉瑾，對皇帝當然格外巴結。佞臣的特長，就是能令人主，非此人不歡；錢寧拿出全副軟骨頭來伺候武宗，果然大得歡心，朝夕不離，甚至喝醉了酒，枕寧而臥；因此百官只要看錢寧在何處，便知皇帝在何處。

武宗自己不過二十餘的少年，卻喜歡收乾兒子，錢寧亦爲其中之一，賜國姓，所以又稱朱寧。當他最得寵時，言無不聽，爲錦衣衞的首腦；廠衞並稱，即始於此時。但自引進江彬後，他的寵信就不如以前了。

江彬是宣化府人，當徵邊兵剿流賊時，他的官職是大同一軍的遊擊，在兩淮作戰時，身中三箭，其中一箭由頰上射入，耳傍穿出，江彬拔箭再戰，與小說中的羅通盤腸大戰，可以媲美；勇名冠一時，竟上達天聽，武宗早心識其人。及至流賊已平，邊軍返防，過京師時，兵部奉旨犒軍，有個短暫時期的逗留，江彬與許泰，都送了錢寧的紅包，得入豹房謁帝；武宗親見江彬的傷痕，認爲名不虛傳，與許泰一起被留了下來，升爲都指揮使僉事，「出入豹房同臥起」。江彬「狡黠強狠，貌魁碩有力，善騎射，談兵帝前，帝大悅。」武宗左右，則都畏憚此人。

此時錢寧對江彬已有妒忌之心，而又有個意外事件，相形之下，更顯得錢不如江，明史佞倖傳：

一日，帝捕虎，召寧；寧縮不前。虎迫帝，彬趨撲乃解。帝戲曰：「吾自足辦；安用爾？」然心德彬而嗛寧。寧他日短彬，帝不應。

江彬的人緣不好，再跟錢寧結成寃家，自知不妙；因而想借「邊兵以自固」，強調邊兵驍悍，勝於京軍，建議互調操練。於是而有「外四家，縱橫都市，每團練大內，間以角觝戲，帝戎服臨之，與彬聯騎出，鎧甲相錯，幾不可辨。」

武宗的設東西官廳於禁中，操練邊軍，主要的動機，就是爲了好玩，所以服戎華麗，不切實用，所謂「過錦」之錦者如此：

諸營悉衣黃罩甲……冠遮陽帽，帽植天鵝翎，貴者三翎，次二翎；兵部尚書王瓊得賜一翎，自喜甚。

此黃罩甲、天鵝翎，卽清朝黃馬褂及花翎的由來。

二十八、張欽閉關拒帝命

江彬以「外四家」得能穩住腳步，邀致寵信，但還不能打倒錢寧；在錢寧這方面，亦是如此。兩人內心積憾甚深，而形勢上成爲對峙的局面，誰也無法扳倒誰，反得相安無事，怕一動手則兩敗俱傷。所以各自作長保之計，而方法不同，錢寧看得比較遠，結強藩以自固；江彬看得近，只打算着如何固寵，將皇帝與錢寧隔離開來。

江彬的計策，就是引導武宗微行。「微行」二字也許用得不適當，掩藏身份，悄然來去，謂之微行；在正德八年至十一年這三年中，武宗乘南郊齋宿之便，私自到近畿如昌平、黃花鎮一帶逛一逛，可以說是微行，到了正德十二年八月，大舉出關，儀從煊赫，這是自古以來，人主所忌之「遊觀」。

明史「武宗本紀」：

> 正德十二年……秋八月甲辰，微服如昌平；乙巳梁儲、蔣冕、毛紀追及於沙河，請回蹕，不聽。己酉至居庸關，巡關御史張欽閉關拒命，乃還。

武宗的出關，是受了江彬的蠱惑，準備親征韃靼。此時韃靼的酋長，是脫脫不花的兒子，號爲「小王子」；因有入寇的情報，所以武宗一時衝動，預備出關迎頭痛擊，這是萬分輕率的盲動，梁、蔣、毛三人都是閣臣，鑒於土木之變，不能不飛騎追駕。苦諫無效，眼看乘輿有失陷之危，幸好有個張欽。

張欽是通州人，正德六年進士，由行人授爲御史，巡視居庸關；依照明朝的制度，等於鎭守居庸關的司令官，既是行人出身，又守邊關，當然瞭解敵情；那時小王子有五萬人馬，而武宗所帶的「外四家」，人數不多，而且軍容雖甚壯麗，作戰能力因爲數年養尊處優的緣故，大不如前，此一去必如羊入虎口，因而閉關拒命。明史張欽傳出於尤西堂或毛西河的手筆（按：武宗外紀可能即出毛西河之手），文字生動，足傳其人，實爲第一流的史筆。當武宗有出關的消息時，張欽連上兩疏，引英宗爲鑒，說乘輿有不可出者三：一、「人心搖動，供億浩繁」；二、「遠涉險阻，兩宮（按：指太皇太后及太后）懸念。」三、「北寇方張，難與之角。」第三點即是張欽深悉敵情的危言，也就是寧願拒命、不肯開關的主要原因。

二十九、武宗微服出德勝門

兩疏上達，自然不報。等八月初一，聽說大駕已至昌平，傳命準備出關；張欽召居庸關指揮孫璽，閉關下鎖，親自收藏鑰匙；其時居庸關的「分守」太監，亦就是監軍太監劉嵩，想到昌平去朝謁，張欽不肯開關。玆分段引錄張欽傳，供讀者欣賞：

欽止之曰：「車駕將出關，是我與君今日死生之會也。關不開，車駕不得出，違天子命，當死。關開，車駕得出，天下事不可知！萬一有如『土木』，我與君亦死。寧坐『不開關』死；死且不朽！」

頃之，帝召璽；璽曰：「御史在，臣不敢擅離。」

乃更召嵩；嵩謂欽曰：「吾主上家奴也！敢不赴？」欽因負敕印、手劍，坐關門下曰：「敢言開關者斬！」

夜草疏曰：「臣聞天子將有親征之事，必先期下詔，廷臣集議。其行也，六軍翼衛，百官扈從，而有車馬之音、羽旄之美。今寂然一不聞，輒云「車駕卽日過關」，此必有假陛下名，出關勾賊者！臣請捕具人，明正典刑。若陛下果欲出關，必兩宮用寶，臣乃敢開。不然，萬死不奉詔。」

奏未達，使者復來，欽拔劍比之曰：「此詐也！」使者懼而返，爲帝言：「張御史幾殺臣」帝大怒，顧朱（錢）寧：「爲我趣捕殺御史！」

會梁儲、蔣冕等追至沙河，請帝歸京師；帝徘徊未決，而欽疏亦至，廷臣又多諫者，帝不得已，乃自昌平還，意怏怏未已。

又二十餘日，帝巡白羊口。帝微服自德勝門出，夜宿羊房（按：地名，屬昌平州）民舍；遂疾馳出關，數問：「御史安在？」欽聞，追之已不及。欲再疏諫，而帝使中官谷大用守關，禁毋得出一人！欽感憤西望痛哭。於是京師盛傳張御史「閉關之疏」云。

明年帝從宣府還，至關笑曰：「前御史阻我，我今已歸矣！」然亦不之罪也。

三十、不樂爲帝自封軍門

由此可知，武宗畢竟還能辨別是非，昏則有之，庸則未必。至於天性不樂爲帝，在此一行中，更有具體明證。明史「江彬傳」：

迤北五萬騎入寇，諸將王勛等力戰，至應州，寇引去，斬首十六級，官軍死數百人，以捷聞京師。帝自稱「威武大將軍朱壽」；又自稱「鎭國公」。駐蹕稱「軍門」。

不願爲帝，願爲大將軍，天性好武，一至於此！而其自稱，則爲千古創聞。又同前引：

度居庸，幸宣府，彬爲建「鎭國公」府第，悉輦豹房珍玩，女御實其中。彬從帝數夜入人家索婦女。帝大樂之，忘歸，稱曰「家裏」。

此又是武宗只愛放蕩淫樂，薄視皇宮尊號的一證。當然，在這樣的情形之下，江彬成了武宗的替身，「事無大小，白彬乃奏」，然而江彬畢竟無法行使內閣及六部的職權，因此陳奏「壅格至二、三歲」。好得是明朝講究制度，即使皇帝不問事，政務可以照常推行。

在宣化府，武宗過了年方始還京。這年是年內春，立春之日，備百戲迎春；百戲之中有一戲，可謂異想天開，明「武宗外紀」：

別飭大車數十輛，雜坐僧人婦女於其中；每輛數十人，合至數百，乃如僧數。懸毬於車蓋，而敞僧頭以當之，車旣弛，則頭與毬觸。上視大笑，以爲樂。

武宗之爲頑童、爲紈袴、爲敗家子，還有一事，可以看出他的性格，如果朱家祖宗泉下有知，不知如何生氣？其事出在正德九年，是宸濠玩弄的陰謀。

武宗喜愛各種玩樂的花樣，每年宮中張燈，所費鉅萬斗，甚至庫貯黃蠟都不敷用。這年，宸濠獻「新樣四時燈」數百盞；元宵花燈，多懸於廊柱之間，而宸濠所獻的燈，「多着柱附壁」。掛燈的人是宸濠派來的，附帶在乾清宮「依欄設氈幙，而貯火藥於其中」，於是到了二更天，花燈燒着柱壁，蔓延及於氈幙，一發不可收拾，從二鼓燒到天明，乾清宮內，化為灰燼。而當火勢最熾烈時，武宗在豹房高處遙望，看到「光焰烘烘然」，他笑着對左右說道：「是一棚大烟火！」

三十一、聖駕所至如遭大難

武宗回京是在十三年正月，事先命禮部具「迎駕儀」，因為天下臣民多知皇帝是趁張欽不防，偷出關去的，而他自以為是親征；同時「斬首十六級，官軍死數百人」，也算不得甚麼武功，而他自以為是凱旋。親征奏凱，在軍禮中至重，禮部具奏，百官朝服迎駕。而「傳旨用撒、大帽、鸞帶，且賜文武臣大紅紵絲羅紗各一，其綵繡一品斗牛、二品飛魚、三品蟒、四品麒麟、五六七品虎彪，翰林科道不限品級者皆與之。」

按：所謂「大帽」當是朝服中的「梁冠」，而「曳撒」則為垂在冠後，覆蓋頸後的「籠巾」。梁冠以冠上直梁道數的多寡分尊卑，公爵八梁、侯爵七梁，一品官亦爲七梁，但無籠巾，武宗傳旨概用曳撒大帽，則勛臣與品官無別；鸞帶爲武官所用，則文武官又無別。又所謂「綵繡」卽淸朝的補子，其原則爲文官用飛禽，武官用走獸，如文官一品仙鶴、武官一二品皆獅子，公侯駙馬則爲麒麟。至於蟒、龍、飛魚、斗牛等等，在天順二年曾有明詔，不得服用。武宗傳旨，盡亂制度，明史「輿服志」嘆爲異事。像這樣隨心所欲的亂搞，在正德朝不算回事；因爲大於此者的亂命，不知凡幾？閣臣姑息於前，積重難返，遂難糾正於後，唯有忍氣呑聲。世宗「大禮議」起，首輔楊廷和反對甚力；照我的看法，是爲武宗紊亂制度所激起的反動，楊廷和的意思，必限制皇帝的行事於定制之內，也就是說，想在君臣之間造成一種約法，何者可爲，何者不可爲。而在世宗，則認爲此是相權想壓倒君權，在理智上，世宗必須保持絕對的君權；在情感上，他認爲閣臣可以容忍武宗的任意妄爲，卻阻其盡孝的行爲，心懷不平，因而得寸進尺，一步緊一步地擴張權力，必做到言出卽法的地步不止。然後到張居正的擴張相權，又爲世宗過度擴張君權的反動。君臣相爭，大權乃旁落於宦官。我認爲用這個觀點去看明朝中葉以後的政治，或可稍得眞相。

武宗還京未幾，又動遊興，二月間到了大同，一路逸樂；適逢太皇太后駕崩，不得已還京發喪。四月間幸昌平，葬太皇太后於憲宗茂陵，順路到了密雲。其時民間流言甚盛，說要搜括婦女財寶進奉御前，以至大駕所至，竟似瘟神將到，逃的逃，藏的藏，民間風聲鶴唳，如遭大難。

三十二、梁儲泣諫不奉亂命

這時有個永平府知府毛思義，一看情形不妙，爲了安定人心，於是下令說道：「大喪未舉，車駕必不出此。必奸徒矯詐，藉以惑人者；百姓各安業，非有府部撫按官文書，妄稱駕至者，悉捕治之。」皇帝得報大怒，捕毛思義下獄治罪；輸金以贖，得旨降三級，派到雲南去當知州。

但毛思義雖不幸，比起另一個甘肅的巡按御史劉士元來，還不算太倒楣。劉士元是因爲錦衣衞指揮黃勳，以供應爲名，苛擾民間，爲劉士元下令逮捕；黃勳得訊，逃至行在，通過一個太監，告訴武宗，說劉士元得知大駕將至，出示民間，凡有女已達嫁年者，一概出嫁；已婚年輕婦女，深藏不出。武宗每到一處，必取民間婦女進御，劉士元此舉，在武宗看，自然是針對他而發，因而怒不可遏，抓了劉士元來，裸縛面訊（按：當時禁軍捕人，似有裸縛的規矩，所以劉瑾曾自獄中上書，乞賜舊衣蔽體。但裸縛的記載，只見於正德朝，或者亦是武宗虐而譴）；地點是在野外行幄，倉卒間無從得杖，取生柳枝鞭四十，下獄。

舉此兩事，武宗巡幸的荒唐，已可想見。其時爲正德十四年春天，葬了太皇太后，已到夏天，寧夏有警；武宗又想親征，這次自稱「威武大將軍太師鎭國公朱壽巡邊」，以江彬爲威武副將軍扈從。命內閣正式草敕，自己命令自己。

首輔楊廷和當然不允，因爲皇帝自棄萬乘之尊，適足以啓宗藩覬覦之心，與輔臣梁儲、蔣冕、毛紀上疏力諫，說「萬一宗藩中援祖訓，指此爲言，陛下何以應之。」又或以「朝無正臣，內有奸邪爲名，陛下之左右與臣等何以自解？」凡此都隱指寧王宸濠而言。

開玩笑到此地步，將引起再一次的「靖難之變」；楊廷和勸不聽，只好「稱疾不出」。於是武宗在左順門召見次輔梁儲，面促草制，當時的情形據明史紀事本末記，是如此：

> 儲對曰：「他可將順，此制斷不可草。」上大怒，挺劍起曰：「不草制，齒此劍。」儲免冠伏地泣諫曰：「臣逆命有罪，願就死。草制則以臣名君，臣死不敢奉命。」良久，上擲劍去；乃自稱之，不復草制；彬亦罷副將軍命。

所謂不敢「以臣名君」是託詞；其實是顧慮到一有明詔，則皇帝變成「威武大將軍」在巡邊，國不可一日無君，宸濠立刻就會引兵北上，以衞宗廟，師出有名了。

三十三、大批官員被罰跪

武宗不殺梁儲，正與不罪張欽一樣，見得本性中還有可取之處，只是誤於溺愛；孝宗自誤，猶有可說，他在世時，武宗尚爲童稚，不過好嬉戲而已，究不知他一旦正位，是如此頑劣！但張太后則實爲朱家的罪人；明朝列后中，以張后所受的眷遇最厚，而晚年所受的痛苦最深，由於她兄弟張延齡的不法，受窘於世宗，竟至「衣敝襦席藁爲請」，此是可憐不足惜！因爲明朝君權絕對的觀念，早已確立；而皇帝自己有一套行政執法的「工具」，此卽宦官的「四司八局」及錦衣衞，而太監則又以皇帝私人代表的身份，「鎭守」各地，更壞的是禁軍的軍權，爲皇帝親自所掌握，以致武宗行動自由，來去如風，內閣無法加以抵制；唯一能够阻止武宗的昏瞀行爲的，只有張太后，而她溺愛放任，不聞有任何勸阻武宗的舉動，結果武宗以嬉遊無度而殞身。張太后縱不爲社稷着想，卽以母子關係來說，亦不當任由獨子屢蹈險地；論其見識，猶不逮荒村愚婦。世宗不敬這位伯母，無怪其然。

太皇太后崩逝這一年，武宗幾乎終年在外；梁儲不肯草制，武宗仍以「威武大將軍」的身份，幸宣府、幸大同、幸偏頭關、渡河幸榆林：十一月間調「四外家」兵赴宣大，然後遠至綏德，回駕渡河在太原過年。

第二年由太原經宣府回京，到京的正經事，只「大祀天地」一事，而借南郊之便，又行獵於南海子；二月底預備南巡，引起軒然大波，明史武宗本紀：

帝自加太師，諭禮部曰：「總督軍務威武大將軍朱壽，將巡兩畿、山東，祀神祈福，其具儀以聞。」三月癸丑，以諫巡幸，下兵部郎中黃鞏六人於錦衣衞獄，跪修撰舒芬百有七人於午門。

罰跪自亦由於諫阻，當時聯名上疏者一共五起，除舒芬邀同翰林院同官七人公疏以外，吏部郎中張衍瑞等十四人，刑部郎中陸俸等五十三人，禮部郎中姜龍等十六人，兵部郎中孫鳳等十六人，相繼而上。舒芬一疏，最爲急切，他提出三點理由，認爲不宜南巡：第一、「西北再巡，四民告病，哀痛之聲，上徹蒼旻，傳播四方，人心震動。一聞南幸詔書，鳥驚獸散，而有司以迎奉爲名，徵發嚴急，江淮之間，蕭然煩費，萬一不逞之徒，乘勢倡亂，爲禍非細。」

三十四、廷臣百餘人受杖辱

第二、「陛下之出，以鎭國公爲名號，苟所至親王地，據勛臣之禮以待陛下，將朝之乎，抑受其朝乎？萬一循各責賓，求此悖謬之端，則左右寵倖之人無死所矣！」第三、「江右有親王之變，大臣懷馮道之心，以祿位爲故物，以朝門爲市廛，以陛下爲奕棋，以革除年間爲故事，特左右寵倖者，知術短淺，不能以此言告陛下耳。使陛下得聞此言，雖禁門之外，警蹕而出，安肯輕褻而漫遊哉？」

舒芬此疏，不愧狀元手筆。最後一點的忠告，實亦爲異常深切，直抉內幕的警告。「江右」卽江西、「親王」是指宸濠、彰彰明甚；「大臣懷馮道之心」，則指兵部尚書陸寬。「以陛下爲奕棋」，設譬極妙，至以「革除年間爲故事」，直是大聲疾呼，將有第二次靖難之變。所謂「左右寵倖者，知術短淺，不能以此言告陛下」，尤爲觸目驚心之言；四百年後吾人就此語而推測，當時朝士中，以爲武宗非人君之度，心懷反感，懷着換個皇帝也不壞的念頭的人，一定很多。至於最後兩句話，「雖禁門之外，警蹕而出」，亦是有所指的，指錢寧隨時可犯乘輿。

當此時也，「連日陰霾晝晦，禁中水自溢高橋，橋下七鐵柱齊折如斬。」天象眞有戾氣充塞之概。於是有個儀隊指揮官名叫張英的，做了一件非常的舉動，明史紀事本末：

金吾衞指揮張英者，肉袒挾兩囊土數升，當蹕道哭諫，不允。即拔刀自刎，血流滿地，侍衞縛送詔獄，問英：「囊土何爲？」曰：「恐污帝廷，灑土掩血耳」！殞命獄中。

人貴自立，立名亦甚易；如張英一死，即已不朽。當然，他雖懷必死之心，實望不死，感格宸衷。如果有心以此求名，就不足爲奇了。

在舒芬等人連續上疏時，陸完曾擬阻止，他說：「皇上一聞諫阻南巡，即憤恚欲自引決。」武宗渴望南遊之心，是這樣地無法抑制，因而舉動大出常情，就在張英自刎的三月二十五那天，傳中旨：舒芬等百餘人，俱廷杖三十。自古以來，折辱斯文，未有如明朝皇帝的，而此皆爲太祖高皇帝的家法。這位開國之君，以我的私見，並沒有甚麼好佩服的。

三十五、宸濠謀反急報到京

不過經此一來，江彬等人自己亦覺得過分，忌憚朝廷有人，車駕竟不再出。這樣到了六月裏，急報到京，說寧王宸濠反了。

寧王爲明太祖第十八子，名權，原來封在塞外大寧。當時有「燕王善謀、寧王善戰」之稱；當太祖末年，秦、晉、燕等王會獵塞上時，燕王就已看出，將來倘要舉事，必得收服寧王。因此靖難兵起，燕王以計挾寧王至北平，因脅迫而順從。成祖卽位，一則爲了酬功，再則不放心寧王在北方，便打算將寧王徙封；寧王自請徙封杭州，此是東南財賦之區，太祖生前甚至不肯以其地界予皇五子周王，成祖自然不肯給寧王；後來又請徙封武昌，因爲地居長江上游，南京會受威脅，亦不許。結果徙封南昌。

寧王宸濠早有異志，早在正德二年，就重賄劉瑾，將已革去的護衞及屯田恢復；同時劉瑾又矯詔予寧府以南昌河泊所一處。寧府本富，現在旣有兵，又可向過往船隻收稅，自然反意更熾了。

等劉瑾伏誅，寧府的護衞又被革去。但武宗忙於遊倖，而宸濠又結上了錢寧，因此一直不以爲意。於是從正德八年開始，宸濠開始積極布置；處心積慮想復護衞，到了正德九年春天，終於加願以償。此事得力於陸完，而楊廷和亦有干係；於此可知舒芬一疏，隱有所指，明史紀事本末：

（正德）九年春三月，復寧王護衞屯田。先是陸完爲江西按察使，爲宸濠所重。常曰：「陸先生他日必爲公卿。」完亦心附之，至是，完爲兵部尚書；濠喜曰：「全卿爲司馬，護衞可復得矣！」全卿，完字也。自完入內，與王歲時問遺不絕，王致書完，欲復護衞。完答書，須以祖訓爲言。時伶人臧賢者，有寵於上，左右近習錢寧、張銳、張雄輩皆陰結之，以求固寵。賢婿司鉞坐法，充南昌衞軍，宸濠因之以通於賢，每手書寄賢，字賢爲「良之」。至是，乞護衞，輦載金寶於賢家，分饋諸權要。大學士費宏知之，宣言曰：「今寧王以金寶鉅萬復護衞，苟聽其所爲，吾江西無噍類矣！」

三十六、寧王復護衞爲導火線

費宏是江西鉛山人，成化二十三年的狀元。對於寧王宸濠的種種不法，以及早有異謀，朝臣中沒有比他知道得再清楚的，這不僅因爲他是江西籍，鄉情較熟；還有一處特別的情報來源，來自他的堂弟費寀。費寀跟宸濠是連襟；都是江西上饒人婁諒的女婿。明史有婁諒的傳，他是近於陸九淵一派的理學名儒，又是禮記專家，家教甚好，所以寧王妃婁氏極賢，然而無補於宸濠的自取其禍。

宸濠的得復護衞，是陸完勾結楊廷和，瞞着費宏幹的好事。其間曲折，明史楊廷和傳不載，當有爲賢者諱之意。明史費宏傳亦只說：「宏入朝，完迎問曰：『寧王求護衞可復乎？』宏曰：『不知當日革之者何故？』完曰：『今恐不能不予。』宏峻卻之。及中官持奏至閣，宏極言不當予；詔卒與之。」此「詔」卽爲陸完與楊廷和勾通的結果。明史紀事本末有具體記載：

會三月十五廷試進士，內閣與部院大臣皆在東閣讀卷。完遂於十四日投「覆寧王護衞疏」：十五日中官盧明以疏下閣，密約楊廷和出，下制許之，而宏竟不與聞。

這段記載，絕對可信。因爲楊廷和亦是受了寧王餽遺的，明史費宏傳，獨記費宏拒賄，而又有「宸濠謀復護衞、屯田，輦白金鉅萬，偏賂朝貴」的話，則楊廷和以首輔爲朝貴之首，自然首先就少不了他的一份。

當時宸濠所勾結的「內應」，一個是錢寧，一個是陸完；而祕密的「駐京辦事處」，則設在臧賢家。臧賢是回回，敎坊司的樂工，由錢寧引進於豹房，以聲樂及祕戲兩事得寵。宸濠是由臧賢而結交錢寧？還是錢寧因爲他自己不便與宸濠公然往來，以臧賢爲掩護？已無法詳考。但從情理上看，以後者較近事實。

錢寧的結交宸濠，完全是爲了防備江彬：「思結強藩自全」。武宗雖荒淫無度，但非常奇怪地，歷觀史書，幾乎都認定他不會有兒子；凡是皇帝無後，而又未及壯年，則必有人奏勸廣置後宮以求子，而正德朝從未有人作過此建議，只勸武宗建儲，是不是生理上發現了甚麼缺陷？就不知道了。

三十七、宸濠派人假扮強盜

至於錢寧的本意，倒不一定希望宸濠造反，他的如意算盤是寧王世子能夠入承大統，則以擁立之功，本人及子孫可長保富貴；當然，江彬是一定可以被打倒的。

宸濠最初的希望亦是如此，只要兒子做了皇帝，自己以太上皇之尊，可以直接干預大政；果然如此，則將爲歷史上開一創局。

因此，錢寧曾爲宸濠設法，召寧王世子入太廟「司香」，以爲將來繼統的張本。他一方面勸宸濠多進珍玩寶器，取悅於武宗；一方面又假託皇帝的意思，對寧王有所賜與，這是拉攏雙方感情的做法。但宸濠的做法更爲積極，謀求恢復護衞，雖得如願以償，而對費宏的阻撓，引以爲恨。錢寧當然對費宏亦無好感；而陸完則怕費宏鬧出來諸多不便，所以先下手爲強，與錢寧合謀去費宏。楊廷和雖未直接參與，至少是屬於所謂「默成」；否則，同在內閣，如有人以欲加之罪攻費宏，楊以首輔的地位，應該救他，而且眞如李夢陽向康海求援的話：「唯對山爲能救我」，此時亦唯楊廷和爲能救費宏，而竟袖手，則隱忌費宏之意，已甚顯然。

於是錢寧以掌錦衣衞的方便，派人日夜偵伺費宏，想找他的毛病，誰知竟找不到。最後以費宏徇私許其堂弟費寀入翰林，作爲罪狀。另外加上一款，說「乾淸宮災，下詔皆宏視草，歸咎朝廷」，因而說動武宗，罷了費宏官。

費宏是江西人，回籍以後，如果事事與宸濠作對，則以在籍大紳士的地位，亦頗有號召力。宸濠顧慮到此，先給了他個「下馬威」，等費宏一出京，卽派人追蹤，到了山東臨淸地方，又派人假扮強盜，打劫費宏的船，把他的行李箱籠，燒得乾乾淨淨。

說「假扮」或許不甚恰當，宸濠府中原就養着一批劇盜，總數百餘，號爲「把勢」。後來巨家大宅，護院的武師，稱爲「把勢」，大致由此而來。

此外，宸濠又勾結一班水盜，在鄱陽湖肆行劫掠。親王爲盜，千古異聞；種種不法，不但江西的地方官，痛心疾首，甚至寧王府的屬官，亦有看不過去的。

三十八、與門下客密謀不軌

首發宸濠在江西強搶豪奪，養盜刼財的是一個杭州人胡世寧，他以江西按察副使，平盜之餘，於正德九年三月上疏：

江西之盜，剿撫二說相持，臣愚以爲無難決也。已撫者不誅，再叛者毋赦，初起者亟剿，如是而已！顧江西患非盜賊，寧府威日張，不逞之徒羣聚而導以非法；上下諸司，承奉太過，數假火災，奪民廛地；採辦擾旁郡，蹂籍遍窮鄉，臣恐良民不安，皆起爲盜，臣下畏禍，多懷二心，禮樂刑政，漸不自朝廷出矣！請於都御史俞諫、任漢中，專委一人，或別選公忠大臣鎭撫；勅王止治其國，毋撓有司，以靖亂源，銷意外變。

這道奏疏，言外之意，非常明顯，盜不足患，所患在宸濠。而兵部尚書陸完，庇護宸濠，避重就輕，建議派都御史俞諫到江西「計賊情撫剿之宜」；而以爲宸濠的「違制擾民，疑出僞託，宜令王約束之。」武宗無心深究，批准了陸完的奏議。胡世寧的曲突徙薪的苦心，就此埋沒，而且得禍。明史本傳：

宸濠聞，大怒。列世寧罪，遍賂權幸，必殺世寧，章下都察院，右都御史李士實，宸濠黨也，與左都御史石玠等上言，世寧狂率當治。命未下，宸濠奏復至，指世寧爲妖言，乃命錦衣官校逮捕世寧；世寧已遷福建按察使，取道還里。宸濠遂誣世寧逃，馳使令浙江巡按潘鵬執送江西。鵬盡繫世寧家人，索之急；李承勛爲按察使，保護之。世寧乃亡命抵京師，自投錦衣獄中，三上書言宸濠逆狀，卒不省。

武宗「不省」者，可能根本沒有看到胡世寧所上的書奏，因爲有錢寧在武宗左右，自然隱匿一切對宸濠不利的奏疏。而因爲胡世寧的獲罪，就沒有人再敢講話。其時楊廷和爲首輔，竟不能保全善類，縱非有意黨與宸濠，卻不能不說是宰相的失職。

李士實是江西人，不久辭官，回到南昌，成爲寧府的上賓；與另一個舉人劉養正，爲宸濠的謀主，經常在密室計議，圖謀不軌。除了招兵買馬以外，另外又有招賢下士的舉動；而於地方官則盡量籠絡，不受其彀者，卽難保其位。

三十九、唐伯虎進入牢籠

只是江西的地方官，像陸完那樣依附宸濠的畢竟不多，所以常跟他搞得不歡而散，如浙江蕭山籍的張嵿，由南雄知府擢升爲江西布政司參政，後升右布政，一直在贛南服官，因爲「治行卓異」，遷爲左布政，移官南昌；宸濠想強佔官地，拓寬王府，張嵿執意不允，宸濠便命人送他四樣果蔬，打開來看，是棗、梨、薑、芥四物，諧音爲「早離疆界」。故「嘉慶一統志」中，江西在此一時期的名官，幾乎都跟宸濠發生過爭執，或者拒絕往來，如：

楊守隅——寧波人，楊守隨從弟，官江西參政，寧府祿米，每石徵銀一兩，以後增至一兩五錢，楊守隅力爭，仍徵舊數。

邵寶——無錫人，官江西提學副使。宸濠索詩文，以爲結納，邵寶峻拒。

林俊——福建莆田人，以南京操江御史，巡視江西，裁減寧府祿米的苛徵，並對宸濠的貪暴，多所裁抑，宸濠大怒，但以林俊本身並無弱點，宸濠無奈其何。

蔡清——福建晉江人，官江西提學副使。朔望謁文廟，然後朝寧王，宸濠要顚倒程序，蔡清堅持不允。宸濠生日，令地方官朝服謁賀，蔡清亦不聽。宸濠因而多方跟他爲難，不安於位而去。

鄭岳——福建莆田人，由江西按察使遷左布政，數數與宸濠衝突，被誣奪官。

范輅——湖南桂陽（今汝城）人，以御史淸軍江西，宸濠寵伶秦榮，僭擬如王居，范輅劾治以罪。凡宸濠所作違制的命令，范輅必力爭。

由此可見，宸濠的貪暴不法，是逐漸縱容而成；而覬覦大位之心，亦是一步一步加深，到了招兵買馬、禮賢下士，則異心就不可改變了。

宸濠曾在南昌設立一座陽春書院，作爲儲育人材，籠絡士林之地。因爲科場案倒了大楣的唐伯虎，回到蘇州，與里中狂生張靈，縱酒放浪，不事生產；宸濠認爲這樣牢騷滿腹的人，大可利用，所以卑詞厚幣，把他請到南昌，就住在陽春書院，奉爲上賓。唐伯虎雖有懷才不遇、自傷淪落之感，但造反卻還不肯，而且不敢。但已入牢籠，脫身不易，處境相當困難。

四十、唐伯虎裝瘋求脫身

唐伯虎所用的辦法，是最古老的，但也是最痛苦的，那就是「裝瘋」，史書上稱之為「佯狂」。據明朝的正史及稗史說，唐伯虎在陽春書院，垢穢「露醜」，也就是赤身露體，不顧體面；經常打人罵人，當然，對宸濠的使者亦不例外。宸濠得報，大為失望，把他送還蘇州；唐伯虎始得逃出魔窟。

宸濠的逆謀，成熟於正德十三年。這年也正是武宗心如野馬，最荒唐的一年。而宸濠逆謀的成熟，主要的還是客觀因素的刺激，就當時的情況來看，使宸濠動心的，有如下三點有利的情況：

一、武宗的作為，充分表現出他不樂為天子，既然他自棄天下，則奪之或不致於遭受武宗個人的強烈反抗，成事較易。

二、朝中大臣頗有不以武宗行徑為然者。楊廷和的態度，就異常曖昧。

三、由於武宗的騷擾，北方怨聲載道，「民心」似乎可用。

因此，這一年他「大集羣盜」，肆無忌憚。其時江西的巡撫為孫燧，他是王陽明的同鄉，正德十年十月由河南右布政擢升為江西巡撫；其時官江西者「惴惴以得去為幸」，所以孫燧接到命令，嘆口氣說：「是當死生以之矣！」因為宸濠的異謀，已是「司馬昭之心，路人皆知」，隨時可生劇變。為了已有殉難的決心，他把家眷送回餘姚，獨攜兩僮到任。明史「忠義傳」：

南昌人洶洶謂「宸濠旦暮得天子」。燧左右悉宸濠耳目，燧防察密，左右不得窺；獨時時爲宸濠陳說大義，卒不悛。陰察副使許逵忠勇可屬大事，與之謀。

由於胡世寧的告密反而得罪，所以孫燧認爲上書朝廷，毫無用處，他與許逵計議，以「禦盜」爲名，備兵各地，同時怕宸濠強奪軍械庫，將省城所貯兵器，分運他處。宸濠知道孫燧不好惹，用對付張璝的故智，送他「棗梨薑芥」，孫燧笑而不受。

許逵是河南固始人，進士出身而儀表修養，都似名將，他在正德十二年到江西當按察副使，一到就大捉宸濠所庇護的羣盜。這不但是爲了地方治安，而且他另有一套看法。

四十一、偵破臧賢家的複壁

許逵的話是如此：「寧王敢爲暴者，恃權臣也；權臣左右之者，貪重賄也，重賄由于盜藪，今惟翦盜則賄息，賄息則黨孤。」這一段話道出了許多內幕，原來「權臣」所得的重賄，出於盜劫！細細想去，宸濠以一隅之地，而有有司掌管民政，即令苛徵祿米代金，強奪民產，以河泊所徵收船隻通過稅，所有收入在保持王府的體制，招兵買馬，維持一個廣闊的情報網之外，實亦難有餘裕；然則既不能如漢初藩王的煮海成鹽，開山得鐵，則不以盜刼，何來鉅款塡權臣的貪壑？取之於民，用之於官，必成亂世。中共早期的做法，就是這樣，不過行賄的對象，不限於權臣而已！

既然昏君無勤政之心，權臣有默成之意，似乎無人能制處心積慮製造第二次靖難之變的宸濠？由於弘治十八年的深仁厚澤，不惟有效死盡忠之士；更由於弘治十八年的勤求治道，也造就了弘通幹濟之才，所以叛亂一起，隨即煙消火滅。

叛亂的表面化，是由武宗左右小人的傾軋所引發。江彬與錢寧不和，而太監張忠等人就想借江彬以傾錢寧；所持錢寧之短，即在交結宸濠一事，但發之太早，宸濠罪狀不顯，便扳不倒錢寧，所以一直在等待機會。

正德十四年初夏，時機成熟了，其時宸濠居父喪，矯情飾禮，南昌無行士子，保舉寧王孝行，巡撫孫燧及巡按御史爲了緩和宸濠的逆謀，亦具疏上奏，武宗一見驚詫，他說：「百官賢當陞，寧王賢欲何爲？且將置我於何地耶？」武宗資質不壞，所以能在荒唐糊塗之中，說出一兩句明白事理的話來。於是張忠密奏錢寧、臧賢交通宸濠的情事。同時東廠太監張銳與楊廷和，亦發覺情況嚴重，秘密商定，革寧王的護衛。風聲一露，言官發難攻宸濠，明史紀事本末：

御史蕭淮疏稱寧王不遵祖訓，包藏禍心，招納亡命，叛形已具。疏入，江彬、張忠贊其說，遂敕義（按：太監賴義）等往革其護衞。給事中徐之鸞、御史沈灼各上疏宸濠不法事，詔發兵大索宸濠偵卒於臧賢家。時，宸濠偵卒林華匿賢家，家多複壁，外鑰木櫥，開則長巷，人無覺者，華以是得脫歸不獲。

這一來宸濠自然要有動作了。

四十二、崔元奉旨戒飭宸濠

其實宸濠大可不必驚慌，因爲首輔楊廷和主張採取緩和的手段，只要宸濠能夠斂跡改過，不會有禍。楊廷和的建議是仿照「宣宗諭趙王故事」；趙王者，成祖第三子高燧，爲宣宗的胞叔，當宣宗的另一胞叔漢王高煦謀反時，宣宗突出不意，親往山東樂安問罪，擒高煦回京。在彰德的高燧，得到信息，頗爲不安；於是宣宗納楊士奇的建議，遣駙馬都尉袁容、左都御史袁觀齎璽書至彰德宣示。高燧大喜，獻護衞輸誠，一場骨肉相殘的鉅禍，得以消弭於無形。

楊廷和以此前例進言，因而有賴義的使命；此行一共三個人，除太監賴義以外，另外兩人是武宗的姑夫，尚憲宗第二女永康公主的駙馬都尉崔元和左都御史顏照壽，負「戒飭宸濠」之責，由於「戒飭」二字，彈性甚大，崔元特地向楊廷和去求教，楊廷和就拿「趙王故事」告訴了他。所以，只要宸濠能像趙王那樣獻出護衞，則既有不願興兵戎的首輔楊廷和，又有爲宸濠多方彌縫的錢寧，可保無事。但眞如俗語所說的「賊膽心虛」，宸濠接得林華的報告，連想到的不是趙王的故事，而是荊王的故事。

荊王瞻堈，仁宗第六子；先封在江西建昌府，府治南城。王宮中有大蛇自樑間蜿蜒而下，正瞰王座，荊王大懼，請求徙封；於正統十年移藩湖北蘄州。

瞻堈的長孫叫見潚，天順五年襲封，此人形同禽獸，「錮母，奪其衣食，竟死；出柩於竇」，竇者是後宮菜圃之類的地方，在牆上所開的一個洞，宮人死後，由此移屍而出。又「召見溥入後園，箠殺之，給其妃何氏入宮，逼淫之。」見溥與見潚同母，見潚就因爲他母親偏愛老二，始有弑母殺弟的大逆之行。又「從弟都昌王見潭妻茆氏美，求通焉；見潭母馬氏防之嚴，見潚髡馬氏，鞭之。囊土壓見潭死，械繫茆氏入宮」。

於是見濂的異母弟，樊山王見濮大懼，密奏朝廷；其時孝宗在位，遣太監蕭敬，駙馬都尉蔡震，都御史戴珊，往召荊王見濂，到京後，幽錮西內。後來因爲有謀反的實跡，賜死。此爲弘治七年間的故事。

蔡震一行往蘄州時，來去都取道南昌，因此荊王被擒，爲宸濠所親見；他以爲崔元等人卽是照此行事，如果奉召赴京，則必死無疑。

四十三、巡撫孫燧在王府被縛

林華逃歸南昌之日，是六月十三，這天恰好是宸濠的生日，大宴江西的文武官員；宴罷，宸濠召「狗頭軍師」劉養正密議。劉養正跟宸濠原來商定的計劃，是在六月十五起事；因爲這年己卯是大比之年，六月十五那天地方大僚入闈監臨，城防空虛，易於成功。至是，劉養正認爲「事急矣！」非提前行動不可；決定趁第二天「鎭巡三司」等入府謝賜宴的機會，一網打盡，投降便罷，不降卽殺。

於是星夜招集盜首吳十三、凌十一、閔廿四等人，部署待命。第二天一早，宸濠把李士實找了來，拿所定的計劃告訴了他；李士實唯唯稱是。這樣的大事，連李士實亦無所獻替，就憑劉養正一個人撮弄；宸濠必敗，不卜可知。

到了天色大明，江西文武地方官由巡撫孫燧率領，入府謝宴。這天寧王府中依舊張燈結綵，但喜氣與殺氣交併；宸濠在受禮以後，出臨露臺，大聲問道：「你們知道不知道大義所在？」

孫燧詫異，便問：「王爺何出此言？」

宸濠大聲說道：「孝宗爲李廣所誤，抱民間子當親生兒子；我大明朝列祖列宗，不能享用血食，已經十四年。如今奉太后密詔，命我起兵討賊，你們曉得不曉得？」

這是宸濠製造的藉口，誣武宗不是孝宗的親子；果有實據，則宗藩起兵有所主張，也還說得過去，無奈從來沒有這樣的說法；而且作假也作得不像，起碼僞造一道太后的密詔，才能自圓其謊。因而謊話立即被拆穿；孫燧問道：「那裏來的這話！請王爺拿太后的密詔出來，大家看看！」

這一問把宸濠問住了，強詞奪理地喝道：「你不必多說。我問你，我現在要到南京，你保不保駕？」

這一下原形畢露，孫燧變色大怒，這樣答道：「你是自速其死！天無二日、民無二主；你想，我會跟你一起造反？」

大致像這樣的事，應該有一番好好的做作，用個「磨」字訣，軟語相磨，多方求取諒解，能把孫燧說服了最好；說不服，也應該把他軟禁在那裏，以繫民望，必要時還可以拿他作個人質，交換一點甚麼。只是宸濠僅能搞些「棗梨薑芥」的小聰明，不是甚麼奸雄，完全不懂這些道理；當時便喝令校尉火信，把孫燧綑起來。

四十四、副使許逵同時就義

其餘官員驚愕失色，但採取行動的只有一個許逵，當他上前制止火信，發生爭吵時，在露臺的宸濠便問：「許副使說甚麼？」許逵答道：「副使唯有赤心！」等宸濠以死相脅時，許逵也翻了臉，破口大罵：「你殺我，皇上能殺你。你是反賊，合當碎屍萬段，悔之無及！」宸濠大怒，連他一起抓了起來，與孫燧就義於南昌惠民門外。

當時到的官員甚多，有的附逆，有的不從；不從者下獄，計有巡按御史王金等十人。附逆的有七個人，官階最高的是左布政使王綸，宸濠派他當「兵部尚書」；另有「左右丞相」，不用說是李士實與劉養正，四十三天的「從龍之臣」，如斯而已。

南昌城內各衙門，當然爲宸濠所刼收；同時分兵略地，凌十一、吳十三、閔念四被封爲將軍，往北攻九江、南康；又派他的內親婁伯攻南昌東南的進賢，出師不利，爲進賢知縣劉源清所斬。其時江西的官軍，因爲平了桶岡、橫水、利頭的強盜，戰鬬經驗，相當豐富，士氣亦頗旺盛，所以對宸濠部下土匪，毫無懼色，此固爲致勝之因，而最主要的是，宸濠部下，缺乏兵器，拿着木棍造反，無非送死。於此不能不佩服孫燧、許逵的深謀遠慮；曲突徙薪，爲功不細。

平宸濠之役，成功成仁，皆非比等閒！孫燧、許逵之死，由於江西百姓感念太深，皆有神話，明史「忠義傳」：

燧生有異質，兩目爍爍夜有光。死之日，天忽陰慘，烈風驟起凡數日，城中民大恐；走收兩人屍，屍未變，黑雲蔽之，蠅蚋無近者。明年，守臣上其事於朝，未報。世宗卽位，贈禮部尙書，謚忠烈。

孫燧有子三人，爲父廬墓三年，更墨衰三年，計服六年之喪，世稱「三孝子」。孫家其後大昌，出過一個宰相，就是光宗卽位以後入閣的孫如游。孫燧子孫事蹟，見於明史的，有六人之多。所謂「積善之家，必有餘慶」，無非身教家法，導子孫以正而致之，所以忠臣必出孝子，亦以此故。

許逵是河南固始人，死得頂天立地，明史本傳：

縛之曳出，斫其頸，屹不動；衆共推抑全跪，卒不能，遂死。

四十五、王陽明當機立斷

許逵與孫燧一樣，一到任看出宸濠必反，就打算着有殉難的一天，曾經寄給他一個姓張的朋友一部文天祥的集子，而有書無信，盡在不言，他的朋友就知道他決心以文天祥自期了。

朋友尚且如此，許逵的父親自然更深知其子；居鄉之日，得到消息，說寧王已反，殺了一個州撫，一個副使，許逵的父親卽爲許逵設立神主，易服而哭，辦起喪事。他人奇怪，副使甚多，有兵備副使，分巡副使，還有提學副使，一省總有七八個副使之多，何以見得殉難的一定是許副使？他的父親答道：「不會錯，死的一定是我的兒子！」

許逵的長子叫做許瑒，世宗卽位以蔭封得官，明史「忠義傳」：

嘉靖元年詔，逵死事尤烈，改贈逵禮部尙書，進蔭指揮僉事。長子瑒好學，有器識，旣葬父，日夜號泣，六年而後就蔭；人或促之，瑒曰：「吾父死，瑒乃因得官。」痛哭不能仰視。瑒子茹，事親孝……許氏子孫不如孫氏貴顯，亦能傳其家。

此是忠臣必出孝子的又一明證。說中國傳統的修齊治平之道，一以貫之，這話實在有點道理；試看，有閹黨劉志選的直系親屬，賣他的老命以圖富貴；就有許瑒的不忍以父死而得官。因此，如說某一達官的子弟家人多行不法而不加制止，獨他本人能淸廉正直，孜孜奉公；這話說甚麼也不能令人相信。

宸濠之亂的成仁者，可以孫燧、許逵爲代表；不有此輩，王陽明不能成大功，所以成仁實亦成功。但自古迄今，總是報成功者厚，而報成仁者薄，此所以令人氣短。至於王陽明則不但功成不居，且諱言爲功，是卓絕千古的第一流人物，又當別論。

王陽明未入宸濠羅網，殆有天意。他是六月初九從南昌起程南下，預備轉往福建；六月十五船到南昌西南的豐城地方，知縣顧泌已接到宸濠的僞檄，上船面告，王守仁當機立斷，取消福建之行，留在江西戡亂，四十三日而弭巨患，武功爲漢朝霍光以來所未有，但事功之名，爲其學術成就所掩，宣乎表而出之。以下從王陽明逃脫劉瑾毒手談起。

四十六、事功爲學術所掩

王陽明於正德元年年底，因上疏論救言官戴銑，得罪了劉瑾，杖五十，謫官貴州龍場驛驛丞；而劉瑾餘怒不息，秘密派人守在半途，要置之於死地。王陽明發覺其事，使了個「金蟬脫殼」的手法，經過杭州時，假作投錢塘江自盡，江上浮着冠履，江邊留下一首遺詩，有「百年臣子悲何極，夜夜江濤泣子胥」，明示已追隨伍子胥於江底。浙江的地方官都相信他是死了，在江邊設祭，家人亦成服治喪；這樣才使得劉瑾撤回了伏擊的偵卒。

其實他已附搭商船去遊普陀。盛夏多颱風，一日一夜漂流至福建，入武夷山遇到一個舊識，問起出處，王陽明表示將遠遁隱藏。那人提醒他說：「汝有親在，萬一瑾怒逮爾父，誣以北走胡，南走粤，何以應之？」於是爲他占了一卦，得「明夷」；這一卦的占釋是：「南征吉」。王陽明當然聽從勸告，由武夷下山，先到南京省視他的老父南京吏部尚書王華，然後仍回杭州，赴貴州龍場驛到任。此爲正德二年一年中的事。

下一年春天到了龍場驛，卽今貴陽西北的修文縣，其地在萬山叢中，野獸大蛇，瘴癘蠱毒，還有言語不通的苗子；可通言語的漢人，則皆爲亡命之徒。就在這樣非復生人可居的地方，王陽明大悟「格物致知之旨」，發明了知行合一的學說。第二年，貴陽提學副使席書，聘請他主持貴陽書院；貴州「士始知學」。

正德五年陞任江西廬陵知縣，政績斐然。「王陽明年譜」說：

爲政不事威刑，惟以開導人心爲本。蒞任初，首詢里役，察各鄉貧富奸良之實而低昂之。獄牒盈庭，不卽斷射，稽國初舊制，愼選里中「三老」，坐申明亭，使之委曲勸諭，民胥悔，至有涕泣而歸者，由是囹圄日淸。在縣七閱月，遺告示十有六，大抵諄諄慰父老，使敎子弟，毋令蕩僻。……絕鎭守橫征，杜神會之借辦，立保甲以弭盜，淸驛遞以延賓旅。

王陽明不能久任廬陵知縣，是因爲這年八月，劉瑾爲張永攻倒；凡受劉瑾荼毒者，皆得復起，王陽明奉旨入覲，於十一月間到京，住在姚廣孝駐錫之地的大興隆寺。這時的王陽明，在學術上的名氣已經很大了。

四十七、王陽明巡撫南贛

陽明之學，在京師大爲風行。大興隆寺中，問學受業者，絡繹不絕，甚至方獻夫以吏部郎中，官位高於王陽明，亦北面稱弟子。其時楊一淸當吏部尙書，頗爲器重王陽明；在吏部由主事而員外、而郎中，到正德七年年底，升爲南京太僕寺少卿；這是個閒差使，而門人從遊者極衆，所以徜徉山永，從容論學，聲氣甚廣。陽明之學的要旨在「致良知」三字，一念之間，直接孔孟大道，但學問的基礎不厚，則易流於空虛放誕；又有人以爲此是做學問的捷徑，只要「頓悟」卽可，而所悟者與孔孟之道不相干，因此，王陽明自己有一番反省。年譜正德九年五月條：

> 游學之士，多放言高論，亦有漸背師敎者，先生曰：「吾年來欲懲末俗之卑汚，引接學者，多就高明一路，以救時弊。今見學者，漸有流入空虛，爲脫落新奇之論，吾已悔之矣！」故南畿論學，只教學者存天理、去人欲，爲省察克治實功。

此爲陽明之學的一變，亦爲陽明之學可大可久的關鍵所在。因爲雖人人可爲聖賢，世界畢竟還是中材的世界，不從「省察克治實功」中去進德修業，人人要做聖賢，雖田夫野老亦可入廟堂論道，不就像碧城十二，盡皆大羅神仙一樣地虛無飄渺？所以淸初大儒，凡善學陽明者，如孫夏峯，首重實踐，從日常倫理中見省察克治之功，出則經國救民；入則孝悌傳家，不立門戶，不存私見。夏峯高弟湯潛庵，以爲「學者不求實踐，花功夫辨古人異同，亦是玩物喪志」，雖爲有感而發，而實爲鞭辟入裏的至理名言。陽明之學到此境界，才可以超越程朱；陸稼書稍遜於湯潛庵，亦正以此故。

話雖如此，「大禮議」之興，不能不說是出於陽明之學的一種反動。王門友生如席書、方獻夫、黃宗明、黃綰等，皆爲「大禮議」的贊助人物。此段功罪是非，這裏無從細論；但除黃綰的「傾狡」，有辱師門以外，其餘「持論差平，然事以激成，末流多變，蓋至（興獻王）入廟稱宗，則亦非諸人倡議之初心」，這段明史席書等傳的論贊，相當公允。

正德十一年，王陽明升爲「都察院左僉都御史，巡撫南贛汀漳等處」，此爲兵部尚書王瓊，獨具法眼，深謀遠慮下的一着好棋。

四十八、練鄉兵剿撫兼用

王瓊是太原人，「爲人有心計，善鈎稽」，是第一流的主計人才，人品瑕瑜互見，就今日而言，可說瑕不掩瑜。正德十年陸完調長吏部，王瓊由戶部調爲兵部尙書，一接事，就有一項極可稱道的革新，明史本傳：

時四方盜起，將士以首功進秩，瓊言：「此嬴秦敝政，行之邊方猶可；未有內地而論首功者，今江西、四川妄殺平民千萬，縱賊貽禍，皆此議所致。自今內地征討，惟以蕩平爲功，不計首級。」從之。

按：首功者，以殺敵多寡計功高下，殺一敵則割一左耳報功；耳上不曾寫字，是敵是老百姓，全不分明，所以首功不僅爲敝政，直可謂虐政。王瓊僅是此一建議，冥冥中不知積了幾多功德。又本傳：

帝時遠遊塞外，經歲不還，近畿盜竊發，瓊請於河間設總兵一人；大名、武定各設兵備副使一人，責以平賊。而檄順天、保定兩巡撫嚴要害，爲外防；集遼東、延綏士馬於行在，以護車駕，中外恃以無恐。

從這一段記載中，可以看出王瓊的才具；但本傳又說：

瓊才高善結納，厚事錢寧、江彬，因得自展，所奏請輒行，其能爲功於兵部者，亦彬等力也。

這是「逆取」；若能「順守」，便是濟世應變的長才。可惜的是，往往初心無他，而漸致迷失本性。權力易使人腐化，於此似又得一證。

王陽明到南贛巡撫任，是在正德十二年初，那時正是江西鬧盜匪最厲害的時候，一方面劇盜據江西、福建、廣東三省交界之處，爲害商旅；一方面是宸濠招納亡命，多方庇護，留爲日後造反之用。因此王陽明受命辦賊，實際上亦等於防制宸濠，是二而一、一而二的事。

王陽明在京師時，跟王瓊是否曾取得默契，無可查考，只知道他到任以後，剿匪相當成功，他的辦法是「行十家牌法」肅清奸宄；選鄉兵、立兵符，建立自衞武力的選練調發制度，然後剿撫兼施，而「戰地政務工作」又做得極好，所以一年三個月，便收全功，漳州、橫水、桶岡、利頭等處的巨寇，一律剿平。當然，王瓊的全力支持，使王陽明得以放手辦事，爲平盜獲得優異效果的一大關鍵。

四十九、王陽明由南昌赴閩

王瓊對王陽明的支持，計有兩事，第一是改南贛巡撫爲「提督南贛汀漳等處軍務」。巡撫上馬管軍，下馬管民，雖可執行軍法，但撫之爲撫，顧名思義，可知軍權是有限度的，王陽明曾上疏云：

我國家有罰典，有賞格，然罰典止行於參提（按：謂參革、提拿）之後，而不行於臨陣對敵之時，賞格止行於大軍征剿之日，而不行於尋常用兵之際，故無成功。今後凡遇討賊，領兵官不拘軍衞有司，所領兵衆有退縮不用命者，許領兵官軍前以軍法從事；領兵官不用命者，許總統官軍前以軍法從事。所領兵衆有對敵擒斬功次，或赴敵陣亡，從實具報，覆實奏聞，陞賞如制。若生擒賊徒，問明卽押赴市曹，斬之以徇，庶使人知警畏，亦可比於令典，決不待時者。如此則賞罰旣明，人心激勵，盜起卽得撲滅，糧餉可省，事功可建。

基於此一理由，王陽明要求發給「令旗令牌，便宜行事」。所謂「令旗令牌」，卽是「王命旗牌」；此一制度在清朝還保留着，督撫有「決不待時」的大權。在當時，巡撫請旗牌，事先奏報，事畢繳還，不能迅赴事機，適時應變，所以王陽明有此請求。奏下兵部，王瓊以爲「宜從所請」，於是改巡撫爲提督，得以軍法從事，並給旗牌八面，不但王陽明本人可以便宜行事；連他所委的統兵官亦得授以生殺之權。以後平宸濠之亂，王陽明能够獨斷獨行，不誤戎機，卽得力於此。

第二是江西鎭守太監畢眞，要求爲王陽明的「監軍」。明朝太監監軍，意在監視主將越軌，結果變成掣肘，往往成事不足，敗事有餘，是個最不合理的制度。畢眞此時剛到江西，受了宸濠的指使，想侵分王陽明的兵權；事爲王瓊所知，上疏以爲兵法最忌遙制，如果南贛用兵，必須謀之於在南昌的鎭守太監，斷乎不可。同時又很巧妙地接了一句：「惟省城有警，則聽南贛策應」，無形中擴大了王陽明的軍事管轄範圍。凡此區處，意在對付宸濠，亦不能說是隱秘難明；而宸濠的謀主，如在夢中，劉養正眞正是狗頭軍師，宸濠請教此輩，不亡何待？

王陽明的得以在宸濠起事之前，坐船離開南昌往福建，實亦由於王瓊的安排。

五十、王陽明易舟而遁

明史紀事本末：

（王）守仁提督江西，致仕侍郎李士實素與宸濠通，一日，守仁見宸濠舉宴，士實亦在座，宸濠因言上政事缺失，外示愁嘆，士實曰：「世豈無湯武耶？」守仁曰：「湯武亦須伊呂。」宸濠曰：「有湯武便有伊呂。」守仁曰：「有伊呂何患無夷齊？」於是守仁陰爲之備。會五月間，福州之衞軍進貴等作亂，兵部尚書王瓊知宸濠且反，謂主事應典曰：「進貴亂，小事，不足煩王守仁。但假此便宜敕書，在彼手中，以待他變可也。」乃具題敕令守仁查處福州亂軍。

王陽明期前脫出南昌，到豐城接得知縣顧佖的報告；同時宸濠亦已派兵南下來追，王陽明跟兩個幕友，捨棄官船，換乘一條小漁船，到了臨江府府治的淸江縣。臨江知府戴德孺，正在惶惶不安，一見王守仁到了，喜不可言，把他迎入府城，請他調度應變。

臨江府距南昌只有二百七十里，又在大江之濱，不宜拒守。王陽明當機立斷，決定以吉安府作爲指揮中心。吉安就是廬陵，適居江西之中；知府名叫伍文定，文武兼資，是王陽明最得力的一個部屬，明史本傳：

> 伍文定字時泰，松滋人，父琇，貴州參議。文定登弘治十二年進士，有膂力，便弓馬，議論慷慨。授常州推官，精敏善決獄，稱强吏。

以後在浙江、在江西做官，以善於捕盜出名。宸濠一反，人心惶惶，相率逃難；伍文定一看這情形，怕後方動搖，壞了大局，殺了一個人，懸首示衆，吉安才告安定下來。

等王陽明一到，臨近各府的地方官，亦都趕到吉安報到。王陽明召開了一次軍事會議，首先要研究的，就是宸濠的動向。

宸濠有上中下之策，上策是直趨京師，出其不意；中策是順流東下，直趨南京，據大江南北，亦足以圖天下；如果只是盤踞江西省城，相機進窺，則爲下策。王陽明因爲各地都無防備，便要想個緩兵之計，教宸濠在南昌多留幾天。

五十一、在文天祥祠堂祭孫燧

於是王守仁想了一計，僞造了一通兩廣巡撫致廣東越大庾嶺到江西各地的公文，說是接到兵部的「機密火牌」，都督許泰等將邊京兵四萬、都督劉暉等將京兵四萬，水陸並進；南贛提督王守仁、湖廣巡撫秦金、兩廣巡撫楊旦各率所部，合計十六萬，直搗南昌，所至之處，有司備辦糧草供應，不足者以軍法論。又僞造一封信，封入蠟丸，致李士實、劉養正，嘉獎其歸誠之心，叮囑他們勸宸濠早離南昌到南京。然後派遣間諜，將這兩通僞造的文書，洩漏給宸濠。

宸濠果然中計，旣驚且疑，不敢輕離南昌；而李士實、劉養正亦果然來勸他速到南京，即位爲帝，宸濠有了先入之言，益起疑心，在南昌按兵觀變。直到七月初，才知道邊兵、京兵以及三省會剿之說，全屬子虛烏有。

就這十幾天的功夫，王陽明已以卓越的組織才能，完成部署。他到吉安以後的行動如下：

第一，飛章告變，說是，本來應該遵旨到福建處理衞軍叛亂事件，但：

天下之事莫急於君父之難，若彼順流東下，萬一南都失備，爲彼所襲，彼將乘勝北趨，旬月之間，必且動搖京畿，如此則勝負之算，未有所歸，此誠天下安危之大機！慮念及此，痛心寒骨，義不忍捨之而去，故遂入城（吉安）撫慰軍民，督同知府等官伍文定等，調集兵糧、號召義勇……。

第二，是奏請起用在籍官員，共赴義舉，奏請授以緊急職任。

第三，招募義勇，並由伍文定在吉安文天祥祠堂，設立孫燧、許逵的神主，率衆祭祀，以激起忠義之氣。

其時宸濠亦有部署，是派本藩的宗支栱樤與內監萬鋭守南昌，遣降官潘鵬、李斅遊說安慶、吉安投降。自與「左右丞相」李士實、劉養正，率兵東下，部衆六萬，號稱十萬，以劉吉監軍，降官王綸參贊軍務，葛江爲「都督」，分爲五哨一百四十餘隊，軍出鄱陽；宸濠自己帶着婁妃、姬妾、世子在中軍坐船上指揮。陷九江，直趨安慶；攻圍十日之久，因爲知府張文錦及守將堅拒，相持不下。

五十二、大集義師於樟樹鎮

安慶上溯武漢，下航金陵，爲腰膂之地，長江有事，每爲戰守之所；曾氏兄弟平洪楊，下安慶而金陵門戶大開，所以此地能够堅守，對王陽明來說，爲成大功的關鍵。否則浙江鎮守太監，原在江西與宸濠有勾結的畢眞，已準備起兵相應，贛浙兩路攻南京，王陽明孤軍望風奔命，趕到南京，則以其城池的高大堅固，宸濠可以憑城頑抗，曠日持久，大江南北，生靈塗炭；而武宗又必親征，徵發騷擾，老百姓大受其害，以後將會發生怎樣的演變，實在難說得很。由此可知，安慶守城的文武官員，厥功甚偉，明史紀事本末：

秋七月……戊戌（按：初七）宸濠趨安慶，知府張文錦、都指揮楊銳、指揮崔文令軍士鼓譟登城大罵之。宸濠遂留攻安慶。時九江、南昌旣陷，遠近驚駭，三人憑孤城，以忠義激士誓衆死守。僉事潘鵬，安慶人也，宸濠令鵬遣家屬持書入城諭降；崔文手斬之，磔其尸投城下，宸濠令鵬至城下說之。文引弓欲射鵬，鵬走免；張文錦卽鵬家盡誅之。宸濠盡攻擊之術，不能克。

因爲爭取了這一段時間，王陽明才能釐定戰略，是救安慶，還是攻南昌？否則，根本就沒有選擇的餘地。

王陽明大集義師於臨江府的樟樹鎮，是在七月十二，吉安、臨江、袁州、贛州四府十數縣，各引義兵報到，總數八萬，號稱三十萬；七月十八，王陽明在豐城召集軍事會議，當時對進兵方向，因爲士氣旺盛，多主張救安慶，理由是宸濠謀反，半個月後方始出兵，在此時期，可以想像得到，是對南昌作了週密的部署，一時怕攻不下。而安慶方面，宸濠久攻不克，兵疲意沮，如果義師由水路進逼，安慶守軍開城夾攻，則宸濠必敗無疑。

王陽明是這樣回答：「不然，我師越南昌下，與寧王持江上，安慶之衆，僅能自保，必不能援我於中流。而南昌兵窺其後，絕我糧道；南康、九江又合勢乘之，腹背受敵，非利也！不若先攻南昌，寧王久不克安慶，精銳皆出，守禦必單弱，我兵新集氣銳，南昌可克也。寧王聞我攻南昌，必解安慶圍，還兵自救。旣來，我師已克南昌，彼聞之自奪氣，首尾牽制，此成擒矣！」這番分析，相當圓滿，於是定議，先攻宸濠的老巢。

五十三、伍文定率師攻南昌

於是分兵十三哨，每哨自三千人至一千五百人不等，以伍文定爲先鋒，各攻一門，另餘四哨，作爲游擊，外圍策應。此時宸濠有一小支伏兵在寧王府的墓園中，王守仁接得諜報，派一名知縣率兵奇襲，夜間從間道突出不意，打了個勝仗，先聲奪人，城內已經膽寒了。

第二天，也就是七月十七，從豐城發兵，王陽明下了一道極嚴厲的軍令：

一鼓附城，再鼓登；三鼓不登，誅；四鼓不登，斬其隊將！

同時刷印了許多告示，潛送到城中分發，令南昌居民，閉戶自守，勿助逆，勿驚慌。到了晚上，將攻城的雲梯等物，運到城下，到了時候，一聲令下，奮勇踏軟梯而上，城上守卒，不是聞風倒戈，就是四散逃走，而居然有幾個城門未關，一推就開，所以一天亮，南昌便已光復。

但是各地義師的軍紀不一，贛州、奉新一帶來的部隊，多爲投降的強盜，打仗驍悍，打勝了就壞事了，燒殺搶掠，不守約束，王陽明當機立斷，派出執法的部隊，拿不守軍紀的當街殺了幾個，才能把局面安定下來。

老巢一失，宸濠自然大起恐慌。其時他正在安慶城下，親自督兵塡壕塹，期在必克；得到南昌城破，拱樤及萬鋭被擒，寧王府縱火自焚的消息，立刻便放棄了攻安慶的計劃，先遣兩萬部隊回援南昌，自己親督大隊，接續回師。

就戰略而言，這一着是大錯特錯，亦可說是一誤再誤；因爲早知如此，不如不出，既然已經失去，不如索性往前，而最重要的一點是，卽令能奪回南昌，犧牲必鉅；而朝廷必遣大軍討伐，盡舉國兵力，攻一隅之地，勝敗之數，不卜可知。而況主客異勢，王陽明的義師變成以逸待勞，要奪回南昌，不是件容易的事。

當時李士實和劉養正便勸不必回師，也不必攻安慶，順流而下，直取南京先卽了帝位，江西可以傳檄而定。宸濠不從，「左右丞相」一開始就不能見用，宸濠的造反，眞同兒戲。

這一下在南昌的義師，又有了兩派意見，一派主張堅壁自守，認爲宸濠兵多，而且「憑自憤怒」，將會銳不可當，所以應該先守住再說。

五十四、出南昌迎擊宸濠

王陽明不以爲然，他認爲宸濠兵力雖強，但所至刼掠焚殺，脅衆以威，既失民心，亦未嘗見過堂堂之陣，正正之旗，可決一死戰的大敵。對所部不過以事成封爵富貴作爲空言的誘惑，現在進取不能，老巢又覆，士氣一定不振，離心離德，只要以銳卒進擊，將不戰而潰。

於是出南昌迎擊宸濠。王陽明年譜記：

會撫州知府陳槐、進賢知縣劉源淸提兵亦至，乃遣伍文定、邢珣、徐璉、戴德孺各領兵五百，分道並進，擊其不意。又遣余恩以兵四百，往來湖上誘致之，陳槐、胡堯元等十二人各引兵百餘，四面張疑設伏，候文定等合擊之。

按：王陽明的義師共有八萬，但出擊宸濠的部隊，照上述計算，不過四千人左右，這因為民兵能擔任巡邏及後備的任務，而攻堅則必須用「選鋒」，卽王陽明所謂的「銳卒」，以四千敵六萬，則不止以一當十，但是兵雖在精不在多，而為了製造聲勢，必須誇大其詞，王陽明當時號稱有人馬三十萬，包括福建水師的「打手」以及兩廣的「狼達」兵，而宸濠部下，大多信以為眞，可見其諜報工作極差，此亦為宸濠敗亡如是之速的主因之一。

大戰發生在六月二十三夜裏，當時宸濠在一處名叫「樵舍」的地方紮了水寨，王陽明仍舊重用伍文定。以正兵當其前，乘夜急進，余恩作為後隊；贛州知府邢珣，繞出敵後，以擊其背；臨江府知府戴德孺與袁州知府徐璉則擔任兩翼的攻擊。

兩軍相近，宸濠這面先發動攻擊，伍文定和余恩假作敗退；對方不明是誘敵之計，爭相前衝，顧頭不顧尾，後路空虛，於是邢珣展開突擊，他這支部隊打得很好，直衝敵陣中心；

伍文定和余恩麾軍反擊，兩翼同時側攻，四面伏兵齊起，喊殺連天，宸濠的部隊大亂，被擒斬的有二千多人，落水而死的上萬；宸濠不得已退保「八字腦」。明史紀事本末：

是夜（七月二十四）宸濠問舟所泊地，其對：「黃石磯」。南人謂黃爲王，宸濠惡其音爲「王失機」，殺對者。賊衆見兵敗，稍稍散去。是日，建昌知府曾璵等帥兵至，守仁謂九江、南康不復，則道路梗，湖廣援兵不能達，乃別遣知府陳槐等攻九江，曾璵等攻南康。

五十五、武宗預備親駕南征

在此鄱陽湖上戰雲密佈，面臨決戰之際，京裏卻正在庸人自擾。從南昌到京師，除了極少的、眼光銳利的人以外，無不過度高估寧王的實力和智謀，所以叛亂的消息到京，舉朝惴惴不安，只有兵部尚書王瓊鎮靜如常，他在朝堂安慰同僚：「諸公勿憂！我用王伯安（王陽明號伯安）鎮贛州，正爲今日！反賊早晚之間，就可被擒。」

他這話，第一個武宗就不相信，而且也不願聽，多少年來，他就盼望着有一試身手的機會，現在遇着這樣的「好題目」，如何肯輕輕放過？因而在江彬贊導之下，下了這樣一道詔旨：

宸濠悖逆天道，謀爲不法，殺巡撫等官，傳聞已至湖口，卽令總督軍務威武大將軍總兵官，後軍都督府太師鎭國公朱壽，親統各鎭邊兵征勦。以侍郎王憲，率戶兵工部屬各一人隨征；以張忠提督軍務，朱泰掛威武副將軍印，朱暉掛平賊將軍印，俱充總兵官，假以節制。其平鹵伯朱彬、左都督朱周隨駕南征。

朱壽是武宗自稱，朱泰卽許泰，朱暉卽劉暉，朱彬卽江彬，朱周原來的姓甚僻，姓神；神周原爲陝西都指揮，由江彬所荐，亦爲武宗的義子，賜國姓。

這時的閣臣，首輔爲楊廷和，以次爲梁儲、蔣冕、毛紀，武宗命楊、毛留守；梁、蔣隨扈。楊廷和力諫，無須親征，武宗說甚麼也不聽；其餘曾經力諫武宗行邊的，知道有了這樣的好題目，武宗振振有詞，說也無益。反正此去不如出塞，無乘輿失陷、危及社稷的顧慮，就讓他去玩一趟，算百姓倒楣就是了。

於是禮部奉詔，籌備親征大典。期前皇帝在禁中內教場，親自校閱「外四家」邊兵。出師前夕，服皮弁，乘革輅，祭告天地、太廟、大社，禡祭六纛之神，大饗軍士，然後頒詔發兵，旌旗耀日，鎧甲鮮明，大隊人馬如一條綵繡的長龍似地，浩浩蕩蕩出正陽門南下。

就在這天，來了一道飛奏，是個絕大的喜訊，但也是很殺風景的一件事；這道奏疏是王陽明自南昌所發，宸濠已經被擒，所部全軍覆滅。這一來親征就變成師出無名，所以武宗左右的佞臣，把這個捷報隱藏着不發佈；這是自有歷史以來，空前絕後、獨一無二的怪事！

五十六、鄱陽湖大破宸濠

與宸濠的決戰，不離鄱陽湖這個區域，當他自安慶回師時，先鋒由陸路進至南昌西北六十里的樵舍驛；大隊則駐於南昌東北、鄱陽湖濱的嬰子口，黃家渡則在南昌正東三十里，一戰而敗，連嬰子口也守不住了，宸濠只好退保八字腦，這個地方在鄱陽湖東岸，歸饒州府管轄，東距府治三十里。這就是說，宸濠由鄱陽湖西岸，退至東岸，整個湖面，幾乎已在義師控制之下。

宸濠當然不會甘心，盡發南康、九江守城部隊增援，一面大賞部下，「當先者千金，被傷者百金」，一面出動水師反攻，官兵敗死者數十人，陣腳有動搖的模樣，但文定奉命斬了前面退下來的幾個兵，同時身先士卒，立在砲銃之間，鬚髯着火，依然屹立不動；因而陣腳穩住，士氣復振，一炮及於宸濠旁邊的一條船，動搖了對方的陣腳，擒斬二千餘人，落水無算。宸濠又吃了一次敗仗。

於是重作部署，宸濠將主力集中在樵舍，而不旋踵間，一敗塗地。據王陽明的奏疏，敍當時戰況如此：

> 二十五日，賊復併力，盛氣挑戰，時風勢不便，我兵少卻，死者數十人，臣急令人斬取先卻者頭；知府伍文定等立於銃砲之間，火燎其鬚不敢退，奮督各兵，殊死並進；砲及寧王舟，寧王退走，遂大敗，擒斬二千餘級，溺水死者，不計其數。賊復退保樵舍，連舟爲方陣，盡出其金銀以賞士。臣乃夜督伍文定等爲火攻之具，邢珣擊其左，徐璉、戴德孺出其右，余恩等各官分兵四伏，期火發而合。二十六日，寧王方朝羣臣，拘集所執三司各官，責其間以不致死力、坐觀成敗者，將引出斬之。爭論未決而我兵已奮擊四面而集，火及寧王副舟，衆遂奔散。寧王與妃嬪泣別，妃嬪、宮人皆赴水死。我兵遂執寧王幷其世子、郡王、將軍、儀賓及僞太師、國師、元帥、參贊、尙書、都督、都指揮、千百戶等官。

這一役計斬三千餘級，落水死者三萬餘，元凶首惡，無一得脫。賊船數百艘，四散逃逸；王陽明分兵追擊，二十七日連破於樵舍，及南昌以北一百里外的吳城。王陽明則擒寧王等人回南昌，軍民傾城以觀；宸濠十年辛苦經營，半個月的功夫，煙消火滅。

五十七、宸濠被擒託厚葬婁妃

宸濠被擒，猶夷然不以爲意，王陽明年譜記：

濠就擒，乘馬入，望見遠近街衢，行伍整肅，笑曰：「此我家事，何勞費心如此？」一見先生（按：指王陽明）輒託曰：「婁妃賢妃也！自始事至今，苦諫未納，適投水死，望遣葬之。」比使往，果得屍，蓋周身皆紙繩內結，極易辨。婁爲諒女，有家學，故處變能自全。

按：此段記載，「紙繩內結」四字，意不可曉。據野史記載，婁妃知寧王必敗，深恐爲亂兵所辱，以布帛裹身，密密縫固，此爲情理所通；「紙繩」則一扯卽斷，向例獄囚繫袴用紙繩，亦因防其懸樑，用紙繩不堪承受體重，可保無虞。如婁妃「紙繩內結」，何能「自全」？又：婁妃爲婁忱的女兒；婁忱則婁諒的兒子，此記亦有誤。

又明史紀事本末：

宸濠見守仁，呼曰：「王先生，我欲盡削護衞，請降爲庶民可乎？」守仁曰：「有國法在！」遂俯首不言。初，宸濠謀反，妃婁氏泣諫不聽；及宸濠被擒，於檻車中泣語人曰：「昔紂用婦人言而亡天下；我以不用婦人言而亡其國。今悔恨何及！」守仁爲求婁妃屍葬之；得宸濠交賄大小臣僚手籍，悉焚置不問。

如果那些與宸濠交往的信，封奏御前，則必興大獄，眞會動搖國本；王陽明出以持重，目的爲求安定。當然，勾結外藩，形跡昭著的幾個人，決不能倖免。

第一個當然是錢寧，明史本傳：

宸濠反，帝心疑寧，寧懼，白帝收宸濠所遣盧孔章而歸罪（臧）賢，謫戍邊，使校尉殺之途以滅口。又致盧孔章瘐死，冀得自全。然卒中江彬計。

錢寧原來隨扈南征，江彬在中途向武宗建議，命錢寧回京，管理「皇店」；皇店在京城西北角，西直門與德勝門之間，原来名爲「積慶坊」、「羣玉坊」，是武宗在起造豹房時，拆兩坊民居，開設酒肆及各種商舖，名爲皇店。這原是用不着錢寧去經理的，江彬的作用是調虎離山，在途中盡發錢寧與宸濠勾結的事實，武宗說：「黠奴，我固疑之。」於是追捕錢寧，羈押在山東臨淸；在京的家屬，盡皆下獄。

五十八、武宗親迎劉美人

當然，錢寧家也抄了。據「天水冰山錄」附記，籍沒錢寧之數，「金七十扛，共十萬五千兩；銀二千四百九十扛，共四百九十八萬兩」，此外僅是胡椒就有三千五百石，資產之富，享用之奢，眞是駭人聽聞。

現在要談「正德皇帝下江南」的荒唐妙事。他是在良鄉時接到王陽明的捷報的，「匿不使下」，依舊浩浩蕩蕩南下，到了保定府駐蹕；那裏的巡撫叫伍符，聯合巡按、糧道等官，在大堂擺酒菜宴皇帝，分別侍酒。武宗知道伍符是好量，「與爲藏鬮之戲」，這種酒令大概就是「猜枚」，手心裏握幾粒瓜子，猜中了，被猜的人便得罰酒。伍符猜到了，武宗不高興，「故投手中鬮於地，令符拾之；罰符飲數瓢，頹然。上大笑。」

到了臨淸，武宗忽然想到「劉美人」。劉美人是個歌伎；上一年武宗出塞，在太原大索女樂，發見其中之一，容貌出衆，召來一試，歌喉絕佳。問她的出身，說是樂戶劉良的女兒，丈夫叫楊騰，是晉王府的樂工。有夫之婦，本來不入後宮的；武宗卻無此顧忌，從榆林回來，卽召入行幄，封爲「美人」，寵冠一時，武宗對甚麼人發脾氣，只要求得劉美人點頭，必可無事。所以江彬等人都尊稱她爲「劉娘娘」；照定制，不是后妃是不能稱「娘娘」的。

南巡之時，武宗原以爲此去有一場惡戰，帶着劉美人不方便，所以把她安置在通州，約定看情形再來接她。臨別之際，劉美人拔了一根玉簪給武宗，作爲迎取的信物；一過蘆溝橋，武宗因爲馳馬之故，把那根玉簪弄丟了，下令尋找；十幾萬人馬所經之處，去找一根小小的玉簪，無異大海撈針，找了幾天找不到，也就只好算了。

駕至臨淸，武宗想起劉美人，派人去迎接；劉美人問使者：「信物呢？」使者根本不知有此信物，劉美人就不相信是皇帝要她去，不肯走。

使者無奈，回到臨清面奏。武宗聽說，連夜坐一隻船，趕到通州張家灣，親自迎取。走的時候，左右根本不曉得；御駕失蹤，無不驚駭，仔細查問，才知其事，趕緊派人去追，而輕舟如飛，直到通州才趕上，武宗已經與劉美人並載而南了。

五十九、官員望舟遙拜聖壽

御舟所過，遇着個倒楣的湖廣參議林文纘，携眷赴任，武宗闖到他船上，搶了他的一個姨太太，繼續南行。舟過德州，正逢萬壽，岸上官員，望舟遙拜。

在山東一路流連，走了兩個月才過濟寧，漸近江南，騷擾更甚。「明武宗外紀」：

> 南京、山東、河南、淮揚等處文武官，皆以迎送車駕，戎服徒行，道路無復貴賤。彬不時傳旨號召，有所徵索，旗牌官銬縛郡縣長吏，不異奴隸。通判胡琮，懼而自經；南京守備成國公朱輔，見彬卽長跪；總兵鎮遠侯顧仕隆，稍不爲詘，彬怒，數窘之。彬又遣官校四出至民家，矯旨索鷹犬珍寶古器，民惴惴不敢致詰，或稍拂之，輒捽以身，近淮

之四百里間，無得免者。

由濟寧順流而下，在淸江浦駐蹕，此處黃、運交會，爲南來北往有名的大碼頭；武宗幸監倉太監張楊私第；而其興趣又一變，在北方行圍打獵，到了南方水鄉則累日釣魚。釣得的魚，分賜左右，各獻金帛致謝。這一路，遇到風景好的湖泊，如寶應氾光湖等，常常駐蹕垂釣，一直到十二月初一才到揚州。

揚州是自古風月之地，大駕一到，民間的婦女遭殃，大概是隋末以來的浩刼，先有太監吳經到揚州，挑選最壯麗的民居，準備駐蹕，但不稱行宮，稱「都督府」。吳經又矯旨徵集處女幼孀，民間汹汹，「搶親」之風大行，通常搶親是男方主動，而這一次多由女家主動，「掠寡男配偶，一夕殆盡。」也有連夜逃出揚州的；明朝的關禁相當嚴密，而竟不能制止。

揚州知府蔣瑤一看不成事體，跑去見吳經，爲民請命，吳經出言威脅，蔣瑤不爲所動，這樣答道：「小官抗上意，分應死。但百姓者朝廷之百姓，倘激生他變，恐將來責有所歸，故以告。」

吳經聽這一說，也有些顧忌，深怕弄成官逼民反，因而改變了辦法，秘密派人偵察，看準了有年靑貌美的寡婦及娼優之家；半夜裏派人傳呼說「駕到！」於是通衢大道，燭光如晝，吳經便帶着校尉，直入預先看中了的地方去搶人；有藏了起來的，便拆屋搜查，搜着了才罷手。這一夜揚州的哭聲，震動遠近；搶來的婦女則分寄尼庵，憤恚絕食而死的，比比皆是。

六十、幾百里不准畜猪

吳經矯旨，是爲了詐財，因而被擄之家，只要輸金，便可贖人；貧家婦女則全數送入總督府。當然，即令不中御選，亦是難保淸白的。

不但人遭殃，猪亦遭殃。朱、猪同音，武宗異想天開，禁止民間畜猪，數百里內，派兵屠殺一淨；當然，民間養猪人家，自己是不敢殺的，只有投入水中淹死。祭祀要用猪頭三牲，沒有猪，羊又受了池魚之殃，平白犧牲。

武宗在揚州的情形，據「明武宗外紀」所記是如此：

上自以數騎獵揚州城西，遂幸上方寺。自此數出獵，大擾；劉姫諫而止。獨總兵神周矯旨，至泰州搜取鷹犬，城中騷然；乃括居民百餘充獵手，東循草場，大獵三日，僅得獐兔數隻。復欲獵海濱，値道潦不果。上欲於南京行郊祀禮，以緩班師之期。大學士梁儲、蔣冕累疏諫，乃止。

按：郊祀爲天子祭天地，「冬至報天，夏至報地」，一在南郊，一在北郊，所以稱郊祀。武宗如果要在南京行郊祀，則本年冬至已過，要過了第二年冬至，方能班師；他的意思是想在江南多留一年，而以後是怎麼個情形，又無法預測，說不定流連忘返，則回鑾無日，所以梁儲極不可，三上奏疏，始能阻止。

「明武宗外紀」又記：

漁於儀眞之新閘，因視大江，命江彬攝祭。明日，幸民黃昌本家，閱太監張雄及守備馬炅所選妓，以其半送舟中，渡江至南京，祭南京太廟，如常儀。

按：武宗一路所掠取的婦女，除在御舟中充下陳以外，大多數送到京師浣衣局安置。浣衣局的柴炭，一年用到十六萬斤，至此又感不敷，請予增給。由此可以想見掠取的婦女，至少應以千計。

在南京，立春迎春，百戲雜陳。此外就是禮佛，「南朝四百八十寺」，南京多寺廟，武宗挾劉氏遍幸，命織造衙門繡製大旛，幢蓋、佛幔、經幨等等，賜予寺廟及和尚，上面所繡的字樣，係奉欽定：「威武大將軍鎮國公朱壽，與夫人劉氏施用。」

這樣到了二月裏，鬧出一場大虛驚；這場虛驚，亦有人說是江彬所故意製造的。

六十一、王陽明將宸濠交張永

事情是這樣，二月間御駕駐江寧以南的牛首山，一夜晚上，武宗忽然失蹤，左右皆不知其所在，諸軍夜驚，引起極大的騷動。以後武宗如何出現，是去了甚麼地方？成爲一個謎。有人則以爲此是江彬蓄不測之謀，藉此試探反應；眞相當然無法考查了。

現在回頭再來談王陽明。當武宗親征詔下，他曾上疏諫阻；王陽明做事講究效率，爲期諫勸能聽，他找了這樣一個理由，說宸濠「發謀之始，逆料大駕必將親征，先於沿途伏有奸黨，期爲博浪、荆軻之謀。今逆不旋踵，遂已成擒，法宜解赴闕門，或昭天討，然欲付之部下各官，誠恐潛布之徒，乘隙竊發，或虞意外，臣死有餘憾。」這是說「潛布之徒」，或者會「乘隙竊發」將宸濠劫走；其實是警告武宗，或會被刺。設詞頗見苦心，然而終歸於無用，武宗的答覆是以威武大將軍的身份，以檄文通知王陽明執持俘虜在原地等候大駕。

王陽明看事已如此，只能希望武宗留在南京，因而於九月間奏報在南京獻俘；江彬、張忠等人爲了滿足武宗的好大喜功，說要將宸濠放回鄱陽湖，由武宗親自接戰後成擒，奏凱論功。所以接二連三地派人去阻攔王陽明。世上豈可有這樣荒唐的事？王陽明迫不得已，連夜由廣信過玉山，帶着宸濠，由信安江經衢州、嚴州、順錢塘江到杭州，去見打前站的太監張永。

張永曾經聽從楊一清的計謀，翦除劉瑾，在武宗左右算是個明白事理的人；王陽明是這樣對他說：「江西之民，久遭濠毒，今經大亂，繼以旱災，又供京邊軍餉，困苦既極，必逃聚山谷爲亂。昔助濠，尙爲脅從，今爲窮迫所激，奸黨羣起，天下將成土崩之勢。至是興兵定亂，不亦難乎？」

張永深以爲然，很坦白地說：「吾之此出，爲羣小在君側，調護左右，以默輔聖躬，非爲掩功來也！但皇上意將順而行，猶可挽回萬一；若逆其意，待激羣小之怨，無救於天下計矣！」

王陽明爲了保全地方，不受騷擾剝削，只求大軍不到江西；此時相信張永的態度誠懇，便將宸濠交了給他，託病住在西湖淨慈寺。此時江彬等人，知道了王陽明的行蹤，以威武大將軍的傳牌，遣一個錦衣千戶來見王陽明，要索取宸濠。

六十二、錦衣千戶拒納程儀五兩

王陽明以天子而行臣道爲亂命，先不肯理，經屬官苦勸，方准接待；問他送那錦衣千戶多少程儀，王陽明說：「只可以送五兩銀子。」

五兩銀子那裏在錦衣千戶眼裏，發怒摔在地上；第二天要走了，不能不來辭行，順便想發頓脾氣，王陽明明知其事，卻很懇切地拉着他的手說：「我在正德初年，下錦衣獄甚久，不曾見過輕財重義，有如足下者。昨天些少薄儀，出自我的私囊，聊表意思而已；聽說你堅辭不受，讓我惶恐慚愧。我別無長處，就是善作文字；將來一定要寫篇文章爲你表揚，讓大家知道錦衣衞有你這樣的人。」這個錦衣千戶無話可說。這就是王陽明善於教人爲善之處；理學重實踐，而實踐有方法，板起面孔來說教，如果不是假道學，就是腐儒，與理學全不相干。

現在回頭再來說張永，此人不但幫了王陽明的大忙，而且調護之功，亦眞不可沒。當時江彬和張忠等人，將王陽明幾乎視作眼中釘，因爲先是妒功，接着又想奪功，儘管王陽明一再上奏，請歸省祖母，表示無意爭功；而此輩小人之心，不能度君子之腹，誣指王陽明最初依附宸濠，看宸濠勢敗，方始擒之以攘功。張永怕這話傳到武宗耳朵裏，有了先入之言，於王陽明大爲不利，所以極力維護，明史紀事本末：

張永知其謀，語家人曰：「王都御史忠臣爲國，今欲以此害之，他日朝廷有事，何以教臣子之忠？」乃先見上，備言其事；彬等毀遂不入。張忠又言：「守仁在杭，竟不至南京，陛下試召之，必不來，無君可知。」守仁即奔命至龍江，將進見，忠殊失意，又從中阻之。守仁乃綸巾野服入九華山，張永聞之，又力言於上曰：「王守仁忠臣，今聞衆欲爭功，欲棄其官，入山爲道士。」由是上益信之，命守仁巡撫江西，擢吉安知府伍文定爲江西按察司，贛州知府邢珣爲江西布政司右參政。

王陽明接孫燧的遺缺，擔任江西巡撫，時在十一月間；那時江西已鬧得一塲糊塗，年譜記載：

（張）忠等方挾宸濠，搜羅百出，軍馬屯聚，糜費不堪，肆爲飛語，時論不平。先生既還南昌，北軍肆坐漫罵，或故衝導起釁，先生一不爲動，務待以禮。

六十三、王陽明較射三箭中鵠

王陽明不但自己如此，而且約束南昌的官員軍民，不與北軍計較，同時秘密疏散南昌的居民，以防萬一北軍鬧事，可以少受損失。結果由於他堅守「以誠待人，委屈求全」八個字的原則，竟贏得了北軍的愛戴。

只是江彬、張忠等人，不能像他部下那樣，還有天良，對王陽明的凌逼，無所不至。有一次教場閱射，要王陽明也下場射鵠，這是強人所難。王陽明敬謝不敏；但逼着非出手不可，王陽明也就只好奉陪了。

射是孔門六藝之一，王陽明也會的，下場連發三箭，均中紅心，北軍爲之歡呼助威，而倖人則氣沮色變，王陽明一無矜色。這雖是修養上的小事，但對好名的人來說，卻是難能可貴，於此我要談個題外的插曲。

清末同光年間，玩金石的達官有二，都是蘇州人，一個是潘祖蔭，一個是吳大澂；門下兩個幫他玩金石的清客，卻都是浙江人，一個叫趙之謙，跟李慈銘小同鄉，卻爲李喚作「妄人」，在潘祖蔭門下，兩下積不相容。一個叫吳昌碩，是浙江湖州府安吉縣人。趙吳二人的名氣甚大，我就不必介紹了。

吳大澂也算是「清流」中人，在光緒十年恭王被黜，醇王當政的時代、政府中非庸卽貪，厭聞清流的諍言，多排擠在外，以名位相羈縻，因此吳大澂也當上了湖南巡撫。甲午戰起，朝廷大震，各省都奉詔講求戰備；吳大澂也在湖南練新軍，按期較射，當然用的是洋槍，不是弓箭。

吳大澂也喜歡用洋槍打靶，頗以「準頭」自詡，一次「連中三元」；適逢其會地，吳昌碩又送了他一塊漢印，文曰：「度遼將軍」。這兩件事湊在一起，使得吳大澂異想天開，想揚名異域，洋槍的「準頭」是這麼好，又有「度遼」將日本兵打出朝鮮的吉兆，豈非天意？

蘇州只出狀元，不出名將，只有明朝平兩廣藤峽盜的韓雍，是個例外。吳大澂大概想做韓雍第二，於是上旨請纓；當政者明知此非兒戲之事，但以清流好作慷慨激昂的虛嬌之論，便有意要他去「坐蠟」，吳大澂的督師山海關，與張佩綸當欽差大臣，馬江大挫，都是以國事修私怨所致，孫萊山之流的肉，豈足食乎？

六十四、張忠等私議應早班師

在王陽明，則此一番下場較射，收到了意想不到的效果，張忠、許泰等人，私相計議，因爲北軍爲王陽明歡呼助威，認爲是部下心向他人的一個明證，如果再在南昌逗留，會發生部隊譁變的危險，決定趁早班師。北軍在南昌三個月，糜費浩繁，不勝其擾，但如無王陽明，則後果將更不堪設想。

自正德十六年正月至六月，武宗都在南京，除「二月駕宿牛首山，諸軍夜驚」以外，竟不知幹了些甚麼？正史、野史均無可考；但這個謎與江彬的異謀，必有關連，王陽明年譜，十六年正月記：

江彬欲不利於先生。先生私計彬有他，即計執彬武宗前，數其圖危宗社罪，以死相抵，亦稍償天下之忿。徐得（張）永解。其後刑部判彬有曰：「虎旅夜驚，已幸寢謀於牛首。」

於此可以想見，江彬不知想了一個甚麼能够滿足武宗好奇之心的花樣，把他引到了一處秘密的地方；「武宗外紀」所謂：「左右皆不知上所在，大擾，久之乃定」的「久之」，有數月之久。而江彬逆謀未發，當是顧慮王陽明有備的緣故。

武宗到七月裏才在南京公開出現，江彬等人都爭着要冒獻俘的大功，張永極力反對，他說：「皇上不曾出京，宸濠已經被擒，王守仁來獻俘，過玉山、到杭州，昭昭在人耳目，不可以再來一次獻俘。」於是不得已變通辦法，以威武大將軍的「鈞帖」，命王陽明重上捷奏。

這亦是前所未有的荒唐之事，王陽明只好重寫奏疏，開頭是這樣說：

照得先因宸濠圖危宗社，興兵作亂，已經具奏請兵征勦間，蒙欽差總督軍務威武大將軍總兵官，後軍都督府太師鎭國公朱鈞帖……。

這是不得已承認了武宗自封的官爵，然後才敍事實，將江彬等人的名字，列入奏內，爲他們留下「論功行賞」的餘地，同時歸功武宗，說克堅城，俘元凶，「是皆欽差總督德威，指示方略之所致也。」武宗大概就爲了這頂高帽子，才計議北旋。首先是獻俘，時在閏八月，設廣場樹大纛，諸軍環列，然後將宸濠的脚鐐手銬卸下，縱之場中，等武宗一聲令下，「伐鼓鳴金而擒之」，這個過程，頗與行圍相像，不過放出來的是人，不是豢養好的獸類而已。

五十五、武宗幸楊一清第

這算是親征擒獲元凶，於是下詔班師，依然是一路流連，其行蹤可考者如下：

一、駐蹕儀眞，命都督李琮祭旗纛之神，在長江釣魚。

二、在瓜州遇雨，避雨民家。這天晚上宿望江樓；然後由瓜州渡江，逛金山寺。

三、由金焦至鎮江。幸致仕大學士楊一清家。次日再幸，到楊一清的書房，命取諸書進御，君臣有這樣一段對話：

武宗：「『文獻通考』是好書。」

楊一清：「有事實、有議論，誠如皇上所言。」

武宗：「有多少册？」

楊一清：「六十册。」

武宗：「還有沒有比這更大的書？」

楊一清：「『册府元龜』較多，有一百多册。」

於是武宗命取此書以進。按：此爲武宗遊幸在外，唯一有人君氣象的一件事。但武宗人雖聰明，肚子裏的貨色，從這段對話中，亦可想而知；因爲卷帙浩繁的書，他只知道一部「文獻通考」。楊一清的奏對，亦很謹愼，宋太宗爲了羈縻十國降臣，開館修書，「太平御覽」、「文苑英華」皆一千卷，「太平廣記」五百卷，而馬氏文通亦三百四十八卷；楊一清獨提宋眞宗親定「義例」的「册府元龜」，是因爲此書敍歷代君臣事蹟，惟取六經子史，不錄小說，去取格外謹嚴，而且貫串數千年事，條理井然，認爲有裨「聖學」，希望武宗瀏覽的緣故。忠君事君，用心甚苦、甚細，在這等地方可以很明顯的看出來。

四、又下一天，復幸楊一清家。張宴作樂，武宗索紙筆製詩十章賜楊一清，並命楊和詩；呈上以後，御筆點竄，爲易數字。「武宗外紀」說：「是日一清有所獻，上大悅。」此一獻也，自然不是金珠玉帛，而是美貌女子。「武宗外紀」作者，爲賢者諱；此卽史家的所謂「隱筆」、「曲筆」。

五、自鎭江啓駕北渡長江，再宿瓜州望江樓，遣朱彬祭旗纛之神於蓄纛觀。撫按等官設慶功宴，宴中有所獻贈，「用金銀牌各二、軸一、旗帳一、綵聯百疋，其餘折值以進」。這個儀式，相當於如今的匾、牌、軸、旗、聯，上面當然有歌頌武功的字樣。

六十六、武宗垂釣時落水

六、過淮安。都御史叢蘭、總兵官顧仕隆等，呈進「賀功金牌」、花紅、綵幛。武宗儼然以爲專閫收功的大將，戎服簪花，洋洋得意地騎馬進城。地方官已預先妥治故尙書金濂的住宅，修治一新，作爲行宮，皇帝駐蹕於此。

淮安府首縣山陽，武宗曾臨幸山陽縣學，巡視兩廡所刻的先賢肖像，最後到縣學後面的教官住宅，看見有一部「資治通鑑」，順手牽羊帶走了。

七、由淮安到清江浦，仍舊住在太監張楊家。在那裏住了三天，武宗坐一隻小船到積水池去釣魚，不知怎麼，船翻了；左右大爲緊張，紛紛下水去救。武宗自此不豫。此時已爲深秋，受寒是必然的；但他的體魄一向壯健，以後竟因此不起，則是無論如何想像不到的事。如何致疾，治療過程如何，無從稽考，同時覆舟落水，究竟是一時大意，還是另有陰謀，更難斷言。但江彬已到跋扈難制的地步，且蓄異謀，則是很明顯的事。明史紀事本末，載其在南京的一段事實，可爲佐證：

江彬遣兵官索南京各城門鎖鑰，兵部尙書喬宇危言止之。宇爲南京兵部，務持法守正，亦多材略，每事稍裁抑彬，人倚以爲重，彬亦頗憚之。一日，彬遣使索城門鑰，城中大駭，督府使問宇，宇曰：「守備者，所以謹非常。城門鑰有祖宗法制在，雖天子詔不能得。」督府以宇言拒之，乃止。

江彬索取南京各城門鑰匙，其意何居，不問可知。而武宗對此人的迷惑已深，始終不能加以裁抑；所部邊兵亦驕橫異常，因此可以斷言，如果武宗不崩，將有更大的叛亂事件發生。

由清江浦一路北上，武宗命拘禁宸濠的船隻，緊接御舟而行；每過一處湖泊，總有這樣一種輕率荒唐的想法，將宸濠放入湖中，由他自己去生擒。左右不從，至是，只好在獻俘禮中，滿足他的自大狂了。

最初，禮部遵旨所定的獻俘禮儀是如此：

皇帝常服御奉天門，鐘聲止；請皇帝上轎，作樂。轎至午門樓，御駕升座，樂止，鳴鞭訖。文武百官朝賀，獻俘，退。

武宗額外加上許多繁文縟節。最滑稽的是，自奏自批。

六十七、武宗在正陽門閱俘

奏的是奉鎭國公朱壽的「指揮方略」，將宸濠等逆黨擒獲；批的是：「着論功行賞畢，即將申宗遠等獻俘於闕下，會鞫以聞。」何以沒有宸濠？宸濠照寘鐇的例，在通州賜自盡，燔屍揚灰。錦衣玉食的藩王，得福不知，一心想做皇帝，結果至死連帝居都不曾見過。

獻俘之前閱俘，「武宗外紀」：

上還京，文武百官迎於正陽橋，是日，大耀軍容，俘諸從逆者，及家屬數千人，陳輦道東西；陸完、錢寧等亦皆裸體反接，以白幟標姓名於首，其所俘首級亦標白幟懸于竿，凡數里不絕。上戎服乘馬立正陽門下，閱視良久，乃入。

兩天以後，以親征凱旋，大祀南郊，正行初獻禮時，忽然嘔血，竟無法終禮。武宗自清江浦積水池覆舟後，一直「不豫」，至是，「病來如山倒」，延到三月十四駕崩於豹房，得年三十一歲。武宗的一生，可以說是有史以來非常奇特的一個例子，他不是甚麼暴君庸主，資質亦在中人以上，只不知如何，生來就不自愛，由不自愛其國到不自愛其身，一意孤行，任何現實的教訓，賢者的規諫，都不能改變他的意志！就教育的觀點來看，是件非常可怕的事。然而我們要問，武宗何以致此，他的父母要負責，特別是張太后，此婦爲古來最不配做母親的一個母親，更遑論做母后。所以後來受世宗的凌侮，實在是咎由自取。天下溺愛子女的母親，請鑒諸！

在武宗未崩以前，下詔改團營爲「威武團營」，變成「威武大將軍」私人的武力，此爲江彬有異謀的一個步驟，如果一反，肘腋生變，不可能有第二個王陽明可以戡此大亂。總算明朝的氣數未終，武宗崩時，江彬正好不在左右。於是大學士楊廷和與張太后定策，一面迎立興獻王世子入承大統；一面設計除江彬。

首先是秘不發喪。從來天子崩於道路而朝中不甚穩定時，則秘不發喪，如秦始皇是，像武宗這樣崩於大內而秘不發喪的，很少。江彬不知是計，奉詔後，帶着他的兒子一起進宮視疾，因而被捕。處置是：

一、太后下制宣布江彬的罪狀。

二、厚犒江彬所轄邊卒，遣歸四鎭。

三、捕江彬同黨，下獄、論死。

六十八、江彬籍沒金銀無數

最後當然是抄家，有金七十櫃、銀二千二百櫃、金銀珠玉、珍寶首飾，不計其數，最特別的一項東西，是奏疏一百多本，這當然是江彬所隱匿下來的。言官大費心血，有所建議，結果落得如此，實在令人喪氣。

江彬被捕，始頒遺詔，大概出於楊廷和的手筆，盡反武宗生前之一切荒誕不經的花樣。

明史紀事本末的作者谷應泰，以爲正德年間的內亂，無所不備：

逆瑾之變，十常侍甘露之黨也。

河北、山東、江西、四川之寇，黃巾、黃巢之亂也。

寘鐇、宸濠之變，七國、八王之孽也。

江彬之奸，董卓、祿山之釁也。

「廿二史札記」作者趙翼，以爲明太祖事事學漢高，而明朝的內亂，亦多與漢朝相似，由此可知，政治上的因果關係，實在鮮明之至，如何的措施，便有如何的反應。宦官、流寇、藩屬之禍，都是可想而知的，獨有江彬的禍害，則以明武宗的資質、環境，與漢靈帝、漢獻帝大不相同，而溺惑其人，至死不悟，可說是一件不可解之事。

正德年間，經如許內亂而不覆，谷應泰亦有評論：

陰噎甫合，旭日旋升，大廈欲傾，漂搖不入者；則以構禍諸人，類皆乳臭，茫茫草澤，更無英雄！至於在內如六給事，十三御史，編修舒芬等百有七人；在外如楊一淸、王守仁、林俊、彭澤，莫不痛哭斬奸，呼號阻駕，枕戈流涕，投袂登舟……此非諸君子格天之功，抑或祖宗在天之祐歟？

照我的看法，正德不亡，實由於孝宗的培養元氣，邪不敵正；這也就是說，邪者莫非「乳臭」狂夫，正人君子不曾參加任何叛亂奸邪集團，此在消極方面，還容易辦到；而在積極方面，「痛哭斬奸，呼號阻駕」，不能不說是孝宗的深仁厚澤所感召。但這位好皇帝，一生最大的失敗，就是不曾教養出一個好兒子，血祀竟一傳而斬，恐怕他泉下有知，亦當扼腕！

(五) 紫極仙翁

一、興獻王世子入承大統

為民間稱為「正德皇帝」的明武宗，崩於正德十六年三月，享年三十一歲。武宗荒淫而無嗣，曾有一個弟弟，亦為孝宗張皇后所出，生三歲而殤；於是張太后與大學士楊廷和定策，迎立興獻王世子厚熜入承大統。

興獻王為憲宗之子、孝宗之弟、武宗之叔，行四，封在湖北安陸，已薨。他只有一子，就是世宗，這時才十五歲，雖未成年，卻比已成年的皇帝還要難伺候。世宗天性忮刻，私心極重，而才足以濟其欲；他的生母與興獻王妃，又是個厲害角色，因此張太后定策迎立厚熜，變成「引狼入室」，自討苦吃。

四月間一到京，爲了以何身份入宮，即起爭執。外藩入承大統，照例先由羣臣勸進，經過一番謙讓，始可「俯允臣民之請，以慰天下之望」，所以禮部所具的儀注，是以皇子身份，由東安門入居文華殿，擇日登極。厚熜不願，他說他是來接皇位，不是來做皇子的。於是由張太后命羣臣在郊外上書勸進，經過這番手續，取得皇帝的資格，始由大明門入宮即位。

世宗即位的第一件大事，就是派人赴安陸迎接母妃，同時下詔議興獻王的祀典及尊稱。自古以來，宗藩繼統一定繼嗣，這就是說，以姪子的身份繼承伯叔所遺留的皇位，則必須承繼爲伯叔之子，這樣宗祧才能一貫。漢朝定陶王嗣成帝，宋朝濮安懿王嗣仁宗，都是如此，所以楊廷和告訴禮部，倣此成例議奏。

文武羣臣，所議皆同，認爲世宗應稱孝宗爲皇考，改稱興獻王爲皇叔父，興獻王妃爲皇叔母，自稱姪皇帝。至於興獻王別無他子，則以憲宗第六子益王祐檳的第二子厚炫爲後。誠然，照一般的倫理孝道來說，這是大悖人情的辦法，但天子以天下爲先，本不可拘於常禮，舉個最簡單的例子說，臣民的父母之喪，服孝二十七個月，而天子遇君父之喪，以日代月，二十七日釋服，因爲不如此則一切政務儀典，即有荒廢之虞。

議上，世宗大爲惱怒，他說：「父母可以這樣調換的嗎？」傳旨再議。這一議，前前後後歷時十五年才算完全結束；史家稱此事件爲「大禮議」。

二、興獻王妃不肯進京

再議仍舊維持原議。十五歲的皇帝，正在懊惱，不知何以爲計時，出現了一個投機份子，幫了他很大的一個忙。

此人名叫張璁，浙江溫州人。他在二十二、三歲就中了舉人，但會試不利，七上春官不第；三七二十一年，人已到了四十幾歲，心灰意懶，打算以舉人的資格，赴吏部「謁選」，當個小官，以了此生。

有個姓蕭的御史，精於風鑑，看了他的相跟他說：「你下一科必成進士，再過三年，就會一下子做大官。」張璁聽了他的話，回溫州再去讀書；下一科是正德十六年，也就是世宗入承大統的這一年，果然會試得售，年紀已經四十七歲。

蕭御史的兩句話，第一句已經說中了；第二句當然也可以相信，但問題是在如何才能「

驟貴」呢？從來取富貴最好的機會是擁立；現在世宗已經得位，擁立談不到，但皇帝想盡孝思推尊所生而孤立無援，這也是千載難逢的良機。張璁看準風色，知道蕭御史那第二句話實現的關鍵在此，於是奏上一本，略言：

廷議：執漢定陶王、宋濮王故事，欲考孝宗，叔興獻王。夫漢哀帝、宋英宗皆預養宮中，立爲儲嗣，其爲人後之義甚明。今陛下以倫序當立，循繼統之義，非爲孝宗後也。且迎養聖母稱「皇叔母」，則當以君臣禮見，子可以臣母乎？長子不得爲人後，興獻王子惟陛下一人，利天下而爲人後，恐子無自絕其父母之義。故謂陛下入繼祖統則可，謂爲人後而自絕其親則不可。蓋統與嗣不同，非必奪此父子之親，建彼父子之號，然後謂之繼統。今宜別立皇考廟於京師，以隆尊親之孝；且使母以子貴，尊與父同。

這道奏疏，正中下懷，世宗以手詔尊父爲興獻皇帝、母爲興獻皇后、祖母爲壽安皇太后。楊廷和及禮部尚書毛澄不奉詔——這有個特定的處理辦法，「封還手詔」。

就在這相持不下時，與獻王妃的座船到了通州，聽說世宗要稱孝宗爲「皇考」，大爲生氣說：「怎麼可以把我的兒子，給別人做兒子？」因而不肯進京，於是世宗亦有一番做作。

三、邵太后喜孫爲帝

以一個十五歲的皇帝，老氣橫秋，覇道自私，我們可以想見他在宮中的不受歡迎——此所以有嘉靖二十年的宮女楊金英逆謀案，以後將會談到——如有例外，第一個應是他的祖母，明史「后妃傳」：

孝惠邵太后，憲宗妃，興獻帝母也。父林，昌化人，貧甚，鬻女於杭州鎭守太監；妃由此入宮，知書有容色，成化十二年封宸妃，尋進封貴妃。興王之藩，妃不得從。世宗入繼大統，妃已老，目眚矣！喜孫爲皇帝，摸世宗身，自頂至踵。已尊爲皇太后，嘉靖元年上尊號曰：「壽安」。十一月崩，帝欲明年二月遷葬茂陵，大學士楊廷和等言，祖陵不當數興工作，驚動神靈，不從。（按：茂陵爲憲宗陵寢。）

這就是平劇「斷太后」的一部份。宋仁宗生母李宸妃，杭州人，受厄於章獻劉后，取其所生之子爲子，卽爲仁宗，而仁宗不知其所自出；一直到李宸妃和章獻太后死後，眞相才被揭露，仁宗開棺見母，何嘗有「斷太后」中所描寫的情節？而所以有此，乃由下列四人的事蹟綜合而成：

一、邵太后，與李宸妃的封號相同，亦都來自杭州，但邵太后雙眼失明，正合於「斷太后」中李宸妃的情形。

二、萬貴妃，專擅跋扈，隱射章獻劉后，其實劉后是賢后。

三、紀太后，孝宗生母，遭遇悲慘，與李宸妃有相似之處。

四、海瑞，隱射包拯。包孝肅並無如「包公案」中所描寫的許多微服私訪的奇行異事，而海瑞則爲嘉靖末年民間的傳奇人物。

平劇多由明人傳奇、雜劇改編而來，所以不管劇中時代是春秋戰國，概用明朝服色；又明人好以戲劇傳播時事，月旦人物，但爲了怕觸犯忌諱，有時不得不加上一層「保護色」，作爲掩護，上述世宗朝四人，與宋仁宗時代的李宸妃等，約略近似，正好移花接木。「斷太后」這個平劇本子的出處，我不知道；但必定出於明末淸初，而其人物情節的由來，如上所述，決不會錯，是可以自信的。

四、張璁被調任南官

這時有人見張璁的建議，爲皇帝所採納，見獵心喜，紛紛上書。楊廷和爲抑制這一項投機的行動，把張璁調爲南京刑部主事。按：明朝的官員，第一不願做王府的官，因爲那純粹是伺候貴人，昇遷甚難；其次不願做南京各衙門的官，眞所謂「冷衙閒曹」，一無作爲。所以對張璁而言，這等於是斥逐。楊廷和託人轉告他說：「原不應叫你去做南京的官。且安分守己，不要再談甚麼大禮來讓我爲難。」意思是只要張璁保持緘默，楊廷和自會把他調一個好缺。

張璁雖怏怏出京，但那一篇「大禮或問」，已教會了世宗，於是一步一步逼進，稱「帝」不足，要加尊號，要加「皇」字，假傳爲張太后的懿旨。如果與獻帝稱爲興獻皇帝，則與正統無別，因爲「皇者正統大義」。世宗不聽；楊廷和及禮部尚書便辭官，世宗又不聽。

到了嘉靖元年正月，世宗郊祀回宮，淸寧宮失火，這才把此事打消，明史紀事本末「大禮議」篇：

楊廷和、蔣冕、毛紀、費宏上言：火起風烈，此殆天意，況迫淸寧後殿，豈與獻帝后之加稱，祖宗神靈，容有未悅乎？給事中鄧繼曾上言：五行，火主禮，今日之禮，名紊言逆，陰極變災，臣雖愚，知為廢禮之應。主事高尚賢、鄭佐相繼上言：鬱攸之災，不於他宮，而於清甯之後；不在他日，而在郊祀之餘，變豈虛生，災有由召。帝覽之，心動，乃從廷和等議，稱孝宗為皇考，慈壽皇太后為聖母，興獻帝后為本生父母，而皇字不復加矣。

不久，興獻帝廟，在安陸落成，世宗在册文中稱「子」，又要稱「孝子」，結果仍用「長子本生」的字樣，而在立神主時，禮部侍郎照楊廷和的意思，題作「興獻帝神主」，上面不稱「考」亦不稱「叔」，下面亦不題皇帝的名字，含含糊糊，混了過去。這一年，總算楊廷和勝利，世宗在爭大禮上，沒有甚麼進展。

嘉靖二年，起先也還平靜，到了十一月不對了，因為張璁又上疏言大禮，而且聲勢甚盛。

五、楊廷和因爭禮儀去職

張璁在南京有個職位與他相同的同僚，名叫桂萼，此人的性情，比張璁還要偏激自私，在南京整日無事，以「議禮」爲消遣。在一起的還有個南京兵部侍郎席書，他有一道議禮的奏疏，已經脫稿而嫛於朝中公議，不敢奏上；又有個廣東南海人方獻夫，是王陽明的學生，正德年間告病回籍讀書，嘉靖改元還朝，在路上聽說大禮未定，也草了一道奏疏，反對濮議而不敢上，這時都爲桂萼引爲同調，以席、方兩疏一併奏上。而張璁則另有一疏。世宗一下子得了四個人的支援，大爲高興，在嘉靖三年正月，手批議行。

於是禮部尚書汪俊，召集廷臣七十三人會議，認爲張璁、桂萼之說不可行——這兩個人的建議是，稱孝宗爲皇考伯，稱興獻王爲皇考，另在大內爲「皇考」立廟。

覆奏一上，世宗留中不發，特旨召張璁、桂萼及席書入朝。於是楊廷和辭官回里。孟森「明代史」：

廷和議大禮，先後封還御批者四。執奏幾三十疏。帝本雅重廷和，及是左右乘間言廷和專恣，無人臣禮，意遂內移。會帝遣內官提督蘇杭織造，工部及臺諫皆以江左比歲不登，請毋遣。不聽，趣內閣撰敕。廷和因極言，蘇杭諸府，旱潦相繼，淮揚徐邳，田廬漂沒，幼稚計斤而鬻，母子赴水而死，詔書必不敢草。帝趣愈急，戒毋瀆擾執拗。廷和力爭，言臣等舉朝大臣言官，言之不聽，顧二三邪佞之言是聽，陛下獨能與二三邪佞，共治祖宗天下哉？陛下以織造爲累朝舊例，不知洪武以來，何嘗有之？創自化治耳！憲宗、孝宗，愛民節財，美政非一，陛下不取法，獨法其不美者，何也？……於是廷和累疏乞休，帝遂聽之去，言官交章請留，不報。

楊廷和四川新都人，是明朝的名臣，他有個兒子，名氣比他更大，那就是無書不讀的楊愼。父去而子留，亦爲大禮廢棄終身，後文將要談到，這裏暫擱一筆。

這時候世宗又做了一件大失人心的事，興獻后與張太后的生日，相距不遠，而興獻后生日則命婦入朝申賀，張太后生日則免朝賀，這不但不合禮，而且也太小家子氣了。

六、張璁逃到武定侯家

說他「小家子氣」是恕詞，實際上是世宗想「奪統」，這是我創造的一個新名詞；所謂「奪統」也者，就是想直接繼承憲宗，而以興獻王爲啣接，這一來，孝宗、武宗父子，就形成爲別出的傍枝，此是就宗祧而言；就現實的利害關係而言，與獻王稱皇考，則與獻王妃自然是太后，張太后被稱爲「皇伯母」則雖爲太后，屬於尊稱，並非眞正的「一家之主」。兩太后的生日，一賀一免，就是要顯示，只有興獻王妃才是名符其實、獨一無二的太后。「大禮議」的關鍵在此！甚麼孝道之說，都是欺人之談；若論孝道，武宗倒是眞的不孝，「不孝有三，無後爲大」這句話，對老百姓來說，沒有甚麼道理，而對世家巨族，確有極大的關係，如果武宗有子，張太后又何致受興獻王妃和世宗母子的欺侮？所以武宗的以荒淫而自殞其身，竟致無後，禍延老母，不能逃不孝之罪。

楊廷和一走，張璁、桂蕚、席書被召入朝，這個跡象就顯示出世宗的私心，必可如願。以下的演變是：

嘉靖三年三月，在大內奉先殿側建觀德殿，自安陸移興獻帝神主入祀。

四月，追尊興獻帝爲「本生皇考恭穆獻皇帝」，上興國太后尊號爲「本生皇母章聖皇太后」。閣臣以獻帝已追尊，來議禮的張璁、桂蕚不須再召。於是二人合疏，以爲「本生對所後而言，若不去此二字，則雖稱皇考，實與皇叔無異」。此疏一達，世宗復召二人；當然，「班生此行，無異登仙」，但卻犯了衆怒。

當時的反對派中，有少數激烈份子，認爲罪魅禍首是張璁、桂蕚二人，此二人不去，花樣層出不窮，不知伊於胡底？所以當時商定一個辦法，便是列舉罪狀，參劾張、桂，只要一奉諭旨交法司審訊，即判以廷杖，一頓板子打殺了這兩個奸邪小人。

張璁、桂萼到京，一看情勢不妙，桂萼嚇得不敢出門，張璁也躲了好幾天才上朝；下朝怕有人跟蹤，對他有所不利，一出東華門就躲到武定侯郭勛家。郭勛深表歡迎，相約暗中互助，從此郭勛亦以議禮邀寵，胡作非爲。也許當時是由於郭勛的密奏，世宗知道了廷臣對張、桂的態度，自然要採取保護的措施。

七、張璁、桂萼入翰林

世宗的保護措施，實際上也就是張璁和桂萼，在追尊獻帝已定，節外生枝提出「本生」字樣不合理，而企圖入京議禮的目的：升官！世宗把他們兩個人任命爲翰林學士，方獻夫爲侍講學士。自唐朝以來，翰林學士爲清秘之職，讀書人所豔稱的「金馬玉堂」，正就是當翰林。張、桂等人的得意，當然不在話下，無奈同事羞與爲伍；特別是楊愼，除了因爲一般讀書人所講究的廉恥而不齒其人以外，還有他父親的關係在內。

楊愼是個神童，史書上說他「十一歲能詩，十二歲擬古戰場文、過秦論，長老驚異；入京賦黃葉詩，李東陽見而嗟賞，令受業門下。」正德六年殿試第一，就是狀元，時年二十四歲。家世、功名、文采，無一不是出類拔萃，眞正是第一等的貴公子；如果像清朝中葉那些蘇、常世家的子弟一樣，安分守己，循次漸進，遲早總有入閣拜相的一天，但楊愼不是那樣的人，明史本傳：

楊愼字用修，新都人，少師廷和子也。年二十四舉正德六年殿試第一，授翰林修撰。丁繼母憂，服闋起故官。十二年八月，武宗微行，始出居庸關，愼抗疏切諫。尋移疾歸。世宗嗣位，起充經筵講官，常講舜典，言聖人設贖刑，乃施於小過，俾民自新；若元惡大奸，無可贖之理。時大璫張銳、于經論死，或言進金銀獲有，故及之。嘉靖三年，帝納桂萼、張璁言，召爲翰林學士。愼偕同列三十六人上言：臣等與萼輩學術不同，議論亦異，臣等所執者程頤、朱熹之說也；萼等所執者，冷褒、段猶之餘也。今陛下既超擢萼輩，不以臣等言爲是，臣等不能與同列，願賜罷斥。帝怒，切責停俸有差。

按：宋仁宗以兄濮王子爲嗣，即位就是英宗，當時也是要追尊所親，引起的爭議，稱爲「濮議」，其中以程頤所議最詳，當時認爲至當；明朝重程、朱之學，所以楊愼有「所執者程頤、朱熹之說」的話；而冷褒、段猶，則是漢哀帝時，諂附傅太后，主張對哀帝本生父定陶王上尊稱的兩個小人，自是指張璁、桂萼而言。

八、百官在宮門跪哭

世宗的反應是可想而知的，但處罰比較還不算重，只是罰薪。到了七月間，又掀起一場軒然大波，那種君臣敵對的態勢，眞可以嘆爲觀止。

事起於世宗召見羣臣於左順門，親頒手詔，去「本生」字樣。張璁、桂萼又上疏攻擊禮部官員；而各衙門則紛紛爲孝宗應稱「皇考」而爭，因爲章奏留中不下，因而有人倡議到宮門去「請願」，楊愼是其中的領導者之一，表示「國家養士百五十年，仗節死義，正在今日」。於是一呼百諾，六部九卿、翰詹科道，上至尙書卿貳，下至「中行評博」（中科書「中書」、行人司「行人」、大理寺「評事」、翰林院及國子監「五經博士」的合稱），總計二百二十九人，一齊跪在左順門外，有的大哭，有的大呼「高皇帝」、「孝宗皇帝」，亂得一場糊塗。

這時世宗正齋居文華殿，得知其事，命太監傳諭散去；百官不聽，世宗大怒，派錦衣衛抓了爲頭的八個人下獄；散去一部份。楊愼撼門大哭，其餘的人無不哭，一百多人的哭聲，眞個是驚天動地，整個宮庭都被震動了，世宗越發大怒，下令抄名字準備治罪，一抄抄了一百九十個，而實際上沒有這麼多，有人認爲這是義舉，把他親友的名字也寫了上去。結果統通下獄，過了幾天分別定罪，四品以上罰俸、五品以下廷杖，打死了十七個；爲首者則充軍，楊愼充軍到雲南永昌，卽今保山，從此來往川滇之間，直到嘉靖三十八年才死，享年七十二歲。在此三十五年之中，世宗對楊廷和父子餘憾不釋，常常問起：「楊愼現在在幹甚麼？」虧得閣臣總幫他的忙，說他老病侵尋，世宗才饒過了他。

明朝博學，推楊愼爲第一，著作之富，亦爲首屈一指，他自號升庵，有「升庵集」八十一卷，另外寫過一部「二十一史彈詞」。他的詩早年「喜用僻事，多著浮彩，搜羅刻削，無出其右」，如嘉靖改元之初「南郊扈從省牲」：

天仗雲門外，宵衣曉漏前，蒼龍旂影動，朱鷺鼓聲傳；星爛甘泉燭，霜淸泰畤煙。南郊新警畢，重覩孝皇年。

眞是比李義山的詩還要難懂。謫戍以後的詩集，題名「南中稿」，穠麗婉至，論者說他勝於當翰林時所作。

九、爲興獻帝興建「世廟」

楊愼充軍後不久，終於更定大禮，稱孝宗爲皇伯考、昭聖太后爲皇伯母，獻皇帝爲皇考、章聖太后爲聖母。興獻王稱號的演變是：

興獻王——興獻帝——本生皇考興獻帝——本生皇考恭穆獻皇帝——皇考恭穆獻皇帝。

至於孝宗則由皇考變爲皇伯考，張太后由昭聖皇太后變爲皇伯母昭聖皇太后，成爲傍枝的尊親，也就是變爲臣下了。張璁當時以爲世宗對生母興獻妃稱皇叔母，是「以子臣母，可乎？」固然問得理直氣壯；但此時則「入廟而臣皇伯考（孝宗）；入宮而臣皇伯母（張太后）」，又如何可以？君子與小人，政治家與政客的區別，最明顯的一點，就是講不講原則？如果張璁講原則，則此時應該力爭，力爭不得而求去，拜表卽行，毫無猶豫，則後世史家對他的評價便完全不同了。

這時是嘉靖三年九月，尊稱既定，世宗應該可以滿足了，然而不然，後面的花樣還多。排比列記如下：

三年十二月，有個名叫隨全的小官，請改遷顯陵；顯陵者，興獻帝坟墓的尊稱，原在安陸。廷議「乞治全罪」；世宗命再議。禮部尚書席書、及張璁、桂萼、方獻夫，還有個方獻夫的同鄉，正德九年的狀元，亦以議大禮被召重用的霍韜，會同羣臣上書，動以「帝魄不可輕動，地靈不可輕洩」這個風水上的理由，世宗才打消了遷葬的念頭，但命「祭顯陵如七陵」。

嘉靖四年三月，詔修「獻皇帝實錄」。「實錄」者，根據「起居注」所編纂的皇帝在位時的言行。興獻帝沒有做過一天皇帝，言行與國政無關，編「實錄」是件多餘之事。

四年五月作世廟。按：天子的祠堂稱爲太廟，歷來規制爲七廟，開國之主居中，左右三昭三穆，第二、四、六世居左，稱爲昭；第三、五、七世居右，稱爲穆。明太祖洪武八年，改建太廟，只立一廟而有九間寢殿，供奉神主，稱爲「同堂異室之制」。

明太祖追尊四代，高祖爲德祖，曾祖爲懿祖，祖父爲恕祖，父親爲仁祖；神主以次供奉在中室、東一室、西一室、東二室；及至太祖崩後，神主供奉在西二室，以下太宗（永樂）、仁宗、宣宗、英宗，寢殿九間，乃有「人滿之患」；憲宗「升祔」時，有無處位置之苦。

十、何淵請祀興獻帝於太廟

當然，這不是一個新的問題，老早便定下了解決的辦法，就是將世系較遠的神主遷出，其名曰「祧」；但論世系以外，還要論功德，「祖有功而宗有德」，所以開國之主的太祖，以及繼太祖而定天下的太宗，大致「百世不遷」，這就是說，不管傳了多少代，世系多麼遠，太祖、太宗的神主，總是安置在太廟。這個傳統起自周朝，以文王、武王有大功德，特立專廟，稱爲「世室」，與周朝始祖后稷的廟，皆「百世不遷」。

孝宗時以九廟已備，議定於太廟之後，別立「祧廟」，而以德祖爲始祖，所以第一個祧的是太祖的曾祖父懿祖的神主，以下依次升位，空下最末的一室，也就是最右面的西四室，升祔憲宗的神主。等孝宗崩後，則祧熙祖的神主，以次類推。

不管祔也好，祧也好，自太祖以後，沒有做過皇帝的，神主決無入太廟之理；而有個監生叫何淵，眼看張璁等人以議禮起家，因而也上書請崇祀皇考於太廟、立世室，這等於將興獻帝比做開國定天下的太祖太宗，僭妄之極！朝中的大臣很討厭他，把他補了個甘肅平涼縣的主簿，意思是把他撵得遠遠的，少在京城裏搗亂。及至楊廷和罷官，「哭門」諸臣斥逐殆盡，「議禮派」勢力抬頭，何淵見有機可乘，請求內調，世宗將他擢升爲光祿寺署丞，一到差就申前請，於是世宗命禮部集議。

何淵的馬屁拍得實在太離譜，連議禮派的首要份子都不以爲然；當時「在廷諸臣，於稱考稱伯，異同相半；祔廟之舉，則無人以爲可者」，而世宗對臣下的諫勸，一概不理，看看事成僵局，張璁、桂萼便迎合調停，建議爲興獻帝別立一廟，與太廟無涉，如此「尊尊親親，庶爲兩全。」天子之父的廟，稱爲「禰廟」，席書進一步建議：禰廟不與太廟並列，祭祀在祭太廟的第二天，世宗算是認可了，在太廟之東興工，規制與太廟相仿，世宗定名爲「世廟」。這一下興獻帝的身後，反比孝宗有福，因爲明朝如果再有兩百年的天下，則孝宗的神主就會入祧廟，而興獻帝有「世廟」則可累世不遷。

五年七月，世宗以最早供奉興獻帝神主的觀德殿，位於奉慈殿之後，地勢迫隘，要改建在奉先殿之左。工部和禮部都以爲不可。

十一、觀德殿拆卸遷建

所謂奉先殿，可以說是設於宮內的一座祠堂，在性質上，與太廟並無不同，所異者外內之分而已。太廟比諸外朝，三大殿非遇大令節不臨御，太廟亦只「四孟」時享——孟春、孟夏、孟秋、孟冬，卽四季開始的第一個月大祭；歲暮祫祭——祭已入祧廟的祖宗，始得瞻拜，太祖認爲「未足以展孝思」，所以於洪武三年在宮內建奉先殿，「日進膳饈、諸節致祭」，每月初一供時新食物，名爲「薦新」，彷彿父母在世，晨昏定省的模樣。

孝宗卽位，他的生母，也就是我以前談過的，那位廣西土官的女兒，入宮管庫藏，爲憲宗偶而眷顧的紀氏，母以子貴，被封爲太后，但卻不得祔廟，因而孝宗爲供奉紀太后神主，於奉先殿之西，別建奉慈殿。到弘治十七年，憲宗生母，也就是孝宗的祖母，周太皇太后崩，亦是不能祔廟，孝宗預備在奉先殿之東建廟，因爲欽天監奏報，這年不宜動土木，所以將周太皇太后的神主，暫時奉移奉慈殿正中，紀太后的神主則移於左面；武宗卽位，決定一動不如一靜，周太皇太后的神主，就奉安在奉慈殿。嘉靖元年，世宗的祖母邵太后崩，亦奉主於奉慈殿。

因此供奉興獻帝神主，位於奉慈殿後的觀德殿，要移建於奉先殿之東，不但與奉慈殿成了對峙之勢，並且東首居上；而周太后爲興獻帝的祖母，邵太后爲興獻帝的生母，反在西面，於禮不合，「神靈有所不安」，禮部以爲未便。同時席書亦奏：「世廟之建，民勞踰年今甫告成，力亦當節」。工部又以「災異非常，乞仍舊以寬民力」。世宗一概不管，非改建不可。於是把落成未幾的一座新觀德殿，乒乒乓乓拆了下來，移建於奉先殿之東。

這時世廟已經落成，羣臣表賀，特撰「世廟樂章」。不久，興獻后要謁世廟。這個不安分的女人，又給廷臣帶來了困擾，閣臣上言，洪武初年，皇后謁太廟，到了永樂年間，改謁奉先殿。世宗拿這話問張璁、桂蕚；那兩人爲了逢迎邀寵，進一步建議：「皇太后中宮，宜先見太廟，以補前禮之闕；次謁世廟，以成今禮之全」。中宮「廟見」是大婚禮，而且洪武初年，雖有此說，未見施行，所以席書等人，指責張璁、桂蕚「附會」。

十二、興獻后由世宗陪侍謁太廟

於是大學士石瑤上言：「祖宗家法，凡后妃入宮，未有無故復出者。太廟尊嚴，乃天子對越之所，非時享出入，而況后妃乎？漢唐之季，事不師古，女禍時作，其患不可勝言，可不慮哉？」漢唐女禍，指呂后和武則天而言，世宗當然大怒。結果依然是席書作了鄉愿，不安分的興獻后謁太廟，由她的兒子陪着行禮，一場風波，才算了結。

嘉靖六年春正月，定世廟樂舞，張璁單獨上言：「皇上身爲天子，尊獻皇爲天子父，宜以天子禮樂祀之，缺一不可。」因而世廟跟太廟一樣，用八佾。

嘉靖七年六月，「明倫大典」編纂完成，加張璁少傅、兼太子太傅，吏部尙書、謹身殿大學士。同時追奪議禮而不符上意諸臣的官職，詔旨以爲：「楊廷和爲罪之魁，以定策國老自居，明生天子視朕。」這是非常嚴重的罪名，法當棄市，世宗特加「寬宥」，削籍爲民。

這以後七、八年，世宗對議禮之事，大感興趣，一切祀典，重新更定，其中也有改得極好的，如「大成至聖文宣王」，改稱「至聖先師孔子」，四配以外，從祀弟子稱「先賢」，左邱明以下稱「先儒」，廢去公、侯、伯等俗不可耐的爵位，撤銷畫像，改題木主等。這個工作到十五年二月完成，所有祀典儀式，分類成書，作爲準則。

其實太廟又在改建了，廢除「同堂異室之制」，分建專廟，規劃如下：

一、始封「德祖」的神主，入於祧廟；太廟中，太祖正位居中。

二、東、西各建三廟，三昭三穆加太廟，合爲「天子七廟」的古制。

三、太宗（永樂）功德隆赫，特建「世室」，規制較三昭三穆等六廟特崇。

四、羣廟（太宗世室、三昭三穆六廟及世廟）大門東西向，內門及殿寢南向。

五、太廟及羣廟，總名「都宮」。

全部工程於十五年十二月落成，於是仁宗、英宗、孝宗的神主入東面的三昭廟；宣宗、憲宗、武宗的神主入西面的三穆廟。

這一來便又發生了一個問題，太宗專廟名為「世室」，而興獻帝的「世廟」，其名就不正了。

十三、世宗親為張璁改名

在談太宗（永樂）的「世室」與興獻帝的「世廟」，名稱發生牴觸的問題以前，我們先得對世宗為他的父母爭取尊稱的整個過程，略作回顧。前面曾刋一簡表，記明從「興獻王」到「皇考恭穆獻皇帝」，經過四次演變，完成於世宗即位的三年之中。及至嘉靖四年建「世廟」；五年遷建觀德殿；六年定以天子禮樂祀興獻帝，凡世宗可以尊崇其父的花樣，至矣盡矣，靡以加矣！這個議禮之爭的大獲全勝，第一功臣是張璁，所以他受世宗的寵信，亦在此時達到了頂點。

據史表記載：張璁於嘉靖六年十月拜相，距他「釋褐」——脫卻士庶的「布衣」，第一次穿官服，不過六年的功夫；從來飛黃騰達，未有如是之速。但世宗是個很厲害的皇帝，對臣下善於籠絡，亦善於裁抑；清朝的一位世宗（雍正）就跟他很相像，年羹堯和隆科多是那麼炙手可熱的寵臣，說垮就垮；同樣地，張璁在最紅的時候，也碰了個大釘子。明史本傳：

（楊）一清再相，頗由璁、蕚力，傾心下二人；而璁終以壓於一清，不獲如意，遂相齟齬。指揮聶能遷劾璁，璁欲置之死，一清擬旨稍輕，璁益恨，斥爲「奸人」、「鄙夫」。一清再疏引退，且刺璁隱情；帝手敕慰留，因極言璁「自伐其能，恃寵不讓，良可嘆息」。璁見帝忽暴其短，頗愧沮。

張璁之短，世宗早知，而此時藉機「暴之」，正因議禮已達到目的，雖未必「狡兔盡，走狗烹」，但實爲一種嚴重的警告。此後罷相而復召，並爲首輔；且在嘉靖十年，因「璁」字與御名「熜」字音同，爲避諱請更名，世宗賜名「孚敬」字「茂恭」，親書四大字以賜，固見恩禮如昔，但君臣之間，已有嫌隙，張璁始終不能成爲侵主的權臣，這就是世宗善於馭下之故。

張璁於嘉靖十四年四月辭官回籍，正是太廟改建之時；到第二年落成，發覺「世室」與「世廟」的牴觸，因而將世廟改稱爲「獻皇帝廟」，表面的理由是：「太宗百世不遷，故名世室，恐皇考亦敎讓太宗，宜別擬議。」而實際上是世宗的私心，因爲他本人在死後，要想得「世宗」這個廟號，同時期望着能爲他建「世室」；就像周朝的「文王世室」、「武王世室」一樣，所以不惜「前倨後恭」，把「世廟」貶爲「獻皇帝廟」。

十四、豐坊宮門上書爭禮儀

這樣又過了兩年，有個已經罷官的揚州府同知，名豐坊，他的父親叫豐熙，是與楊愼一起「哭門」的首要分子；而豐坊因爲不甘寂寞，看見議禮諸臣的儻來富貴，大爲羡慕，竟忘記了他父親那段光榮的歷史，上書建議，尊興獻帝爲「宗」。世宗下禮部議，經過一番波折，議定「稱宗祔廟」，尊興獻帝的廟號爲「睿宗」，神主入太廟，與孝宗在一起，位置在武宗之上；同時將太宗的廟號改爲「成祖」。

這個措置，最不合禮：

第一，沒有做過皇帝的，決不能稱「宗」。

第二，武宗在日，興獻王爲臣下；而死後入太廟，位置反在武宗之上。

儘管如此不合禮，但以朝中正人絕少，嚴嵩用事，所以要像早年那樣，明知爭而無用仍須力爭的情形，亦不可得。至於豐坊，上書以後，並無所得，反落得一個「叛父」的惡名，歸家鬱鬱以終，是最窩囊的一件事。

大禮議一事，延續了十七年才算告一段落。世宗以藩王入承大統，意外地做了皇帝，還非要把他的父親，也變成一個皇帝，固爲「貪」之一字的充分表現；而他意猶未足，正如俗語所說的，「做了皇帝想做神仙」，早在他入宮之初，就在祈求長生不老了。

自從宗教中滲入庸俗的功利觀念以後，重來生的信佛教，重今生的信道教。世宗是個很現實的人，同時也可能因爲他生長在湖北，而湖北有個張三丰的緣故，所以崇奉道教，至死不改。

早在嘉靖二年四月，有個叫崔文的太監，大概是用白日飛昇，鬼神靈異等等說法，把世宗引誘得動了心，在乾清宮等處設壇建醮，日夜不絕。又叫十幾名太監，學做道士，演習道教的經文儀典。其時楊廷和在閣，屢次奏諫，廷臣亦紛紛上書，世宗還稍有顧忌，偶而也下詔暫停齋祀。及至楊廷和罷去，便任性欲爲了。

講道教，自然要談到張天師，那一代的張天師名叫張彥頨，嘉靖初入賀，世宗有所垂問，這位張天師答以「清心寡慾」四字，倒是有道之言；但這四個字並不合世宗的胃口。

十五、世宗召見邵元節

話雖如此，世宗對張彥頨仍然優禮有加，加封爲「正一嗣教眞人」，賜金冠、玉帶、蟒衣，留他住在京裏；張天師在京城是有「賜第」的。

不知道是不是張彥頨的推荐，世宗召見了一個道士，此人名叫邵元節，算起來是張天師的屬下。張天師的「洞府」在江西廣信府貴谿縣的龍虎山，相傳爲張天師始祖張陵得道的地方。天師府名爲「太上清宮」，俗稱「上清宮」；邵元節就是上清宮的道士。

邵元節的「法術」，據說相當驚人；正德年間寧王宸濠有異謀，曾召邵元節赴南昌，而邵不應。從這一點看，邵元節對順逆之辨是很清楚；然而仍不免入明史「佞倖傳」。

當嘉靖三年邵元節奉召入京時，年紀已經很大了。童顏鶴髮，一派仙風道骨，令人肅然起敬。世宗在便殿召見，進以「眞敎主靜」之說，當然還有許多祈長生作萬年天子的美談。世宗大悅，命他住在顯靈宮，專司禱祀。

顯靈宮在樓城西面，建於永樂年間，本叫「天將廟」；天將者王靈官也，因爲那時有個道士周思得，能傳王靈官的法術，而王靈官照道家說法，官拜「玉樞火府天將」，所以建此廟自是崇祀天靈官。到了宣德年間，改名「大德觀」，封了兩位「眞君」，一是王靈官，封爲「隆恩眞君」；一是薩堅，他是四川人，在宋徽宗的時代，跟也是入佞倖傳的人物林靈素學過法，封爲「崇恩眞君」。

到了成化年間，大德觀始改名「顯靈宮」。兩位眞君，每年要「換袍」，所費不貲。顯靈宮是國家禱祀之處，凡是風不調、雨不順，或者有任何災異，需要無邊法力以拯四海蒼生之時，都來請敎兩位眞君；但不大有效驗，所以孝宗弘治初年，有言官上疏，主張「罷免」。道敎在弘治、正德兩朝，不大吃香。到世宗卽位，顯靈宮的香火又旺了。邵元節運氣不錯，入顯靈宮後，禱祀雨雪衍期，果有效驗，世宗大喜，特加封賜。

邵元節的封號，跟帝后的徽號一樣嚕囌，叫做「淸微妙濟守靜修眞凝元衍範志默秉誠致一眞人」。統轄「朝天」、「顯靈」、「靈濟」三宮，總領道敎。儼然是凌駕張天師以上的「國師」。於此，我要談一談「西遊記」當中的「車遲國」。

十六、世宗燬除禁中佛寺

西遊記的作者吳承恩，江蘇淮安人，生當嘉靖之世，歿在萬歷年間；西遊記作於他罷官「長興縣丞」，歸隱家鄉的隆慶年間。穆宗即位之初，鑒於世宗奉玄修道之失，頗有改革，四方士，罷齋醮，道教一時又失勢了，所以吳承恩能在西遊記中，託名「車遲國」，把「虎力」、「鹿力」、「羊力」三大仙，嘻笑怒罵一番之餘，在油鍋裏「煠化了」此輩：而車遲國王，無疑地是諷刺世宗。

唐僧師徒，一到車遲國就發現和尚罰做苦工，而道士威風十足，這個車遲國王自道的「敬道滅僧」，正爲世宗朝的特色，且看「明實錄」的記載：

嘉靖六年十二月初九，毀皇姑寺、散其黨、核僧徒。

八年，禁京師禮物之集。

十五年四月初九，詔撤除兩宮（按：指乾清、坤寧兩宮）釋像、器宇。

十五年五月十一，毀禁中大善寺，得佛骨凡萬三千餘斤，毀像一百六十九座。

最大的一次行動，是在這年十月，明史記事本末「世宗崇道教」篇記：

十月，除禁中佛殿，建慈慶、慈寧宮。時帝欲除去釋殿，召武定侯郭勛、大學士李時、禮部尚書夏言入視，大服千善殿有金鑄象神鬼淫褻之狀。又金函玉匣藏貯佛首佛牙之類，及支離傀儡凡萬三千餘斤，言退，上疏力請瘞之中野，不得瀆留宮禁。帝曰：朕思此類智者以爲邪穢而不欲觀，愚民無知，必以奇異奉之，雖瘞中野，必有竊發以惑民者，其毀之通衢，永除之，於是禁中邪穢迸斥殆盡。

這些所謂「神鬼淫褻之狀」，也就是清朝雍和宮的「歡喜佛」，與「佛首佛牙」、「支離傀儡」，都是正德年間的「番僧」所傳來的。番僧來自「烏斯藏」，其地「行一萬八千里」，始至四川雅州。曾有人告訴武宗：「京師西城胡僧有能知三生者，土人謂之『活佛』。」據此可知，番僧者，西藏的喇嘛；早在太祖年間，就有他們的蹤跡，教人念「唵嘛嘛叭嘛吽」，最後一字讀如「轟」，因而有人說此「六字眞言」無非「俺把你哄」而已。

十七、世宗多病時或不能視朝

喇嘛未必哄人，但宗教流派的演變，戒律的歧異，不能脫離環境的支配，如西藏高原不產蔬菜，爲求生存以宏揚佛法，喇嘛無法茹素；而中土習見持戒極嚴的淨土宗，於是以出於密宗的「番僧」爲異端，詆之爲「俺把你哄」，世宗認爲武宗卽受番僧所哄，所以有深惡痛絕之勢。

由包遵彭先生主編，學生書局印行的「明史論叢」，其最末一册論「明代宗教」，內收楊啓樵「明代諸帝之崇尚方術及其影響」一文，考證立論，兩俱可觀；文中談到世宗的崇信道教，原因之一爲多病所致，遺詔有言：「祇緣多病，過求長生」，並非諉過，確是一個很精到的看法。按：世宗的多病，自幼卽然。大致心理早熟，智慧的年齡高於實際年齡的少年，往往身體虛弱，因爲好學深思，坐着的時候多，運動的時間少。世宗十五歲入承大統，行事老練如中年人，而九重高拱，又以武宗的嬉遊無度爲戒，這樣一方面大耗心血，一方面缺乏少年人必須的活動，所以在嘉靖元年，大婚不久，「聖體時或違和」。「罪惟錄」世宗本紀，嘉靖六年十二月，記世宗自言惰於早朝，是因爲氣弱易喘，「穿繞登降，難如朝儀」之故。又「實錄」記他自謂「十三年病咳兩月，以後時不視事。」此外實錄中自道：「咳嗽」、「爲風寒所中」、「傷熱」、「畏寒」等等，不一而足。看樣子他的病跟清文宗一樣，是肺病。張彥頨進以「清心寡慾」之說，確是苦口的良藥；否則以虛弱而縱慾，那就會像清文宗一樣，不得永其天年。

由於體弱多病，所以羽士的「卻病延年」的一套理論，自然易動天聽。又以體弱多病而一直不曾有後，於是建醮求子又成爲羽士邀寵之方；進一步演變爲房中術的講求，此而見效，世宗的「道心益堅」了。

因此，邵元節對世宗的作用，在初期等於醫生，以「主靜」二字教導世宗靜攝，由卻病以延年，進而求長生。靜攝有效，身體不再那麼虛弱，自然就比較容易得子了。這本來是很淺顯的道理，但羽士的故弄玄虛，世宗亦就深信不疑，以皇嗣的誕生，歸功於邵元節的禱祀之功。

十八、張天師住宅起火

世宗即位，到嘉靖九年，尙未生子，於是有個山東儒生，「請祠高禖，以祈聖嗣」，高禖之禖就是「媒」字，特意寫作「禖」，是對神致敬的意思，猶之乎現代稱耶穌爲「他」時，寫作「祂」是一樣的道理。高禖者媒神。高有二解，一說供奉媒神於高處；一說高指「高辛」，據禮記「月令」註：高辛氏之世，玄鳥遺卵，他的妻子娀吃了，生契，卽爲商朝的始祖。因以高辛氏爲媒神。

祀高禖爲古禮，而在當時，世宗並未接納。到第二年開始在御花園的欽安殿，建「祈嗣醮」，以禮部尙書夏言爲醮壇監禮使，侍郎湛若水、顧鼎臣充迎嗣導引官。文武大臣，輪班進香。但後宮並無喜信。

一直到嘉靖十五年，世宗三十歲時才有兒子。這年是很重要的一年，「敬道滅僧」就在這一年，「禁中邪穢，斥除殆盡」，就在這年十月。十一月大修金籙醮於立極殿，共七晝夜，以謝儲祥，但生子還是生女，卻不知道。

就在這時候，邵元節到了京城。他一直很得寵，授以二品祿位以外，世宗特命太監在龍虎山爲他建一座「仙源宮」，邵元節便請暫時回山。不久，特召還朝；船到潞河，世宗命太監中途迎接入宮，賜蟒袍及一顆「闡教輔國」的玉印。於是邵元節又主持醮壇祈嗣，據說早晚有雲氣繞壇。過了三天，後宮得男。

在世宗看，這當然是邵元節的法力，加授爲禮部尚書，給一品服飾，賜白金、文綺、寶冠、法服、貂裘。他的徒弟們亦都蒙恩授官。

到了嘉靖十七年，張彥頨奉召入京，建「金籙大齋」，張天師主壇，祥瑞更多了，「白鶴繞壇，卿雲捧日」，聖心大悅，留他住在京城裏。不久，天師府失火，燒得乾乾淨淨，世宗命人替他重新建造。有個姓黃的言官，便上疏幽了張彥頨一默，他說懂法術的人，噀酒可以止火，張彥頨自己願意讓住宅燒掉，皇帝又何必替他重建？世宗當然不睬他。過不了幾時，張彥頨羽化登仙，他的兒子嗣位爲天師。這一代的張天師名叫「永緒」，出於御賜。張彥頨的恤典照列侯之例，從第一代天師以來，以他的遭遇最好。

十九、邵元節獨邀隆恩

但張彥頨的恩寵，怎麼樣也不及邵元節，生前恩賞不絕，死時世宗爲之慟哭。身後哀榮，除了贈伯爵不如張彥頨的贈侯爵郵典以外，其他都有過之無不及。

邵元節一死，世宗崇信道教的目的又一變；因爲另有一批道士來了。其中最重要的一個叫陶仲文，湖北黃岡人，是個未入流的小官，卻跟邵元節是朋友；邵元節臨死以前不久，陶仲文到京師投奔邵元節，那時宮裏發現「黑眚」——黑色的妖氣，邵元節薦陶仲文自代，果然除去，此爲邀寵之始。

接着，世宗南巡湖北，走到河南衞輝地方，白晝有旋風繞駕不散，世宗問陶仲文，他說：「要有火災。」世宗命他禳解，他說：「火終不免，當謹護聖躬。」這天夜裏，果然行宮起火，火勢極大，宮人死者無算，世宗亦差一點燒死，虧得錦衣衞陸炳冒險進入寢殿，把世宗背了出來。陸炳後來的大得寵信，與嚴嵩狼狽爲奸，種因於此。

以現代的眼光來看，這把火很可能是陶仲文與太監勾結起來放的——太監是縱火的專家，原來的打算，當然不過放一把小火，燒間把房子，用以證明陶仲文的預言，說一不二；但不是蹕路常川所經之處的行宮，必用蓆棚，裏外裱糊粉刷得很好看，中間不堪問聞，因而一起火必不可收拾。加以那天白晝既有旋風，晚上風勢亦許也不小，自然要成鉅禍。再退一步說，果眞陶仲文有此預言的本領，何以算不出火勢的大小，以及危及聖駕的嚴重情況？由此可悟陶仲文騙人的把戲，而世宗執迷不悟，反認爲他確有道理，手敕行在吏部，封陶爲「神霄保國宣教高士」，給予誥印，准他携帶眷屬於「任上」。

按：邵元節得寵時，世宗尚不致受其大害。因爲道教分五大派：符籙、丹鼎、積善、占驗、經典。「張天師畫符」，所以龍虎山一支屬於符籙派，而又以張天師的封號爲「正一嗣教眞人」，所以此派自稱爲「正一教」，在基本上還是主靜修，不足爲人主的蠱惑。那陶仲文可能是丹鼎派，儒林外史上所記的「鍊銀」的騙局，都出於此派不肖之徒之手；也可能是占驗派，能預知未來；而更可能是甚麼派也不是，是個大騙徒。

二十、嘉靖十五年後皇子叠生

但是陶仲文的能遂其騙術，關鍵所在，是迎合了世宗的貪心。他的永不知足，得寸進尺的性格，在大禮議中已經充分表現；奉玄修道也是如此。楊啓樵在他的大文中，以爲世宗的崇奉道教，約可分爲三期，「嘉靖九年以前爲首期，九年至十八年爲中期，十八年以後爲末期」，這個分法，相當精確；但各期演變的經過，我可以略作補充。

在初期，主要的是爲了卻病延年，而且建醮祈雨雪之類，思有益於國計民生，用心亦不可謂非。第二期是爲了祈嗣；皇嗣國本所關，也沒有人可以說他不對。但是，嘉靖十五年以後「皇子疊生」，決非由於祈禱，而是張天師和邵元節敎以淸心靜修，病痛漸去，體魄漸壯之故，「寡慾多男」，原是很明白的道理；而世宗以卻病得子都歸功於邵元節禱祀有靈，於是信道益堅，同時因爲身體轉弱爲強，便起了兩種欲念：第一、修煉長生；第二、享受女色。

如果邵元節不死，陶仲文不進，可能沒有所謂「末期」，卽有亦不致太荒唐。而陶仲文的那套迎合他的貪心的說法，又恰恰有其相通的關係，正符合了世宗的要求。

爲了想長生，第一是修煉，第二是禱祀，這兩件事，就是世宗末期修道的主要內容。先說修煉，這種說法出於道家很有名的一部書「抱朴子」；主要的是所謂「陰陽採補」，一面服藥，一面講求房中術。藥有天然的「補藥」，蔘茸桂燕以外，還有煉成的補藥，如紅鉛之類。

在「奉聖夫人」中，我曾談到紅鉛，有好些讀者問我，那玩意到底是甚麼？現在我引錄「五雜俎」作爲答覆：

醫家有取紅鉛之法。擇十三四歲童女，美麗端正者；一切病患、殘疾、聲雄、髮粗及實（石）女無經者，俱不用。謹護起居，俟其天癸將至，以羅帛盛之；或以金銀爲器，入瓷盆內，澄如硃砂色，用烏梅水及井水、河水攪澄，七度曬乾，合乳粉、辰砂、磁乳香、秋石等藥爲末，或用鷄子抱，或用火煉，名紅鉛丸，專治五癆、七傷、虛憊、羸弱諸症。

二十一、世宗想靜攝二十二年

因此「野獲編」有這樣一條記載：

壬子（嘉靖三十一年）多，帝命京內外，選女八至十四歲三百人入宮；己卯（三十四年），又選十歲以下者一百六十人，蓋從陶仲文言，供煉丹藥也。

這「煉丹藥」，就是煉紅鉛。

那末紅鉛到底有沒有效果呢？光宗之崩，是個最好的答覆；中國最偉大的一位藥物學家李時珍曾加痛斥：「今有方士邪術，鼓弄愚人，以法取童女初行經水服食，謂之『先天紅鉛』」，服者「往往發出丹疹，殊可嘆惡！」

紅鉛以外，又有「秋石」，因必在秋天提煉，故名「秋石」；其物爲何，請看「五雜俎」的記載：

又有煉秋石法，用童男女小便，熬煉如雪，當鹽服之，能滋腎、降火、消痰、明目，然亦劣矣。人受天地之生，其本精氣自足供一身之用，少壯之時，酒色喪耗，宴安鴆毒，厚味戕其內，陰陽侵其外，空餘皮骨，不能自持，而乃倚賴於腥臊穢濁之物，以爲奪命返魂之至寶，亦已愚矣！服此藥者，又不爲延年祛病之計，而藉爲肆志縱慾之地，往往利未得而害隨之，不可勝數也。

李時珍亦曾談過秋石，「本草綱目」卷五十二：

秋石久服之，令人成渴疾，蓋此物既經煅煉，其氣近溫。服者多是淫慾之人，藉此放肆，虛陽妄作，眞水愈涸，安得不渴邪？

此外又有所謂「眞餅子」，爲嬰兒初生口中的血。至於「紫河車」之爲胞衣，知者更多。總之，凡是這類壯陽藥，什九奇形怪狀；取材於精血，固然有提煉賀爾蒙、胚胎素的作用，而品類之特別，泡製之繁複，實爲有意炫奇，聳動耳目，說穿了無非江湖訣而已。

世宗由於受了陶仲文的蠱惑，在嘉靖十八年九月，忽然異想天開地面諭輔臣，要叫東宮監國，靜攝一二年，然後親政。此時東宮太子才四歲，何能監國？所以這幾句等於表示，要棄國事而不問。於是太僕寺卿楊最上言，率直諫陳：「不期仙而自仙，不期壽而自壽」之道，在「端拱穆清，恭默思道，不近聲色，保復元陽。」從這些話中，可以看出，世宗已經縱慾了。

二十二、各方獻瑞物者紛至沓來

結果是可想而知的，楊最得罪，下鎮撫司獄，死在獄中。

就像以大禮議取富貴一樣，此時有許多方士，希望像邵元節、陶仲文那樣邀寵，於是旁門左道的花樣，層出不窮，略記數人如下：

段朝用，是個方士，以「黃白術」結交武定侯郭勛。所謂「黃白術」者，典出史記「淮南王傳」，方士以爲用硃砂可以鍊出黃金、白銀。儒林外史曾描寫這種騙局，令人失笑；但富貴之家不悟，武定侯以段朝用薦於御前，說能化物爲金銀，並以所化的白銀進奉。世宗大喜，封他爲「紫府宣忠高士」；把他所化的白銀，薦於太廟，說是「殆天授也」。

這個騙局很難搞，因爲雪白的銀子，到底不是出於「天授」；久而久之，段朝用無以應付，漸有技窮之勢。而郭勛又獲罪下獄；段朝用偷雞不着，不止於蝕一把米，但又不能說：「所化的白銀，都是我暗中貼進去的」，因而利用郭勛獲罪，勒索重賄；索賄不遂，還打死了郭勛的一個僕役。爲世宗得知其事。大怒收捕，下獄論死。

顧可學，進士出身，做京官盜用公款，因而免官罷歸，閒廢二十多年。因爲世宗好長生，於是向嚴嵩行賄，舉薦他能煉秋石。世宗召用授官，一直做到太子太保禮部尚書，但只是掛名拿乾薪，每到秋來，天天與童便打交道。此人老而無恥兼無賴，善於包攬是非，敲詐勒索。

此外以進獻房中術及白鹿、白龜、白雁、五色龜、靈芝、嘉禾之類而邀恩者，不計其數。此一好祥瑞的特色，都出現在嘉靖二十年以後，此時世宗已不視朝，躲在西苑，日夕修玄，計爲三事：第一，服食丹藥，講求陰陽採補的房中術；第二，禱祀；第三，扶箕。而後二事與朝政興廢，大臣進退，有密切的關係。從來政局受意想不到的、與國計民生無關的兩個因素的支配，糾纏四十餘年而無從擺脫，如嘉靖一朝者，可以說是空前絕後了。

世宗的二十餘年不朝，基本原因固爲忙於修玄祈長生，但亦由於一件怪案所促成；這件怪案，眞可說是宮闈疑案。

二十三、楊金英深夜進寢殿弒帝

這個疑案要從世宗的后妃談起。世宗元后姓陳，自嘉靖元年大婚後，至嘉靖七年方始有喜；這年十月，世宗與陳后在一起閒坐，順妃張氏與德妃方氏進茶，世宗順勢抓住兩個妃子的手來看，陳后醋意大發，把茶杯一摔，站起身來就走。世宗是個很嚴厲的人，當時就大發脾氣；陳后驚悸流產而崩。

於是，下一個月順妃張氏被立爲后。這時的世宗，由大禮議激發了追慕古禮的興趣，正在更定祀典，事事復古，「令后率嬪御親蠶於北郊，又日率六宮聽講章聖女訓於宮中。」到了嘉靖十年，因尙未有皇子；新被賜名爲孚敬的張璁，引禮記「昏義」：「古者天子后立六宮、三夫人、九嬪、二十七世婦、八十一御妻」的話，勸世宗行古禮，以廣皇嗣。世宗聽他的話立「九嬪」，以德妃方氏爲首；最後一名的杜氏，封爲康嬪，就是穆宗的生母。

嘉靖十三年正月，張后又被廢，此更是疑案。明史「后妃傳」僅有「廢居別宮」四字的記載，原因何在，過程如何？一概不知。皇后母儀天下，立與廢皆爲大事，無故而廢，大臣必爭；大臣不爭則小臣爭，以明朝言路的囂張，竟看不到爲此而爭的記載，可知張后確有被廢之道，而不敍原因，則此原因必爲天下臣民所諱。按：世宗是個性低能者，而其時宮禁又非常不謹，如今北平中南海一帶的明朝「西苑」，當時建醮建宮殿，空地又奉旨都種稻子，工匠、農夫以及供奔走的雜役，川流不息進宮當差，是不是因此而造成了張后的失德，是件頗可玩味的事。

張后被廢十天，德妃方氏被立爲皇后。而世宗最寵愛的是九嬪以外，後封的一個小端妃；端妃姓曹，絕色。粉黛三千，獨沾雨露，爲人所嫉是可想而知的。

嘉靖二十一年十月，一天世宗又住在曹端妃宮裏；半夜裏進來兩個宮女，一個叫楊金英，一個叫張金蓮，楊金英手裏拿條繩子，已打了一個圈套，掀開帳子，往世宗脖子上套，照常理來說，只要套上了把繩子一抽，就非勒死不可；那知世宗命不該絕，楊金英那個圈套，應該打活結的，打成了死結；死結的繩子是抽不緊的，世宗得以死裏逃生。而同謀的張金蓮，則出賣了楊金英。

二十四、主謀者爲王寧嬪

張金蓮原來與楊金英同謀，發覺事情搞得糟了糕，翻然變計，跑到中宮去告變。方皇后趕到曹端妃宮裏，把世宗脖子上的繩解下，他才得復蘇；但受驚忒甚，竟致好些時候說不出話。

方皇后也很厲害，立卽下令，命太監張佐逮捕楊金英拷問，供出首謀是王寧嬪；張金蓮自然亦不免。倒楣的是曹端妃，爲楊金英咬了一口；世宗被禍時，曹端妃大概不是睡在一床，亦不知有此巨禍發生，實在是寃枉的。只是楊金英說她雖未參與逆謀，事先知有其事；方皇后本有妒意，樂得公報私仇，把曹端妃也抓了起來，連同張金蓮等，以及案內各人的族屬十餘人，綁赴西市，分別凌遲斬首。

王寧嬪在九嬪中位居第三，是不是因爲對九嬪以外另封的曹端妃吃醋呢？不是！或者說得保守些，縱有醋意，卻非她弑帝的動機；后妃爭風吃醋，何代無之？手段辣的，亦不過謀害當事人，決不會害皇帝。然則王寧嬪出此逆謀的原因爲何？

這個疑案，沒有甚麼具體史料，可憑以分析推論。細繹明史，只能提出這麼一個假設：王寧嬪想當太后。

明史對這重公案，有隱筆，有曲筆。這因爲修明史的，大多爲先朝遺民，於宮闈之醜，自然採取廻護的態度，所以根本不談此案的起因，是爲隱筆。

但在隱筆中有曲筆，略存眞相。按：世宗八子，第一子在嘉靖十二年八月生，生兩月而殤，謚爲哀沖太子；他的生母爲閻貴妃，原爲九嬪之一，嘉靖十三年立方后的同時，封爲麗妃，自然是因爲她曾生子的緣故。

但不知爲什麼，世宗本紀中，稱嘉靖十五年十一月所生的皇子爲「皇長子」；前面談過，這個皇嗣得來非易，爲當時一件大事。據明史「諸王傳」：「莊敬太子載叡，世宗第二子」；又：「王貴妃生莊敬太子」，此貴妃應就是王寧嬪。照當時世宗事事講求古禮的情形看，王寧嬪必在生子後晉位爲妃，再晉位爲貴妃。世宗的「貴妃」，可考的只有兩個，一閻、一王。閻貴妃，就是麗妃，也就是九嬪中位居第四的閻氏，逐步進位，正以她曾生子之故。以此類推，可以確定王貴妃就是王寧嬪；但本紀及后妃傳中，不言封王氏爲妃，而當此逆案發生時，明明已爲王貴妃，而楊金英仍稱她爲「寧嬪」，這都是史官故意有所隱諱的曲筆。

二十五、世宗對弒案並未深究

嘉靖十八年世宗南巡。照傳統，皇帝巡狩則太子監國；於是王貴妃所生的載叡，四歲被立爲太子，以大學士夏言爲傅。同日被封的有裕王載垕、景王載圳。裕王就是後來的穆宗。

於此，便可以作一假設，如果世宗崩逝，則太子繼位，王貴妃母以子貴，立刻就成了太后；而在嘉靖二十一年，太子只有七歲，則太后卽可垂簾聽政。王貴妃密謀危害太宗的用意，或卽在此；當然，其中必有太監參與，但當時世宗旣「驚悸不能言」，案子又沒有交到外廷，大事化小，未曾窮治，所以爲王貴妃設謀的太監得以漏網。至於載叡，則在嘉靖二十八年行「冠禮」後兩日，忽然去世。十四歲的孩子，不可能得甚麼「暴疾」；如說有病，則前兩天猶在行禮，所以他的死因不明，亦是一重疑案。

自經楊金英之變，世宗移居西苑萬壽宮，不入大內，從此亦不視朝，創下空前的皇帝二十年不見大臣的奇異紀錄，「郊廟不親，朝講盡廢」，而常得相親的，只有陶仲文，「見輒賜坐，稱之爲師而不名」，陶仲文的兒子世恩，以恩蔭授爲尙寶丞，他的徒弟郭弘經、王永寧授爲「高士」，凡有軍功、冤獄平反，都歸功於修玄奉道，陶仲文必蒙恩賞，寵信始終不衰。嘉靖二十八年太子薨後，陶仲文創立一個說法，叫做「二龍不相見」，皇帝是眞龍，太子是潛龍，「二龍不相見」則唯有不立太子；裕王和景王一起出宮，住在外邸，服飾毫無識別，年齡亦相彷彿，因此景王及其左右有奪嫡的異謀，幸虧在這方面，世宗是個有定見的人，雖不立太子，而心目中已定裕王爲皇位繼承人，令景王就國湖北德安，浮言始息。否則世宗一瞑不視之時，卽爲宮闈劇變之日。

在丹藥祥瑞以外，世宗在西苑奉玄修道，最重視的一項工作，還是禱祀。禱祀有儀式，卽爲建醮建壇，有所禱祝，必用書面表文，焚告天帝，猶之乎臣下的奏章一般，有個專門名稱，叫做「青詞」。這個典故出於隋唐，隋書「經籍志」，就有「青詞」的名目；用青藤紙朱字，此爲「青詞」一名的由來。

二十六、夜半命詞臣撰青詞

因爲青詞「上達天聽」，禱祀的靈驗與否，在世宗看來，青詞的動聽不動聽，關係甚大，所以他對此格外重視。誰能做得好青詞，誰就能獲得重用；以致從嘉靖中期開始，青詞的操作，成爲宰相進退榮辱的關鍵，這是中國政治史上又一個奇特的現象。

談到青詞，首先要談一個喜歡彈詞的人，都知道的顧鼎臣，他是崑山人，弘治十八年的狀元。嘉靖初年充經筵講官，講書講得很透澈，爲世宗所看重；以後爲祈皇嗣在欽安殿建醮，顧鼎臣以禮部侍郎充「迎嗣導引官」，上「步虛詩」七章，並列陳壇上應行注意事項；世宗大爲嘉許，是爲「詞臣以青詞結主」之始。

顧鼎臣之後，夏言、嚴嵩、徐階、李春芳、嚴訥、郭朴、袁緯等入閣，都與青詞有關，後四人號爲「青詞宰相」。當時最有名的是袁緯，世宗往往半夜裏心血來潮，覺得某件事需要奏報天帝，於是下一張「條諭」，命在西苑值宿的袁緯撰青詞，駢四儷六，援筆立就，因而極受寵幸。但「青詞宰相」，究其實際，不過像清朝爲高宗撰戲曲的張照那樣，雖居高位，與政務無關，因而名隨身俱滅，可以不論；但夏言及嚴嵩，由青詞起家，進而當國，關係一代的治亂盛衰，不能不談。

夏言與嚴嵩都是江西人，夏言籍隸貴溪，與張天師算是小同鄉，但他的得意，與張天師無關；此人疏眉朗目，生得一臉好鬍子，而且音吐弘暢，不操鄉音，論儀表第一流，當兵科給事中時，頗有政績。到了嘉靖九年，世宗開始更定祀典，想變更太祖「天地合祀」的成法；張璁、霍韜等人都不贊成，唯有夏言力排衆議，因而大受世宗的賞識，一年功夫由吏科都給事中，當到禮部尙書，升官之快，前所未有。

當時張璁的勢燄極盛，唯一可以跟他對抗的，就是夏言。士大夫什九討厭張璁，非楊即墨，自然支持夏言；而他亦能折節下士，所以頗得公卿的好評。就這樣，於嘉靖十五年終於入閣拜相。世宗的辦事，喜歡用「單線領導」的方法，直接下條子給某個輔臣；受寵信的亦可單獨密奏，以蓋用御賜的銀印作爲記識，夏言奉賜的一顆銀印，其文爲「學博才優」四字。

二十七、郭勛驕慢無人臣禮

夏言在入閣以前，宦途經歷，一帆風順；但拜相以後，波瀾迭起，幾度挫折，這因爲他的政敵很多，而政敵的產生，又有兩個原因，第一是出於他的個性，有王安石「拗相公」的味道，而且自視極高，說話行事，不爲人留餘地；其次是窺測世宗的意旨，不願臣下結黨，因而有意孤立自己，表示不結黨援。

於此，我們必須研究一個問題，世宗二十幾年不視朝，並且除了在禱祀的場合以外，與輔臣亦不大見面，那末他是怎樣發號施令，駕馭臣下的呢？照我的分析，有如下述：

一、世宗雖不視朝，但每天披閱章奏，常至五更；這比他的子孫，大政付於閹人之手，不可同日而語。

二、定下「密奏」及「手敕」的書面交換意見制度。此卽我前文所說的「單線領導」的手段。

三、善用權威，旣不吝恩賞，亦不惜斧鉞，臣下懷德畏威，不能不就範。

四、爲了防止臣下結黨，有意製造若干矛盾；使其互相監察糾舉。

五、爲了防止臣下揣摩意旨，免得不知不覺墜入其彀中，有時故意獨斷獨行，或者明明是正確的建議，故意加以駁斥，藉示不測。

這五點原則，淸朝雍正、乾隆兩帝，學得很到家。但權術究不可恃，不管他用心如何之深，當時稍有作爲的大臣，無不瞭如指掌，徐階殺嚴嵩的兒子嚴世蕃，彼此鬪智的焦點，就在利用世宗的心理上，這在以後，將會談到，此處從略。

夏言，第一個政敵是張璁，第二個政敵是武定侯郭勛；結果郭勛死在他的手裏。武定侯郭英，不但是開國的功臣、亦是太祖的第一寵臣，這因爲除了汗馬功勞以外，還有裙帶上的關係；郭英的妹妹，就是太祖第十子魯王檀的生母郭寧妃，而郭英跟太祖又是兒女親家。因此在京城裏，武定侯一家，與別的勛臣不同；郭勛在正德年間就管過禁軍。世宗卽位，力贊大禮，與張璁相勾結；又迎合世宗好道，薦方士講求「黃白術」，因而極受寵信。但晚年驕慢無人臣禮；奉敕不領，引起世宗震怒，逮捕下獄。而致死的主因，還是由於與夏言爲仇之故。

二十八、郭勛死於鎭撫司獄

這件事的經過是如此，世宗聽從言官的獻議，派定兵部尚書王廷相，遂安伯陳譓和郭勛一起，到各地去清理兵籍，整頓軍紀。這是欽差，特行發給誥敕，以爲憑證；郭勛不領，他的想法是，自己兼領「後軍都督府」，這些任務是自己份內的權責，沒有誥敕，亦可行事。因此言官彈劾「作威植黨」；郭勛上疏申辯，其中有一句話：「何必更勞賜敕？」語涉譏刺，世宗大怒，責備他「強悖無人臣禮」！於是夏言指使其門生給事中高時，狠狠參了他一本，把郭勛的不法貪財的事實，都抖露了出來。

郭勛雖下獄，世宗念他贊大禮、參修玄的功勞，一方面命令鎭撫司，對他不得用刑拷問；一方面屢次以手敕暗示廷臣，饒郭勛一命。夏言手段很厲害，故意裝得不懂皇帝的意思，而且每接一次手敕，便有人再參郭勛一本──當然，這也因爲郭勛驕恣跋扈，人緣極壞，所以大家都走到夏言一條路上，竟沒有人上疏救他。第二年言官辦考績，世宗特旨把高時降二級，暗示他參郭勛這件事做錯了，而廷臣明知是個有力的暗示，依舊不理。這年──嘉靖二十一年多天，郭勛竟死在鎭撫司監獄。世宗爲此責法司「淹滯」，刑部尙書以下，都得了很重的處分。至於郭勛原定了抄家的罪名，世宗「僅奪其誥劵」。誥劵者，就是丹書鐵劵，可以免死；爲郭英當年蒙太祖所賜。夏言的第三個政敵是嚴嵩。他這一番政治鬬爭，就不如對郭了，結局搞得很慘。

嚴嵩是夏言的同鄕，江西分宜人，字惟中。其人瘦長，眉目甚疏，而音聲甚宏。在科名上，他是夏言的前輩；當翰林時，告病回籍，在鈐山讀書十年。這段期間，看他的樣子，縱不能如他同鄕先輩，靖變忠臣黄子澄那樣剛烈，但也決不會想到他會如以後那樣的柔佞媚軟。

嚴嵩還朝後，於嘉靖七年始受知於世宗；那時他以禮部右侍郎奉旨到湖北安陸，祭告顯陵。回朝奏覆，說一路皆「應時雨露」，又記了許多瑞應，建議「命輔臣撰文刻石，以紀天眷」，這個馬屁拍得世宗「大悅」，不久就遷爲吏部右侍郎，升南京禮部尙書。

二十九、嚴嵩與夏言鬪法

在南京住了五年，嚴嵩以賀萬壽入朝。當時廷議預備重修宋史——宋史蕪雜，久爲史家所詬病，重修之議，原是一件好事；但尊崇道教的徽宗，爲亡國之君，而眞宗的「天書」，幾乎可說是笑柄；此與嘉靖的時事，顯有不合，當時要重修宋史的着眼點在此。輔臣張璁、方獻夫因爲南京禮部尙書是個閒職，便奏請以嚴嵩留京，主持其事。結果，此議無疾而終，嚴嵩卻留在京裏了。

嘉靖十五年夏言以禮部尙書入閣，保荐嚴嵩接他的遺缺。嚴嵩的年齡、科名都早於夏言，應該是同鄉前輩，而夏言對嚴嵩以「閣客畜之」，嚴嵩亦務爲恭謹，其實心裏恨得要命。其時議禮派的巨頭，張璁、桂蕚、方獻夫、霍韜等人，死的死，致仕的致仕，而夏言原以迎合世宗爲手段，等到入閣拜相，當了首輔，他自己想有一番「相業」，就不甚與世宗相合。嚴嵩便看準了這一點，成爲世宗修道奉玄最有力的支持者；而世宗亦有意製造矛盾，願意另外扶植一個人來對抗夏言。就在這樣一個「君臣契合」的良好機會之下，嚴嵩得以脫穎而出。

夏、嚴勢力消長的關鍵，是在嘉靖十八年，世宗南巡謁顯陵時，明史「夏言傳」：

言與嵩扈蹕承天（按：湖北安陸府改名承天府），帝謁顯陵畢，嵩再請表賀；言乞俟還京，帝報罷，意大不懌。嵩知帝指，固以請；帝乃曰：「禮樂自天子出可也！」令表賀。帝自是不悅言。

相反地，嚴嵩卻大得世宗歡心；這一次扈蹕的賞賜，與輔臣完全相等。嚴嵩歸京，日漸驕狂，同時也開始收取紅包。

紅包是由各地宗藩所送。明朝的封藩制度，成爲國家的一大累；降至末流，宗藩生齒日繁而所入有限，一樣亦是虛擁「天潢貴冑」的美名而苦不堪言。京中有關的衙門，除了對少數強藩以外，不大賣宗室的帳，辦事照樣要紅包。譬如生子請求命名，如果沒有紅包，那下一個按五行排列的字，就選取或製一個希奇古怪的醜字眼以付，如周王七世孫襲封的「勤烝」，上涯爲烝，再跟「勤」字連在一起，令人失笑。火字部的字不少，獨取此字，豈不是有意開玩笑？

三十、嚴嵩入閣大權獨攬

嚴嵩當禮部尙書，就是連宗藩的竹槓也要敲，不管請恤乞封，都非紅包不辦；同時他的兒子嚴世蕃又在各處包攬是非，爲人關說請託，藉以牟利，因而言官彈劾大臣貪汚，第一個總是嚴嵩。但以世宗別有用心，所以每遇這種攻擊，只要嚴嵩以在西苑值宿撰靑詞的方便，向皇帝表示効忠一番，就可無事。有時手敕有所垂詢，嚴嵩的覆奏，平淡無奇，而世宗故意稱賞，暗示言官，嚴嵩正蒙寵信，彈劾無用。這些都是世宗用來平衡夏言的權勢的手法。

但是，夏言的失寵，亦有自取之咎，世宗一再用一罰一賞的辦法，作爲警告，而夏言不悟，甚至對嚴嵩亦疏於防範，大意到怕受罷斥的心事都告訴了嚴嵩，眞是與虎謀皮，恰好讓他跟陶仲文勾結，密謀取而代之。

嘉靖二十一年春天，世宗異想天開，製了五頂道士所戴的「香葉束髮巾」，分賜大臣，夏言認爲此非「人臣法服」，拒絕接受；而嚴嵩不但戴了這不倫不類的道冠去見世宗，並且籠以輕紗，表示出於御賜，特別愛惜。這一下，世宗的愛憎，便相當強烈了。而夏言得知嚴嵩背叛，又教唆言官彈劾，世宗一概不聽。嚴嵩則到御前哭訴，細陳夏言如何欺侮他，因而落職閒居，其時爲二十一年七月；下一個月嚴嵩就入閣了。

夏言一去，首輔該是翟鑾，此人的靑詞做得不好，不爲世宗所重，所以嚴嵩獨掌大權，父子同惡，賄賂公行。這樣過了三年，世宗有些覺察到嚴嵩的貪恣；又因爲夏言每年元旦，從家鄉拜表賀節，自稱「草土臣」，世宗有些可憐他，因而於嘉靖二十四年，復召還朝，仍舊入閣。

明朝的宰相重資歷，夏言當過首輔，再次入閣仍爲首輔，雖然世宗加了嚴嵩「少師」的頭銜，官位與夏言相等，但權力不能相比。「江山好改，本性難移」，夏言的獨斷獨行，依然如昔。其時嚴世蕃當尙寶少卿，因爲受賄，以及包辦代繳錢糧，從中多所剝削的緣故，夏言預備奏劾治罪，嚴嵩大懼，帶了嚴世蕃去見夏言請罪，夏言不見；於是嚴嵩買通了夏家的下人，放他進門，直入內室，父子二人跪在夏言面前討饒，總算無事，但仇恨卻結得更深了。

三十一、嚴嵩宴請夏言久候不至

有一次嚴嵩請夏言吃飯，夏言架子之大，令人意想不到，「蘭史劄記」引「玉堂叢語」略記：

夏言爲首揆，嚴嵩至不敢與分席，欲置酒邀歡多不許；既許，至前一日又辭，則所徵紅羊、棧鹿之類，已付之烏有。一日，許赴其宴，薄暮始至，三勺一湯，賓主不交一言而去。

按：明史「嚴嵩傳」對此亦有記載，說嚴嵩親自拿了請夏言赴宴的書啓，到相府求見，夏言叫門官辭絕；嚴嵩爲表示他的誠意，鋪了個拜墊在門口，跪着把那書啓念了一遍。可能是在這樣的卑躬屈節之下，夏言才勉強赴約。可惜權勢沖昏了他的腦袋，竟因此看不出嚴嵩的本心，豈非自取之咎？

夏言的政敵，不止嚴嵩，還有錦衣衞都督陸炳等人，同惡相濟，密謀攻夏言去位，這樣到了嘉靖廿七年，找到了一個機會。

明朝的邊患之一是元朝的後裔，建號爲「韃靼」，英宗天順六年，竄據黃河最富庶的河套。成化、弘治、正德三朝，屢次議復河套，事皆不成。到了嘉靖廿四、五年，「套騎」大舉入寇陝西、山西等地，殺人無算，於是議復河套之議又起。

最先創議的是「總督三邊侍郎」曾銑，此人頗具才幹，上了個萬餘言的奏疏，計劃共分八款，講得頭頭是道；當國的夏言動心了，以爲能復河套，不但生前建此邊功，相位可保無虞；身後之名，亦會流傳千古，因而全力支持。世宗亦以爲「甚見壯猷」，發銀三千萬兩，聽由曾銑「修邊、餉兵、造器，便宜調度支用。」

第二年春夏間，打了兩次仗，先敗後勝，世宗下旨獎賞。到了冬天，曾銑又上議復河套方略十八條，下兵部議覆，說曾銑的「先後章疏，俱可施行」，世宗批答：「寇據河套，爲國家患，朕軫宵旰有年，念無任事之臣；今銑前後所上方略，卿等既已詳酌，卽會同多官，協忠抒謀，以圖廓清，定策以聞。」嚴嵩一看如此，倘或夏言建了邊功，自己就越發不利，所以全力反對此事。到了二十七年正月，夏言上奏，請給「誓劍」，統制各路將帥，世宗便有些不放心了，因爲明朝的家法，從不以整個兵權授予臣下。

三十二、陸炳的來龍去脈

因爲有此猜疑，世宗的主意大變。而猜疑之起，是外有嚴嵩，內有陸炳、崔元不斷進讒的緣故。陸炳其人，平劇「審頭刺湯」中，把他描寫成爲正人君子的模樣，其實不然。

他是浙江平湖人。平湖陸家，是陸宣公的後裔，代有名臣，詩禮傳家，但陸炳的祖父陸墀，卻有軍籍，隸屬於錦衣衛；陸墀的兒子叫陸松，承襲父職，在興獻王就藩分給護衞時，隨從到安陸。世宗出生，陸松的妻子被選爲乳媼，陸炳隨母入府，跟世宗是一起長大的；這個關係與清聖祖跟曹雪芹的祖父曹寅的關係，極其相似。

世宗入承大統，陸松父子成了從龍之臣。陸炳先以武進士的資格，被授爲錦衣副千戶，以後承襲父職，以錦衣衞指揮使掌理南鎭撫司；嘉靖十八年世宗南巡，行宮失火，陸炳冒險救駕，從此更受世宗寵信，升爲都督同知，成了錦衣衞的首腦。

夏言與陸炳，本來互爲倚重，關係很好。但夏言的本心，看不起這些人，也不願搞信道修玄這套玩意；以先不得已而爲之，完全是一種取權勢的手段。到了嘉靖二十四年第二次入閣，他有一個錯覺，以爲世宗少不了他；同時顧到身後之名，想堂堂正正建一番「相業」，因而作風大改，最明顯的一點是，不願迎合世宗個人的愛好——修道。拒受香葉巾是一事，撰進青詞，不甚用心，又是一事，凡此都爲世宗不滿。同時他的待人接物，越發嚴峻高傲，眞所謂「禮絕百僚」，對世宗遣來傳諭的小太監，絲毫不假詞色，而嚴嵩則每次都親自起身接待，拉着小太監的手，像見了所愛的子侄那樣親熱，並且總有些銀子，悄悄塞到小太監的衣袖裏。

陸炳與夏言的結怨，是爲了有個御史參劾陸炳與京山侯崔元——尙憲宗次女永康公主，以奉使赴安陸迎世宗入京封侯——借鹽法舞弊；夏言擬旨，令陸炳與崔元自白，兩個人都跑到他那裏請罪，陸炳長跪不起，夏言才饒了他們。這樣作威作福的結果，把陸炳擠到了嚴嵩那一邊。崔元則在夏言與郭勛爲敵時，幫過他很大的忙，此時亦認爲他恩將仇報，翻臉無情，大爲懷恨，與陸炳一起，勾結嚴嵩，非整夏言不可。

三十三、復套之議反覆無常

因此，當夏言全心全意在支持曾銑的「壯猷」時，陸炳已在暗地裏搜集他「勾結邊將」的證據了。錦衣衛是個合法的情報組織，握有許多「個人資料」及分佈在各個階層的眼線，很快地發覺了夏言與曾銑之間，有一道橋樑。

這道橋樑是夏言的老丈人蘇綱；「老」字也許下得不適當——蘇綱是夏言的「繼妻父」，年齡也許與他的女婿差不多；他和曾銑都是揚州人，以同鄉而爲好友。夏言的賞識曾銑，自然有蘇綱的揄揚之力在內，這原是人情之常，但對陸炳和嚴嵩來說，恰好是找到了一個最有力的把柄。

但問題是世宗方在嘉奬曾銑的「壯猷」，爲事擇人必不可去曾銑；曾銑不去，夏言不但不會得罪，而且可能建功。因此釜底抽薪之計，就是要打消「復套」之議。

我們可以想像得到，陸炳、崔元和嚴嵩，在西苑侍帝修玄奉道之餘，必是進以這樣的危言：

一、兵凶戰亂，戰事並無把握。

二、卽令有把握，照曾銑的建議，是個長期的局面，糧餉的負擔極重。

三、與俺答——「寇酋」失和，則竄擾內地，生民受其荼毒。

四、曾銑有精兵而夏言有兵權，倘有不臣的心，便成心腹之患。

這一來，「復套」的行動，未受其利，先蒙其害，世宗自然要生警惕；也說不定還勾結在西苑的方士，在乩筆中明示此事不吉。因而當曾銑上了十八條「方略」，又獻「營陣八圖」，方蒙優旨下廷議，而兵部尚書王以旂及廷臣迎合帝意，覆奏如銑所言時，世宗忽然下了一道手敕，提出這樣的疑問：

今逐套賊，師果有名否？

兵食果有餘，成功可必否？

一銑何足言，如生民荼毒何？

這道手敕，不但表明了世宗對「復套」之議不贊成；而且也把曾銑看得無足輕重，不在話下。於是夏言大駭，上疏請世宗自加裁斷。世宗便叫人把他的手敕木刻，印了許多，凡是有資格參加廷議的人，每人都有一份。

三十四、錦衣衛奉旨追捕夏言

嚴嵩一看時機成熟，首先發難，以京師大風等等災異，危言聳聽，說是曾銑開邊啓釁誤國，夏言「表裏雷同」，所以天象示警，同時自請罷官。

結果罷官的是夏言，以尚書致仕。嚴嵩得溫詔慰留，而且自動地升爲首輔。初步計劃成功，嚴嵩接着再下更狠的殺着，上疏力攻夏言，並且聲明，以前所下獎勵曾銑的諭旨，都是夏言所擬，「臣皆不預聞」，這句話就是官僚舞文弄墨高度的技巧，明朝首輔權重，獨斷獨行，尤其是夏言對嚴嵩，一同在閣，終日不交一語，他想「預聞」亦不可得。所以這句話看來很有力，其實是朦混撇清，只不過世宗當局者迷，看不出來而已。

但世宗猶無殺夏言之意。嚴嵩爲了斬草除根，一面在宮中散佈流言，說夏言罷官出京時，大發怨言，誹謗皇上；一面爲剛剛被捕下獄的仇鸞草疏，誣陷曾銑。

仇鸞的父親叫仇鉞，正德初年以平安化王寘鐇的叛亂，封咸寧侯；仇鸞襲爵，出鎮甘肅，以阻撓曾銑的計劃，被劾治罪。嚴嵩跟他本有交情，又而是彼此利用，自然一拍卽合。嚴嵩替他代擬的奏疏上說：曾銑掩敗不奏，剋扣大筆軍餉，派他的兒子曾淳，託蘇綱向夏言行賄。這一來，曾銑、蘇綱便都被捕下獄。而吏部尙書聞淵、禮部尙書費寀等人，亦紛紛上疏，不但以「套議」不可行，並且攻擊夏言誤國。這樣幾下一湊，世宗改變了主意，下旨派錦衣衞的人，把夏言自歸途中的丹陽抓了回來。

被捕的夏言還不知道自己犯了甚麼罪？到達通州才曉得曾銑、蘇綱的罪名，大驚失色，竟致從車上摔了下來。搖頭長嘆：「完了，死定了！」

納賄之事，並無佐證，就理論上說，入人之罪，固然不易，但要想洗刷也很難。而曾銑和蘇綱下在鎭撫司監獄裏，陸炳當然要大大地「修理」他們；受刑不過，屈打成招，把夏言攀了進去，無法辯解，所以非死不可。

因此，夏言要想脫罪，只有釜底抽薪，證明仇鸞是誣陷。經過仔細硏究，仇鸞的奏疏中有個很大的漏洞，原疏大概曾引用世宗對「套議」發生疑問的手敕，而此手敕與仇鸞所上奏疏，只相隔兩天，仇鸞旣在獄中，不聞外事，則又如何知有此手敕？因而訟寃：「此蓋嵩與崔元輩詐爲之以傾臣！」

三十五、夏言曾上疏申寃

所謂「崔元輩」，自是包括陸炳在內，而所以不敢明斥者，因爲夏言馬上要到鎭撫司去做陸炳的「客人」；得罪了他，老骨頭經不起「修理」之故。

接着，他有一段攻擊嚴嵩的話，並作哀鳴：

> 嵩靜言庸違似共工，謙恭下士似王莽，奸巧弄權，父子專政似司馬懿。在內諸臣，受其牢籠，知有嵩不知有陛下；在外諸臣，受其箝制，亦知有嵩不知有陛下。臣生死係嵩掌握，惟歸命聖慈，曲賜保全。

依世宗的性格來看，內外諸臣「知有嵩不知有陛下」這句話，他是聽不進去的，結果依然下獄。

就是這時候，被逐出河套的俺答，利用冬季黃河冰凍，渡河入套，楡林一帶吃緊，延綏巡撫楊守謙飛章上聞；嚴嵩便又歸罪於曾銑，說是他開邊啓釁所致。兵部侍郎萬鏜附和嚴嵩，加遺一矢，參劾曾銑罔上貪功，世宗大怒；法司原擬曾銑的罪名爲比照「邊帥失陷城砦律」，世宗堅持用「交結近侍律」，這兩條律都是斬罪，但「失陷城砦」是曾銑自己的事，而「交結近侍」則「近侍」爲誰？必須追究，從這裏可以看出，世宗此時決定要殺夏言了。

曾銑論斬，定讞後「即日行刑」，是爲「斬立決」；妻子流二千里。曾銑很清廉，死後家無餘貲，而嚴嵩說他曾遣子行賄；把他們父子自己的行徑，加在別人頭上，眞是傷天害理，不知良心爲何物？

曾銑既以結交近侍律而死，夏言自然亦不免；刑部尚書喻茂堅，左都御史屠僑，還想救他，援「八議」中的「議貴」、「議能」，上疏請赦夏言一死。世宗不從，手敕中還提到夏言不戴香葉巾的前憾，在曾銑死後的七個月，亦不免綁赴西市，一刀了帳。繼妻蘇氏，充軍廣西。

曾、夏的冤獄，在世宗崩後，獲得昭雪，明史「曾銑傳」：

> 隆慶初給事中辛自修、御史王好問訟銑志在立功，身罹重辟，識與不識，痛悼至今。詔贈兵部尚書謚襄愍。萬歷中，從御史周磐請，建祠陝西。

夏言則以其家人於隆慶初上書申冤，詔復原官，賜祭葬，謚文愍。他在泉下還有件可以自慰的事是，徐階去嚴嵩，殺嚴世蕃，算是替他報了仇；而徐階有「名相」之稱，爲夏言所提拔。

三十六、俺答曾進犯京師

論嘉靖一代的朝局，夏言之死，爲其樞紐，從此嚴嵩把持朝政達十四年之久。在最初四年，嚴嵩爲首輔，而閣臣張治、李本，明史竟不爲他們立傳，可知其地位僅不過如嚴嵩手下的小吏，眞個是沒沒無聞。

在世宗自用嚴嵩爲首輔，他才眞正能一意奉道修玄，因爲他以前所重用的張璁和夏言，總有忤旨的地方；世宗深居西苑，而又要親裁大政，遙爲制馭，所以最忌的就是權臣，不受約束，自作主張，則終有凌上奪權的一天，而嚴嵩事事阿附旨意，這才是可以讓他完全放心的。

明朝外患之亟，在嚴嵩當國以後，明史紀事本末「俺答封貢」篇：

嘉靖二十八年春二月，俺答大擧入寇。八月俺答入宣府。二十九年秋八月，俺答越宣府，走薊州塞，入古北口，圍順義，長驅直入。戊寅，逼通州，大掠密雲、三河、昌平諸處。辛己，進犯京師。壬午，俺答求入貢，命廷臣集議之。癸未，俺答犯諸陵，轉掠西山、良鄉以西，遂東去，京師戒嚴。

此即所謂「庚戌之變」，其「辛己進犯京師」，已侵入東直門御廐，抓了八個人走，「不殺，縛之見俺答踞坐氈帳中」；命俘虜攜帶書信回朝。俺答信中的要求「入貢」，也就是通商。於是世宗召見嚴嵩、李本和禮部尚書徐階，有這樣一段發言紀錄：

世宗：「何以應之？」

嚴嵩：「此禮部事。」

徐階：「事雖在臣，唯上主之。」

世宗：「正宜商議。」

徐階：「寇駐兵近郊，而我戰守之策，一無所有。宜權許以款，第恐將來要求無厭耳！」

世宗：「苟利社稷，皮幣珠玉，皆非所愛。」

徐階：「止於皮幣珠玉則可，萬一有不能從，將奈何？」

世宗（竦然）：「卿可謂遠慮。」

徐階：「請以計款之，言其書皆漢文難信，且無臨城脅貢之禮，可令退出大邊外，別遣使齎番文，因大同守臣爲奏，事乃可從。往返間四方援兵，計皆可至，我之戰守有備矣！」

三十七、徐階開始爲世宗賞識

世宗對徐階的建議，深以爲然。就拿他所定的原則，交羣臣集議。兵臨城下而宰相諉責於禮部，幸好徐階還能侃侃陳奏，拿出主張來，總算有了退敵之計。從此，世宗對嚴嵩不免輕視，而徐階亦更見重；當然，嚴嵩心裏有數，深忌徐階，多方離間傾害。但徐階不是夏言，棋高一着，經十幾年的周旋，終於擊敗嚴嵩父子，然後「階代嵩首輔，傾心委居正」；然後始有戚繼光與潘季馴的暢行其志。換句話說，沒有徐階就沒有張居正，沒有張居正就沒有大敗倭寇的戚繼光與治河名臣的潘季馴，如果依舊是嚴嵩當國，可能明祚不會再延八十年之久。此中消息，應爲治明史者不可輕忽。

當時軍事上的糟糕，從「庚戌之變」就可以知道。先說咸寧侯仇鸞，因爲嚴嵩打倒了夏言，得以出獄，出鎭大同。那時的大同，等於後來的山海關，爲邊防第一重鎭；俺答直薄京師，仇鸞奉詔勤王，領兵二萬入京，被拜爲大將軍，統率各路勤王之師，賞賜甚厚，並奉頒「封記」，大概是一顆印，上面刻着這樣的字句：「朕所重，唯卿一人，得密啓奏進。」由此可知，世宗對文臣的品格才具，還能有所鑒別；對武將則是兩眼漆黑，茫然不辨，否則不會把仇鸞這樣的人，視爲心腹重寄。

及至俺答致書求通商，世宗以徐階的主張下廷議，議而未決，韃靼兵在德勝門、安定門外放火，世宗入夜在西苑登高瞭望，只見城外火光燭天，大爲震恐。聽左右太監說起，廷議中有個御史趙貞吉，慷慨陳詞，忠義奮發，因而立卽召見，給以紙筆，讓他作書面的陳述，於是趙貞吉上疏：

陛下宜御奉天門，下詔罪己，追獎故都督周尙文之功，以勵邊師；釋給事沈束於獄，以開言路。輕損軍之令，重賞功之格，飭文武百司共爲城守，遣官宣諭諸營兵，使力戰。且士不力戰，以主將多冒首功，今誠得首功一，卽予金百，捐金不十萬，賊且盡矣。

按：所謂「首功一」者，就是取得敵人的一個首級；用此推算，韃靼兵實際不過千把人，而當時勤王之師，來自河間、宣府、山西、遼陽等七鎭的，共有五萬餘人之多。

三十八、仇鸞的部下易服搶刼

至於提到「追獎故都督周尚文」及「釋給事沈束於獄」，實爲暗刺嚴嵩。周尚文原來是大同總兵，屢立邊功，死後，他家奏求恤典，嚴嵩置之不理；給事中沈束不平，上疏爲周尚文遺屬請命，話中牽涉到嚴嵩，因而下法司問罪，定的是繳納罰款的「贖刑」。嚴嵩認爲不解恨，擬旨予以廷杖，長繫鎭撫司獄。這是嘉靖二十八年五月間的事；在此以前，嚴嵩作惡，都是暗中搗鬼，自大權獨攬後，作威作福，悍然無忌，從杖沈束一事開其端，至此嚴嵩之惡，實已完全暴露。

世宗對恤周釋沈的建議，雖未接受；但對「遣官宣諭力戰」這句話，認爲頗有道理，於是立卽擢昇趙貞吉爲「左春坊左諭德」兼「河南道監察御史」，他的本職是有名無實的東宮官屬，但兼職頗爲煊赫，因爲河南道監察御史具有特殊職掌，監察在京大部份衙門及京營羽林軍等，世宗授予此兼職的用意，就是要他去宣諭各勤王之師力戰卻敵。

於是趙貞吉領了手敕特頒的五萬銀子，準備到各營去展開宣慰激勵的工作。但手敕中無「督戰」的話，對各營將官，不能下達命令，因而趙貞吉去謁宰相，想有所補救，結果是如此：

嵩故與貞吉有隙，辭。貞吉怒，會通政趙文華趨入，謂曰：「公休矣！天下事當徐議之。」貞吉愈怒，罵曰：「汝權門犬，何知天下事？」叱守門者。嵩大恨。已而貞吉單騎出城，偏諭諸營將。諸將皆感奮，而大將軍仇鸞獨難之。比復命，嵩謂貞吉狂誕。且追論其申理周尚文、沈束非是。廷杖，謫嶺南。

接着是殺了兵部尚書丁汝夔，他這條命一半送在嚴嵩手裏，而且受了嚴嵩的騙，到死方悟，已經晚了。當時京營及勤王各部，軍紀極壞，加以大軍雲集，糧餉不足，所以士卒都有怨言，越發胡搞。其中最糟的是仇鸞的大同軍，脫下軍服，到各處擄掠，有被抓到送法辦的，大同軍嫁禍於人，自稱遼陽軍。遼陽軍就是滿州兵，在清太祖以「告天七大恨」起兵反明以前，滿州設「羈縻衞所」，以其部落之長爲「都督」、「都指揮」等官。「衞」者軍區，遼陽有三百八十四衞，此時一部份奉詔勤王，到了京師，而滿、蒙關係密切，所以俺答的部下有人說，他們是由遼陽軍嚮導而來的。

三十九、兵部尚書成民間怨府

因爲如此，便起了個謠言，說來自「朵顏衞」等處的遼陽軍叛亂了。但官方是瞭解眞相的，因爲仇鸞方蒙寵遇，對大同軍多從輕發落，同時亦不便拆穿他們嫁禍於人的鬼計。只是案情太重時，勢須奏聞，世宗答覆得妙，他說：「大同軍擄掠食物，是出於饑疲，而且大同軍首先入援，可交仇鸞自行處理。」

犯案的大同軍，一送到仇鸞那裏，自然置之不問。丁汝夔一見如此，徒然結怨，因而下令，以後不必再捕大同軍。可是民間不知其中有此原委曲折，多怨他庇護同鄉。丁汝夔是山東人，怎麼會以遼陽爲同鄉呢？這因爲關外在清朝是禁地，而在明朝，山東人在本地無法謀生的，多由山東半島出海到遼陽墾荒，所謂「下關東」一詞，由來甚久。遼陽軍中山東人甚多，所以認爲丁汝夔庇護同鄉。

這是俺答到了通州的話。及至寇臨城下，丁汝夔大爲惶恐，向嚴嵩請示，嚴嵩亦深怕打敗仗，他有幾句話，遺毒數百年，直到民國的北洋時代，仍爲許多將帥奉爲金科玉律。

嚴嵩的話是如此：「在邊界上打仗，敗了可以隱飾，假報勝仗；在京城附近，敗了無法隱飾。敵人擄掠得夠了，自然會退走，因此，以堅戰自守爲上策。」丁汝夔聽了他的話，果然下令勿輕戰。各路勤王之師，原就畏怯，接到這道命令，正中下懷；而且四處去告訴人，是丁尚書不准出戰。明朝的兵部尚書稱爲「本兵」，既管軍政，亦掌軍令，並且可以「自請行邊」，赴前敵指揮戰事，職權甚重，因而民間又大罵丁汝夔。

但是，別營將官可以借此退縮，仇鸞不行，第一，他方蒙寵遇，不能無以自見；第二，他是各路勤王之師的首腦，亦必須有所表示。於是也去請教嚴嵩，所得到的答復，與丁汝夔所聽到的話，一式無二。

仇鸞深以爲然，可是堅壁自守，至多無過而已，他還想有功；便想了個絕妙一計，此亦爲明朝中葉到民國北洋時代，「有腦筋」的將帥常採取的辦法：他一面揚言出兵迎敵，一面在外圍盤旋，而敵人就在城下，城裏的人消息隔絕，不知道仇鸞到底打了沒有。這還不算，仇鸞找到六具寇屍，割下腦袋報功，說是他的「戰果」。

四十、三堂會審丁汝夔

在德勝門、安定門外，內圍的敵人，是由兵部侍郎楊守謙負責指揮防守，他有許多苦惱，最傷腦筋的是兵太少；兵少也還罷了，更糟糕的是照名册上看並不少。

這是甚麼道理呢？毛病出在掌理京營的成國公朱希忠身上。他吃空額吃得太厲害了。平常不知虛實，一到佈防不免要現原形，因而東調來、西調去，苦苦應付來視察軍務的御史，以及世宗私人所派遣的太監。那些被調來調去，席不暇暖，疲於奔命的士兵，不知道這是誰下的命令？於是又歸罪於丁汝夔和楊守謙；而楊守謙則以兵少之故，始終不敢出戰。

這樣就使得世宗有了一個錯覺：仇鸞遠出迎敵，而楊守謙儒怯，不敢出師，因而下詔切責丁、楊。

楊守謙的另一個苦惱是，京營兵丁的紀律甚壞，又因爲調動頻繁，大發怨言，越發胡搞；宮中有錢的太監，及錦衣衞的世襲官員，在城外有許多園林別墅，都爲京營兵折騰得不成樣子。這些人一半是怨丁、楊約束不嚴，一半也是受了各種謠言的影響，見事不明，爭相在世宗面前泣訴，說丁汝夔、楊守謙通敵。

世宗原就有這樣一種想法，局勢搞得如此一團糟，非殺個把大臣，不足以示儆戒、振人心、肅軍紀，因而下詔把丁、楊兩人逮捕問罪。三法司審問結果，兩人都論斬；在審問的過程中，還發生了一個誤會，竟致殃及池魚。

這個誤會是如此，丁汝夔是「廷訊」，就理論上說，爲世宗親訊，而實際上由刑部左侍郎彭黯、左都御史屠僑、大理寺少卿沈良才主審；審完要做個「判決書」，奏請親裁，批准以後，方始「正法」。這個「判決書」因爲事實甚多，口供甚長，不是片刻之間，可以脫稿；而世宗在齋宮坐等，屢催不就，等得不耐煩了，疑心三法司有意想爲丁汝夔開脫，在「判決書」上做手腳，以致遷延不上，因而大怒，將彭黯等人廷杖繫獄。

當丁汝夔被捕時，嚴嵩心裏非常着急，因爲丁汝夔的採取守勢，是出於嚴嵩的授意，如果丁汝夔照實答供，就會把他牽連進去；正逢世宗要殺大臣立威之時，後果十分嚴重，所以先給丁汝夔吃了顆「定心丸」，他說：「你儘管去受審，有我在，不要緊！」

四十一、丁楊二人「棄市」

有嚴嵩的保證，丁汝夔放心大膽地去就審，同時也一定不會供出嚴嵩的指使，因爲把嚴嵩牽涉了進去，誰來救自己？所以嚴嵩不必囑咐，而丁汝夔自然而然會照他的心意去做。這完全是黑道中人的手法；但黑道中人「盜亦有道」，有人頂凶認罪，則脫身事外的人，一定會盡全力去營救此人，而嚴嵩給丁汝夔吃的那顆定心丸，實在是空心湯團。奸臣之下流，連強盜、流氓亦不如！

結果丁、楊二人「棄市」，妻流三千里，兒子充軍到山海關外的鐵嶺。等綁赴菜市口刑場，丁汝夔才知道上了嚴嵩的當；大呼：「嚴嵩誤我！」然而已經叫天天不應、叫地地不靈了。

入寇的俺答，果如嚴嵩的預料，擄掠了金帛財物，子女牲畜，躊躇滿志，決定退兵，由居庸關以西的一處名叫白羊口的關隘出關。那裏的守將很盡職，據險捍拒，俺答受阻，於是棄去一部份婦女牛羊，減輕行軍的負擔；然後往東想另找長城出口遁去。

到了昌平以北，與仇鸞的部隊發生了遭遇戰；驟出不意，仇鸞部下，幾不能成軍，俺答破陣，縱橫往來，殺傷千餘人之多，仇鸞亦幾乎被俘。而他居然殺了老百姓，取其首級報功。所謂「兵不如匪」的憤激之論，就是由仇鸞這種喪心病狂的人造成的。

這是嘉靖二十九年八月間的事，這年的干支爲庚戌，所以稱此事件爲「庚戌之變」。等俺答出關，仇鸞還京，改革營制，定調邊兵依時入衞京師之法，更動三輔重臣，似乎頗有一番作爲，其實都是遮世宗耳目的盲動，只有把局面搞得更糟。這時的兵部尙書叫王邦瑞，奉旨協理戎政，以本兵爲仇鸞的副手，內心覺得委屈，而且他也看不起仇鸞，因而遇事牴牾，互相攻訐，王邦瑞終於爲仇鸞所排擠，落職而去。

仇鸞旣得寵信，大作威福，連陸炳都不得不忌憚他三分；而且漸漸與嚴嵩父子翻目成仇——他原是認了嚴嵩作義父，奉上重賄，才得復起，出鎮大同；及至被任爲大將軍，權傾一時，嚴嵩依舊當他乾兒子看待，呼來喝去，仇鸞覺得很難堪，不免有不滿的表示。於是嚴嵩密奏世宗，對仇鸞頗有詆毁，而世宗不聽，仇鸞卻知道了這回事。

四十二、嚴嵩被摒於宮門外

仇鸞當然也不是個好惹的，以牙還牙，密疏指陳嚴嵩父子如何作惡，世宗倒聽進去了，因而有意疏遠嚴嵩。所謂疏遠者，就是不召嚴嵩到西苑去值班。

在西苑值班，最主要的一件工作，就是奉旨撰擬青詞；此爲登龍捷徑，所以無不以能值西苑爲好差使。萬歷「野獲編」記：

撰文（按：指撰青詞）諸臣，初不過一二宰輔，繼而郭勛、崔元以勛爵入，陸炳、朱希孝以緹師入，李春芳、董份等以學士入。人數既增，直房有限，得在列者，方有登仙之羨，不復覺其湫隘，且房俱東西向，受日良苦。

傳：

這是嚴嵩未入閣以前的話；及至夏言失寵，西苑值班，幾乎成了嚴嵩的專利，明史本

（夏）言去，醮祀青詞，非嵩無當意者。二十一年……時嵩六十餘矣，精爽溢發，不異少壯，朝夕直西苑板房，未嘗一歸洗沐，帝益謂嵩勤。

因此，不召嚴嵩入值西苑，是件很嚴重的事，因爲這不但表示寵信已衰，還怕入值西苑的人，偶而被召詢政事，說上他幾句壞話，立刻便有滅門之禍。

好在嚴嵩的臉皮之厚，無以復加，決不因爲皇帝討厭，他便自慚形穢，趦趄不前；看見徐階、李本奉召入西苑，他便一起跟了去，到了西華門，守門的禁衞，以詔旨未召嚴嵩，把他擋在門外。這下彷彿大勢去矣！父子倆相顧對泣。

但是仇鸞雖得寵信，卻不是能够打倒嚴嵩的人，因爲他本身條件不够，不久，寵信漸衰，自顧不暇了。

此人最大的本事，就是說大話，表面像煞有介事，實際上膽小得要命。當俺答「飽則遠颺」，退出關外時，他一面高唱北征，一面與俺答暗通款曲。明史紀事本末「俺答封貢」

篇：

咸寧侯仇鸞倡大舉北伐之議，內實畏怯，乃密遣時義結俺答義子脫脫，使俺答以貢馬互市為請。俺答利中國貨幣，投譯書宣大總督蘇佑求通市。佑以聞，帝命羣臣集議；鸞力主之，羣臣弗敢異。上從之，乃以兵部侍郎史道往大同總理互市。兵部員外楊繼盛上疏，力言不可。

楊繼盛就是楊椒山，眞如戲詞所謂：「提起此人，大大的有名！」

四十三、俺答以下馬索上值

明朝姓楊的很出風頭。前有「三楊」，中有楊廷和父子，後有楊漣。而此時的楊繼盛，以後在獄中的壯烈，與楊漣相比，有過之無不及。他是河北容城人，幼年家貧，一面牧牛，一面讀書，十三歲始正式從師。後來在國子監讀書，徐階正當祭酒，對他十分賞識──人才的引進，一方面靠公正的考試制度，一方面靠大臣的獎掖培植；徐階之稱爲「名相」，除了他本身的政績以外，也就因爲能識拔人才之故。

嘉靖二十六年，楊繼盛成進士，授爲南京吏部主事；尚書是韓邦奇，此人與楊升庵一樣，也是無書不讀，博學有名，而著述甚富的，對於樂理的造詣，更爲當時的權威。楊繼盛從他問學，手製簫管，試用的結果，與「十二律」相和，絲毫不爽；韓邦奇大喜，盡所學相授，因而楊繼盛成了名士。

當俺答入寇時，他已調升爲兵部車駕司郎中，正管「馬政」，所以仇鸞勾結俺答，通商買馬，他以職責所在，不能不作奏諫，疏中有「十不可，五謬」之說。在本質上楊繼盛是主戰派，當然以談和爲非是；但就事論事，顧慮週密，亦確有見地，如「不可九」：

或俺答負約不至；至矣，或陰謀伏兵突入；或今日市，明日復寇；或以下馬索上值。

及至通市後，果如所言：

俺答以羸馬多索價值，弗予、輒大譁。

大同市，寇宣府，宣府市，寇大同，甚者朝市暮寇，幣未出境，而警報隨至，併所得羸馬掠之去。俺答衆，日往來大同城外，輒以貢市爲言，將士不敢拒，各邊垣及諸營堡俱壞。俺答衆出入關隘，無復顧忌，動以貢市爲名，往來官寺，有司廩餼惟謹，稍拂意，輒大鬨。甚至直入城堡，姦辱婦女，莫敢誰何？

以上史實，都發生在互市後的一兩年內。世皆謂仇鸞誤國；世宗知道錯用了人，嘉靖三十一年秋，俺答入寇薊州，仇鸞應該出兵禦敵，卻以患了「發背」重症，臥病在床，而又貪戀「大將軍」那顆印，不肯辭職。兵部尚書趙錦一看情形，只好奏請「暫假大將軍印，自將兵禦之。」世宗認爲「本兵不可出師」，下令收繳仇鸞的「大將軍印」。

四十四、仇鸞的印信被追回

詔旨一下，兵部尚書趙錦，星夜趕到仇鸞家去討大將軍的印信，討來以後，派總兵陳時代仇鸞執行大將軍的職權。這已經算是給他留面子了，而仇鸞仍舊感到是一絕大的刺激，毛病越發厲害，不久就嗚呼哀哉了。

仇鸞雖死，嚴嵩的寵信未復。凡是政治鬪爭，往往是對比映照的，甲與乙爲敵，以甲爲是，則乙爲非；世宗是聽信仇鸞的話，才疏遠了嚴嵩，因此，仇鸞雖死，還要能證明他生前如何不忠，他的話如何靠不住，方能反襯嚴嵩之「忠」，是受了仇鸞的讒害。

於是嚴嵩再一次求助於陸炳。陸炳原來也恨仇鸞，收集了他的許多情報，但事無佐證，不便上聞；恰好仇鸞下面有幾個死黨，因爲冰山已倒，決定出關投敵，陸炳知道了消息，下令逮捕。這一下有了證據，他把仇鸞生前如何私通敵國，如何納賄亂政，統通掀了出來。世宗震怒，認爲仇鸞的忘恩負義到了盡頭，採取非常嚴厲的刑罰，下制敕公布仇鸞的罪狀，開棺戮屍，父母妻子皆斬，家產籍沒，這就差不多是舊小說上常見的一句話：「滿門抄斬」了！

這時世宗想起了兩個人：一個是嚴嵩，一個是楊繼盛。楊繼盛以反對與俺答通商，爲仇鸞密疏請斥逐，由兵部車駕司郎中，貶爲「狄道典史」。典史在清朝稱爲「四老爺」，這是由縣大老爺排下來，官位居第四的緣故，但在明朝，知縣以下就是典史，所以想做事也可以有番作爲。楊繼盛在甘肅臨洮以西的狄道縣做典史，短短年把功夫，就獲得了非凡的成就，明史「本傳」：

其地雜番俗，罕知詩書。繼盛簡子弟秀者百餘人，聘三經師教之。鬻所乘馬，出婦服裝，市田資諸生。縣有煤山，爲番人所據，民仰薪二百里外；繼盛召番人諭之，咸昭，曰：「楊公卽須我曹穹帳亦舍之，況煤山耶？」番民倍愛之，呼曰：「楊父」。

這位四十歲不到的「楊父」，以世宗的特旨，調升爲山東諸城知縣。嚴嵩也來湊趣；他是想到楊繼盛首攻仇鸞，引爲同調，想提拔他一下，收歸門下，因而楊繼盛當了一個多月諸城知縣，就被調爲南京戶部主事；過了三天升刑部員外，隨卽又改兵部武選司郞中，這個職位，相當於現在國防部人事部門的主管，而權力過之。在當時是有名的要職，也是有名的肥缺。

四十五、楊繼盛嚴劾嚴嵩

但是，楊繼盛認爲嚴嵩的罪惡，遠過於仇鸞，決不會因爲嚴嵩的示惠，便爲他所軟化；在他的想法，由被廢而起復，一歲四遷官，受恩深重，對國家必須有所報答，因而到任一個月，就上疏奏劾嚴嵩。

他的態度異常嚴肅，奏疏草成後，齋戒三日，在此塊然獨處、焚香沈思的三日中，對於個人的成敗得失，自然已想得非常透徹；同時經過這三天的「冷化」，亦可證明他的搏擊嚴嵩，決非一時衝動，而是出於高度理智的行為。

奏疏中列陳嚴嵩「十大罪」：

一、壞祖宗之成法。
二、竊君上之大權。
三、掩君上之大功。
四、縱姦子之僭竊。
五、冒朝廷之邊功。
六、引背逆之姦臣。
七、誤國家之軍機。
八、專黜陟之大柄。
九、失天下之人心。
十、敝天下之風俗。

其中關鍵所在，在第四款上；嚴嵩如果沒有嚴世蕃這個兒子，姦惡不至如是之甚。楊繼盛指出：

陛下令嵩司票擬，蓋其職也，嵩何取而令子世蕃代擬？又何取而約諸義子趙文華輩，羣聚而代擬？

題疏方上，天語已傳，如沈鍊劾嵩疏，陛下以命呂本，本卽潛送世蕃所，令其擬上，是嵩以臣而竊君之權；世蕃復以子而盜父之柄，故京師有「大丞相」、「小丞相」之謠。

而最後一款「敝天下之風俗」，看似迂闊之論，其實關係甚大：

自嵩用事，風俗大變，賄賂者薦及盜跖；疏拙者黜逮夷齊；守法度者爲迂疎；巧彌縫者爲才能；勵節介者爲矯激；善奔走者爲練事。自古風俗之壞，未有甚於今日者！蓋嵩好利，天下皆尚貪；嵩好諛，天下皆尚諂。源之弗潔，流何以澄？

「十大罪」如何造成？因爲嚴嵩還有「五奸」：陛下之左右，皆賊嵩之間諜；陛下之喉舌，乃賊嵩之鷹犬；陛下之爪牙，皆賊嵩之爪葛；陛下之耳目，皆賊嵩之奴隸；陛下之臣工，皆賊嵩之心膂。

四十六、楊繼盛夫人伏闕上書

這就是說，世宗的內侍、通政司、廠衞、科道、各部堂官、司官，都爲嚴嵩父子所收買、籠絡、利用。最後提出這樣的呼籲：

陛下奈何愛一賊臣，而忍百萬蒼生，陷於塗炭哉？至如大學士徐階，蒙陛下特擢，乃亦每事依違，不敢持正，不可不謂之負國也。願陛下聽臣之言，察嵩之奸，或召問裕、景二王；或詢諸閣臣，重則置憲，輕則勒致仕。內賊既去，外賊自除，雖俺答亦必畏陛下聖斷，不戰而喪膽矣。

這篇奏疏，痛快淋漓，正氣磅礴，而且以春秋責備賢者之義，對他的恩師徐階亦無所廻顧，應該是極能打動人主之心的。不幸的是，世宗這個人在性格上有極嚴重的缺點，第一是自以爲了不起，不承認有大權旁落的現象，他覺得楊繼盛所說的話，不但無的放矢，而且把他看得太無用，似乎已爲嚴嵩一手所擺佈，因而感到自尊心受了極大的屈辱。

其次，世宗這個人最護短——護己之短，他做錯了的事，別人提都不准提；一提他就老羞成怒，但也不解釋，只是利用他的權威，加以「欲加之罪」。楊繼盛所劾的「十大罪」，其中有幾款，實在應該由世宗負責，如劾及嚴嵩對仇鸞，先薦引，後排詆；其實全爲迎合帝意。仇鸞之得大用，爲世宗知人不明；內心正引以爲恥，而楊繼盛恰好觸及忌諱，自然會動怒。最後牽涉到兩皇子——裕、景兩王，這似乎有導引皇子過問國事之嫌，更爲世宗的大忌，因而「下繼盛詔獄，詰何故引二王？」楊繼盛答說：「非二王，誰不慴嵩者？」明史本傳：

獄上，乃杖之百，令刑部定罪。侍郎王學益，嵩黨也。受嵩屬，欲坐「詐傳親王令旨」律，絞。郎中史朝賓持之。嵩怒，謫之外。於是尙書何鰲不敢違，竟如嵩指成獄。然帝猶未欲殺之也，繫三載。

繫獄三載之久，如果不出意外，則時間一久，世宗怒意漸消，不想有人去營救，弄巧成拙，以致楊繼盛的妻子張氏，不得不伏闕上書。楊夫人從夫官狄道時，曾出服裝首飾，助夫教養當地俊秀子弟，可知其賢慧。

四十七、楊繼盛刑傷自療

未談楊夫人叩閽前，先要談楊繼盛在獄中的情形。明朝的刑罰最濫，凡下詔獄，一定非刑拷打；除非奉特旨，或與高級司法官有深厚的交情，始得倖免。楊繼盛被審時，受刑暈絕；到夜半復蘇。手腕上打爛了的肌肉，發炎潰爛，他打碎一隻碗，用鋒利的碎瓷片，爲自己「動手術」，刮去腐肉，剩下的筋和膜刮不乾淨，再用手拉斷。正好獄卒提了盞燈去探望，一看這情形嚇得發抖，連燈都幾乎打翻，而楊繼盛「意氣自如」。三國演義上描寫關雲長刮骨療毒，泰然自若，都以爲不可及；比起楊繼盛來，關雲長的英雄氣慨又遜一籌了。

楊繼盛朝審時，觀者如堵。將要行杖以前，有人送了他一副蚺蛇膽；蚺蛇就是大錦蛇，牠的膽是很好的止痛劑，對一個將要受刑的人來說，起碼心理上先有了慰藉，但楊繼盛拒而不受，他說：「椒山自有膽，何用蚺蛇？」

入獄三年，世宗幾乎已忘掉了這個人，嚴嵩亦未再理睬，誰知有人爲他到嚴嵩那裏去說情，於是嚴嵩門下的走狗胡植和鄢懋卿，便提醒嚴嵩：「養虎貽患！」嚴嵩也知道擒虎容易縱虎難，又動了殺機。

其時正有張經、李天寵兩案要處理。張經以倭寇入侵，盤踞上海浦東、浦南一帶，因而奉旨以右都御史兼兵部右侍郎的名義，督辦江南、江北、浙江、山東、福建、湖廣的軍務，得「便宜行事」；張經發覺倭勢極盛，非調強悍的邊兵會剿不可，而嚴嵩的乾兒子趙文華，與他的意見不合，明史「張經傳」。

會侍郎趙文華以祭海至，與浙江巡按胡宗憲比，屢趣經進兵，經曰：「賊狡且衆，待永保兵至夾攻，庶萬全。」文華再三言，經守便宜不聽，文華密疏經「糜餉殃民，畏賊失機，欲俟倭飽颺，剿餘寇報功，宜亟治，以紓東南大禍。」帝問嚴嵩，嵩對如文華指，且謂蘇松人怨經。帝怒，卽下詔逮經。三十四年五月也。方文華拜疏，永保兵已至，其日卽有石塘灣之捷。

這明明又是嚴嵩所造成的冤獄。至於李天寵則爲胡宗憲的前任；胡宗憲奪他浙江巡撫的職位，勾結趙文華，通過嚴嵩的關係，寃枉他「縱寇」，早就下在獄中。

四十八、楊繼盛就義觀者涕泣

寫到這裏應該談一談胡宗憲。從胡宗憲到清末的李鴻章，這一型的人，背景複雜，表現突出，實爲歷史的重心；論品格在邪正之間，論做事在功過之間，雖爲功名之士，實爲社稷之臣。此輩性格上最大的特徵，就是重實際，善因應；平心而論，他們的許多令正人君子痛心疾首的行徑，實爲不得已，因非如此，不能獲得必要的權力以暢行其志。胡宗憲的阿附嚴嵩，獻媚世宗，卽應作如是觀。

胡宗憲是安徽績溪人，進士出身而以州縣起家，擢爲巡按御史，由宣大移浙江；趙文華督察防倭軍務時，張經、李天寵不賣他的帳，而胡宗憲跟他傾心結交，因而得以排去張、李，爲浙江巡撫。在浙江十餘年，苦心與倭寇及漢奸汪直、徐海周旋，威震東南。最後因勾結嚴嵩及貪黷的罪名下獄，自裁於獄中。

明史本傳敍胡宗憲的爲人，「多權術，喜功名。性善賓客，招致東南士大夫預謀議，名用是起。至技術雜流，豢養皆有恩，能得其力。」又傳贊論其人：「宗憲以奢黷蒙垢，然令徐海、汪直之徒不死，貽患更未可知矣！」實爲持平之論。因此他被遣時，東南士大夫，以見聞較切，深知胡宗憲「臨陣戎服立矢石間督戰」，力禦外侮之功，頗有人爲其上書訴寃。至於排擠張經、李天寵，當然是件不可原諒的事；但主要的還是由於趙文華的緣故。嚴嵩包庇義子，看世宗的意思，非殺此二人不可，於是想起楊繼盛，用夾帶的手法，把他牽連了進去。

凡是法司秋審定了死罪，不算最後的判決，照例要奏請皇帝勾決；嚴嵩把與張經、李天寵的案情完全無關的楊繼盛，夾在一起並奏，奉旨認可。嘉靖三十四年十月初一就義。行刑之日，觀者涕泣。

當奉旨勾決以後，楊夫人伏闕上書，其詞甚哀：

> 臣夫繼盛，誤聞市井之言，尚狃書生之見，遂發狂論。聖明不即加戮，俾從吏議，兩經奏讞，俱荷寬恩。今忽闌入張經疏尾，奉旨處決；臣仰惟聖德，昆蟲草木，皆欲得所，豈惜一迴宸顧，下垂覆盆？倘以罪重，必不可赦，願即斬臣妾首，以代夫誅，夫雖遠禦魑魅，必能爲疆埸效死，以報君父。

四十九、楊繼盛故宅改松筠庵

這通乞命書，如果能達御前，或者可蒙特赦。但掌納奏疏的通使司為嚴嵩門下所把持，楊夫人上書，在這道關口上就被攔住了。明朝殺諫臣，自此而始；反激排蕩，致使言路趨於偏激，由意氣而戾氣，國亡始息。說嚴嵩是明朝第一罪臣，亦不為過。然而此養奸純出於世宗的姑息，世有亡國之君，乃有亡國之臣，於此又得一明證。

讀史所可安慰的是：「公道自在人心」，確為顛撲不破的名言；楊繼盛身後享名之隆，古今言官第一。做官原是件義利並取而不侔的一件事，宰相既富且貴，名利雙收；疆臣起居八座，煊赫一時，只要所作所為有利於國計民生，個人私欲如何，固可不問。但唯有言官，只許以名，不許以利；因此有志於做言官，固不妨以獲大名自期。就此意義而論。楊繼盛得報不非；北平數百年古都，多少名公鉅卿的園林，歸於瓦礫，而楊繼盛的故宅，巍然獨存，那就是北平宣武門外達智橋的松筠庵。王漁洋「池北偶談」：

康熙庚申高念東侍郎珩以老病得請，移居松雲禪舍，馮益都溥過之，流連竟日。高賦詩云：戶倚雙藤梵宇開，無人知是相公來。相看一笑忘朝市，風味依然兩秀才。馮有答詩，予和之。

這「松雲禪舍」就是松筠庵，內中供奉的神像，相傳為城隍；聰明正直的官員，往往為民間「封」為城隍，所以這尊城隍，實在就是楊繼盛的化身。到乾隆年間，有兩位給事中，訪知其地即為楊繼盛故宅，因而倡議重修。到道光時，有個法名心泉的和尚，重新募建，從此成為「都門」一勝。海鹽沈炳垣「諫草亭」落成紀事詩並序：

忠愍兩疏遺墨，觀者跋尾殆遍。歲丁未，松筠庵僧心泉屬海鹽張受之手摹勒石，並築亭於庵之西南隅以弆之，疏泐竣，而受之嬰疾歿於庵。亭建始於戊申，十閱月而蕆事。詩以紀之：長安市上多詞豪，書牆畫壁喧啾嘈，巉巉片石勒諫疏，孤亭兀立星辰高。一鸞齮齮百鸞齕，兩疏萬言言瀝血。彼蒼特為忠藎留，紛紛尾牘徒饒舌。張君勁鐵筆一枝，惜不鐫公臨死詩。腥風漉漉壁上噴，丹心萬古振聾疲。古來神物誰銷泐，印識平原琴信國。此亭此石撐人倫，灝氣崔巍一椽塞。我欲圬池地盈尺，以鐵鑄賊仆亭側。賊身朽盡疏不滅，人來戟手猶罵賊。

五十、楊繼盛身後享大名

這首古風中所指的，刻在「諫草亭」石碑上，爲遊人感嘆不絕的「兩疏」，包括彈劾仇鸞的一疏在內；至於惋惜張受之的「鐵筆」未鐫楊繼盛臨死的一詩，是一首仄韻的五絕：

浩氣還太虛，丹心照千古。生平未報恩，留作忠魂補。

這「未報」的恩，自就是君恩。照現代人的看法，世宗糊裏糊塗地殺了他，還有甚麼未報之恩？但當時的讀書人，就有那麼「可愛」。同時也就因爲臨死亦無怨詞，且以君恩未報爲言，所以穆宗一立，撫恤先朝直諫諸臣，以楊繼盛爲首，贈太常少卿，謚「忠愍」，賜予祭葬，一子任官。楊繼盛在史册上名標千古，但在民間，不及鄒應龍的名氣響，此則得力於「打嚴嵩」這齣戲，實際上鄒應龍的扳倒嚴嵩，好比危垣將坍，信手一推，遂爾驚人，並非眞的有此大力。至於論膽氣，鄒應龍不但遠不及楊繼盛，亦遜於同時敢言的台諫。他的生平，後面將會談到，此處不贅。

當仇鸞一死，嚴嵩重新得寵，而在殺楊繼盛時，爲嚴嵩一生的「黃金時代」，這是間接出於胡宗憲之賜，明史「嚴嵩傳」：

倭寇江南，用趙文華督察軍情，大納賄賂以遺嵩，致寇亂益甚，及胡宗憲誘降汪直、徐海。文華乃言：臣與宗憲策，臣師嵩所授也。遂命嵩兼支尚書俸，無謝；自是褒賜皆不謝。帝嘗以嵩直廬隘，撤小殿材爲營室，植花木其中，朝夕賜御膳法酒。嵩年八十，聽以肩輿入禁苑。帝自十八年葬章聖太后後，卽不視朝；自二十年宮婢之變，卽移居西苑萬壽宮，不入大內，大臣希得謁見，惟嵩獨承顧問，御札一日或數下，雖同列不獲聞，以故嵩得逞志。

「同列」雖不得與聞御札，而未值西苑的嚴世蕃，卻得與聞；不但與聞，還非嚴世蕃主稿奏答不可。據說，御札中有許多話，嚴嵩有時候看不懂，而他的兒子入手卽辨。照我的猜想，世宗的御札中，必有許多隱語，譬如要甚麼「金瓶梅」之類的黃色小說，或者研究一項甚麼房中術，自不便與宰相明言，只好出以別有所喻的隱語。

五十一、趙文華獻媚獲咎

這樣久而久之，嚴世蕃便成了「小宰相」，有人向嚴嵩去請示公事，他總是揮揮手說：「你們去問東樓！」東樓是嚴世蕃的號；對客自稱其子，不說「小兒」而稱號，是嚴嵩獨創的規矩，雖是笑話，亦可想見嚴嵩父子，父不父，子不子；「大小宰相」狼狽為奸的情形。

嚴嵩的貪黷有名，主要的財源，就是賣官鬻爵，所以主管文官人事的吏部文選司郎中萬宷；主管武官人事的兵部職方司郎中郎祥，被稱為嚴嵩的「文管家」、「武管家」。而嚴家眞正的管家嚴年，則煊赫又過於「文武管家」，這個奴才旣狡且惡，喜歡附庸風雅，取個別號叫「萼山」，無恥士大夫都尊稱他為「萼山先生」。明朝的士風，以楊繼盛死後到張居正當政那三十年間為最不振。

此時士風的不振，自然要由世宗負主要責任。歷代帝皇凡是稍有作為者，無不注重文教的振興，而世宗是振興道教。在嚴嵩當國的那幾年，正是世宗對此最着迷的時候；眞正相信世間有長生不老的人，也在那時候。因為求長生，所以諱言死，諱言疾病。嘉靖三十三年秋天，世宗命大臣各撰「玄文」進呈，這是一個邀寵的好機會，而駙馬都尉鄔景和不屑於此，以「不諳玄理」的理由辭謝。事後世宗賜撰玄文羣臣金幣，鄔景和亦有一份；他自以為無功不肯受，奏疏中有「願洗心滌慮，效馬革裹屍之報」的話，世宗大怒，說他「故出不祥語」，革了他的爵位。

還有個倒楣蛋是趙文華，他在浙江刮了地皮回京，對義父義母義兄皆有貢獻，又幫着嚴嵩謀害吏部尚書李默，因此，嚴嵩奏保他升爲工部尚書，加官太子太保。趙文華看自己已官居一品，要想入閣拜相，非得帝眷不可；因而越過嚴嵩，直接去拍世宗的馬屁。拍倒是拍上了，不想得罪了嚴嵩。

經過是這樣，他秘密進了一種藥酒的方子，說是神仙所傳授，喝了這種藥酒，可以不死；而這種方子只有他跟嚴嵩知道。世宗便說：「嚴嵩有這樣的方子爲甚麼不進呈？」這便意味着指責嚴嵩「不愛其君」，功名富貴，甚至全家性命，都可能因此不保，所以嚴嵩又怕又恨，把趙文華找來問；趙文華不承認，而嚴嵩有證據，就是他自己所上的那道進方子的奏疏。這一下趙文華唯有磕頭認罪，嚴嵩不受，把他狗血噴頭罵了一頓；趙文華賴在地上不肯起身，被拖了出去，同時相府門官奉諭，不准此人進門。

五十二、趙文華向嚴嵩痛哭乞憐

趙文華大爲憂懼，日夜徬徨，計無所出；最後只好去求嚴世蕃。嚴世蕃向他母親說了經過，想想總是乾兒子，答應爲他想辦法。

嚴嵩常值西苑，他的精神極好，又要表示勤勞王事，所以不常回家；難得回家，理當樂敍天倫，這天他的歐陽夫人設下盛宴，召集親子義兒，還有嚴世蕃的兩個兒子嚴鵠、嚴鴻，一起奉觴問起居。

趙文華自然也到了，卻不得其門而入，於是賄賂門官僕役，才得躲在窗下，屏息待命。歐陽夫人陪着「老相公上坐」，環視一過，有意問道：「今天一家都在這裏，何以獨少文華？」

嚴嵩冷笑答道：「哼！這個負心的奴才，那得在此？」於是歐陽夫人為他宛轉求情，嚴嵩的怒氣消了些；躲在窗外的趙文華，一直在偷窺，看見嚴嵩的臉色一暖和，便闖入廳中，跪在席前，哭不成聲。嚴嵩不得已，只好把他留下來喝酒，不過心裏總未能釋然。

嚴世蕃也對他不太滿意，因為他從浙江回京，對義父、義母所獻甚厚；而嚴世蕃的禮送得薄了，這實在也難怪趙文華，因為這份禮一送就是廿八份，除了嚴世蕃本人外，他有廿七個姨太太。

趙文華送了嚴世蕃一頂「金絲幕」，這完全靠手工，秤秤分量，頂多幾十兩黃金；廿七個姨太太，每人一個「寶髻」，點翠鍍金，也不過虛好看而已。因此，嚴世蕃跟他父親商量，決定驅逐趙文華。

但是，趙文華是尙書，算是國之大臣，如何能够驅逐他；倘或天子不允又如何？這就是嚴世蕃手段高妙了，他替趙文華起了個奏疏稿，叫他自己繕好奏上，趙文華不敢不上；一上去就准了，不但准予罷官，並且削職爲民，一個兒子充軍。

關鍵在於嚴世蕃有意叫趙文華去觸犯忌諱，此時世宗又有個修長生的齋醮在舉行，而趙文華上疏告病釋官，同時嚴世蕃又在文字中做了手腳，趙文華看不懂，世宗一看便厭惡，因此有這樣的嚴譴。

寫到這裏，我要點題了。「紫極仙翁」就是這時期中，世宗自封的道號，他一共自封了三次，「全銜」相當嚕嗦。

五十三、世宗有逃避現實傾向

世宗第一次自封道號「靈霄上淸統雷元陽妙一飛元眞君」；第二次加號爲「九天宏敎普濟生靈掌陰陽功過大道思仁紫極仙翁一陽眞人元虛玄應開化伏魔忠孝帝君」；第三次加號爲「太上大羅天仙紫極長生聖智昭靈統三元證應玉虛總掌五雷大眞人玄都境萬壽帝君」。

喜祥瑞之物，惡不吉之語，此時變本加厲；而凡有征伐，奏功往往歸於修玄之誠。總之，世宗從俺答入寇的「庚戌之變」，接下來有東海沿海的倭寇，深知做皇帝的味道不這麼好受，而他的性格雖屬於剛毅一路，但身體不好，精神不濟，而且還要分心在修玄上面，實在是不勝煩劇。因此，在嘉靖三十一年以後，有逃避現實的傾向。就因爲如此，嚴嵩當國，只要常常「報喜不報憂」，讓他心裏沒有不安，他也就能自己騙自己，以西苑的現實小天地，構想雲遊八表的大天地，自我陶醉其中。

爲了修玄，自然要大興土木，明史「食貨志」記其所耗財力、物力是如此：

> 世宗營建最繁，十五年以前名爲汰省，而經費已六七百萬，其後增十數倍，齋宮秘殿並時而興，工場二三十處，役匠數萬人，軍稱之，歲費二三百萬。

此外每次建醮，門壇扁對用泥金書寫，費赤金數千兩之多。這個差使，往往由「內閣中書」——彷彿如今行政院秘書這樣一個職務的人來擔任。他們有個很容易的揩油辦法，用大筆蘸滿泥金，寫不到一個字，嫌筆不好，叫另換新筆；原來的那枝「金筆」就往袖子裏一塞。如是一而再、再而三，所以一副對聯寫下來，「潤筆」就是好幾兩金子。

建醮煉丹要用香，最珍貴的是「龍涎香」，以進此香而得高官厚祿的，不一而足。因此而發生詐欺的情事，「世宗實錄」五十四年十二月丙辰載：

初湖廣蔴城人吳光堯詐稱中書，僞爲恭誠伯陶仲文文，移詣雲南定邊縣取龍涎香進用。至則於石洞懸崖間，集夫役結梯而上，從石乳隙中取物三條，云是龍涎香……以故聳動大吏，爭相饋遺，黔國公厚賄之。事聞，詔逮下鎭撫司拷訊，論斬。

此外採木、採珠玉寶石、採漆；光是黑、白蠟就用到三十多萬斤，海內騷然，吏民奔命不暇。

五十四、藍道行會得扶乩

這時也正是陶仲文最得寵的時候，到了嘉靖三十六年，告老還鄉，得能善終，明史「本傳」・有頗爲客觀的記載：

仲文有疾乞還山，獻上歷年所賜蟒玉、金寶、法冠、及白金萬兩。既歸，帝念之不置，遣錦衣官存問；命有司以時加禮。仲文得寵二十年，位極人臣，然小心縝密，不敢恣肆。三十九年卒，年八十餘，帝聞痛悼，葬祭視邵元節，特諡「榮康惠肅」。

陶仲文還算是有道之士，此外就幾乎全是行騙的江湖術士了。其中有兩個人，特別值得一記。一個名叫龔可佩，明史「佞倖傳」：

> 龔可佩，嘉定人，出家崑山爲道士。通曉道家神名，由仲文進。諸大臣撰青詞者，時從可佩問道家故事，俱愛之，得爲太常博士。帝命入西宮敎宮人習法事，累遷太常少卿，爲中官所惡；誣其嗜酒，使使偵之，報可佩醉員外郞邵畯所，執下詔獄，並逮畯，俱杖六十。可佩杖死，屍暴潞河，爲羣犬所食。畯亦奪官，畯與可佩故無交，無敢白其枉者。

龔可佩的得罪太監，就因爲與外廷官員結交，不賣太監的帳的緣故。中國歷史上自有太監以來，便有八個字的定評：「成事不足，敗事有餘」，明朝宦官權重，卽令如世宗般儘量裁抑，仍可發生很大的作用；那怕是正色立朝的大臣，有時亦不得不委曲求全，而況是龔可佩這樣在內廷當差的人，如何可以不賣閹人的帳？

再一個是藍道行，此人會得扶乩；這玩意在明朝中葉以後，流行於士大夫之間，其實是一種逃避現實的文字遊戲，託名神仙下降，而實爲文人墨客的故弄狡猾。如金聖嘆，就是此道中的好手。藍道行雖以扶乩得蒙寵幸，歸根結底，仍爲騙局，而世宗深信不疑，因而有所詢問，都是親筆寫好問題，密封以後，拿到乩壇去焚化。在他以爲心到神知，而藍道行卻是莫名其妙，以致答非所問，使得世宗大爲失望。

這位天子眞是執迷不悟，根本不曾想到藍道行無從回答，只怪太監有所褻慢，所以不靈。這一下太監大起恐慌，倒轉頭來跟藍道行商量；可以不可以把皇帝的問題，先悄悄打開來看一看？

五十五、陸炳本性不壞

藍道行自然求之不得。從此乩筆所答，無不稱旨，世宗亦越來越相信扶乩。最後，嚴嵩父子就垮在藍道行的乩筆上。人君好惡喜怒，能移人禍福，有時眞有些不可思議。

當然，「冰凍三尺，非一日之寒」，嚴嵩盛極漸衰，早有跡象，大致以陸炳之死爲樞紐；陸炳死而徐階益重用，對嚴嵩父子來說，是去了一個得力的幫手，添了一個有力的政敵。

我先交代陸炳，此人本心並不太壞，本質上是個好利祿的功名之士，然而於那樣類似「家奴」的出身，又走了錦衣衞這條路，要想出人頭地，必然在他們自己的那個小圈子中，排擠傾軋，方得脫穎而出。掌錦衣衞者，多爲輿邸舊人，也都是他的父執，皆在壯年，依次輪過來，輪到陸炳不知在那一年？因而他「陽敬事之，徐以計去」。有個叫做王佐的，死後又論罪，陸炳召王佐的寡妻和兒子來詢問；問到兒子的罪行，做娘的爲他一一認罪。她兒子當場埋怨，王佐的妻子很利害，說出幾句話來，使得陸炳無地以容。

她指着陸炳的座位對她兒子說：「你父親當初也坐過這個位子，雖有賢聲，但暗底下做的壞事，想來也不少；我們母子落到今天這個地步，就是報應，不如爽爽快快認罪。」

陸炳聽見這話，大窘，悄悄離座而去，王家的事也就不問了。從這個故事中，可以看出他還有羞恥之心。明史本傳載：

炳任豪惡吏爲爪牙，悉知民間銖兩，奸富人有小過，輒收捕沒其家，積貲數百萬，營別宅十餘所，莊園遍四方，勢傾天下。時嚴嵩父子盡攬六曹事，炳無所不關說，文武大吏，爭走其門，歲入不貲；結權要，周旋善類亦無所吝。帝數起大獄，炳多所保全；折節士大夫，未嘗搆陷一人，以故朝士多稱之者。三十九年卒，官贈忠誠伯，謚武惠。

由此可見，陸炳貪而不惡。「奸富人」遇到他當然倒了楣，但以視後世之人，玩法庇「奸富人」爲言官所劾，而嘵嘵置辯作清官被誣狀者，陸炳還算是賢者。可是，明史入陸炳於「佞倖傳」，定其出處，不稍假借；明史所以爲良史，豈偶然哉？

五十六、嚴嵩父子計殺沈鍊

在嚴嵩的政治生命中，陸炳是個很重要的人物，如果沒有他的幫助，嚴嵩鬬不過夏言和仇鸞；因此嚴、陸的關係，固可以說是「同惡相濟」，但陸炳與嚴嵩父子實有不同，最明顯的區別，表現在對沈鍊這個人的態度上。明史本傳：

沈鍊，字純甫，會稽人。嘉靖十七年進士，除溧陽知縣，用伉倨，忤御史，調茌平，父憂去，補清豐，入爲錦衣衞經歷。鍊爲人剛直，嫉惡如讐，然頗疎狂，每飲酒輒箕踞笑傲，旁若無人。錦衣帥陸炳善遇之；炳與嚴嵩父子交至深，以故鍊亦數從世蕃飲。世蕃以酒虐客，鍊心不平，輒爲反之，世蕃憚不敢較。

嚴世蕃好「以酒虐客」，在當時是出名的，不論地位是達官貴人，或者身份是他的父執，概無例外，而沈鍊不買他的帳，其恨可想。

「庚戌之變」，沈鍊上書反對貢市，世宗不理；接着以劾嚴嵩得罪，被杖後謫保安——今察哈爾保安；沈鍊在那裏倒也搞得有聲有色，明史本傳記：

既至，未有館舍，賈人某詢知其得罪故，徙家舍之。里長老亦日致薪米，遣子弟就學，鍊語以忠義大節，皆大喜。塞外人素戇直，又稔知嵩惡，爭詈嵩以快鍊；鍊亦大喜，日相與詈嵩父子爲常。且縛草爲人，象李林甫、秦檜及嵩，醉則聚子弟攢射之，或踔騎居庸關口，南向戟手詈嵩，復痛哭乃歸。語稍稍聞京師，嵩大恨，思有以報鍊。

於是如「明史紀事本末」所載：

侍郎楊順來爲總督，故嵩黨也。應州之役，多殺邊民掩敗，鍊怒譏之，且爲樂府以誚順，順大恚。以其私人經歷金紹魯、指揮羅鎧走世蕃所白之，且謂鍊結死士，擊劍習射，將以間而取若父子。世蕃曰：吾固知之。卽以屬巡按御史李鳳毛。鳳毛謬爲謝曰：「有之，竊陰已解散其黨矣。」鳳毛得代歸，而御史路楷來，又嵩黨也。世蕃爲酒壽楷，而使謂順曰：「幸爲我除吾瘍。」楷至，則與順合策捕諸白蓮教通叛者，竄鍊名籍中，以叛聞，下兵部議，尚書許論不爲申理，嵩竟殺之，籍其家。

五十七、嚴家父子經營巨宅

由沈鍊的遭遇，以及沈鍊對陸、嚴的態度，可以很明顯地看出，陸炳其人還不壞。至於他與嚴嵩父子勾結，實亦有不得不然之勢，因爲他曾幾次捲入政治鬪爭的漩渦；明朝的政治鬪爭是極尖銳的，失敗的一方，每每有生命的危險，尤其是像他這樣的職務，一垮下來必爲人所攻，清算舊帳，萬無生路，所以得想盡辦法，保持祿位。

陸炳死在嘉靖三十九年，那時正爲嚴嵩開始失寵的時候。嚴嵩做宰相，全靠他兒子嚴世著這個人，眞正是所謂「才足以濟其惡」。他的樣子長得跟袁世凱很相像，「短項肥體」，而且瞎了一隻眼睛。但熟悉國典，曉暢時務，作惡犯罪，特具天才，中外的官職缺分，那裏肥，那裏苦，瞭如指掌；用他的親戚萬寀做吏部文選司郎中，賣官鬻爵，按等收費。官吏犯法或者被誣，要想免罪，亦非錢不行。至於地方大吏，如胡宗憲，門下走狗如趙文華、鄢懋卿、楊順籌等，恃嚴府爲奥援，在各地大事搜括，則經常有所厚餽，金銀珍寶，書畫古董，載送不絕，更不在話下。明史「嚴嵩傳」：

> 世蕃熟諳中外官饒瘠，險易，責賄多寡，毫髮不能匿。其治第京師，連三四坊，堰水爲塘數十畝；羅珍禽奇樹其中。日擁賓客縱倡樂，雖大僚或父執虐之酒，不困不已，居母喪亦然。好古尊彝，奇器，書畫，趙文華、鄢懋卿、胡宗憲之屬，所到輒輦致之，或索之富人，必得然後已。

明朝的京師，地名分爲坊、牌、鋪，一坊之地甚廣；嚴嵩的賜第在宣武門外，其時剛剛開闢爲「新社區」，空地甚多，所以嚴氏父子能恣意經營，其遺蹟迄今可考。萬歷「野獲編」：

今京師全楚會館，故江陵張相第也，壯麗不減王公，然特分宜嚴相舊第四之一耳。會館之右右一小房，雖不及大第十之一，然亦軒敞。

照此推算，一「軒敞」的小房，不過嚴府的四十分之一。明朝的「全楚會館」為現在的「湖廣會館」，是北平的四大凶宅之一。因為嚴嵩抄家，張居正亦抄家，以後住那裏的，不是不吉，就是「有祟」，於是有凶宅之稱。嚴府有「聽雨樓」，相傳卽為嚴世蕃鑒賞書畫古董的東樓，其地在繩匠胡同。

五十八、嚴嵩以御札交世蕃處理

嚴氏的珍藏，如今有兩種具體的資料，一為「天水冰山錄」，自「金玉服玩至良田甲第之屬，悉數之不能終」；一為「鈐山堂書畫記」，是文徵明的兒子文嘉所記，自跋：

嘉靖乙丑五月，提學賓涯何公，檄余往閱官籍嚴氏書畫，凡分宜之舊宅，袁州之新宅，省城諸新宅所藏，盡發以觀，歷三閱月始勉畢事。當時漫記數目以呈，不暇詳別，今日偶理舊篋，得之重錄一過，稍爲區分，隨筆箋記一二，傳諸好事，明窗淨几，時一展閱，恍然神遊於金隄玉蹬間也。

記中分「法書」、「名畫」兩大部份，法書起自魏，名畫起自晉。歷代著名書畫家的作品，幾乎無所不有。

嚴嵩的失寵，雖由積漸而來，但大失帝眷，則由於歐陽夫人下世的緣故；這是嚴世蕃「丁內艱」，照例應該辭官扶喪回籍。但嚴嵩不能無世蕃，上疏說「臣老無他子」，請求留侍京師。世宗准奏，因以孫子嚴鵠扶祖母的靈柩回江西。只是嚴世蕃雖得留在京師，因爲熱孝在身，不能進西苑入值，這下，嚴嵩就慘了。

前面說過，世宗的御札，嚴嵩常看不懂，而嚴世蕃則「一目」了然。這時他不在西苑，嚴嵩接到御札，便得派人送回家去，叫他兒子處理。

嚴世蕃卻正得其所哉，名爲在家守制，其實在家縱慾。有時御札一到，不知他在那個姨太太房間裏尋歡取樂？或者尋到了，正當他欲仙欲死之時，置而不問，所以每一趟都得躭誤許多時候。

嚴嵩看看沒有消息，太監又在坐催，迫不得已，只好自己動筆，常弄得牛頭不對馬嘴；

有時已經覆奏，嚴世蕃的回信到了，一看不符，趕緊又把覆奏追了回來，搞得槍法大亂，故步盡失。

這一來世宗自然大爲不滿。他又聽說嚴世蕃居喪淫縱，越發大怒。皇帝左右的太監，是最勢利的，慣於落井下石，一看嚴嵩恩寵漸衰，更要說他的壞話。最後善於扶乩的道士藍道行，使了個手腳，把世宗打動了心。

五十九、世宗向乩仙問政

有一次世宗向乩仙發問，說天下何以不治？藍道行趁此機會，假乩仙之手，大數嚴嵩父子的罪惡。世宗便又問：「果眞如此，何以不遭天譴？」

這一問極有道理，因爲敬天修道，原是乞求蒼天庇佑，如果惡人不死，是無天理，何必敬奉？在這些地方，就要看主持者隨機應變的功夫了；藍道行答得極好：「留待皇帝自己去誅他！」這是上天尊重人間天子的職權，而且正投世宗好威權的性格，因而他心動了。

但是，最主要的一點，還是因爲有人可以代替嚴嵩，而且比嚴嵩做得更好，這個人就是徐階。明史「嚴嵩傳」：

萬壽宮火，嵩請暫徙離宮南城，英宗爲太上皇時所居也，帝不悅。

按：明朝凡東安、西安、北安（地安）門內皆爲宮禁，英宗被幽錮的「南城」，在東南角，永樂時稱爲東苑，後改名崇質殿，俗稱黑瓦殿，其地入清後，爲睿親王多爾袞賜第，在今南池子大街。旣名「崇質」又名「黑瓦」，可想見其樸簡，住在那裏當然不舒服，而且英宗被錮之地，亦嫌忌諱。因此，世宗又問嚴嵩，而嚴嵩「請還大內」，這就是說仍舊住到乾清宮去。自楊金英之變後，世宗移居西苑，不入大內；先是由於宿衞不能嚴密，此後修長生，又以大內爲歷代帝皇崩逝之處，更不願再住。所以嚴嵩的奏對，無一合意；便轉而與徐階商量。

明史「徐階傳」：

階請以三殿餘材，責尙書雷禮營之，可計月而就。帝悅，如階議；命階子尙寶丞璠，兼工部主事，董其役。十旬而功成，帝卽日徙居之，命曰「萬壽宮」。以階忠，進少師兼支尙書俸；予一子中書舍人。子璠，亦超擢太常少卿。嵩乃日屈。

又明史「嚴嵩傳」：

顧問多不及嵩，即及嵩，祠祀而已。嵩懼，置酒要階，使家人羅拜；舉觴屬曰：「嵩旦夕且死，此曹惟公乳哺之。」階謝不敢。

奸臣的臉嘴是如此！徐階當然不會因此便有所姑息，看嚴嵩垮臺的時候快到了，越發加緊攻擊；他從內侍中得到情報，探知世宗的意向，於是授意鄒應龍上疏參劾——這件事有兩種說法。

六十、得知嚴嵩恩眷已衰

一個說法是徐階令鄒應龍上疏彈劾，此見徐階傳。另一說是鄒應龍下朝，遇上黃梅天的陣雨，在一個太監家暫避，閒談間，才知道了藍道行的故事，見得嚴嵩已經失寵，因而掌握機會，奮力一擊，此見於嚴嵩傳。又鄒應龍本傳，說他「知帝眷已潛移，其子世蕃益貪縱，可攻而去也」，正與避雨得聞中秘之說相合，應以此說爲準。

在此以前，有吳時來、張翀疏劾嚴嵩；吳、張是嘉靖三十二年進士，爲當時正當禮部尙書、知貢舉的徐階的門生，他們的搏擊嚴嵩，確爲「老師」的授意。鄒應龍則是嘉靖三十五年的進士，初授「行人」，相當於如今的外交官，後擢御史，而至此不過六年功夫，官運算是亨通的。鄒應龍此人，我前面說過，格調不如楊繼盛之高，但他處事的方法，卻比楊繼盛高明；楊疏攻嚴嵩十大罪，固然義正辭嚴，但目標太大，不易攻倒；鄒應龍則以攻嚴世蕃爲主，好比一座傾廈，只要砍掉一根柱子，自然會垮，鄒應龍就用的是這樣的方法，奏疏中說：

> 工部侍郎嚴世蕃，憑藉父權，專利無厭；私擅爵賞，廣致賂遺，使選法敗壞，市道公行。羣小競趨，要價轉鉅。刑部主事項治元，以萬三千金轉吏部；舉人潘鴻業以二千二百金得知州。夫司屬郡吏，賂於千萬，則大而公卿方岳，又安知紀極？平時交通贓賄，爲之居間者，不下百十餘人，而其子錦衣嚴鵠、中書嚴鴻，家人嚴年，幕客中書羅龍文爲甚。年尤桀黠，士大夫無恥者，至呼爲蕚山先生。遇嵩生日，年輒獻萬金爲壽，臧獲富侈若是，主人當何如？嵩父子故籍袁州，乃廣置良田、美宅於南京、揚州，無慮數十

所，以豪僕嚴多主之，抑勒侵奪，民怨入骨，外地牟利若是。鄉里又何如？尤可異者，世蕃喪母，陛下以嵩年高，特留侍養，令鵠扶櫬南還，世蕃乃聚狎客，擁豔姬，恆舞酣歌，人紀滅絕。至鵠之無知，則以祖母喪爲奇貨，所至驛騷，要索百故，諸司承奉，郡邑爲空。今天下水旱頻仍，南北多警，而世蕃父子，方日事掊克，內外百司，莫不竭民脂膏，塞彼谿壑，民安得不貧，國安得不病？天人災變，安得不迭至也？

六十一、嚴嵩接到嚴譴驚恐莫名

接着，鄒應龍還提出要求：「臣請斬世蕃首，懸之於市，以爲人臣凶橫不忠之戒。」同時又表示：「苟臣一言失實，甘伏顯戮。」至於對嚴嵩，他只責以「溺愛惡子，召賂市權，亦宜亟放歸田里，用清政本。」

其時爲嘉靖四十一年五月，正當世宗移居新落成的萬壽宮不久。此疏既上，正投合世宗厭惡嚴世蕃，而對嚴嵩猶存憐惜的心理，於是降旨安慰嚴嵩，但以他溺愛惡子，大負眷倚，勒令致仕，馳驛回江西；命地方官歲給祿米百石。而嚴世蕃則被捕下大理寺獄。

接到中旨，嚴嵩的表情可想而知，心驚手顫，目瞪口呆。自然，他會上疏乞憐，但世宗這時候不會再聽他的了。

等回到家，嚴嵩還有一段其奸無比的做作；「天水冰山錄」有一篇「嚴序」，對於瞭解嚴嵩極有幫助，錄其重要部份如下：

> 夫縱欲必求多藏，多藏必召厚亡，此從來相因至理，試觀偃月堂（林甫家堂名）、格天閣（檜家閣名），積儲終歸烏有，翁（按：指嚴嵩）盍援以為鑒，而顧復踵其後塵乎？噫，亦誤矣！方翁之初登仕版也，絕不阿逆閹，亦不附「議禮」，其讀書鈐山，曾挽先進王文恪公為堂銘緣，銘中有『作求惟德，世蕃以昌』二語，遂以世蕃名其子；是則翁之始願，實欲依賢哲以成功名。假令世宗隨材器使，僅限翁官於史館，差堪以文章羽儀明盛，無如稍遷少宗伯，便希竊主權。時吾郡陸子餘先生，即首發其姦，卻全不省悟，輒以政柄畀之，幾致毒流寰宇。予是以愈信夫全軀保妻子之臣，必不可大受也。翁既罷相歸，為檢其私藏，見黃金三十萬，白金二百萬，因驚訝作咄嗟狀曰：『此將來禍胎歟？可亟進之，上以代江右民淸積逋，或者望免患。』會世蕃率家人環泣而止；反募夫大造第宅，被言官以聚黨謀逆糾參，乃置世蕃大辟抄其家，翁則祇以孤身，寄食墓舍。蓋翁雖知之明，而行之不力，竟聽逆子怙終，一旦王章不爽，不惟較安社稷之賢哲固判

天淵，卽肥身家之鄙懷亦成畫餅。士君子尙論及此，未嘗不歎息痛悼夫翁之何至斯極也！若夫世蕃則又烏足憐也哉？

六十二、嚴世蕃充軍中途逃回

嚴世蕃下獄，他的親信自然要爲他設法活動脫罪；本意「解鈴還須繫鈴人」，但藍道行倒不失爲硬漢，明史紀事本末卷五十四記：

鄢懋卿、萬寀復私致道行，許以金，令其委罪徐階，則無事矣！道行大言曰：「除貪官，自是皇上本意；糾貪罪，自是御史本職。何與徐閣老事？」懋卿、寀懼，乃囑法司量坐世蕃贓銀八百兩，擬罪上請；於是戍世蕃雷州衞；子嚴鵠、嚴鴻及其爪牙羅龍文、牛信等分戍邊遠衞。家人嚴年錮獄追贓，年最黠惡，卽士大夫所呼爲「蕚山先生」者也。上猶以嵩故，特宥其孫鴻爲民。

現在要分開來談，先說嚴嵩，由他的孫子嚴鴻侍奉着回到江西，不住老家分宜住南昌；這因爲他還想復起，必得住在驛遞往來、交通方便的南昌。不久得到這樣一個消息。

嵩既去，上追思嵩贊玄功，意忽忽不樂。諭徐階欲遂傳位退居西內，專祈長生。階極言不可。上曰：「卿等即不欲違大義，必天下皆仰奉君命，闡玄修仙，乃可。嚴嵩已退，伊子已伏罪，敢有再言，同鄒應龍者，俱斬。」（同前引）

嚴嵩見有機可乘，便以重金賄賂皇帝左右的太監，揭發藍道行的種種陰私，得罪下獄；原來想由他口中牽出徐階指使的話來；但藍道行不承認此說，徐階得以無事。徐階不倒，嚴嵩的陰謀便落空了。於是第二年四月，他又出了一個花樣：

始，嵩云致仕歸也，至南昌，值聖誕，即鐵柱觀延道士藍田玉等爲上建醮。玉自言能書符召鶴，嵩試之，良驗。會上遣御史姜儆、王大任訪秘法；嵩乃索玉所藏諸符籙以上。久之，疏言「臣年八十四，惟一子世蕃，及孫鵠，俱赴戍千里之外。臣一旦先狗馬塡溝壑，誰可託以後事？惟陛下哀其無告，特賜放歸，終臣餘年。」上曰：「嵩有孫鴻侍養，已恩逮矣」。竟不許。

再說嚴世蕃。他與他的爪牙，分開來充軍；嚴世蕃應發遣廣東極南的雷州，行到贛粵要道的南雄地方，居然逕度大庾嶺回到江西。此已爲不法橫行之極，而還有許多大膽包天的奇聞異事。

六十三、嚴世蕃惡貫滿盈

再說羅龍文，他跟嚴世蕃一樣，中途「開小差」，逃回家鄉——出朝奉的徽州。爲胡宗憲所殺的通倭漢奸汪直，也是徽州人，與羅龍文同鄉；汪直雖死，餘黨猶在，羅龍文便跟他們混在一起。有一天被酒大言：「總有天要取鄒應龍跟徐老頭的腦袋，才消得掉這口氣！」不久，聽說嚴世蕃已越「十月先開嶺上梅」的大庾嶺回到江西，於是取得連絡，同惡又相濟了。

嚴世蕃到了江西，不住省城，也不住分宜，住在袁州州治的宜春。先還比較安分，嚴嵩也就不問；以後得到消息，羅龍文的話傳到了京城裏，徐階頗爲重視，出入警衞森嚴，防備有人行刺，這下嚴嵩才起恐慌，明史紀事本末卷五十四：

（嚴嵩）驚曰：「兒誤我多矣！幸聖恩，善歸；汝雖行戍，猶在枕席上，久可望赦。若作此舉，止如武元衡故事，橫屍都門。上方眷徐厚，昇應龍官，一震，全族沈矣！」初、階之入政府也，肩隨嵩者且十年，幾不敢講鈞禮。嵩懲夏言禍，亦頗自恭謹，惟世蕃多行無禮，階既曲忍，嵩亦不知也。方應龍疏上，階往謁慰，嵩喜，頓首謝。世蕃亦盡出妻子爲託。既歸，其子密謝曰：「大人受侮已極，此其時矣！」階僞罵曰：「吾非嚴氏不至此，負心爲難，人將不食吾餘。」嵩遣所親探之，語如前。蓋階亦知上猶眷戀，未能卽制也。嵩既去，書問不絕。久之，世蕃亦忘前事，謂「徐老不我毒」。鳩工大治館舍。

嚴世蕃在袁州城內，起造新第，動用了四千多人。有一天掌理袁州司法的推官郭諫臣，經過工地，嚴家督工的僕人，箕踞不起；無知識的工匠，看他這樣子，便欺侮郭諫臣，拿石塊擲到他身上，嚴家的惡僕亦不阻止。有人怪他不該如此，他輕蔑地答道：「京裏多少大官兒，等在我家主人門口，說一聲等在那裏不准動，就不動。這個人，他要想怎麼樣？」

郭諫臣當時忍氣吞聲，事後越想越恨，於是將經過情形，具「揭帖」呈報「南京御史」林潤；此人福建莆田人，敢作敢爲，錚錚有聲，接得郭諫臣的揭帖，上疏嚴劾。這才是嚴世蕃惡貫滿盈的日子到了。

六十四、林潤劾嚴世蕃

林潤與嚴家結怨甚深，第一件事是林潤曾參劾嚴黨巨頭的鄢懋卿；第二件事是伊王典楧多行不法，林潤上疏參糾，而嚴世蕃曾向伊王索賄，加以庇護，與林潤敵對。不僅如此，伊王與嚴世蕃的一段秘密衝突，林潤亦不能不引爲警惕。明史紀事本末卷五十四：

伊王不法，納數萬金求援。嵩既歸，遣校尉、樂工三十餘人，走分宜坐索，如數與之，密遣人邀於湖口，盡刼殺，取前貲以歸。其他睚眦必報，類如此。嵩益老，謬示恭謹，而終不能禁世蕃，世蕃勢益横。

嚴世蕃被罪逃歸，依然如此横行，而且他手下確有亡命之徒；林潤以巡按御史，必須經常視察各地，自然深具戒心，所以得有機會擒虎還柙，豈肯輕易放過？於是根據郭諫臣的揭帖，加上他自己訪查所得，具疏嚴劾：

臣巡視上江，備訪江洋羣盜，悉竄入逃軍羅龍文、嚴世蕃家。龍文卜築深山，乘軒衣蟒，有負險不臣之心；而世蕃日夜與龍文誹謗時政，搖惑人心。近假名治第，招集勇士至四千餘人，道路恟懼，咸謂變且不測，乞早正刑章，以絕禍本。

世宗對嚴世蕃是毫無顧惜的，卽時下詔，責成林潤收捕。林潤派郭諫臣去抓嚴世蕃；徽州府推官栗祁去抓羅龍文，自己勒兵九江以待。

當時嚴世蕃還有個兒子叫紹庭，正在錦衣衞任職，得到消息，星夜馳報袁州，叫嚴世蕃趕快回到雷州戍所。果然如此：林潤的這場「官司」會打輸；因爲嚴世蕃在雷州，則林潤所奏，便成虛罔。幸好林潤的行動迅速，早兩天逮捕了嚴世蕃，同時驅散四千工匠；再次上疏，歷數嚴世蕃的罪惡：

總天下之貨寶，盡入其家，世蕃已踰天府，諸子各冠東南；雖豪僕嚴年，謀客彭孔，家資亦稱億萬。民窮盜起，職此之由，而曰朝廷無如我富；粉黛之女，列屋駢居，衣皆龍鳳之文，飾盡珠玉之寶，張象床，圍金幄，朝歌夜絃，宣淫無度，而曰朝廷無如我樂。甚者，畜養廝徒，招納叛卒，旦則伐鼓而聚，暮則鳴金而解，郭寧三、劉相誼、洪斗、段回等數十百人，明稱官舍，出沒江廣，刼掠士民。其家人壽二、銀一等陰養刺客，昏夜殺人，掠人子女，奪人金錢，半歲之間，事發者二十有七。

六十五、嚴世蕃自稱天下之才

嚴世蕃、羅龍文，雖成囚犯，未在階下，一路進京，依然如貴公子般，起居豪侈。到了京師，亦未下獄，住在宣南坊的聽雨樓。凡此行徑，見於他人，必以爲駭，但在嚴世蕃，這已不能算是甚麼不法之事了。因此，也沒有人指責法曹如此寬縱爲不對。法紀敗壞到如此，除了殺他以外，別無選擇。

但那怕他罪浮於天，要殺他也還不容易。中國自有皇帝以來，君權之重，到了明世宗手裏，至矣盡矣；相權被剝奪、司法權亦幾乎談不到，因此，宰相和三法司——刑部、都察院、大理寺要殺嚴世蕃都須取旨。嚴世蕃的死活，全在深居西苑修道的世宗一念之間。

這種情況，最明白的只有兩個人，一個是嚴世蕃本人，一個是要殺嚴世蕃的徐階；這邪正雙方的鬭智，就在針對世宗的心理上下功夫。嚴世蕃曾說：天下之才唯三人，他自己和陸炳、楊博。陸炳已死，楊博以俺答破邊墻犯通州，「庚戌之變」幾乎重演，因而由「本兵」改吏部，寵信將衰，自顧不暇。如是，則天下之才，等於只有他一個人了。所以他毫不在乎地說：「任他燎原火，自有倒海水。」

嚴世蕃跟他的同黨密議，說賄賂之事，當然無法掩飾，但這是皇帝早已知道的，不會重視。皇帝所重視的是「通倭」，這一款罪名，要設法買通言官，不必提起。同時要強調嚴家殺楊繼盛、沈鍊爲罪大惡極。這樣做法，別有妙用。

於是他的手下照計而行。刑部尚書黃光昇、左都御史張永明、大理寺正卿張永直都覺得外界的看法很不錯，便以殺楊、沈列爲罪名第一款，擬好奏稿，三個人一起去看宰相徐階。

嚴世蕃沒有想到，天下之才至少還有個徐階。他的用心和舉動，以及三法司中計的情形，徐階都知道，已密密作了一番部署。等黃光昇他們一到，看完奏稿，他連連點頭，說「這一案，三法司斷得很好。」說完把他們請入內室，屏絕從人問道：「諸公倒說說看，嚴公子該不該死？」

大家都說嚴世蕃死不足贖。又說用楊繼盛、沈鍊入案，正是要嚴世蕃抵罪償命。徐階聽完，不斷搖頭，另外提出一套看法。

六十六、徐階擬疏閉戶寫本

據「寄園寄所寄」轉引「快心錄」：

徐階曰：「別自有說，楊、沈事誠犯天下公惡，然楊以計中上所諱，取特旨；沈暗入招中，取泛旨。上英明，豈肯自引為過？一入寬疑，法司偕嚴氏歸過於上，必震怒，在事者皆不免，嚴公子騎款段出都門矣。」衆愕然，請更議，曰：「稍遲事且洩，從中敗事者多，事且變。今當以原疏為主，而闡發通倭本謀，以試上意，然須大司寇執筆。」謝不敢當，羣以讓階，階手出一幅於袖中曰：「擬議久矣，諸公以為何如？」皆唯唯。因曰：「前囑携印，及寫本吏同至，寧忘之乎？」皆曰：「已至。」即呼入扃戶，令疾書，用印封識。而世蕃不知也，竊自喜，謂龍文曰：「諸人欲以爾我償楊、沈命奈何？」龍文不應，執其手耳語曰：「且暢飲，不十日釋絏歸矣，誰謂阿儂智者？」龍文喜問故？曰：「第俟之。」已而階改疏上，但言其通賄僭侈，及龍文通倭狀。上覽疏曰：「此逆情非常，其會都察院大理寺錦衣衞鞫訊，具實以聞。」

這一段敍述，確爲事實，「明史紀事本末」，大致全採其說，嚴世蕃不但以爲可「釋䌫而歸」；甚至還打算世宗對他的父親別有恩命。又說嚴嵩寬容徐階爲「養惡」，致有今日，一旦復起，必定要「取徐階首」。

嚴世蕃做夢也沒有想到徐階「別自有說」。楊繼盛之死，嚴嵩利用張經、李天寵獲罪，料世宗必殺此二人的機會，把楊繼盛的名字附在後面，一起奏請勾決，是爲「取特旨」；沈鍊之死，則以白蓮教在塞外活動，御史路楷受嚴嵩父子的指使，將沈鍊誣攀在內，因而一案內犯人皆死，是爲「取泛旨」。不論特旨、泛旨，雖由嚴嵩奏陳，而最後的生死之權，操在世宗手裏。他以英明自許，自然不肯承認受了嚴家父子的欺矇，誤殺沈、楊。嚴世蕃了解世宗的心理，自度必可不死者以此，而徐階則不獨了解世宗的心理，亦了解嚴世蕃的心理，破其所立，有把握必死其人者亦以此。

六十七、嚴世蕃寫遺書不能成一字

及至世宗御筆批下，徐階袖出長安門，三法司都在待命，徐階的處置極其明快。

徐階所主稿的奏疏，大要如下：

逆賊汪直，徽州人，與羅龍文姻舊。遂投金十萬於世蕃，擬為授官。兇藩典模，陰冀非常。世蕃納其賄，為護持，向非聖神威斷，或徙或誅，則貽憂宗社矣！世蕃罪，擢髮難數，陛下曲赦其死，謫戍邊衞，不思引咎，輒自逃歸。羅龍文招集汪直餘黨，謀與世蕃外投日本。世蕃班頭牛信者，徑自山海棄伍北走，擬誘至北寇，相為響應。臣按世蕃所坐死罪非一，而觖望排上，尤為不道，罪死不赦。

按照常理來說，還得審問屬實，方可定罪。但那一來，嚴世蕃必有湮滅證據、狡辯脫罪的方法，而在「朕卽法律」的絕對權威之下，世宗一念間的轉移，可以使得巨奸逃生，餘毒禍國，因而徐階不能不採取非常的手段。

當時他只跟三法司略略說了經過，指示「速回私第，具疏以聞」；結果很快地會銜覆奏，說是「事已勘實，其交通倭寇，潛謀叛逆，具有顯證，請亟正典刑，以洩神人之憤。」世宗裁決，命斬嚴、羅於市。

消息一傳，眞是迅雷不及掩耳，嚴世蕃與羅龍文相抱痛哭。嚴家的人請世蕃「寫遺書，謝其父」，因為魂靈出竅，竟至不能成一字。綁赴菜市口那天，京城裏的百姓，相約携酒去看行刑，可見「神人共憤」這句話，確非誇張。

事後有人頌揚徐階能翦除大惡者，他蹙眉答道：「彼殺桂洲，我又殺其子，人必有不諒者，知我其天也！」彼是指嚴嵩，而桂洲則爲夏言。就現代司法的觀點看，徐階殺嚴世蕃的手段，似乎不無可議；但是司法的本質與程序，今古不同，未可執一而論。而且徐階之殺嚴世蕃，並無私怨的成份在內；亦不涉於權勢，因爲此時嚴嵩罷相，徐階的地位亦很穩固，彼此成爲政敵的時代，已經過去了。

我曾經對君子與小人之爭作過研究，認爲君子常鬭不過小人，癥結在一疏一密；君子能密，正義可伸。徐階的作爲，就是一個例子，他在整個過程中，密不通風，才能殺掉國人皆曰可殺的嚴世蕃。因此，如持近代司法觀點，責徐階殺嚴世蕃爲非法，則是章句小儒之見。

六十八、嚴世蕃既死又抄家

嚴世蕃處決的同時，還抄了家，此是奉旨辦理，特錄世宗的硃批，以見當時官文書體例的一斑：

這逆情，你每（們）旣會問的確，嚴世蕃羅龍文便會官決了。盜用官銀財貨家產，著各該巡按御史嚴拘的（嫡）親兒男，盡數追沒，入官送部，不許親識人等，侵匿受寄，違者卽便拏問。嚴嵩畏子欺君大負恩眷，幷伊孫見任文武職官的，都削職爲民，有司拘管當差，餘黨逆邪，盡行逐治，毋致貽患，其餘俱依擬行，奏內不言逆本，是何法制，且不查究，欽此。

嚴家抄家的清册，當時曾有刋本。到了清康熙、雍正年間，有周石林其人，得到一個殘本；整理重抄，取「太陽一出冰山頽」詩意題名「天水冰山錄」；「自金玉服玩至良田甲第之屬，悉數之不能終」，光是各種扇子就有兩萬七千多把，其他可想而知。嚴家財產，最可貴的是嚴世蕃收藏的書畫。在抄家時，有司特爲徵請有名的鑑賞家文嘉去鑑定；看了三個月才看完。文嘉留有紀錄，此卽書畫家所熟知的「鈐山堂書畫記」；其中若干珍品，現在還保存在故宮博物院。

嚴氏門下的走狗，第一個是趙文華，我在以前已略有交代，這裏再補敍他得罪罷官的結局：

帝雖逐文華，猶以爲未盡其罪，而言官無攻者。帝怒無所洩，會其子錦衣千戶懌，以齋祀停封章日，請假送父；帝大怒，黜文華爲民，戍其子邊衞。以禮科失糾，劾令對狀，於是都給事中謝江以下六人，並廷杖削籍。文華故病蠱，及遭譴，臥舟中意邑邑不自聊；一夕手捫其腹，腹裂臟腑出，遂死。後給事中羅嘉賓等核軍餉，文華所侵盜以十萬四千計，有詔徵諸其家。至萬曆十一年徵猶未及半，有司援恩詔祈免，神宗不許，戍其子慎思於烟瘴地。

再一個是鄢懋卿。也他是江西人，結託於嚴嵩父子門下以後，當上了最肥的一個肥缺，總理兩浙、兩淮、長蘆、河東的鹽政；能當上一處的鹽運司已可發大財，何況四處？

六十九、嚴嵩老無所歸寄食墓舍

這個史無前例的職務，使得鄢懋卿「盡握天下利柄」；錢多得用不完，自有匪夷所思的「豪舉」想出來，正史上記載，他家的溺壺上用銀飾，馬桶上用「文錦」的套子，而文錦在他人是用來裝裱書畫的。

由於鄢懋卿所管的鹽政，包括浙江、江蘇、山西、河北等地，所以常常出巡；每次公出，帶着他的太太一起走，特製「五綵輿」，令十二女子舁之，道路傾駭」。而巡鹽以外，恃勢橫行，無所不問，地方官受其荼毒者，不知凡幾？其中之一是海瑞，明史本傳：

> 都御史鄢懋卿行部過，供具甚薄，抗言「邑小不足容車馬」。懋卿恚甚，然素聞瑞名，爲斂威去，而屬巡鹽御史袁淳，論瑞及慈谿知縣霍與瑕。與瑕，尚書韜子，亦抗直不諂懋卿者也。時瑞已擢嘉興通判，坐謫興國州判官。

嚴嵩父子一敗，鄢懋卿與嚴嵩的「文管家」，其時已當到大理寺卿的萬寀，以「朋奸黷貨」，先後充軍。此外以「嚴黨」的罪名被議處的，還有好些人，包括勸嚴嵩殺楊繼盛的胡植在內。

嚴世蕃伏法在嘉靖四十四年，嚴嵩則又過了兩年才死，這兩年是「老病寄食墓舍」。從鈐山讀書到家破人亡，數十年一場春夢，自非黃粱之比；如生在當今之世，大可寫「回憶錄」，有鉅額版稅收入，就不必「寄食墓舍」了。

奸臣得寵之久，從來未有逾於嚴嵩者；「明史紀事本末」的作者谷應泰提出這樣一個疑問：「嵩以茸闒餘材，黷貨嗜利；帝號英睿，竟稱魚水，嵩遵何道哉？」這確是極有價值的一問；而答案亦極精彩，一言以蔽之：世宗內心寂寞，有孤立之感；認爲只有嚴嵩是眞正忠於他的。凡是英察之主，都需要有個可以完全在心理上撤防，滿足感情而不自覺其有損「盛德」的朋友。明世宗的對嚴嵩，與清高宗的對和珅，都出於這樣的一種心理狀態。谷應泰有段話說得很透澈：

嵩又眞能事帝者，帝以剛，嵩以柔；帝以驕，嵩以謹；帝以英察，嵩以樸誠；帝以獨斷，嵩以孤立。贓婪累累，嵩即自服帝前；人言藉藉，嵩遂狼狽求歸。帝且謂嵩能附我，我自當憐嵩，方且謀嵩之曲謹，有如飛鳥依人。即其好貨，不過駑馬戀棧。而諸臣攻之以無將，指之以煬竈。微特訐嵩，且似汚帝，帝怒不解，嵩寵日固矣！

七十、太監獻「天降」的桃子於世宗

對於嚴嵩，最瞭解的，恐亦莫過於世宗，他在硃批中所指責的「畏子欺君」的「畏」

字，確能道破眞相。因爲有此瞭解，世宗對嚴嵩在基本上還是體諒的；嚴嵩旣罷，世宗愈覺寂寞，於是詐僞之事，不一而足，明史「佞倖傳」：

陶仲文已死，嚴嵩亦罷政，藍道行又以詐僞誅，宮中數見妖孽；帝春秋高，意邑邑不樂，中官因詐飾以娛之。四十三年五月，帝夜坐庭中，獲一桃御幄後，左右言自空中下，帝大喜曰：「天賜也！」修迎恩醮五日，明日復降一桃，其夜白兔生二子，帝益喜，謝元告廟。未幾，壽鹿亦生二子，廷臣表賀。帝以「奇祥三錫，天眷非常」，手詔褒答。

僅僅是「詐飾以娛」，或者侈言祥瑞，都還不成大害。危險的是奸人勾結太監，企圖進用，產生違法亂政，把持宮禁的後果，則異常嚴重。當此時也，如果宰相庸弱，則宦官勢力，不待萬歷末年，卽已復起，幸虧徐階力加裁抑，而世宗畢竟亦不是糊塗到底的人，因而得無禍患。徐階之爲名相，此其有功於國的一端。

在嚴世蕃伏法後不久，方士胡大順、藍田玉亦被誅，這一案就是徐階堅持的結果。胡大順是陶仲文的徒弟，因爲有詐欺的行爲，被斥回籍，這是世宗顧念陶仲文的情分，從輕被落；而胡大順總想重新進用，異想天開地僞造了一部「萬壽金書」，說是呂洞賓在乩盤上所傳授的。書以外還有藥，藥名「先天玉粉丸」，實際上是拿黑鉛漂白，叫他的兒子胡元玉和同黨何廷玉帶進京裏去活動。

這時世宗寵幸的方士和太監，一共有三個，兩個方士，一個名叫羅萬象，另一個就是嚴嵩奏陳，能夠召鶴的藍田玉；太監名叫趙楹，這三個人爲世宗扶乩，狼狽爲奸，花樣百出，胡大順的「萬壽金書」和「先天玉粉丸」，即由何廷玉託羅、藍兩人，通過趙楹轉呈御前。

世宗看了「萬壽金書」，便問：「既然說是乩書，扶乩的人爲何不來？」於是藍田玉詐傳密旨，召胡進京，改名胡以寧，上書求見，召進宮來一看，是胡大順。如果不是修玄的方士，做了這樣的事，馬上就會掉腦袋；方士就比較好些，所以世宗心裏很不高興，卻並無行動，只是對胡大順的要求，如求圖書及建宮地等，置之不理而已。

七十一、世宗衰病仍力疾從公

自從藍道行爲嚴嵩賄通太監，揭發他恃寵招權攬勢而下獄以後，就「百孽擾宮」，到此時更甚——所謂「百孽擾宮」就是俗語說的「鬧鬼」，這本來是「見怪不怪，其怪自敗」之事；就算眞有鬼，則「聖天子百神呵護」，妖魔鬼怪如何敢到皇宮中去胡鬧？此一極簡單的道理，以世宗的英察，只因爲心中有所蔽，竟會想不到。有一天他下了一通手札給徐階，說自藍道行下獄，百孽擾宮。現在胡大順來了，你看可以不可以復用？

這個時期，世宗相信扶乩；而藍道行在這方面的法術，是世宗所信任的，他的意思是，藍道行下了獄，無法再請得「伏魔大帝」、「呂祖」等等神道降壇，掃蕩孽氛，想叫胡大順來試試，看能不能跟藍道行一樣，「有面子」把「大牌」神道請了來除妖孽？

太監和方士搞的那套把戲，徐階自然明白；是有意弄成「百孽擾宮」，好讓世宗執迷不悟，然後禱禳祠祀，從中搞鬼弄錢。只是他不能這樣說，第一，抓不住他們的證據；第二，世宗相信此道，不見得肯聽；第三，可能會興大獄，搞得政局不安。因此，他只能很婉轉地奏復，說扶乩之術，惟中外交通，偶而有應驗的。現在宮孽已久，似乎跟藍道行無關。而且用了此輩，孽亦未必消。小人無賴，宜用法辦。

世宗有所領悟了，把藍田玉代進書、藥，詐傳密旨的情形，告訴了徐階，同意法辦。於是徐階一面勸他不要服胡大順所進的藥；一面把胡大順、藍田玉等下錦衣衞獄。口供送達御前，世宗還想寬免．徐階力持不可，他尤其着重在「詐傳聖旨」這一點上，認爲如果不重重辦罪，倘或「夜半宮門出片紙，有所指揮，將若之何？」世宗處理政務，多用下條子的方式，有時甚至由太監代筆；旨意的眞僞不可知，所憑信者是傳旨的近侍，因此詐傳之罪，極其嚴重。世宗也瞭解到這一點，因令法司，從重判罪。不久，趙楹不識相，爲藍田玉等人求情，世宗大怒，一併付法司拷訊，中外交通勾結的眞相大白，結果一起處死。此見得世宗晚年不甚糊塗；但亦應歸功於徐階的善爲輔翼。

此時世宗的身體已經很不好了，經常鬧病，但仍奮力疾從公，披閱章奏，常至深夜。

七十二、海瑞草疏直諫世宗

其時海瑞已調任戶部主事，他是海南島人，「平生爲學，以剛爲主」，所以自號「剛峯」，天下稱爲「剛峯先生」。此人在古今諫臣中，是出言最無顧忌的一個，而得罪世宗竟未爲世宗所殺，幾乎可說是奇蹟。

海剛峯的獲罪，是由於他的一篇奏疏。此亦是天下奇文，不可不讀，茲分段錄敍如下：

陛下即位初年，敬一箴心，冠履辨分，除孔廟之像，立敬聖之祠；瘞斥元世祖於國門之外；宦官外戚，悉奪其權，天下忻忻，謂煥然更始。無何而銳精未久，妄念牽之，謬謂長生可得，一意修玄，土木興作，二十餘年，不視朝政，法紀弛矣！數行推廣事例，名器濫矣！二王不相見，人以爲薄於父子；以猜疑誹謗，戮辱臣下，人以爲薄於君臣；樂西苑而不返大內，人以爲薄於夫婦。今愚民之言曰：嘉者，家也；靖者，盡也。謂民窮財盡，靡有孑遺也。

從這一段話中，可以推想世宗玄修的生活。貴爲天子，處家人父子，原與常人有所不同；但像世宗這樣一意玄修，置妃嬪於大內，並信「二龍」相見可能會相剋的謬說，不與皇子見面，這些「家法」，對他的子孫，發生了極壞的影響。尤其是數十年不朝，如無此惡例在，萬歷不但不敢學步，甚至根本就不會想到，做皇帝竟可以數十年不見臣下。列朝開國之君，明太祖是最注意法制的一個，誰知結果會適得其反，其中有激而然的因果關係，值得細味。

然而內外臣工，修齋建醮，相率進香，天桃天藥，相率表賀。陛下誤爲之，羣臣誤順之。臣愚謂陛下之誤多矣！大端在玄修，夫玄修，所以求長生也。堯、舜、禹、湯、文、武之爲君，聖之至也，未能久世不終；下之方外士，亦未見有歷漢、唐、宋至今存者。陛下師事陶仲文，仲文則既死矣！仲文不能長生，而陛下獨何求之？至謂天賜仙桃、藥丸，怪妄尤甚。臣聞伏羲御宇，龍馬圖河；大禹隨山，神龜書洛，天不愛道，猶日月星辰昭布森列，焉可誣也？宋真宗獲天書乾祐山，孫奭諫曰：「天何言，豈有書也？」桃必採乃得，藥必擣乃成，玆無因而至，有脛行耶？云天賜之，有手授耶？然則玄修之無益可知矣！陛下玄修多年，靡有一獲，左右奸人，揣逆聖意，投桃設藥，以謾長生，理之所無，斷可見已。

七十三、世宗擲海瑞原疏於地

在現代來看，海瑞所講的道理，淺顯之至，但在當時有此合乎科學的見解，算是相當高明的。

陛下誠幡然悟悔，日且視朝，與輔宰、九卿、侍從、言官講求天下利害、洗數十年君道之誤，置身堯、舜、禹、湯、文、武之域；使諸臣亦洗心數十年阿君之恥，置身臯、伊、傅、周、召之列。內之宦官、宮妾，外之蔭恩、敍勞，多有無事而官者；上之內廚、內庫，下之寶物、貨賄，多有無事而積者；諸臣必有爲陛下言者矣！諸臣言之，陛下行之，在一節省間耳；官之侵漁，將之怯懦，吏之爲奸，諸臣必有爲陛下言者矣！諸臣言之，陛下行之，在一振作間耳。陛下爲此非勞也，民熙物洽，薰爲泰和，陛下性中眞藥也；道與天道，命由我立，陛下性中眞壽也。

這一段是正面的規諫，反覆所強調者，一個「行」字。而「命由我立」一語，最足以表現剛峯之剛；但措詞過於耿直，全文中如所謂「妄念牽之」、「法紀弛矣」、「幡然悟悔」、「數十年君道之誤」等，直同申斥，非臣下事君所應言。諫勸要想發生效果，必須感悟君心，因而立言須有體。清末「翰林四諫」所以爲朝野所重，許多奏疏，傳誦人口，就是在文字上極講究，宛轉綢繆，使爲君上者，樂於納諫；或雖不慊於心而不敢逆天下的公意。至如激切陳詞，奮不顧身，其志可佩，其情可憫，而其事則並不足取。明朝言路囂張，好作危詞，亦頗有可議之處。如海瑞一疏，痛快是痛快了，但必無效果亦可想而知；這就不是最佳的處事之道。

世宗一看到海瑞的奏疏，自然震怒，把原疏擲在地上，吩咐左右：「立刻把他抓起來了，不要讓他逃走。」

這時有個太監，名叫黃錦，甚爲可愛，他慢吞吞答道：「此人素有癡名，聽說他上疏時，自己曉得觸忤聖意，必死無疑。已經買好一口棺材，跟妻兒都訣別過了；他的僮僕亦都已散走，照這樣看，他是不會逃走的。」

世宗默然，過了一會，取海瑞的奏疏再讀，終於爲他所感動。當然，所感動是海瑞「死諫」的決心；文以行重，與不負責任的放言高論，自有不同。

七十四、世宗崩前遺詔釋海瑞

明史「海瑞傳」：

（帝）嘗曰：「此人可方比干，第朕非紂耳！」會帝有疾，煩懣不樂，召閣臣徐階議內禪；因曰：「海瑞言俱是，朕今病久，安能視事？」又曰：「朕不自謹惜，致此疾困，使朕能出御便殿，豈受此人詬詈耶？」遂逮瑞下詔獄，究主使者，尋移刑部，論死。獄上，仍留中。

這就是我前文所說的，近乎「奇蹟」，在世宗一生中，能自承錯誤，是絕無僅有之事。大抵英察之主，晚年多能反省，設法補過。如乾隆在位，殺戮甚重，而傳位皇十六子，卽以嘉慶性慈；嘉慶卽位，亦擬南巡，有老臣進諫，說先皇在日，曾自道六次南巡，不無擾民，後世嗣君有復作此議的，應加諫勸，此亦可以見乾隆的自知之明。世宗殺宰相夏言、殺言官楊繼盛，爲唐宋以來天子所不敢爲而悍然爲之，開一大惡之例，中心自不免失悔。所以海瑞如此觸忤，而特意不殺，原是想爲他的子孫，留一有力的身敎；可惜，他的子孫不肖，特別是思宗，對他高祖的這番深意，可說毫無領會。

但是，凡英察之主多不願臣下窺破其內心的秘密，以防無形中爲人操縱；所以他雖不肯殺海瑞，卻不願有人因此而對海瑞「市恩」；「戶部司務何以尚者，揣帝無殺瑞意，疏請釋之。帝怒，命錦衣衞杖三百，錮詔獄，晝夜搒訊」，就是世宗有意示不測之威的作用。

世宗崩於嘉靖四十五年冬天，海瑞自然被釋，而在此以前有一插曲，足以見海瑞的忠君之誠，明史「本傳」：

帝初崩，外庭多未知。提牢主事聞狀，以瑞且見用，設酒饌款之。瑞自疑當赴西市，恣飲噉不顧；主事因附耳語：「宮車適晏駕，先生今卽出大用矣！」瑞曰：「信然乎？」卽大慟，盡嘔出所飲食，隕絕於地，終夜哭不絕聲。

在世宗崩逝之前，徐階奉旨撰擬遺詔：「朕奉宗廟四十五年，享國長久，累朝未有，一念惓惓，惟敬天勤民是務；祇緣多病，過求長生，遂至奸人誑惑。自今建言得罪諸臣，存者召用，沒者恤錄，見監者卽釋復職。」海瑞與何以尚，均得釋放，官復原職。

七十五、帝王家是非難明

廟堂之上，改朝換代，俗稱爲「天牢」的「詔獄」，亦是「一輩新人換舊人」，海瑞、何以尚出獄；方士王金、申世恩、劉文彬、以及陶仲文的兒子陶世恩則被捕下獄。此是假託遺詔，明史「穆宗紀」：

卽皇帝位，以明年爲隆慶元年，大赦天下。先朝政令不便者，皆以遺詔改之。召用建言得罪諸臣，死者恤錄，方士悉付法司治罪。罷一切齋醮工作，及例外採買。免明年天下田賦之半。

又明史「徐階傳」：

階草遺詔，凡齋醮、土木、珠寶、織作悉罷，「大禮」大獄，言事得罪諸臣，悉牽復之。詔下，朝野號慟感激，比之楊廷和所擬登極詔書，爲世宗始終盛事。

楊廷和與徐階，皆爲名相，而必在老皇駕崩、幼主嗣位這段君權交替的空隙中，始得一暢其志。等幼主離脫乳臭，可以自作主張時，便又是一盤混帳了。明朝自武宗以後，始終不能出現盛世，主要的原因，卽在君權與相權的對立，未能發生制衡的作用，反形成尖銳的爭奪。而爭奪之起，實起於世宗，以楊廷和定策擁立的功勞，不能對大禮有所主張，終於被黜；以夏言首輔的地位，罷官以後，竟不能保其首領；以徐階的委曲調護，明知其賢，而任其屈於奸嵩之下多年，世宗不但剝奪相權，而且蔑視相權。凡此事實，對於一個重視利害關係的人來說，會激出這樣一個結論：君權與相權沒有調和的餘地，唯有獨斷獨行。張居正就是這樣的一種想法，而且他做到了；但是，他本事再大，不能說死後還能控制神宗，以致終於不能免身後之禍。

依我的看法，世宗激出張居正的反動，張居正激出神宗的反動，而世宗和神宗皆享國四十餘年，嘉靖、隆慶、萬歷三朝，將近一百年之久，這一百年中，名相、名將迭出，結果卻搞成一個內憂外患、交相煎迫的局面，推原論始，卽在君權與相權的相凌，演變出君子與小人的搏鬬，排激動蕩，不傾不止之故。

明世宗是中國歷史上很奇特的一個皇帝，「明史贊」許其爲「中材之主」，但以他的本質而論，實可成爲英主，可惜，十五歲卽位，沒有機會像淸朝中葉諸帝那樣，受到比較完善的教育，所謂「質美而未學」，以未成長的良材而當廟堂的重任，結果可想而知。說到頭來，帝王家的是非，實在難明！

(六) 萬歷搜秘

一、幼帝不讀書太后令長跪

明朝的帝系有兩次改變，第一次是由建文帝轉入成祖，第二次是由武宗轉入世宗。武宗就是民間熟知的正德皇帝，是個法督克型的頑童，身死無子，由太后與大學士楊廷和定策，迎立興獻王的世子入承大統，是爲世宗。興獻王爲憲宗第四子；武宗的父親孝宗爲憲宗第三子，所以武宗與世宗是共祖的嫡堂兄弟。

世宗在位四十五年。此君性情嚴刻，私心甚重，十五歲繼位，首先就爲他自己和他父親爭名分，演成「大禮議」一重絕大的糾紛，爲明朝黨爭之始。中年以後好道，數十年不朝，在宮內建壇設醮；祈求長生，平日又服方士藥，慢性中毒而死。

世宗傳位穆宗，在位六年；太子即位，是爲神宗，年號「萬歷」。神宗是穆宗的第三子，名翊鈞，卽位時十歲；受顧命的張居正當國，爲明朝第一權臣。

神宗幼時，因爲「慈聖」與「張先生」督敎過於嚴厲，反感甚深；對他一生性格的形成，產生了極其不良的影響。「慈聖」者，神宗的生母李太后，「張先生」者張居正。明史「后妃傳」：

孝定李太后……敎帝頗嚴，帝或不讀書，卽召使長跪。每御經筵入，嘗令效講臣進講於前。遇朝期，五更至帝寢所，呼曰：「帝起！」敕左右掖帝坐，取水爲盥面，挈之登輦以出。帝事太后惟謹，而諸內臣奉太后旨者，往往挾持太過。

內有嚴母，外有嚴師，而嚴母又每以嚴師來嚇幼帝，明史「張居正傳」：

帝常賜居正札，稱「元輔張少師先生」，待以師禮。……帝初卽位，馮保朝夕視起居，擁護提抱有力。小扞格卽以聞慈聖，慈聖訓帝嚴，每切責之曰：「使張先生聞，奈何？」

於是帝甚憚居正。及帝漸長，心厭之。乾清小璫孫海、客用等，導上遊戲，皆愛幸；慈聖使保捕海、用，杖而逐之。居正復條其黨罪惡，請斥逐……因勸帝戒遊宴……帝迫於太后，不得已皆報可，而心頗嗛保、正矣。

「保」是馮保，爲司禮秉筆太監，與張居正深相結納，以後的結局都不好。

二、馮保宣旨逐首輔高拱

神宗對張居正的反感，固不僅因爲他輔教嚴厲，而且在知人事以後，發覺他滿嘴仁義道德，而行事不符所言。先談顧命一事：當穆宗駕崩時，召內閣大學士受顧命，照資望以高拱爲首，其次張居正，再次高儀；明朝首輔權重，而張居正又是不甘居於人下的，因此與高拱平日就不睦，壞在他不了解張居正居心深刻、手段毒辣，以致甫受顧命，卽遭斥逐。「明史紀事本末」記：

上（穆宗）不豫，己酉大漸，召閣臣高拱、張居正、高儀至乾清宮受顧命，……上困甚，太監馮保宣顧命；翌日，上崩。六月甲子，皇太子卽位，年始十歲，時太監馮保方居中用事，矯傳大行遺詔曰：「閣臣與司禮監同受顧命。」廷臣聞之俱駭。一日，內使傳旨至閣，拱曰：「旨出何人？上沖年，皆若曹所爲，吾且逐若曹矣！」內臣還報，保失色，謀逐拱。拱與居正俱負氣不下，居正乃結保自固。……拱內慮保專恣，與居正、儀，謀去之。居正陰洩之保，乃與保謀去拱。六月既望，昧爽，拱在直，居正引疾。召諸大臣於會極門，促居正至。拱以爲且逐保也，保傳皇后、皇貴妃、皇帝旨曰：「告爾內閣、五府（高陽按：前後左右中五都督府）、六部諸臣，大行皇帝賓天先一日，召內閣三臣御榻前，同我母子三人，親受遺囑曰：『東宮年少，賴爾輔導！』大學士拱攬權擅政，奪威福自專，通不許皇帝主管。我母子日夕驚懼。便令回籍閒住，不許停留。爾等大臣受國厚恩，如何阿附權臣，蔑視幼主？自今宜洗滌忠報，有蹈往轍，典刑處之。」拱卽日出朝門。

馮保的此舉，自然出於張居正的主謀，而成事的關鍵，在於神宗生母要結外援，才能強化她的母以子貴的地位。清朝咸豐十一年「辛酉政變」，慈禧太后與恭王取得聯絡，回鑾之日出密詔捕誅肅順，整個謀略，就是此案的翻版。

神宗最初敬禮張居正，頗見孚誠；萬歷元年，也就是神宗十一歲那一年，命成國公朱希忠、大學士張居正知「經筵」——爲皇帝進講詩書，稱爲經筵；以神宗沖年而論，則張居正實爲「師傅」，與平常的「經筵講官」性質大不相同。有一天張居正忽然不舒服，大概是感冒之類，在直廬休息，神宗親到暖閣，手調椒湯以賜。夏天進講，特命太監爲他打扇；冬天則以毡片鋪地。

三、張居正死後抄家

張居正的本質是法家而非儒家，他的相業，自有可觀，雖聚歛太過，大傷本源，而知人、用人，以中樞而駕馭疆吏，眞所謂萬里如見，確是了不起的才具。但他個人的行爲，實在不堪「奪情」之舉，已使神宗卑視。而侍經筵有失人臣之禮，更使神宗畏憚憤恨——有一次神宗談論語，把「色勃如也」的勃字，讀作「背」字；張居正突然厲聲糾正：「要讀勃字！」同列失色，神宗亦大吃一驚。

他死於萬歷十年，其時神宗胞弟潞王的婚禮，所需珠寶未備，太后向神宗提及，神宗答道：「年來廷臣無恥，盡獻了張、馮二家。」張居正抄家之禍，起於此時。

萬歷十二年，遼府次妃王氏奏請，籍沒張居正家。按遼王植於成祖即位後，改封荊州，正為張居正的家鄉。隆慶末年，襲遼王爋憲，頗為驕橫，不理會張居正已為閣臣，對他家多所侵侮，張居正是個有怨必報的傢伙，且又羨慕遼府壯麗，便存下了要扳倒遼王的心思。不久，有人告遼王謀反，刑部訊治，侍郎洪朝選按驗並無反跡，坐以「淫酗」，遼王禁高牆，廢府。張居正奪遼府以為私第。至是遼王次妃修前怨，神宗降旨：

> 張居正誣衊親藩，箝制言官，蔽塞朕聰，私占廢遼地畝，假以丈量遮飾；騷動海內，專權亂忠，罔上負恩，謀圖不忠。本當斲棺戮尸，念效勞有年，姑免盡法，伊屬張居易、張嗣修、張順、張書俱令烟瘴地面充軍。

此詔已在張居正抄家以後，史稱其籍沒地產不及嚴嵩二十分之一，那也十分可觀了。「天水冰山錄」記嚴嵩籍沒財產清單之後，附「籍沒張居正數」僅金銀器皿首飾之數就有：

> 金器皿六百十七件，重三千七百十一兩，金首飾七百四十八件，重九百九十兩，銀器皿九百八十六件，重五千二百四十兩。

至於馮保自張居正死後，太后亦久已歸政，已失奧援而竊權如故，此因神宗從小由馮保扶掖提抱，別有憚畏。然而終亦由於朝臣的鼓勵力請，把他發到南京居住，久之乃死，死後亦不免抄家。

四、養士厚薄不同之報

神宗是張居正的學生，學生抄了老師的家，自然不會是個好學生，而老師的教育亦必定破產。神宗所得的嚴母嚴師之教，激出完全相反的作用：

第一、張居正的勸以節用，在神宗變成看重財貨；張居正的理財，在神宗變成聚歛——他是明朝最貪財的一個皇帝。

第二、張居正以峻法治國，在神宗變成以峻法對付臣下。

第三、張居正所講的仁義道德，在神宗都認爲是騙人的，而且以幼年束縛過甚，來了一次澈底的「解放」；歷史上有許多荒淫無道的皇帝，不外淫酗暴虐，而神宗的怠荒，別具一格，可用一個字來形容：「懶」！

明朝中葉以後的皇帝，懶理政事是出了名的，而以神宗尤甚。最基本的一個原因是，明太祖所定的制度有問題，他所犯的一個最大的錯誤，就是他以爲他的子孫都像他那樣，雄才大略，精力過人；洪武十三年罷相，集君權與相權於一身，這是如何沉重的負擔，他沒有考慮過。以後雖以建文朝，齊、黃「參國政」啓變相復相之端；而至「三楊」入閣，確立了大學士爲眞宰相的傳統，但皇帝與宰相之間的聯繫，及君臣從容商略國事的規制，不如清朝的皇帝與軍機大臣的關係那樣密切，更不如宋朝君臣那樣親切。內閣「票擬」，即或詳盡，畢竟不如面對易於了解；因爲不了解便感到批章奏吃力，也因爲不了解，不得不假手於人。於是發生兩個結果，一個是委諸太監的頭腦「司禮監」；一個是擱置在那裏不聞不問，神宗便大致如此。

照這樣子，自然有御史犯顏直諫，神宗的辦法是，疏陳政事得失，留中不報，也可能根本不看；諫陳他個人行爲的，用高壓手段加以處分，命內閣擬旨定罪，而又往往在他那裏改爲「廷杖斥爲民」。萬歷年間，御史被打屁股的，不知凡幾？

「廷杖」是明朝皇帝對待讀書人最刻薄的手段。唐宋待士最厚，所以末期迭遭宗社之危，都還有人撐持；明朝失國，南明不旋踵而亡，雖說福王不似人君，其實亦是無恥士大夫太多之故，這就是養士厚薄不同之報。

五、神宗失言向母長跪賠罪

明朝末年的廷杖，尤其是在崇禎年間，有許多怪事。崇禎用人，濫施禍福，進退不常，一下子杖斥爲民，一下子復又起用；因此，地方官遇到闖道的老百姓，常會出現很尷尬的趣事。

縣官的威權甚重，老百姓闖了他的道，可以當街打屁股，有時拉翻了褪下袴子一看，是個「羊毛皮」，可能就會打出禍來。廷杖的官員受了重傷，獄吏有個急救的方法，活剝一塊羊皮，覆在傷者的臀部，傷愈以後，自留痕跡，稱爲「羊毛皮」；此輩有一天復起被用，官職一定比縣官大，可能會施報復。所以遇到「羊毛皮」，特具戒心。

萬曆年間的言官，最易獲罪者，莫如「爭國本」一事；所謂「國本」，指立儲而言。在萬曆十年八月，皇長子常洛生，頒詔赦天下。到了十四年正月，皇三子常洵生，二月間，常洵的生母鄭妃卽進封爲貴妃。

常洛的生母是王恭妃，生元子數年未進封；而皇三子一生，鄭妃卽被封爲貴妃，則神宗的愛憎，殊爲顯然，將來可能由於鄭貴妃恃寵而爭，立常洵爲太子，因而大學士申時行等上奏，請早立東宮，又舉前朝成憲，英宗兩歲、孝宗六歲、武宗一歲被立爲太子爲言。神宗的批示：是「元子嬰弱，少俟二、三年舉行。」

這一批，神宗的想法，越發明白，竟以爲元子可能幼殤。存此想法，易啓人毒害元子之心。於是給事中姜應麟等上言：「貴妃雖賢，所生爲次子，而恭妃誕育元子，主鬯承祧，顧反令居下耶？乞收回成命，首進恭妃，次及貴妃。」

這個說法，表面上看，是爲王恭妃不平，實際是爲了尊重元子的地位。神宗大怒，姜應麟等被貶爲典史。

李太后知道了這件事很不高興，一天神宗進宮問安，李太后問起立儲，神宗貿然答道：「他是都人的兒子。」宮中稱宮女爲「都人」；王恭妃由宮女進封，所以神宗這樣回答。李太后亦是宮女出身，當時便生了極大的氣，說神宗：「你也是都人的兒子！」

神宗惶恐，長跪賠罪。但也因此，神宗雖想立常洵爲太子，卻一直遲遲不敢有積極的行動，只是拖延着不肯決定儲位。

六、神宗攜皇長子與輔臣見面

從此年年有請立儲，或則獲罪，或則不得答復。到萬歷十八年，皇長子九歲，大學士申時行、王錫爵等人於召見時，面申前請，神宗始有一個比較具體的表示。明史紀事本末「爭國本」敍其事：

> 時（申時）行等出，上遽令司禮監追止之云：「已令人宣皇子來與先生一見。」輔臣還至宮門內。有頃，皇長子、皇三子（按：皇二子常溆生一歲而殤）俱至，引至御榻前；皇長子在御榻右，上手携之，向明正立。輔臣等注視良久（按：此爲申時行等，以宰相而第一次得見皇子），因奏曰：「皇長子龍姿鳳表，岐嶷非凡，仰見皇上昌後之仁。」上欣然曰：「此祖宗德澤、聖母恩庇，朕何敢當？」輔臣奏：「皇長子春秋長，宜讀書。」且云：「皇上正位東宮，時方六齡，即已讀書。皇長子讀書已晚矣！」上曰「朕五歲即能讀書。」復指皇三子曰：「是兒亦五歲，尚不能離乳母。」遂手引長子至膝前，撫摩歎惜。輔臣叩頭奏曰：「有此美玉，何不早加琢磨，使之成器？」上曰：「朕知之。」時行等叩頭出。

此是「爭國本」數十年中，君臣之間第一次平心靜氣，議論大事；敍述相當生動。康熙時修明史，亦頗采其語。照當時的情況來看，神宗對皇長子亦頗鍾愛，而於常洵五歲不能離乳母，則有不慼於心的表示；由此益可證明，不立儲爲鄭貴妃的作梗。

到了這年十月，閣臣合疏以去就相爭，申時行引疾辭官；神宗不悅，傳諭指廷臣「沽名激擾」，悖逆犯上，大學士王家屏從中調停，神宗終於提出一個條件，明年春夏，廷臣無所奏擾，卽於冬天建儲，否則卽於皇長子十五歲時再說。接着又改定二十年春天舉行。以廷臣「奏擾」而爲不立儲的理由，這是皇帝與言官鬧意氣，持大體者，自有戒心；但這十年間，言者紛紛，已存門戶之見，那些只顧自己激切快意、譁衆取寵的人，不會體諒輔臣的苦心，沉寂一段時期後，終又上言，神宗除了治言者以罪而外，命展延一年立儲作爲報復。

二十一年春天，該是神宗踐諾之時，卻無動靜，大學士王錫爵還朝，密疏建言，勸神宗不可失信。

七、神宗手詔王錫爵問大計

神宗答了他一通手詔，還是拿嫡庶來推託，王錫爵便又上疏，爲擬「傳帖」兩道；這兩道傳帖，是兩個不同的辦法，一個是卽時立儲；另一個是先封兩王：

朕雖有今春册立之旨，昨談皇明祖訓，立嫡不立庶，皇后年尚少，倘復有出，是二儲也。今將二皇子並封王，數年後皇后無出，再行册立。

他擬是擬了，仍希望神宗採取卽時立儲的辦法。這個希望幾乎是妄想，等「並封」的傳帖一出，士論大譁，傳言此議出於王錫爵的密疏，所以頗受攻擊。

這未免有些冤枉王錫爵，他的用意是，與其讓神宗空言搪塞「皇后生子」再說，不如採取漸進的策略，目前兩皇子並封王，數年以後奏請將皇長子册立爲太子，豈非順理成章的事？

於是廷臣交諫，有兩種反駁的理由，相當有力，一種是說：

皇上正位東宮之日，仁聖亦青年，莊皇帝不設爲未然事以語大計。

莊皇帝爲穆宗，「仁聖」指穆宗的陳皇后；當神宗六歲被立爲太子時，陳皇后年紀也還輕；但穆宗並不假設皇后生子如何如何，來作爲定立儲大計的根據，則神宗又何可如此？這一疏是根本反對須立嫡之說。

另一種是：

> 皇上顧念中宮良厚。顧中宮春秋方盛，前星一耀，則所册元子自當避位，何嫌何疑？今以將來未期之事，格見在已成之命，恐中宮聞之，亦有不安者。

所謂「前星一耀」，指皇后生子；倘有嫡子，則先册元子，自當避位，無所謂「二儲」之慮。而現在詔諭煌煌，說要等皇后生嫡子，繼承大統，則皇后心理上所感的壓力甚重，自然不安。再則，皇后能不能生嫡子，其權操諸皇帝，皇帝不臨中宮，皇后何能生子？歷史上皇后失寵，徒擁夫婦虛名的事例甚多，只是禁幃之事，不可形諸章奏而已。這一疏是反對兩皇子並封之議。

因爲話說得委婉而有力，同時最主要的，神宗亦根本無意於兩皇子並封；那一道傳帖，原是爲了敷衍王錫爵，所以見此諸疏，親自封緘，手札致王，問他的意見？

八、並封之議廷臣大譁

神宗的手札如何說法，王錫爵的密奏說些甚麼？雖無文獻，亦可想像得之。在神宗，並封之議，還算是對王錫爵「放交情」，則此時朝列有所質難，當然要責成王錫爵來應付；而王錫爵則「責無旁貸」，必定有所自辯，並堅持其原議，因而並封之旨如故。

於是廷臣大譁，在朝房當面詰責王錫爵，大吵一架。其時有個庶吉士——會試禮部一榜、殿試午門一榜，此即所謂「兩榜進士」。進士中一大部份內用部曹，外用州縣；一小部份硃筆親點爲「庶吉士」，入翰林院肄業，表示才堪大用，責其深造。到此地步，就被豔稱爲「翰林」，可以公然言天下事。上書王錫爵的庶吉士名叫李騰芳，字子實，湖南湘潭人，萬曆二十年的進士。他上書宰相，不必如後世在信封上寫上「親鈞啓」的字樣，重重轉遞；亦不必顧慮不達宰相，或雖達而不得覆；或得覆而以「奉交下」字樣開頭，說些不痛不癢的話。他是赴朝房當面向王錫爵投書；王錫爵當場開讀。

讀不到數行，王錫爵就拉着李騰芳的衣服說：「大家都罵我，都未得事實眞相，而我無以自明，所以我不服。像你所說的這番話，我受教。請坐下來，好好談一談。」

王錫爵如此動容，因爲李騰芳說中了他的心事；而李的論列，亦確是讀書有得，深明史事的警闢之論：

聞古賢豪將與立權謀之事，必度其身能作之，身能收之，則不難晦其跡於一時，而終可皎然於天下。公欲暫承上意，巧借王封，轉作册立；然以公之明，試度事機，急則旦夕，緩則一、二年，竟公在朝之日，可以遂公之志否？恐王封既定，大典愈遲。他日繼公之後者，精誠智力稍不如公，容或壞公事，隳公功，而罪公爲尸謀，公何辭以解？此不獨宗社之憂，亦公子孫之禍也。

「賢豪與立權謀」這一段話，是絕好的史論；古來忠臣，相度事機，非屈身降志，「晦一時之跡」不足以斡旋大局時，常不計個人榮辱禍福，毅然自任，如我在「華陽教主」中所記，立宋高宗的呂好問，即爲一例。但終得以「皎然於天下」，實非容易。

九、王錫爵痛悔失算

歷來儲位爲國本所繫，宰相不得不言，不得不爭，但所爭所言，必須一本大公，使天下共見共聞；一涉隱秘，便有操縱的嫌疑，最易獲罪於嗣君，亦最易爲政敵資爲口實。這就是王錫爵所犯的錯誤。

所謂「巧借王封，轉作册立」，誠然是王錫爵的苦心，但外間並不明瞭。推斷將來大位的繼承，不歸於皇長子卽歸於皇三子；如果歸於皇長子，則他依傳統，原該被册立爲太子，王錫爵身居宰輔，不能力爭，他是不會見他的情的。如果屬於皇三子，那就更壞，因爲王錫爵的密疏，實在是曲護皇長子，基本立場正爲抑制皇三子取得帝位，總而言之，他這個做法，將來會弄得兩面不討好。

當然，王錫爵也想過這些道理，只是想得不够透澈，他以爲皇長子將來被立爲太子，繼統卽位，自然會看到他手書的密奏，瞭解他的苦心。於是李騰芳點醒他說：「揭帖手書，人何由知？異日能使天子出公手書，傳示天下乎？」這就是說，卽使皇長子繼統卽位，不翻此案，但如有人攻擊，說他建議「並封」的用意在擁立皇三子；嗣君以王錫爵當時不能爲他力爭，便未見得肯爲他出示這些密疏，解釋他的苦心。換句話說，王錫爵這個可以「皎然於天下」的證據，扼在別人手裏；如果嗣君不肯出示，則追論前罪，足以禍及子孫。

這一下，王錫爵才如夢前醒，痛悔失算，竟至淚下。第二天上疏自劾，請改前議。神宗不允。下一個月再上疏請册立太子，神宗索性下了「俱停封」的詔諭。總計這一年，王錫爵爲此事六次上奏，後來爭得了一個皇長子於下一年「出閣講學」的結果。

自萬歷二十二年到二十九年，爲了皇長子的册立爲太子，以及表示成人的「冠禮」，還有婚禮等等，廷臣交諫，不知凡幾？神宗大都置之不聞不問。然則要探索的是，神宗持此態度的用意，到底何在？

神宗的用意是要等他的皇后去世。神宗的皇后王氏，餘姚人而生於京師，不知道是不是陽明先生的本家？王皇后賢而多病，神宗打算等她一死，便要立鄭貴妃爲后；這一來皇三子常洵就變成中宮嫡出，名正言順地得立爲太子。神宗所以一再強調「立嫡不立庶」，是有這樣一番深心在內。

十、册立常洛爲太子

但天佑善人，王皇后偏偏活得很好，他很孝順李太后，恪盡子婦之道；李太后亦很愛重這個賢媳，而皇長子也多虧中宮維護。她的賢德終於感動了神宗，晚年頗敬重皇后。萬歷二十八年四月王皇后崩，神宗並未將鄭貴妃進位中宮；這是他處骨肉之間，罕有的比較賢明的一件事。

在萬歷二十九年八月，大學士沈一貫一疏，忽生奇效，這是因爲巧於立言之故，原疏如此說：

詩，「既醉」之篇，臣祝其君曰：「君子萬年，介爾景福。」繼曰：「君子萬年，永錫祚允。」則願其子孫之多。又曰：「釐爾士女，從以孫子。」願酬淑媛而生賢子孫也。「斯千」之篇曰：「築室百戶，西南其戶，爰居爰處，爰笑爰語。」奚新宮也。繼曰：「吉夢維何，維熊維羆，男子之祥。」言吉祥善事，當生聖子神孫無窮也。今稱觴萬壽，兩宮落成（按：這年神宗四十整壽，重修乾清、坤寧兩宮將竣工），在廷同祝；而啓天之祥，實自聖心始！皇上大婚及時，故得聖子早；今皇長子大禮，必備其儀，推念眞情，不如早偕伉儷之爲適。是上孝奉聖母，朝夕起居，不如早遂含飴弄曾孫之爲樂。乞今年先皇長子大禮，明春後遞與諸皇子禮。子復生子，孫復生孫，坐見本支之盛，享令名，集完福矣！

用多子多孫的話來相勸，神宗果然動心了。「啓天之祥，實自聖心」這句話亦頗有力；詔復即日舉行册立太子禮。

一念轉移，歡聲雷動，唯一不悅的是鄭貴妃，以致於神宗的心思又有些動搖。十月初以「典禮未備」爲理由，要改期册立。沈一貫封還手詔，力言不可。神宗總算下了決心，十月十五册立皇長子常洛爲皇太子。其餘諸子，常洵封福王、常浩封瑞王、常潤封惠王、常瀛封桂王。不久，太子及福、瑞兩王行成年的「冠禮」。大赦天下，上皇太后尊號。下一年二月，册立郭氏爲皇太子妃。看來大事已完，其實糾紛正多。

十一、各處礦監無惡不作

不久就有所謂「妖書」案，此是黨禍已成，有人故意指神宗立太子無誠意，後將更易，希望激起大政潮，好從中取利，報復政敵，實與深宮無關，不入本文。

深宮所務，誠如明紀所言：「神宗萬歷年間，皇帝惟酒、色、財、氣之是求。」而求財則爲明朝亡國之因，在立太子的那一兩年，正是搜括最力、舉國洶洶之時。

神宗的貪財是本性，從萬曆二十四年，奸民與太監勾結，用開礦之說打動神宗開始，一發不可收拾。派出監辦的太監，稱爲「礦監」；後來通都大邑，又普設「稅監」；復有「兩淮鹽監」、「廣東珠監」等名目。其中最凶橫的是陳增、馬堂、陳奉、高淮、梁永、楊榮等人。明史「宦者傳」記這些人的行爲，令人髮指。試摘錄數條如下：

陳增開採山東礦，兼徵東昌稅，縱容黨羽程守訓等，大作奸弊，宣稱「奉旨搜金寶」。又找人告密，誣賴富商巨室，私藏違禁物，因而抄家殺人。縣官被誣劾，下詔獄。在山東作惡十年。

馬堂是天津稅監，兼轄臨淸。一到轄區，就有數百亡命之徒相從，各攜帶手銬鐵鍊，白晝放搶。惡僕告主，沒收財產後，賞給十分之三，破家者不知凡幾?因而遠近罷市，上萬的百姓，燒掉馬堂的「衙門」，殺其黨羽三十七人。結果朝廷大捕暴民，株連甚衆。有王朝佐其人，自承爲首謀，臨刑神色不變，當地老百姓爲他立了祠堂。

梁永在陝西監稅，陝西爲數朝帝都，梁永便在那裏掘開歷代陵寢，搜摸金玉。又縱容亡命之徒搶刼，以致縣令都逃光。陝西老百姓大憤，要殺梁永，逃回京師。

楊榮在雲南，肆行威虐，連知府都被抓入監獄，百姓恨之刺骨，殺了一名稅官，楊榮杖斃數千人，作爲報復，結果激起民變，楊榮及其同黨二百餘人被殺。神宗得到消息，痛惜楊榮，好幾天吃不下飯。

此外暴虐騷擾的行爲，不計其數，地方官多怕極了他們。但也有能幹的官吏，如上饒縣令李鴻，聽說太監潘相要來勘礦，下令有人敢賣食物給潘相的，處死。潘相到了那裏，只好挨餓，無奈離去；憤而報復，奏劾李鴻去官，依然是太監得到勝利。

十二、神宗震怒幾乎手刃田義

當時封疆大吏爲民訴苦的奏疏，不知凡幾，鳳陽巡撫李三才所言尤爲痛切：

自礦稅繁興，萬民失業，陛下爲斯民主，不惟不衣之，且併其衣而奪之；不惟不食之，且併其食而奪之。征榷之使，急於星火，搜括之全，密如牛毛，今日某礦得銀若干，明日又加銀若干；今日某處稅若干，明日又加稅若干；今日某官阻撓礦稅拿解；明日某官怠玩礦稅罷職。上下相爭，惟利是聞！如臣境內抽稅，徐州則陳增，儀眞則暨祿，理鹽揚州則魯保，蘆政沿江則邢隆，千里之區，中使四佈；加以無賴亡命，附翼虎狼，如中書程守訓，尤爲無忌，假旨詐財，動以萬數。昨運同陶允明自楚來云：彼中內使，沿途掘墳，得財方止。聖心安乎，不安乎？且一人之心，千萬人之心也，皇上愛珠玉，人亦愛溫飽；皇上愛萬世，人亦戀妻孥，奈何皇上欲黃金高於北斗，而不使百姓有糠粃升斗之儲？皇上欲爲子孫千萬年，而不使百姓有一朝一夕？試觀往籍，朝夕有如此政令，天下有如此景象而不亂者哉？

從來犯顏直諫，無有如此疏的不客氣的。李三才也是唯一可使此輩畏憚的一個人；前引奏疏中的程守訓，就不敢到他的轄區。明史李三才傳：

歙人程守訓，以貲官中書，爲陳增參隨，縱橫自恣，所至鼓吹盛儀衞，許人告密，刑拷及婦孺。畏三才，不敢至淮。三才劾治之，得贓數十萬。增懼爲己累，幷搜獲其奇珍異寶，及僭用龍文服器；守訓及其黨俱下吏伏法，遠近大快。

然而儘管李三才一再奏諫，神宗只以置之不理作爲答復。到了萬曆三十年二月，神宗不知怎麼「不豫」，突有大限將至之感，於是急召首輔沈一貫，「諭以勉輔太子，併及罷礦稅、起廢、釋禁諸事。」到了第二天，忽又無事了，說過的話也就算了，但停稅的詔諭已發，神宗失悔，急令追還；太監田義便勸他：「諭已頒行，不可反汗。」神宗大怒，幾乎要親手殺田義。田義不爲所動，而沈一貫大爲惶恐，趕緊把手諭繳還。這樣的宰相，田義看不起他，吐了他一臉的唾沫。

十三、停止礦稅旋復食言

因爲這是一個造福蒼生、千載一時的良機，而沈一貫竟毫無心肝，暫易錯失！除立儲一事外，沈一貫的相業無聞；而其人則眞如崇禎帝所說的「亡國之臣」。明史本傳記其事極生動，值得爲讀者介紹：

自一貫入內閣，朝政已大非，數年之間，礦稅使四出爲民害，其所誣劾逮繫者，悉滯獄中。吏部疏請起用建言廢黜諸臣，並考選科道官，久抑不下，中外多以望閣臣，一貫等數諫不省……一貫雖小有救正，大率依違其間，物望漸減。迨三十年二月，皇太子婚禮甫成，帝忽有疾，急召諸大臣至仁德門，俄獨命一貫入啓祥宮後殿西暖閣。皇后、貴妃以疾不侍側。皇太后南面立稍北，帝稍東冠服席地坐，亦南面；太子諸王跪於前。一貫叩頭起居訖；帝曰「先生前！朕病日篤矣，享國已久，何憾？佳兒佳婦付與先生，惟輔之爲賢君。礦稅事，朕因殿工未竣，權宜採取，今可與江南織造，江西陶器，俱止勿行；

所遣內監皆令還京。法司釋久繫罪囚。建言得罪諸臣，咸復其官。給事中、御史即如所請補用。朕見先生止此矣！」言已就臥。一貫哭；太后、太子、諸王皆哭……是夕，閣臣九卿俱直宿朝房。漏三鼓，中使捧諭至，具如帝語一貫者。咸喜。翼日帝疾瘳，悔之；中使二十輩至閣中取前諭，言：「礦稅不可罷，釋囚，錄直臣，惟卿所裁。」一貫欲不予，中使輒搏顙，幾流血：一貫惶遽繳入。……當帝欲追還成命，司禮太監田義力爭，帝怒，欲手刃之；義言愈力，而中使已持一貫所繳前諭至。後義見一貫唾曰：「相公稍持之；礦稅撤矣！何怯也？」自是大臣言官疏請者日相繼，皆不復聽。礦稅之害，遂終神宗。

明朝之亡，亡於流寇、黨禍，而此二事皆起於礦稅；誠如田義所言，局面可以改觀，以此推論，沈一貫豈非亡國之臣？

何以說礦稅造成黨禍？所謂黨禍，即是正人君子集團的東林與閹黨的勢不兩立。東林是江蘇無錫一個書院的名稱；而東林「黨魁」則公認爲顧憲成。

十四、顧憲成講學東林書院

顧憲成官只做到「文選郎中」，正確地說，是「吏部文選司郎中」，這個職位相當於目前銓敍部管人事的一個司長，但權柄之大，連人事行政局長也不能比；「吏部文選司郎中」和「兵部職方司郎中」，分別主管文武官員的任命調遷，如果想要紅包，那是太方便了。嚴嵩當國，賣官鬻爵，必須經這兩個郎中的手，所以特地設法安插了私人，號稱「文管家」、「武管家」。

明朝的人事制度原來是相當完善的，循序漸進，不怕好人不能出頭；中級以下的文武官員，由「文選」、「職方」兩郎中遞補；高級官員包括宰相之任的大學士在內，由吏部主持「廷推」，依資歷提出候補人選，朱筆欽點。萬歷二十二年，廷推閣臣，神宗先有一道上諭，說是「不拘資品」；於是吏部推了七個人，第一名是王家屛，而王原是大學士，因爲爭立儲而爲神宗所驅逐的，所以神宗大爲不悅，下旨詰責，說「宰相奉特簡，不得擅專」。吏部尚書陳有年，也是個骨鯁之士，上疏力爭，說吏部尚書和左都御史，廷推閣臣，自有例規。王家屛爲宰相有名，既奉上諭「不拘資品」，所以推荐。如果宰相不廷推，將來會開一條捷徑，方便了倖進之士。力爭不允，陳有年摔紗帽，神宗便把他攆回家。

於是有好些人士疏救陳有年，顧憲成也是其中之一。神宗不納，而且革了他的職，回到無錫，以當地縣官之助，修復了東林書院，在其中講學。一時罷廢爲民的直臣，以東林爲中心，講學以外，兼論朝政，形成了很有力的輿論。

李三才爲了爭廢礦稅不得，便想利用東林來鼓吸，刻意結交顧憲成。李是個所謂「豪傑之士」，行事與嘉靖年間防倭有名的浙江巡撫胡宗憲，差相彷彿，清朝末年的張之洞也有些學他們的樣，才氣迫人，不受繩墨。李三才對於君子人用「欺其以方」的手段及權術來結納，明史紀事本末卷六十六：

三才多取多與，收採物情，用財如流水。顧憲成之左右譽言日至，憲成信之，亦爲游揚。三才嘗宴憲成，止蔬三四色，厥明，盛陳百味，憲成訝而問之。三才曰：「此偶然耳，昨偶乏，即寥寥，今偶有，故羅列。」憲成以此不疑其綺靡。

十五、周延儒拜相要聽東林意旨

因此，李三才被劾，顧憲成爲他致書宰相葉向高申救。李的被劾起於工部郎中邵輔忠，說他「大奸似忠、大詐似直」，有「貪、僞、險、横」四大罪；御史徐兆魁採取了同樣的行動。於是一面李三才上疏自辨、也有人爲他說話，一面是攻者不絕，而神宗一概不理，牽延數月，糾紛越鬧越大。葉向高奏言：「三才已杜門待罪，宜速定去留。」神宗依然「不報」。此時顧憲成致書葉向高，稱李三才廉直；在野名流致宰相的私函，居然見於「邸報」，傳播海內，此雖是異聞，而亦足見東林已隱操天下淸議。

李三才的案子，最後的結果是：他自請罷官的奏疏「十五上，久不得命，遂自引去，帝亦不罪」，變成不了了之。但黨爭在這一案中，已充分表面化；門戶壁壘，亦在這一案中，充分形成。

顧憲成自謂：做京官志不在君父、做地方官志不在生民，「居水邊林下，志不在世道，君子無取焉！」這是他在東林於講學以外，「諷議朝政，裁量人物」的理論根據。中國讀書人的傳統，以天下爲己任，他有權也應該這樣做；衡之現代民主政治的法則，更非有此批評的自由不可。但如實際干與政治，就是件非常危險的事；顧憲成爲李三才一案，開了一個異常嚴重的惡例。今天我們論明朝黨禍，以爲東林亦不得辭禍國之咎，主要的原因就在此。

在顧憲成時代，徐兆魁攻東林有言。

滸墅有小河，東林專其稅爲書院費，關使（按：指滸墅稅使）至，東林輒以書招之，即不赴，亦必厚餽。講學所至，僕從如雲，縣令館穀供億，非二百金不辦。會時，必談時政，郡邑行事偶相左，必令改圖。

徐兆魁的話，在當時認爲「恣意誣詆」，而至末流，卻成事實。東林最後的領袖爲張溥，學者稱「西銘先生」，力量足以產生宰相；崇禎十四年周延儒復起，即是張溥的操縱。明史三百八周延儒傳：張溥說延儒：「公若再相，易前轍可重得賢聲。」其後詔起入京，「溥等以數事要之，延儒慨然曰：『吾當銳意行之，以謝諸公。』旣入朝，悉反（溫）體仁輩弊政。」於此可見東林在政治上的影響力。英國有「影子內閣」，張溥此時，可謂「影子宰相」。

十六、福王一再延誤就藩

李三才的免官在萬歷三十九年，其時礦稅之弊，已不可勝言，由宮中直接派出去的太監，搜括之苛，如水銀瀉地，無孔不入，只要某地有某物稍爲著名，無不爲追索的目標。地方官及言官不斷有所呼籲，而神宗十有八九「不報」。據紀事本末，試摘數條如下：

萬歷三十年五月，禮部侍郎馮琦上言礦稅之害，滇以張安民故，火廠房矣；粤以李鳳釀禍，欲剸刃其腹矣；陝以委官迫死縣令，民洶洶不安矣；兩淮以激變地方，刼燬官舍錢糧矣；遼左以余東翥故，碎屍抄家矣！土崩瓦解，亂在旦夕，皇上能無動心乎？不報。

三十一年九月，雲南稅監楊榮責麗江土官木增退地聽開採。巡按御史宋興祖上言，麗江古荒服也，木氏世知府，守石門以絕西域，守鐵橋以斷土番，不宜自撤其藩，貽誤封疆。不報。三十二年八月，武驤百戶陳起鳳請採大木，以覬利除名，盡逐其黨。時大雨，都城壞，戶部尙書趙世卿言，蒼生糜爛已極，天心示警可畏。礦稅貂璫掘墳墓、奸子女；皇上嘗曰：「朕心仁愛，自有停止之日。」今將索元元於枯魚之肆矣！不報。

凡此「不報」，並不表示神宗不知其事，他內心自然亦有所省悟，但任何自省自振的念頭，敵不過鄭貴妃的要求。古來偏聽之主，至神宗至矣盡矣；而明知不善，因循自誤，至神宗亦至矣盡矣！

以礦稅之名苛擾天下的太監，後面都有鄭貴妃的支持。奇珍異寶，日有所奉，月有所進，爲古今來幾次大聚斂之一，而終於大半散去。民間的格言是：積財以遺子孫，不如積德以遺子孫，因爲積財則一定產生不肖子孫；而在敗家的過程中，常會招致奇禍。此道理在帝王家亦同樣適用。

神宗的不肖子孫，第一個當然是福王，被禍亦最慘。福王的封地在洛陽，起造邸第，花了二十八萬兩銀子，廷臣請王就藩，而神宗和鄭貴妃一直把愛子留在身邊不放。到了萬曆四十年，福王已二十七歲；宰相葉向高上疏力爭，神宗答應第二年春天舉行，到時候卻又失信了。

十七、鄭貴妃爲福王爭田莊

四十一年正月，禮部奏請東宮開講，福王就國，神宗不報；四月間兵部尙書王象乾復行奏請，神宗的答覆是：「親王之國，祖制在春，今踰期矣！其明年春舉行。」這算是比較充分的理由，但也到了拖無可拖的地步。

於是福王提出要求，也是條件，請撥鉅額莊田。明初親王除歲祿外，偶而也撥給土地，大多爲屬於國有，僅堪畜牧的草場牧地，至多不及一千頃；而吏、戶兩部亦可斟酌實際情形，表示異議。到了嘉靖四十年，世宗第四子景王載圳，就藩湖北德安，屢請撥給莊田，部議照准，因而開了個惡例。及至神宗同母弟潞王翊鏐，在衞輝亦常請撥莊田，並請發「鹽引」，自西淮、河東運鹽行銷，無不如願，福王卽援以爲例，要四萬頃莊田。

景王、潞王當初的所求多遂，一方面固由於皇帝優容，另一方面也因爲有官田可給。尤其是潞王就藩，正當張居正抄家之後，籍沒田地，本是額外收入，戶部不必爲難，所以一請卽准。但在福王提出要求的時候，情況已大不相同，宰相葉向高，據理力爭，說「各直省田土，大郡方有四萬畝，少者止一二萬。祖宗以來，封國不少，使親王各割一大郡，天下田土已盡，非但百姓無田，朝廷亦無田矣！」又說：「如田頃足而後行，則之國何日？聖諭明春舉行，亦寧可必哉？福王奏稱祖制，謂祖訓有之乎？會典有之乎？略朝之功令有之乎？」又說：「自古開國承家，必循理安分爲可久，鄭莊愛太叔段，爲請大邑；漢竇后愛梁孝王，封以大國，皆及身而敗。」引用鄭莊公、漢文帝時代的故事，其言警切，鄭貴妃頗爲不滿。

據「表忠記」載，鄭貴妃遣太監去看葉向高說：「先生全力爲東朝，願分少許，惠顧福王。」葉向高正色答道：「此正是全力爲王處。趁此寵眷時啓行，賫贈倍厚，宮中如山之積，惟意所欲，若時移勢改，常額外絲毫難得，況積年語言可畏，王一之國，百口冰解，更得賢聲。老臣爲王，何所不至耶？」這是提出警告，要福王知趣，萬一宮中「出大事」，皇太子卽位，那時會發生怎麼樣的事，就很難說了。

十八、請淮鹽一千三百引

太監回到宮裏，據實回報鄭貴妃。葉向高說的是老實話，鄭貴妃深有所感，決定遣愛子就國，但仍舊提出很苛刻的條件：

第一，莊田四萬頃減半，仍須兩萬頃，中州腴土不足，取山東、湖廣的良田湊足。

第二，籍沒張居正的財業，尚存官的撥歸福府。

第三，從揚州到安徽太平，沿江各種雜稅，撥歸福府。

第四，四川鹽井的一部份收益，劃歸福府。

第五，請淮鹽一千三百引。

以上五項，尤以最後一項影響國計民生，及於邊方軍餉，後果異常嚴重。按：明朝的鹽法是如此：沿海產鹽人家，稱爲「灶戶」。政府自灶戶收買的鹽，稱爲官鹽。招商運銷有特定的地界和數目，這類商人稱爲「引商」，運銷的地界稱爲「引界」。「引」有好幾種意思，可以解釋爲「運銷官鹽的許可證」；亦可以解釋爲「鹽的重量計算單位」。

鹽的收買方法是，各鹽場定出每年生產的數目，由公家收買，稱爲「正鹽」，支給工本；正鹽每引四百斤，支給米一石，洪武十七年以後，改米給鈔，兩淮兩浙每引兩千五百文錢，其餘各處兩千。

官鹽的運銷，招商承辦，以引爲單位，每引納米若干，收米入倉後，發給鹽引，註明數量、取鹽地點、運銷區域。販賣完畢，五日內應將鹽引繳銷，以防一引兩用。

在正鹽中又分「官鹽」與「客鹽」兩種。運至官倉，以供政府正用的，稱爲官鹽；由引商憑引支取，合法運銷的，稱爲客鹽；此外便都是私鹽。客商販鹽，鹽不離引，否則亦作私鹽論，處罰甚重，販賣者處絞刑，買私鹽食用的，罪減一等，也要充軍。

明初定制，以鹽課收入，充當邊境軍餉及水旱饑饉救災之用；情況與需求，常有變動，因而有「開中」及「計口配鹽」兩種方法。福王得淮鹽一千三百引，以致邊餉不足，就因爲與開中法發生了嚴重抵觸的緣故。他所得的鹽引，自然照官鹽算，每引四百斤，合計便有五十二萬斤，而事實上遠不止此數。

十九、福王運淮鹽與民爭利

所謂「開中」，簡單地說，只如明史食貨志上的一句話：「召商輸糧而與之鹽」；邊境軍糧，如由內地運去，費用甚鉅，現在叫販鹽的商人，在邊境糧倉繳糧，給予鹽引，赴指定地區運銷，則公私兩便，所以說「有明鹽法，莫善於開中」。但至正德初年，鹽法已大壞；此不在本文範圍內，只談福王開鹽店。

明朝產鹽的主要地區有六，運銷的地區有明確的規定，洛陽一帶，行銷河東即山西的解鹽；而福王的鹽是兩淮的鹽，因爲淮鹽品質最好，鹽價較貴。福王把淮鹽運了來，在洛陽開鹽店，爲了教老百姓只買他的鹽，奏准洛陽改食淮鹽，而淮鹽只有「福記」的鹽店才有，這一來解鹽就少了個大市場。

既無銷路，商人自然不買解鹽，邊餉隨之支絀。於是戶部和兵部奏請將福王府的鹽，改由河東支給，希望打開解鹽滯銷的局面，同時請求福王府不可與民爭利。所得到的結果，依然只有兩個字：不報。

關於莊田，原就是明朝的一項秕政，明史食貨志：

明時草場頗多，占奪民業，而爲民厲者，莫如皇莊及諸王、勳戚、中官莊田爲甚。太祖賜勳臣、公侯、丞相以下莊田，多者百頃；親王莊田千頃。……憲宗卽位，以沒入曹吉祥地爲宮中莊田；皇莊之名由此始。其後莊田遍郡縣。給事中齊莊言，天子以四海爲家，何必置立莊田，與貧民較利？弗聽。弘治二年，戶部尙書李敏等以災異上言，畿內皇莊有五，共地萬二千八百餘頃，……武宗卽位，踰月卽建皇莊七，其後增至三百餘處，諸王外戚求請及奪民田者無算。

及至世宗以外藩入承大統，御極之初，力除弊政，正德以來侵奪的民田，還給百姓的很多；又廢除皇莊的名目，改稱官地，徵銀解部。穆宗更進而定「世次遞減之限」，好比爵位降封那樣，勳臣受賜的官田，每繼承一次，減少若干，一直減至二百頃爲度。同時規定，不論甚麼人的田，都要納稅，否則沒收，所以「民害少衰止」。

到了神宗手裏，賚予過侈，求無不獲；潞王、壽陽公主恩最渥，而福王的莊田，雖經羣臣力爭，減半兩萬頃，仍舊是個破天荒的鉅數。

二十、福王終于赴河南就國

爲了河南的良田不足二萬頃，在山東、湖北另外再找田補充。這下又給那兩省的百姓帶來了極大的災難。福王府的「伴讀」、「承奉」等官，驛騎四出，所至騷動。照會典所載，王府的賜田，仍由原來的佃戶耕種，每畝徵銀三分，作爲租稅，這原是古代封建，「衣租公稅」之制，歷代奉行不改；而福王要自己管業，自己派出人去淸丈、劃界，借故斷人家田地的水道，挖人家的墳墓，藉以敲詐勒索，地方官紛紛奏陳，一概不得要領。

這樣搞了有半年，才大致定局，湖廣的田不足，又減一千頃，福王實得莊田一萬九千頃。就在這時，又發生了一場風波，明史紀事本末卷六十七：

六月己丑，錦衣衞百戶王日乾訐奏奸人孔學與皇貴妃宮中內侍姜、龐、劉諸人，請妖人王子詔詛咒皇太子，刋木像聖母、皇上釘其目；又約趙思聖在東宮侍衞，帶刀行刺。語多涉鄭貴妃、福王。葉向高語通政使，具參疏與日乾奏同上之。向高密揭：「日乾、孔學皆京師無賴，譸張至此，大類往年妖書。但妖書匿名難詰，今兩造俱在法司，其情立見，皇上第靜俟，勿爲所動，動則滋擾。」上初覽日乾疏，震怒，及見揭，意解，遂不問。東宮遣取閣揭，向高曰：「皇上旣不問，則殿下亦無庸更覽。」太子深然之。

這是鄭貴妃的親屬及她宮中太監所設的一條「苦肉計」，目的在平地起風波，預備指東宮誣陷鄭貴妃。這樣做法，往深處看，可以導致廢立；往近處看，有了糾紛，福王便可藉故不就國。過去匿名者所散佈的「憂危竑議」、「續憂危竑議」等所謂「妖書」，指神宗雖立東宮而終必見廢，用意是一樣的。「妖書」案發生，正爲沈一貫當政，他想藉此打擊同僚，幾興大獄。而葉向高則能洞燭其奸，加以神宗不願多事，於是見怪不怪，其怪自敗。到了第二年——萬歷四十二年，福王終於不能不就國。

親王就國見太子辭行，照規矩，太子坐受四拜；而福王就國，太子常洛，特別客氣，起立辭謝，受了兩拜，又執手送至宮門，殷殷話別。此亦出於葉向高的調護。

二十一、福王最後被流寇殺死

太子這樣做法是受了葉向高的教導，目的是要爭取鄭貴妃的好感，使他能够處於比較安全的地位。果然，太子這番友愛，神宗和鄭貴妃都非常高興，而且也頗感意外，想不到太子居然絲毫不念舊惡。

在福王臨走以前，神宗和鄭貴妃對愛子的難捨難分，不但帝王之家，空前絕後，就是求之於民間，亦所罕見。據正史及野史記載，有如下的過程：

(一)鄭貴妃想留福王不遣，找到一個理由，說留他過了太后萬壽再走。李太后不領她的情，說是「你要留福王爲我拜生日，我的潞王是不是也可以叫他入朝呢？」鄭貴妃語塞。按：潞王是李太后的小兒子。

(二)臨行以前，父母惜別愛子，不知哭了多少場？明朝從太祖手裏立下的規矩，親王難得入朝，兩王不相見，平時亦不得出城，限制其行動極嚴；此時約定福王三年一朝，而三年也有千日，時間還是太長，於是彼此又爲會少離多而哭。

(三)崇禎朝，白頭宮女爲思宗及田妃話萬歷舊事，說福王已經出宮，神宗及鄭貴妃難以割捨，三次召還，每次留數日再遣行。

(四)宰相要見神宗一面，難於上天，而福王留京的王府官員，特准「通籍中左門」，要見皇帝有所陳述，「朝上夕報可。」按：通籍的制度起於漢朝，意謂持有出入宮廷的通行證。

因爲有這樣的特權，走福王的門路，是最靠得住的；明史「福王傳」：

> 福藩使通籍中左門，朝上夕報可，四方姦人亡命，探風旨走利如騖，如是者終萬歷之世。

而福王在洛陽所務：

日閉閤飲醇酒，所好惟婦女倡樂。秦中流賊起，河南大旱蝗，人相食。民間藉藉謂先帝耗天下以肥王，洛陽富於大內。援兵過洛者，喧言王府金錢百萬，而令吾輩枵腹死賊手！南京兵部尚書呂維祺方家居，聞之懼，以利害告。常洵不爲意。

如是享了整整二十年的福，到了崇禎十四年正月，李自成攻河南，洛陽城內的守軍，勾結流賊，以致城陷，福王常洵遇害，死狀極慘。

二十二、洪承疇調薊遼備邊

按：明末流寇旋起旋滅，至崇禎元年十一月陝西高迎祥自稱「闖王」開始，終以亡明。高迎祥的外甥就是李自成，他承襲了「闖王」的僞號，所以亦稱李闖。思宗先後命楊鶴、陳奇瑜、洪承疇辦賊；楊鶴主撫，陳奇瑜再撫，與虎謀皮，賊勢坐大。洪承疇則與陝西巡撫孫傳庭追擊不捨，崇禎九年七月，孫傳庭在陝西盩屋，活捉高迎祥，獻俘闕下凌遲處死。賊黨共推李自成爲「闖王」；十一年春天，洪、孫聯軍大破闖賊，李自成只剩下劉宗敏等十八騎，竄伏函谷道中深山，做搶刼行人的小強盜。這一年張獻忠亦爲左良玉所敗而投降，局面本已好轉，但內憂未弭，外患又亟，清太宗由善峯入關，蹂躪畿輔，京師戒嚴；洪承疇調薊遼總督備邊，孫傳庭被劾下獄，委熊文燦辦賊，陷楊、陳的覆轍而變本加厲，終於送了大明天下，凡此皆出於楊嗣昌的調度。

楊嗣昌是楊鶴的兒子，其時任兵部尚書，深得思宗的信任。明朝的六部權重，而以吏、兵兩部爲尤甚；兵部尚書稱爲「本兵」，命將調兵，策定戰略，集軍政、軍令大權於一身，彷彿以國防部長兼參謀總長。此人才具有限，而最大的缺點是與思宗犯了同樣的毛病，苛責他人，而又無知人之明，信任熊文燦卽是件很莫名其妙的事，因爲熊文燦主撫而楊嗣昌主剿，在根本上就是矛盾的。

孟心史先生的「明代史」述熊文燦：

> 文燦貴州永寧衞人，徙家蘄水，由進士歷官至布政司，崇禎元年以福建布政司就遷巡撫。福建瀕海多盜，鄭芝龍爲盜魁，頗願受撫，當事諭降之。文燦至，善遇芝龍，使爲己用。芝龍屢敗他盜，文燦以功擢總督兩廣軍務，仍藉芝龍力。最後，擊海盜，劉香

死，盜盡平，時崇禎八年。文燦官閩廣久，積貲無算，厚以珍寶結權要，謀久鎮嶺南。會帝疑劉香未死，且不識文燦爲人，遣中使假廣西採辦名，往觀之。文燦厚有所贈遺，留飲十日，中使喜。

這不是很好嗎？「久鎮嶺南」的願望，看來一定可以達到；那知酒能誤事，熊文燦酒酣耳熱，意氣慷慨之時，吹了幾句牛，就此搞出一場大痲煩，不但誤國，他自己也送了性命。

二十三、酒後大言弄巧成拙

當時是談到中原寇亂，熊文燦拍桌大罵庸臣誤國，慷慨自言：「如果是我去，何致使鼠輩橫行？」那太監一聽他這話，大爲興奮，站起來說道：「老實奉告，我不是往廣西採辦什麼！奉旨來考察熊先生的情形。我公眞是才大如海，非我公不足以辦賊！」

熊文燦做夢也想不到有此一着，大悔失言，酒也醒了；於是說了剿治流寇的「五難四不可」，其中主要的「難」處是要重兵，要鉅餉，作爲遁詞。

那太監同樣也是做夢都想不到，熊文燦根本不肯離開嶺南到中原去剿匪，只當他說的都是眞話，當時拍胸脯擔保：「不要緊，見了皇上，我替你力請。只要皇上肯允許你的要求，你就不必再辭了。」

弄巧成拙，事情搞成僵局，熊文燦只好硬着頭皮答應。太監回京，果然照他所說，奏報思宗。這時有個湖北蘄水人叫姚明慕，與熊文燦是親戚，跟楊嗣昌也是好朋友；他是東宮的官屬，宮內的消息很靈通，曉得了這件事，便勸楊嗣昌保荐熊文燦，說熊有「內援」，保荐了他，不但先意承旨，可得皇上的欣賞，且將來可結熊文燦爲奧援。楊嗣昌採納了他的建議，一荐就准，於是熊文燦以兵部尙書，右副都御史的官銜「總理南畿河南山西陝西湖廣四川軍務。」

受命以後，熊文燦卽請調左良玉一軍歸屬節制，另募粤軍及「烏蠻」精於火器者一兩千人，作爲親軍；弓刀甲胄，色色整齊，軍容甚壯，經過廬山，他去看一個法名空隱的和尙，兩人有如下一段對話：

僧：「公誤矣！」（熊文燦屏人問故？）

僧：「公自度能制賊死命乎？」

熊：「不能。」

僧：「諸將有可屬大事，不煩指揮而定者乎？」

熊：「未知如何也！」

僧：「上特以名使公，厚責望；一不效，誅矣！」

熊（卻立良久）：「撫之如何？」

僧：「吾料公必撫。然流寇非海寇比，公其慎之！」

空隱的警告，熊文燦未能記取。初到安慶，招降張獻忠有效，對自己的做法益發有信心了。又倡行堅壁清野之策，說把百姓與糧食移入城內，寇無所掠自當退去，以對付外敵入侵的辦法對付流寇，荒唐可知。

二十四、李自成攻陷洛陽

思宗得奏大怒，下旨切責熊文燦，而楊嗣昌為之多方維護。到了崇禎十二年五、六月間，降賊張獻忠在湖北穀城復叛，羅汝才等賊共十三家羣起相應。以下的演變，如「明史紀事本末」所記：

（崇禎十二年）七月，二賊（按：謂張獻忠、羅汝才）合於房縣，左良玉追及之，大敗而還，良玉失其符印。事聞，革文燦任，仍視事。降良玉職，戴罪殺賊。初，文燦與大學士楊嗣昌深相結納，嗣昌冀文燦成功以結上知。文燦既僨，嗣昌內不自安，請督師南討，上甚慰勞之。

八月壬戌，命大學士嗣昌以兵部尚書督師討賊，賜尚方劍，並「督師輔臣」銀印，給帑金四萬，「賞功牌」千五百，蟒紵、緋絹各五百。

九月丁卯、嗣昌陛辭，上宴於平臺後殿，平觴三爵，賜詩；勒詩於各文廟。嗣昌南征，會兵十萬，本折色銀二百餘萬兩。

十月，嗣昌至襄陽，入熊文燦軍中，詔逮文燦入京，淪死，棄市西。

按：熊文燦正法於崇禎十三年十月，距其拜命辦賊只三年半。及至楊嗣昌督師，又錯失了機會：

當是時官軍新勝，賊又聞宰相親出督師，大軍並集，頗懼。乘此聲勢，諸將推鋒急擊，宜可殲賊；嗣昌申養銳之戒，諸將遂無鬪志。雖遺將，但遙相遏，未會合擊。……嗣昌遷延至歲暮未一戰。（孟著「明史」）

過了年就是崇禎十四年，這時李自成已成氣候。李自成與張獻忠，其實大不相同，張但暴戾而李有謀略，中共學李的地方甚多，學張的地方絕少。「明代史」記：

嗣昌自出督師，入蜀多與獻忠接觸，而自成獨收羣賊走河南，得閹黨尚書李精白子信，以曾發粟活饑民，爲民所德。歸賊爲之號召。……又有盧氏舉人牛金星，卜者宋獻策，皆歸賊……減殺戮以結民，又散所掠財物賑饑民，且爲之造謠曰：「迎闖王、不納糧」，使兒童歌以相煽，從自成者日衆。福王常洵封於洛陽，擁厚貲不恤士。營卒勾賊陷其城，汋王血雜鹿醢嘗之，名「福祿酒」。

二十五、流寇大散福王貲財

福王的血，做了「福祿酒」的原料，福王的貲財，則做了李自成造反的資本；福王府富甲海內，李自成叫人打開倉庫，把大量的銀米物資，散給饑民。神宗以天下肥愛子的結果，適以資敵，自食惡果而已！

吳梅村有心成一代詩史，歌行中寫明末時事及人物者甚多，有一篇「雒陽行」卽專記福王；按雒陽就是洛陽，想來因光宗名常洛，爲了避諱，所以用西漢的稱呼作雒陽。其中述福王被害，噩耗傳至禁宮，思宗的悲痛：

> 今皇興念繐帷哀，流涕黃封自手裁，殿內遂停三部伎，宮中爲設八關齋，束薪流水王人戍，太牢加璧通侯祭。

這六句詩要看下面兩段注解：「橫雲山人（王鴻緒）明史稿」「諸王傳」：福王遇害，帝聞報大慟，袍袖盡濕。「綏寇紀略」（吳梅村本人所著）：福王旣遇害，事聞，上震悼，輟朝三日，泣謂羣臣曰：「王，皇祖愛子，遭家不造，遘于閔凶。其以特羊一告慰定陵，特羊一告慰于皇貴妃之園寢。河南有司，改殯王具弔襚。世子在懷慶授舘餽餐，備凶荒之禮焉。」上發御前銀一萬，坤寧宮四千……俱著……齎往，以慰恤福藩世子。

從這些記載中，可以看出思宗的另一面，他爲人刻薄，然而「厚道」之處，又過於別的帝王，但令人莫名其妙！論私，他與他的這個叔父，不可能有甚麼感情；論公，福王擁厚貲而不能養士，事急時又不能散財募兵爲國家分憂，轉以鉅貲資敵，像這樣親藩，死有餘辜。而思宗居然「袍袖盡濕」，居然「輟朝」，並且發內帑銀而以皇后、妃嬪、太子的名義，致贈「福藩世子」作慰問金。這種舉動除了使正臣失望，將士寒心，百姓悲憤，後世訕笑之外，並不能表現思宗的忠厚或他對「皇祖」的孝心。相反地倒使得「福藩世子」可能有這樣一種錯覺：生來就該是享富貴的！

這「福藩世子」就是後來被擁立的弘光帝；倘或思宗當時能夠有一道上諭，在悼慰福王以外，申明親藩不能急國家之難而身受惡報，足爲昭戒；可能會喚起福藩世子若干責任感，不致於像後來那樣守着一盞將盡的燈而又潑上一杯水，自己澆滅了它！

二十六、「梃擊案」的經過

福王生前如此享福，而鄭貴妃還一直以愛子未得大位爲憾，據王鴻緒明史稿的后妃傳，說神宗曾經應諾鄭貴妃，立福王爲太子，所記如次：

大內北上西門之西，有大高元殿，鄭貴妃要帝謁神設密誓，立其子爲太子，因御書一紙，緘玉合中，賜妃爲符契。

按：大高元殿所祀者爲玄天上帝，清朝諸帝每於此祈雨雪。在明末，由於世宗崇奉道教的緣故，大高元殿是個極神聖的地方，在此設誓，也是件相當嚴重的事。果然神宗曾有這樣的許諾，則不惜違誓以保國本，出於怎樣的想法，值得研究。

神宗所以不立福王，實亦由於形勢所格，愛莫能助。第一，李太后及王皇后保護太子；第二，羣臣堅請立長；未立之前猶可假嫡庶爲託詞，既立欲廢，更爲困難。因此，到後來唯有設法不使福王就國。「雒陽行」中屢屢以鄭貴妃母子，比做漢高的戚夫人和趙王如意，其事甚類。按：漢高不廢太子，得力於「商山四皓」，所謂「羽翼已成，難動矣！」神宗明白這個道理，而鄭貴妃及附鄭貴妃者不懂，因而有「梃擊」的怪事，是爲導致邪正如水火，黨爭反覆，報復慘殺，以迄於亡國的所謂「三案」之一。

這件怪事，發生在福王就國一年以後，時爲萬曆四十三年五月；太子居慈慶宮，忽然有一天，有個不知姓名的男子，手持棗木棍，直入宮門，打傷守門的太監李鑑，走到前殿檐下，爲別的太監抓住，交付東華門守衞。第二天太子奏聞，命交法司審問，巡視御史奏稱，此人名叫張差，薊州人，「語言顚倒，形似瘋狂，臣再三拷訊」，而「語非情實，詞無倫次，按其跡若涉瘋魔，稽其貌的係黠猾，情境叵測，不可不詳鞫重擬者。」

其時福王雖已就國，神宗待太子甚薄，因此「梃擊」一案發生，舉朝驚駭悲憤，都疑心鄭貴妃與她的弟弟鄭國泰謀害太子；在這樣的情況下，神宗不能不採取嚴格的態度，准奏交刑部嚴訊。刑部覆奏，「擬依殿宮殿前射箭、放彈、投磚石傷人律斬決不待時」；這在死刑上名爲「斬立決」，一俟定讞，卽時執行，而奏定未上，案情有了極大變化。

二十七、王之寀訊問張差

張差被囚禁在刑部，刑部的監獄名爲「詔獄」，俗稱「天牢」，詔獄的獄政歸「提牢廳」管，直屬長官是一名主事，名叫王之寀，他上了一道奏疏，初次揭開內幕的一角：

本（五）月十一日，散飯獄中，末至新犯張差。見其年壯力強，非瘋癲人。初招「告狀着死撞進」；復招「打死罷」（按：所謂「初招」、「復招」，卽指巡城御史及刑部兩次審問時，張差的供詞）。臣問：「實招與飯，不招當饑死」。卽置飯差前。張差見飯低頭，已而云：「不敢說。」臣乃麾吏書令去，止留二役伕，問之：招稱：「張差，小名張五兒，父張義，病故。有馬三舅、李外父叫我跟不知姓名老公，說事成與爾幾畝地種。老公騎馬，小的跟走。初三歇燕角舖，初四到京。」（按：「老公」爲對太監的尊稱。梃擊案卽發生在五月初四，是則一到卽行兇。」

問：「何人收留？」復云：「到不知街道大宅子。一老公與我飯。說：『你先衝一遭，撞着一個，打殺一個；打殺了，我們救得你。』遂與我棗棍，領我由厚載門進。到宮門上，守門阻我，我擊之墮地。已而老公多，遂被縛。小爺福大！」（按：「小爺」指太子；於此可見張差對其入宮要幹些甚麼？事先已有充分瞭解。）

又招：「有柏木棍、琉璃棍、棍多人衆」等情。（按：此指慈慶宮守衞的太監，所持用的棍子名稱。）臣看此犯不癲不狂，有心有膽，懼之以刑罰不招，要之以神明不招，啖之以飲食始欲默欲語，中多疑似。願皇上縛兇犯於文華殿前朝審，或敕九卿科道三法司會問，則其情立見矣。

這道奏疏一上，朝中得知消息，無不驚駭，一時議論紛紛，猜疑不止，而神宗尚無裁示，於是有個戶部郎中陸大受上疏抗言，認爲「大奸之奔走死士，或出其技之庸庸者，姑試之於死地，以探其機；而後繼之以驍桀，用其死力於不經意之處，有臣子所不忍言者。」這個看法相當深刻，以張差爲試探，倘或不加追究，糊裏糊塗了結，則對「大奸」爲一種鼓勵。因而陸大受主張澈底追究，問道：「張差業招一內官，何以不言其名？明說一街道，何以不知其處？」

二十八、外戚鄭國泰主謀

神宗因爲原疏中有「奸戚」二字，意指鄭貴妃的弟弟鄭國泰，中心不悅，便置之不理；而流言籍籍，多以爲是鄭國泰的主謀指使。

那末，鄭國泰到底是不是主謀呢？當然是的。歷來談「三案」的，於「梃擊」的背景，語多含混；或者完全把它歸入東林，亦是未曾深考的說法。東林與閹黨固曾以梃擊一案展開爭鬭，但那是事後翻案，以當時的情形來說，把持梃擊一案，想大事化小、小事化無的是所謂「三黨」；力持正義的一些正人君子，此時亦猶未有明顯的東林之跡，其後汪文言用計擊破三黨，東林得握政權，而三黨失意份子歸入魏忠賢手下，才有東林與閹黨壁壘分明的態勢出現。

所謂三黨是以地域區分，結黨者多爲言官；神宗不覽章奏，或覽而不報，因而把言官縱容得放言無忌。同時明朝的御史是參預實際政務的，如「巡按御史」，代天子巡方，大事奏裁，小事立決，威權極重；「巡城御史」等於京師的地方官；而御史台又爲「三法司」之一，可以按獄，集監察、行政、司法於一身，所以因緣爲利，能結成極有勢力的政治集團。

明史「夏嘉遇傳」：

台諫之勢，積重不返，有齊、楚、浙三黨鼎峙之名。齊則給事中元詩教、周永春、御史韓浚；楚則給事中官應震、吳亮嗣；浙則給事中姚文宗、御史劉廷元，而湯賓尹輩，陰爲之主。

又明史「孫丕揚傳」：

先是南北言官羣擊李三才、王元翰，連及里居顧憲成，謂之「東林黨」。而祭酒湯賓尹、諭德顧天埈各收召明徒，干預時政，謂之「宣黨」、「崑黨」，以賓尹宣城人，天埈崑山人也。御史……給事中……則力排東林，與賓尹、天埈聲勢相倚，大臣多畏避之。

由此可知，湯、顧是從顧憲成的作爲中，得到啓發，收召門徒，結黨自固；但「祭酒」、

「諭德」是講學之官，無法直接干預政事，於是他在台諫中的門徒，自然而然分成齊、楚、浙三黨。而爲鄭國泰在梃擊一案中大賣氣力的是浙黨。

二十九、十三司郎中會審

自張差被捕，第一個審問他的就是浙黨的巡城御史劉廷元。張差的供詞如何，沒有人知道，只知劉廷元奏覆有瘋癲之說；此說是否倡於劉廷元，也不知道，只知袒護鄭國泰者，持此說甚力。

第二次審問張差的是刑部郎中胡士相和岳駿聲。胡士相亦是浙黨，且爲劉廷元的親戚，自然維持瘋癲之說。及至王之寀奏上，揭開內幕，羣臣紛紛奏請澈查嚴審，神宗一概不報。事在未定，鄭國泰頗爲恐慌；於是有個叫過庭訓的御史，移文薊州，訊查張差的底細，而薊州知州的覆文，則詳敍張差所以得了瘋癲症的始末——這是一套預先安排好的雙簧，想鑄成張差瘋癲爲鐵案。

刑部依十三行省區分爲「十三淸吏司」，梃擊一案雖歸山東司郎中胡士相主辦，但重要案件，各司郎中都可向長官提出處理辦法，這時有兩個有正義感的郎中傅梅和陸夢龍，發現胡士相在搗鬼，便去見「刑部右侍郎署部事兼署都察院事」的張問達，主張不必等皇帝有所批示，傳提張差所供的「馬三舅」、「李外父」等等，澈底追究，張問達接納了要求，派定胡士相、勞永嘉、趙全楨、陸夢龍、傅梅、王之寀、鄒紹先等七名司官會審，這七個人中，分成兩派，除了王之寀與傅梅、陸夢龍以外，其餘都是幫鄭國泰的。

審問的情形，據明史卷三百四十一所記是如此：

將訊，衆咸囁嚅。呼刑具三，無應者；擊案大呼，始具。差長身駢脅，睨視傲語，無瘋癲狀。夢龍呼紙筆，命畫所從入路。梅問：「汝何由識路？」差言：「我薊州人，非有導者安得入？」問：「導者誰？」曰：「大老公龐公，小老公劉公。」且曰：「豢我三年矣！予我金銀壺各一。」夢龍曰：「何爲？」曰：「打小爺。」於是士相立推坐起曰：「此不可問矣！」遂罷訊。

龐、劉兩太監豢養張差三年，早有殺害太子的秘謀，此如何「不可問」？陸夢龍要追出龐、劉二人的名字；張問達亦不肯默爾以息，於是下令十三司郎中會審，這在中國司法史上，是一種極爲罕見的執法方式。

三十、奸逆有所畏憚顧忌

除了十三司郎中以外，另外還有些司官，如提牢主事王之寀等，一共是十八個問官。這一次會審，張差的供詞更具體了。

明史「王之寀」傳：

（張）差供：馬三舅名三道，李外父名守才，不知姓名老公，乃修鐵瓦殿之龐保；不知街道宅子，乃住朝外大宅之劉成。

二人令我打上宮門；打得小爺，喫有、著有。（小爺者，內監所稱皇太子者也。）

又言：有姊夫孔道同謀，凡五人。

雖然如此，張差的供招單，仍爲浙黨所增改刪減，湮沒了一部份眞相。天啓二年，王之寀復起，上一通所謂「復讐疏」，其中揭露：

其後復讞，差供同謀舉事，內外設伏多人。守才、三道亦供結黨連謀，而士相輩悉抹去之。當時有內應、有外援，一夫作難，九廟震驚，何物兇徒，敢肆行不道乃爾？緣外戚鄭國泰，私結劉廷元、劉光復、姚宗文輩，珠玉金錢，充滿其室，言官結舌，莫敢誰何！……勞永嘉、岳駿聲等，同惡相濟，張差招「有三十六頭兒」，則胡士相擱筆；招「有東邊一起幹事」，則岳駿聲言：「波及無辜」；招「有紅封票高眞人」，則勞永嘉言：「不及究紅封教」。今高一奎見監薊州，係鎮朔衛人。蓋高一奎主持紅封教者也；馬三道管給紅票者也；龐保、劉成，供給紅封教多人撒棍者也。諸奸增減會審公單，大逆不道。

於此可知，梃擊一案的背景，異常複雜；所謂「紅封教」，當然是一種邪教，「三十六頭兒」之說，顯然襲自梁山泊的三十六罡星。明末的邪教作亂，爲人所熟知的是「白蓮教」、徐鴻儒，以及「聞香會」、「棒錘會」等；紅封教之名罕見，但可斷定必與白蓮教有關。河北西部自薊州以迄山東的梁山泊、鉅野一帶，自漢末黃巾到淸末義和團，每逢衰世，邪教作亂之事最多。紅封教有鄭國泰及宮中巨璫支持，而不成氣候，實在要歸功於王之寀等人的追究梃擊案，奸逆有所畏憚顧忌，因而銷聲匿跡。

三十一、逆謀牽涉鄭貴妃

除了隱匿紅封教謀反的跡象以外，胡士相還想替龐保、劉成開脫，由於陸夢龍的堅持，這一部份總算照實具奏；案情內幕，當然也洩漏了出去，成爲一條轟動的「新聞」，朝野之間，對鄭國泰頗有嚴正的批評。鄭國泰大起恐慌，做了一個「揭帖」散發，作爲自辯。這是「此地無銀三百兩」的拙謀，於是給事中何士晉，上疏攻鄭，措詞極爲犀利。

張差之口供未具，刑曹之勘疏未成，國泰豈不能從容少待？輒爾具揭張皇，人遂不能無疑。若欲釋疑，計惟明告宮中，力求皇上速將張差所供龐保、劉成立送法司拷訊；如供有國泰主謀，是大逆罪人，臣等執法討賊，不但宮中不能庇，卽皇上亦不能庇！

試看「執法討賊」、「皇上亦不能庇」兩語，可知中國固有的法治觀念，是如何澈底！而亦正因有這樣虎虎有生氣的言官，才能了解　國父監察制度列入五權憲法的本意及價值。

何士晉接下來又說：

設與國泰無干，臣請與國泰約，命國泰自具一疏，告之皇上，嗣後凡皇太子、皇長孫一切起居，俱係鄭國泰保護，稍有疏虞，卽便坐罪，則人心帖服，永無他言。若今日畏各犯招舉，一惟熒惑聖聰，久稽廷訊，或潛散黨與使遠遁，或陰斃張差使口滅，則疑復生疑，將成實事，惟有審處以消後禍。

按：這段話初看似乎蠻橫無理，倘使張差的逆謀，「與國泰無干」，如何又要責成保護太子及皇長孫？而且身爲外臣，又如何保護？其實，此乃針對鄭貴妃所發；玩味語氣，何士晉是提出了一個調停的辦法：只要鄭貴妃能負責太子父子的安全，不妨大事化小，僅將鄭貴妃宮中的太監龐保、劉成法辦，此外從寬不問。假如鄭貴妃連這樣最起碼的保證都不願提供，那末爲了替太子消除隱患，非澈底追究不可。

神宗對何疏雖照樣置之不理，但亦知道事情痲煩，眞個連「皇上亦不能庇」了；所以對鄭貴妃表示，要她自己想辦法去解決問題。鄭貴妃大窘，「解鈴還須繫鈴人」，只有向太子乞憐，自己極力剖白，希望取得太子的諒解，爲她出面料理。

三十二、鄭貴妃求援於太子

太子這時的心理很複雜，一方面因爲鄭貴妃親來乞憐求援，不無受寵若驚之感；另一方面由於案情牽連甚廣，頗有懼意，也希望風波能平伏，所以表現得非常合作。有個爲太子「伴讀」的太監叫王安，是明朝末葉極少數的好宦官之一；他是雄縣人，在太子身邊已經二十年，鄭貴妃一再在神宗面前讒害太子，多虧王安多方保護；此時爲太子結好於鄭貴妃，代草「令旨」頒示羣臣，爲梃擊一案替貴妃「闢謠」，神宗及貴妃對此都深爲滿意。

爲了「釋疑」，神宗又採取了一個不平常的行動，明史紀事本末載：

癸酉（按：爲五月二十八日）駕幸慈寧宮，召見百官，……輔臣方從哲、吳道南暨文武諸臣先後至。內侍引至聖母靈次，行一拜三叩頭禮（按：神宗生母李太后崩於前一年的二月。這亦是梃擊案所以發生的原因之一；如李后在，鄭貴妃不敢如此膽大妄爲。）時，上西向，倚左門柱，設低座，俯石欄；百官復至御前叩頭，上連呼曰：「前來！」羣臣稍膝而前，在御坐不數武。上練冠、練袍；皇太子冠翼善元冠、素袍侍御座右；三皇孫雁行立左階下。上宣諭曰：「朕自聖母升遐，哀痛無已。今春以來，足膝無力；然每遇節次朔望忌辰，必身到慈寧宮聖母座前行禮，不敢懈怠。昨忽有瘋癲張差，闖入東宮傷人，外廷有許多閒說。爾等誰無父子？乃欲離間我耶？適見刑部郎中趙會楨所問招情，止將本內有名人犯張差、龐保、劉成卽時淩遲處死。其餘不許波及無辜一人，以傷天和，以驚聖母神靈。」

接着，神宗執着太子的手，又對羣臣表示，他這個兒子很孝順，他極愛惜。又說，從小養到大，如果有別意，當時何不另立太子，到現在大家還有甚麼可懷疑的。而且福王在數千里外，倘非宣召，他不能忽然飛了來！這些話是一再強調他本人並無廢立之意，並且極愛長子；對於鄭貴妃隻字不提。用這樣的手法開脫鄭貴妃，近於掩耳盜鈴；至多只能證明神宗對梃擊之謀，事前毫無所聞而已。

三十三、太子爲龐保劉成緩頰

神宗不但援子以明心跡，而且援孫以示重固；不但自己極力辨解，而且示意太子闢謠，明史紀事本末載：

命內侍傳呼三皇孫至石級上，命諸臣熟視。諭曰：「朕諸孫俱已長成，更有何說。」顧問皇太子爾有何語，與諸臣悉言無隱。皇太子曰：「似此瘋癲之人，決了便罷，不必株連」。又曰：「我父子何等親愛，外廷有許多議論，爾輩爲無君之臣，使我爲不孝之子」。上因謂羣臣曰：「爾等聽皇太子語否？」又述東宮言，連聲重申之，羣臣跪聽未起。上屢顧閣者，令續到官皆放進無阻。以故後來者踵趾相錯，班行稍右，與帝座遠，上又持皇太子而向右問曰：「爾等俱見否？」衆俯伏謝，乃命諸臣同出。

這一番做作，效果是有的，多少可說明神宗和太子的父子之情，還是有的。而令臣下印象特別深刻者，神宗此時已二十五年不朝；二十五年中除了少數宰輔以外，許多大臣，從未見過神宗的面。世宗與神宗都曾數十年不出禁宮一步，在中外歷史上是個極其特異的紀錄。

由於聖諭煌煌，張差在第三天即被凌遲處死。據王之寀以後透露：「張差以首搶地，謂同謀做事，事敗獨死。」這是狂悖愚惡者，自速其死，雖可憐、不足惜。

再下一天，神宗命司禮監及九卿三法司審龐保、劉成於文華門，因爲張差已經處決，死無對證，劉龐二人，不肯招供；在文華殿前，亦不便用刑，一時不能有結果。

此時太子派人傳諭，爲龐劉緩頰：

張差持梃闖宮，至大殿簷下，當時就擒，並無別物，其情實係瘋癲，誤入宮闈，打倒內侍，罪所不赦。後招出龐保、劉成，本宮反覆參詳，保、成身係內宮，雖欲謀害本宮，於保、成何益？此必保、成素曾凌虐於差，故肆行報復之謀，誣以主使。本宮念人命至重，造逆大事，何可輕信？連日奏求父皇，速決張差，以安人心，其誣舉龐保、劉成，若一概治罪，恐傷天和，況姓名不同，當以讐誣干連，從輕擬罪，奏請定奪，則刑獄平，本宮陰隲亦全矣。

按：龐保原名鄭進，劉成原名劉登雲，所以有「姓名不同」的話；太子所以出此，自是受了壓力所致。

三十四、神宗三年三次加賦

會審龐保、劉成，就因爲太子這道出於王安手筆的令旨，無結果而散。此外案內有名的馬三道、李守才、孔道等人，刑部定了充軍的罪名，神宗准如所請。而龐保、劉成則在宮內被處死；這自是鄭貴妃在取得神宗的許可以後，殺以滅口的手段。

梃擊一案，到此告終，時爲萬歷四十三年六月。此後數年，太子得能安然無事，無疑地，是王之寀等人的功勞。但齊、楚、浙三黨的惡勢力，依舊猖獗；在此三黨專政之際，外患日亟，國事益壞，玆簡記淸太祖努爾哈赤崛起的過程如下：

萬歷四十四年正月朔，滿洲諸貝勒大臣，奉表勸進，尊努爾哈赤爲覆育列國英明皇帝，國號「大金」，建元「天命」，定都興京。按：淸爲女眞族，所以不久又改國號爲「後金」，以爲區別；至淸太宗時因爲淸人對金，夙具惡感，所以改爲聲音相近的「淸」，具頗諱言「女眞」及「金」的字樣。

四十六年二月，淸太祖以「七大恨告天」爲藉口而伐明。五月，撫順失陷。九月，神宗加天下田賦，每畝三釐五毫。

四十七年，遼東經略楊鎬，由瀋陽四路出師，兵員號稱四十七萬，大敗，死四萬五千餘人。八月，淸滅葉赫，從此「海西四部」，盡屬於淸。十二月，神宗再加天下田賦，仍爲每畝銀三釐五毫。

四十八年三月，再議加賦，每畝二釐。

三年三次加賦，每畝的賦稅，共計增加了九釐，並且由臨時的加派，轉變爲永久的定額，而內庫之積如山，神宗不肯拿出來供作軍費，有個御史叫張銓的，有段極沉痛的話：

譬之一身，遼東肩背，天下腹心也；肩背有患，猶藉腹心之血脈滋灌，若腹心先潰，危亡可立待！竭天下以救遼，遼未必亡而天下已危；今宜聯人心以固根本，豈可朘削無已，驅之使亂？且陛下內廷積金如山，以有用之物，置無用之地；與瓦礫糞土何異？乃發帑則以闇不應，加派則朝奏夕可，臣殊不得其解。

萬歷三次加派，所謂「民失其樂之心」，爲造成明末流寇的主因。內憂招致外患，外患加深內憂，明朝就亡在這樣一個互爲因果的惡性循環之下。

三十五、神宗病中召見大臣

前代之失，後代之鑑，鑑往知今，以清初爲最澈底、最成功。明朝宦官爲禍甚烈，所以清初嚴禁太監干政；明朝以加派失民心、生盜寇，所以康熙有永不加賦的令；及至洪楊軍興，軍費浩繁，亦不過開辦釐金，病商而未病農，此爲亂後地方得以迅速復甦，以及造成同光中興的一大原因。

神宗在位四十八年，他一生最好的時候，幾乎無一善政，而臨死的那一年，卻頗有思過的模樣；明史紀事本末「爭國本」篇：

（萬歷）四十八年夏四月，皇后王氏崩。后賢而多病，國本之論起，上堅操「立嫡不立長」之語，羣意上意在后病不可知，貴妃即可爲國母，舉朝皇室。及上年高，后以賢見重，而東宮益安。至是崩，中宮虛位數月，貴妃竟不進位。

按：如果是比較明白、而又沒有寵妃挾制的皇帝，高年失后，中宮任其虛位，而以皇貴妃統攝各宮，是不足爲奇的；在神宗此時，卻是難能可貴。因爲鄭貴妃覬覦中宮，已非一日，這時有此順理成章進位的機會，自然要力爭，是可想而知之事；則又可想見神宗力拒所請，必亦大費一番口舌。神宗所以靳此虛位而不予，當然是爲了消弭隱禍；因爲鄭貴妃被册爲后，則進一步必然會提出嫡庶的問題，要求廢太子、立王，又將掀起極大的波瀾。所以不再立后，是極明智之舉。

其次，王皇后一死，神宗亦得病，此不能說沒有傷逝的伉儷之情在內。但神宗爲國事，不能不保護太子；而在天倫的情份上，對太子仍然甚薄，臥病三月，不召太子，到了七月間，病勢已甚沈重，而太子依舊不得一視疾，此亦亘古少有的事。

由以後的「移宮」一案來看，神宗病中而父子隔絕，一半亦出於鄭貴妃的有意作梗；而所以如此，居心不可問。當時東林的巨擘楊漣、左光斗等，看出端倪，便勸唯一的宰輔方從哲，應該進宮請安，探視究竟。

方從哲這樣回答：「皇上諱疾，即使進了宮，左右亦不敢奏聞。」楊漣便引宋史說：「宋朝文彥博問仁宗疾，內侍不肯奏報。文彥博質問：『天子起居，你們不教宰相知道，難道有異志？下中書省行法！』」按：仁宗無子，說太監有異志，即指責其別有擁立的異心。

三十六、光宗即位發內帑犒邊

當然，明朝的宰相不能比宋朝的宰相；後者權重，外而國事，內而皇帝的家事，皆可過問。所以楊漣亦並不期望方從哲能像文潞公那樣；他接着所引宋朝的典故之後又說：「今誠日之問，不必見，亦不必上知；第令內臣知大臣在門；且公當宿閣中。」意思是讓太監知道「大臣在門」，便可發生嚇阻作用；而「宿閣中」則爲了備變。由這些話中，不難看出鄭貴妃和那些大璫，心懷叵測，所以楊漣有此建議。

到了七月十七日，神宗自知不起，召集大臣，勉以勤職。七月廿一日入於彌留狀態，而太子還徘徊於寢宮之外，於是楊漣和左光斗遣人告訴東宮伴讀王安，說皇帝病重，不召太子，並非本意；太子應自請入侍，以備非常。這一夜不要輕出。凡此都是預見到將有非常之變的預防措施。

當夜神宗崩逝，太子卽位，是爲光宗。光宗第一件大得人心的舉措，卽是發帑金百萬犒邊；繼又發帑金百萬充邊賞，此爲他卽位後三天以內的事。

光宗這樣做，是出於兩個原因，一是遵奉遺詔；眞所謂「人之將死，其言也善」，神宗錯了一生，到臨死才澈底改悔：

> 比緣多病，靜攝有年，郊廟勿親，朝講稀御；封章多滯，寮寀半空。加以礦稅煩興，征調四出，民生日蹙，邊釁漸開。夙夜思惟，不勝追悔。方圖改轍，與天下更新；而遘疾

彌留，殆不可起！蓋衍補過，允賴後人，皇太子常洛，可嗣皇帝位。

按：南郊祀天，歲時祭太廟，是皇帝必須親臨的大典，也是做皇帝的最起碼的責任；神宗因有二十五年不召見羣臣，也就是二十五年不出宮一步的破天荒紀錄，自然「郊廟不親」。所謂「朝講稀御」的「講」是指講學；皇帝講學稱爲「開經筵」或「御經筵」，大致常開講筵的皇帝，必是有道之君，因爲人不可不讀書，做皇帝宰相，尤其不可不讀書。

關於「蓋衍補過」的辦法，遺詔中有明確的指示，分條註釋如下：

一、「內閣輔臣，亟爲簡任。」按：自永樂年起，大學士大致爲四人，資望最深的爲「首輔」，自萬歷四十三年起，只有方從哲、吳道南兩人，吳道南丁憂只剩下方從哲；神宗不補輔臣，沒有別的原因，只是一個「懶」字。

三十七、遵遺詔盡罷𥿄政

二、「卿貳大僚，盡行推補。兩咨考選，並散館科道官，俱令授職。」按：卿者部院大臣，貳者副手，侍郎等官，俱皆爲「堂官」。科爲六科給事中，道者各道御史，六科給事中及各道御史，都爲言官，在清朝的區分較微；而在明朝，兩者的職權，區分得很清楚，各道御史，巡按地方，兼有行政官的性質；而各科給事中掌封駁，純爲糾正政令的言官，就此一方面而言，清朝的給事中自軍機處成爲制度後，權力遠不如明朝的給事中。「萬歷末年，怠荒日甚，官缺多不補。舊制，給事中五十餘員，御史百餘員，至是六科（吏、戶、禮、兵、刑、工）止四人，而五科印無所屬（每科的首席，稱爲「掌印」，印無所屬，是說沒有「掌印給事中」以爲主持）；十三道祇五人（御史以十三行省區分，稱爲十三道，計爲浙江、江西、河南、山東、福建、廣東、廣西、四川、貴州、陝西、湖廣、山西、雲南等十三省，河北爲北直隸，江南爲南直隸，不專設而由各道分管，都察院衙門歸河南道御史監察，在十三道中格外凸出），六部堂官僅四、五人，都御史數年空署」，此見「廿二史劄記」所述，可以想見當時政務的廢弛。

三、「建言廢棄及礦稅詿誤諸臣，酌量起用。」按：自礦稅興，凡有所奏諫；或被認爲辦理不力的地方官，大多獲罪，廢爲庶民；歷任輔臣，多有請起復的奏諫，什九置之不理，此亦爲言官所以缺額的主因之一。

四、「一切榷稅並新增織造、燒造，悉停止。」（按：「織造」的名目，爲清朝所沿用。「燒造」原駐江西景德鎮等處，在明朝卽廢止。）

此外還有「各衙門見監人犯，俱送司條審，應釋者釋放。東師缺餉，多發內帑，以助軍需。陣亡將士，速加恤錄。」眞是「盡罷敝政」；光宗皆遵遺詔辦理，爲先人補過，如此之勇，得力於一個人。

這個人名汪文言，是皖南人，「有智術、負俠氣」，王安延爲上客；光宗卽位，在內唯有王安可爲倚恃，於是汪文言向王安建議如此，而王安照樣建議於光宗，於是有發帑金犒邊、盡罷天下礦稅、起建言得罪諸臣、下前後考選之命等等，慰中外之望的善政。光宗如能久居大位，明朝還有可救，不想在位只得四十天。此是別一案，暫且不提。

三十八、傳說神宗

再回過頭來談神宗，他與他的祖父一樣，俱曾數十年不朝，有輔臣入閣而始終不得見天子一面的，此實爲千古怪事。至於數十年不朝的原因，在世宗，是爲了一心想長生不老，在宮內設壇修道，爲世所知；在神宗，何以致此是一個謎。

這個謎底，據黎東方博士見告，是因爲神宗抽上了鴉片烟的緣故。黎博士作此斷語，當然有史料上的確切證據；我從行爲的比較去分析原因，確信必有其事。

自古無道之君，罪惡不外淫、虐兩者，而所以荒廢政務，浪擲民脂，亦不外巡幸無度，大事興作。但神宗無一於此，試爲分條比較如下：

第一，神宗並不好色，鄭貴妃的得寵，起初或以顏色；但試想，鄭貴妃萬歷十四年生常洵，這時的年齡最少也有十六、七歲，到福王就國時，已經望五之年，如以色見寵，則早已色衰而愛弛。但鄭貴妃又不是像憲宗的萬貴妃那樣有挾制之威，所以她得寵的始終不衰，在歷史上是個頗爲罕見的事例。

第二，神宗也不算暴虐。廷杖是明朝極惡劣的一種制度，神宗不過照傳統行事；而且他也不像思宗那樣，動輒殺大臣。

第三，神宗「郊廟不親」，遑論遊覽？不但不像武宗那樣，遊行天下；甚至不出宮門一步。

第四，萬歷年間，雖有修三大殿的大工程，那是因爲三殿被災燒燬，朝廷正衙，規制不得不崇閎，這與爲了個人享樂，大起離宮別苑是不同的。

其次，論神宗的秉性和教養。他除了天性貪財，以及由張居正的言行不符，激起一種有意反其道而行之的偏激心理以外，論他的資質是不錯的，心地並不是糊塗透頂，此看他前後兩次處理太子與鄭貴妃母子間矛盾的手法，就可以知道。

這就是說，神宗並非沒有親裁大政的能力，只是對國事不感興趣——明朝自罷相以後，大小庶政，皆決於皇帝，後來雖有大學士之設，變相恢復宰輔，但看奏章，批票擬，仍是一件極繁重的工作，令人望而生畏，於是其結果不外兩種，一種是假手於司禮監，大權旁落；一種就是像神宗那樣，不聞不問。

三十九、神宗葬定陵費銀八百萬

我敢斷言，神宗是中國歷史上最懶的皇帝，他不但懶得去執行皇帝的權力，甚至懶得去享受皇帝的權力——最懂得享受皇帝權力的是清高宗，他從不放棄每一個可以使他感受到皇帝的尊榮的機會，譬如一切儀典中所顯現的、使人望之莫及的特殊地位；許多不按常規而且有一套說法的賞罰措施。而神宗則正好反是。其實他的苛歛積聚，亦半由鄭貴妃所主持；積聚雖多，不聞有何揮霍，也沒有聽見過他有何聲色狗馬之好、摩挲古器之癖。實不知他活着爲了甚麼？

這些跡象，完全是一個烟霞痼癖極深的人的表現。清末民初，有許多舊家子弟像他那樣，一燈熒然，不知晨昏；榮譽、責任、事業、財產，乃至骨肉之情，統通都是身外之物，不可一日相離的，只是一副烟盤，以及替他料理那副烟盤的一個人，而這個人不管是他的太太、姨太太、或者一個通房的丫頭，都成了他的主宰。神宗和鄭貴妃的關係就是如此——如以爲我是臆測之詞，則捨此而外，實不知如何才可以解釋明神宗的行爲。

神宗崩後，葬京西昌平州北天壽山。按明帝的陵寢分三處，太祖先世葬鳳陽，先稱「英陵」，後稱「皇陵」；太祖葬南京，稱爲「孝陵」；自太宗以下都葬長壽山，共十三陵。太宗的陵寢，稱爲長陵，極其壯麗；自仁宗獻陵以後規制儉約，但至世宗的永陵，又大事興作；神宗的定陵，費銀至八百餘萬，特簡給事中、御史巡視陵工。

十年前，中共預備掘永樂的長陵，先以開掘定陵作試驗；我讀過他們的發掘報告，神宗的屍體未腐，從照片上看，跟我兒時在杭州西湖博物館所見的木乃伊，十分相似；乾癟瘦小，想來是屍體萎縮的緣故。神宗依明代的殮法，側殮，曲足作睡臥狀。唇上八字鬚，清晰可辨。地宮中，日用器物皆備；御用的面盆，確爲金盆，盆底標明足赤若干兩，形製甚妙，有中空的夾層，內灌少許鐵沙，如此則份量輕，宮人纖手，力足勝任；而潑水時，琳瑯作響，有悅耳之音。

神宗一生的評斷，精確莫如明史本紀論贊，引錄如次，作爲本文的結束：

神宗沖齡踐阼，江陵秉政，綜核名實，國勢幾於富強；繼乃因循牽制，晏處深宮，綱紀廢弛，君臣否隔。於是小人好權趨利者，馳騖追逐，與名節之士爲仇讎，門戶紛然角立，馴至悊愍邪黨，滋蔓在廷，正類無深識遠慮，以折其機牙而不勝忿激，交相攻訐，以致人主蓄疑，賢邪雜用，潰敗決裂，不可振救。故論者謂明之亡，實亡於神宗，豈不諒歟？

(七) 沒有年號的皇帝

一、神宗崩逝光宗卽位

明神宗於萬歷四十八年七月二十一日，崩於乾清宮的西暖閣弘德殿。皇太子常洛，內有伴讀太監王安的保護；外有東林正人楊漣、左光斗等人的呼應，於八月初一卽位，是爲光宗。定明年爲泰昌元年。除掉若干特殊的例子，通常改元都在第二年；卽位之初，仍用大行皇帝的年號；而光宗雖定了年號爲泰昌，卻未能及身而用，所以我稱他爲「沒有年號的皇帝。」

光宗雖然長在深宮，實在是生於憂患，一生遭受無數屈辱，甚至有生命的威脅；他雖沒有讀過多少書，但秉性平和，有從善的美德，嗣位數天之內，大行仁政，進用賢士，以補先帝之失，如果能久於帝位，明朝或可不亡。但久經壓抑束縛，一旦解除，不免放縱，竟致以色殞身。此則神宗之過，做皇帝的父親，從沒有教導過太子，甚至也不關心太子的教育；所以光宗以萬乘之尊，並不瞭解他對社稷生民的責任，視美色重於天下，則天下終於不爲他所有。

光宗繼統，第一個着慌的就是鄭貴妃，她當然要怕光宗報復。所以一改常態，變成前倨而後恭，特選美姬八人，一說四人，進奉光宗。光宗一條命，就送在這幾個美姬手裏。

同時，鄭貴妃又聯絡光宗的寵姬李選侍。太子的姬妾，有淑女、選侍、才人等等名目；光宗有兩個選侍，以居處東西爲區別，得寵的是李選侍。

其時鄭貴妃仍舊住在乾清宮的西暖閣弘德殿；光宗及李選侍則住在東暖閣昭仁殿，兩人的結納，以一種共同的希望及利益爲基礎，此即「正位」二字，一個希望被封爲皇太后，一個希望被立爲皇后，但自己不便說話，恰好彼此借對方的口進言。鄭貴妃先爲李選侍請立；李選侍則爲鄭貴妃求封，光宗口頭上都答應了的。可是皇帝答應了，還要禮部備儀典，正式册封才能算數，而禮部必須照「會典」辦事，尤其是論「禮」，必得講究先後的序次，否則就是失禮。以此而言，都還輪不到行鄭貴妃和李選侍的册封禮；而況臣下爲了保護光宗的長子，有許多顧慮，根本就反對立李選侍爲后。

二、光宗要封鄭貴妃爲皇太后

爲了保護皇長子而反對西李——以後封爲康妃，其用心，可以說是出於鄭貴妃、福王母子的前車之鑒。光宗的長子由校，生於萬歷三十三年，他的生母姓王，先爲選侍，後晉位爲才人。王才人死在前一年，即萬歷四十七年的三月；光宗的元后姓郭，死得更早，所以由校由西李撫養。

西李的撫養由校，只是受命而爲，並非出於喜愛，而一年多的功夫，縱有感情亦不深，因此，楊漣跟署理禮部尚書孫如游說：「皇長子並非李選侍所愛。現在李選侍被立爲皇后，他年生子，卽爲嫡子；將來一定要起糾紛。」當年神宗不立太子，就是預備鄭貴妃一旦正位中宮，福王以嫡子的身份，得立爲太子；這個教訓必當記取，孫如游深以爲然。

因此，楊漣建議，請孫如游跟宰相方從哲去商量，以神宗遺詔，早立太子；皇帝登極三天，禮部卽據遺詔奏請。這樣先把皇長子的太子身份確定，生米煑成熟飯，那末，李選侍就立爲皇后，也不能動搖「國本」了。

孫如游完全採納他的建議，八月初三就上奏，請遵遺詔，早建東宮。光宗同意了。但隨卽又召見方從哲，面諭遺旨，封鄭貴妃爲皇太后。照道理說，尊卑有序，長幼有別，自然是皇太后重於皇太子；所以，不提遺旨則罷，據遺旨而言，則應先辦册封皇太后的典禮。當然，這是鄭貴妃與李選侍，召集親信太監商量之後，所提出來的要挾，而理由是很站得住的。

當時用事的大臣，除了方從哲依違兩可以外，其他都反對鄭貴妃被封爲皇太后，因爲除卻於禮不順，更有密切相關的利害關係在。

依傳統：皇太后不能過問國事，但皇帝的「家事」，她具有絕對的權威，其地位等於代表先帝。倘或鄭貴妃被封爲皇太后，則必然產生這樣兩個結果：

第一，以皇太后的「懿旨」，命令皇帝册立李選侍爲后。

第二，以皇太后的「懿旨」，找一個理由，命令皇帝暫緩建儲；或者先册后後建儲。

由於已深入地看到了如此嚴重的後果，當然不能賦予鄭貴妃以那樣的「權威」；因而孫如游覆奏，表示「不奉詔」。

三、光宗在美人包圍之下

這道不奉詔的奏疏，很難着筆，因爲要否定遺詔，而又不能在死無對證的情況下，片面說理；更不能措詞尖銳，彰先帝之失。而孫如游寫得極好，義正詞嚴而不失立言之體，其主要內容共分三段：

第一段根據歷朝的成典，說明如何始得立爲后：「以配而后者，乃敵體之經」，夫婦稱爲「敵體」，地位相等，丈夫爲皇帝，則元配或繼配，當然是皇后，此乃天經；「以妃而后者，則從子之義」，兒子做了皇帝，則夫死從子，母以子貴，得以成爲太后，此乃地義。揭此「經、義」兩字，見得鄭貴妃甚麽都不是；如果神宗有立鄭貴妃爲后之意，則何不早說？所以孫如游這樣質疑：「皇貴妃事先帝有年，不聞倡議於生前，而顧遺詔於逝後，豈先帝彌留之際，遂不及致詳耶？」臨死之際，不及詳細考慮的決定，便是「亂命」；亂命是可以不從的。

第二段說到光宗的生母，「王貴妃誕育陛下，豈非先帝所留意者？乃恩典尚爾有待，而欲令不屬毛離裏者，得母其子，恐九原亦不無怨恫也。」這是對光宗的諷諫，生母應追尊爲皇太后的大典，置之一旁；而亟亟乎尊鄭貴妃爲母，不孝孰甚？光宗聽到這話，自應內慚，便可罷手；這旁敲側擊的說法，其實是釜底抽薪的手段。

第三段解釋，不奉此遺詔爲孝，奉此遺詔反爲不孝：「昭先命之失言，非所以爲孝！中庸稱達孝爲『善繼善述』，義可行則以遵命爲孝；義不可行則以遵禮爲孝。臣不敢奉命！」

此奏一上，鄭貴妃的希望，自然落空；建儲之議，亦連帶擱置。此時離光宗柩前卽位，還不到二十天的功夫；但這位三十九歲的皇帝，在鄭貴妃所進的美女日夜包圍之下，已是憊莫能興了。

得病是在八月初十，曾召御醫陳璽等診視，似乎沒有甚麼效果。八月十二，光宗還力疾「御門」視事；「御門」者御乾淸門，爲皇帝接見臣下，裁決庶政的常朝。「御門」的制度，一直到淸朝康熙年間還存在，不但聽政，而且亦爲廷議之處，許多大政、善政出於「御門」之時；以後雍正設立「軍機處」，這個良好的制度，才變得有名無實。

在八月十二，羣臣已見「聖容頓減」，兩天之後，由於誤用狼虎藥，大傷元氣，悲劇至此已完全形成。

四、崔文昌配藥進奉光宗

誤進狼虎藥而闖禍的這個人，名叫崔文昇，是鄭貴妃宮中的內侍。光宗卽位，崔文昇升爲「司禮監秉筆太監」。明朝宦官的規制，相當龐大，有十二監、四司、八局，統稱爲「二十四衙門」，而以司禮監的地位最高，有如淸宮的敬事房；司禮監的頭腦，也等於所有太監的頭腦，稱爲提督太監，下面有掌印、秉筆、隨堂等職稱；秉筆太監可以受命代皇帝硃批內閣的「票擬」，權柄特重。但崔文昇雖爲秉筆太監，幹的卻是別樣差使。

他的差使是管理御藥房。在八月十四那天，他配了一副「通利藥」進奉御前。所謂「通利藥」者，就是瀉藥，其中有一味是大黃；大黃不可妄投，幾成常識，而崔文昇胆大妄爲，光宗亦輕率不以爲意，把這副通利藥服了下去，一夜之間，瀉了三、四十次。這在一個壯健的人，都是受不了的；何況旦旦而伐、本極虛弱的光宗？因而支離床褥間，一下子垮了下來。

這時外廷得知其事，羣情洶洶，都說崔文昇受鄭貴妃的指使，進此通利藥是一大陰謀。鄭貴妃惡名昭彰，大家有此「想當然耳」的說法，其實不然。因爲鄭貴妃其時靠山已失，方謀自保；其次希望與李選侍合作，取得太后的封號，而光宗的柔弱，在這卽位後的二十天之中，已充分表現，正可以因勢利用，又何必冒天下之大不韙，下此毒手？所以後世平心靜氣想一想，陰謀之說，可決其爲必無之事。

再就光宗當時的病情來研究，進通利藥並不錯。光宗的病，是多服壯陽藥而起。當時宮中，因爲世宗在西苑修了數十年的道，積存的「法書」及「仙方」無其數；修道所服的藥，名爲「金石藥」，其中最常用的一味，就是丹砂，亦卽朱砂，爲水銀與硫黃的化合物，性極燥。世宗之崩，卽服食金石藥所致。

光宗顯然也服了金石藥，藥性燥，就會上火，舌裂唇乾，大便秘結，所以下瀉劑是對症發藥。但這必須醫生來處方，且以光宗當時的情況來說，一面以通利淸火敗毒，一面還要培補元氣，是相當辣手的病勢；崔文昇無知，一味以狼虎藥猛攻，自然要闖大禍了。

五、楊漣催促鄭貴妃移宮

從這天起光宗就無法御門聽政了。除卻方從哲曾赴寢宮候安，光宗訴苦：「數夜不得睡，日食粥不滿盂，頭目眩暈，身體疲軟，不能下床」以外，內外又成隔絕之勢。

在外朝，當然人心惶惶，而尤其令人注目的是，光宗郭皇后及皇長子由校生母王才人的娘家人，遍謁大臣及有地位的朝士，如楊漣等人哭訴，說宮內危機四伏，皇帝的病決不會好；崔文昇的通利藥並非誤投，而是鄭貴妃和李選侍勾結，包藏禍心的結果。當然，他們的這些指控，並非憑空猜測，另有秘密情報，其來源必是郭皇后和王才人宮中的太監。

在深宮，光宗雖在病中，而鄭貴妃和李選侍的爭封號，不但未曾停止，而且因爲光宗的病情惡化，怕一有不測，雙雙落空，所以逼得更緊。同時，爲了使光宗得以打起精神來替他們做傀儡，繼續投以各種可使其亢進的興奮劑，因而雖經八月十四那天，一夜三、四十起的大泄瀉，但光宗的表面，不是病骨支離，奄奄一息，而是脈搏「雄壯浮大，面唇赤紫」，在這種情況之下，也可以想像得到，光宗依然未摒美色。內外攻伐，不死不可得矣！

當然，深宮的這些情形，我們現在根據史料來研判，可以得其彷彿；而在當時，不易爲外間所知，縱有所知，亦不能得其全貌。外朝臣子，只能在有形之跡上着手，首先是要解決鄭貴妃封太后的麻煩，由於動輒稱遺詔，有挾天子以令諸侯的意味，臣下很難採取決絕的手段，於是楊漣和左光斗，想了個釜底抽薪的辦法。

那時鄭貴妃的哥哥鄭國泰已死，他的兒子鄭養性在朝，楊漣、左光斗，與吏部尚書周嘉謨，便從鄭養性身上下手，責以大義，提出警告。鄭貴妃一看形勢今非昔比，心存忌憚，自己知趣，即日從乾清宮移居皇太后所居的慈寧宮；鄭養性亦疏請封還皇貴妃封后成命，光宗自然准如所請。

鄭貴妃的麻煩，暫時算解決了。楊漣第一步的工作，就是剪除鄭貴妃的羽翼，以清君側；劾奏崔文昇用藥無狀，請下法司推問。

楊漣此疏，在切責崔文昇以外，又有旁敲側擊的規諫，而措詞相當率直。

六、光宗驅逐崔文昇

諫勸的章奏，如對於皇帝本身有所批評，另有一種立言之體，卽託爲流言，而說此流言爲傳聞失實或別有用心，決不可信，但雖不可信，亦當引爲警惕。這樣才可以在保全皇帝顏面和威信的前提之下，激起其內慚，自加修身。楊漣的奏摺，卽用此公式而措詞較爲質直。他說：外廷有這樣的流言：說皇上「興居無節，侍御蠱惑」，這八個字確爲光宗的病根，也是楊漣的棒喝。緊接着宕開一句：「必文昇藉口，以掩其用藥之奸；文昇之黨煽布，以預杜外廷之口」，說是崔文昇造謠，卽表示不信其爲眞；而實際上如何，光宗自己當然明白。以下再加一句：「旣損聖躬，又虧聖德」，便足够引起光宗的警惕了。

諫勸光宗保重，爲楊漣此奏的主旨；因而以逐崔文昇爲名，更有質直之言：

賊臣崔文昇不知醫，不宜以宗社神人託重之身，妄爲嘗試。如其知醫，則醫家有餘者泄之，不足者補之，皇上哀毁之餘，一日萬幾，於法正宜清補。

「妄爲嘗試」是指光宗不知自重。或謂「妄」字下得太重，有失人臣之禮，殊不知熱孝在身，禮應「哀毁」，而光宗居然在苫塊之中，縱慾無節，明朝皇帝的混帳，於此可見！楊漣說他的搞壞身體是「哀毁之餘，一日萬幾」，是曲爲之諱；一個「妄」字，猶是恕詞。至於「清補」的「清」爲「清心寡慾」的「清」，是又不言可知。

這是八月十九日的事，到了八月廿二，光宗忽然召見大臣，同時亦宣召楊漣，並且傳諭錦衣衞伺候；以楊漣的職位，不當與大臣同召，而又有傳錦衣衞之命，所以大家都猜想着，必是楊漣那一道奏章，惱了光宗，要打他的屁股。

這是個很合理的猜測，於是有好些人去見宰相方從哲，請他設法救楊漣。方從哲是個庸碌碌的鄉愿，把楊漣找了來，勸他向光宗陪罪。楊漣不肯，大聲答道：「死就死！我有甚麼罪？」

及至進宮謁見，出乎大家意料之外，光宗對楊漣特假以詞色，好幾次專看着楊漣一個人講話，他說：「外廷不要聽信流言。你們務必盡心國事，我自會加意調理。」同時宣示，決定驅逐崔文昇，以及停封鄭貴妃爲太后的成命。

七、杜鄭貴妃封妃之請

這是完全嘉納了楊漣的諫勸，所以諸臣辭出宮時，皆有喜色。然則，何以又有傳宣錦衣衞，彷彿龍顏震怒，欲加廷杖的模樣？細思緣故，無非敷衍鄭貴妃、李選侍而已。因爲楊漣原疏，除了痛斥崔文昇以外，對於鄭貴妃的封后，有兩句極精警的話：「貴妃封號，尤乖典常，尊以嫡母，若大行太后何？尊以生母，若本生太后何？」此從孝字上着眼，足以杜鄭貴妃之口；而鄭養性被迫奏請收回鄭貴妃成命，又出於楊漣的策動，以此種種原因，鄭貴妃和李選侍，恨楊刺骨，必在光宗面前有所哭訴要挾，病中不耐煩囂，姑且虛與委蛇，但到了緊要關頭，光宗的良知不昧，自有主宰，類此情事，不一而足，所以說到頭來，光宗亦還不算是糊塗透頂的人。

鄭貴妃的糾葛，到此暫時告一段落，而李選侍的麻煩，卻方興未艾。早在八月初十，光宗剛得病時，就有手詔傳諭禮部：

選侍李氏，侍朕勤勞。皇長子生母薨逝後，奉先帝旨，委託撫育，視如親子，厥功懋焉。其封爲皇貴妃。

不封后而封爲貴妃，李選侍已懷缺望，但此時猶有所待，所以隱忍未言。於是欽天監擇定九月初六爲冊封吉期。可是新近眞除的禮部尚書孫如游，對此事並不起勁；因爲中宮缺位，李選侍被封爲皇貴妃後，當然「攝六宮事」，可能不久就會進位爲皇后；到了那一天，皇長子被立爲太子的希望，就很渺茫了。所以孫如游希望先建東宮。

對於孫如游的奏請，光宗原已准許，但隨即又傳旨，說「皇長子體質清弱，稍緩冊立期」。這一下，越顯得李選侍包藏禍心，因爲以體弱而緩立，無異表示皇長子將不永年；否則冊立爲太子，不過行一個儀式，得一個封號，並非擔任甚麼煩劇的任務，與體質弱不弱，有何關係？

於是孫如游力持不可，而光宗並無確切的表示。爲了抵制起見，孫如游把李選侍封妃的事，擱置不辦。到了九月二十五，光宗召見方從哲及新補的大學士劉一燝、韓爌以及六部尚書，還有楊漣等十三人於乾清宮東暖閣。

八、李選侍當幃而立

這一次召見，主要的就爲李選侍封皇貴妃的事，他說，「李選侍數產不育，止存一女」。隨卽傳諭令皇長子出見諸臣。又說：「皇長子亦無母，亦是選侍撫育。」第二天再次召見，這天說的話甚多，據明史紀事本末所載：

辛末（八月二十六日）再召見羣臣於乾淸宮。上御東暖閣，倚榻憑几，皇長子侍立。上命諸臣前，連諭曰：「朕見卿等甚喜！」（按：於此可知，光宗雖在病中，李選侍必是絮聒不止，無可與言。能與羣臣見面，亦破積悶，所以甚喜。）從哲等請皇長子移宮，上曰：「令他別處去不得。」（按：請皇長子移宮，意在防備爲李選侍所挾制，而光宗說：「令他別處去不得」，當是怕鄭貴妃所求未遂，可能對皇長子暗下毒手以洩憤。」）請愼醫藥，上曰：「十餘日不進矣。」（按：這話意指自崔文昇進通利藥後，未再進興奮劑。）

實際上恐未必如此，因爲後來據御史王安舜的奏疏透露，光宗此時「脈雄壯浮大，面唇赤紫，滿面火升，食粥煩躁」，仍是服金石藥的徵象。

久之，又諭册封李選侍。於是孫如游這樣奏答：

先奉諭上孝端皇后、孝靖皇后尊謚（按：神宗的王皇后及恭妃，是爲光宗的嫡母及生母），又封郭元妃、王才人爲皇后，禮皆未竣。貴妃之封宜在後，旣聖諭諄切，且有保護聖儲功，旣如先所定期，亦無不可。

所謂「先所定期」，卽是欽天監所選的九月初旬。而照孫如游的回答看來，在此以前，禮部始終未能同意李選侍封妃，至此才算奉詔。但西李發現光宗去日無多，急欲早定名分，又不以封作位次下皇后一等的皇貴妃爲滿足了。

三天以後就是八月底，光宗自知終必不起，召見羣臣受顧命，命皇長子出見，諭羣臣將來輔佐新君爲堯舜，又提到他自己的陵寢，最後又提到册立皇貴妃，話未說完，李選侍掀開幃幕走了出來，大聲把皇長子喊了進去。

九、李選侍迫皇長子進言

李選侍把長子由校喊了進去，用斥責的聲音說了好一會，然後又把他一推推了出來。十六歲的由校便哭喪着臉，走到他父皇面前說道：「要封皇后！」

光宗不語，羣臣愕然。可是他們已經親眼看到李選侍如何挾制皇長子，而皇長子是如何不願受挾制。心裏自然都有警惕。

孫如游很機警，一看這情形，隨卽進言：「皇上要封選侍爲皇貴妃，禮部當儘快把應有的儀制，奏請裁定。」

光宗點點頭，隨口應一聲：「好！」就這兩句話，解消了當時的窘境，也粉碎了李選侍「母儀天下」之夢。她當然大不高興，但在此情狀之下，就算她異常潑辣，也無法出來大鬧一場。

乾綱猶振，正人進用，局勢看來大有可爲，誰知崔文昇之後，更有妄人，俄頃之間，種下惡因，旋收惡果，於是而有「紅丸」一案。

當時的情形是如此，有個鴻臚寺丞名叫李可灼，說有「仙丹」，願獻奉皇上。他一方面向方從哲自薦，一方面又託太監奏聞御前，並且在宮門候旨；所以光宗召見顧命諸臣，談完國事以後，便問：「有一個要進藥的鴻臚寺官，在那裏？」

方從哲剛剛諫勸過，「請愼醫藥」；而鴻臚寺官並非太醫，何可妄進醫藥？理應申斥禁阻；果然是家傳秘方，亦須先交太醫院研究以後進呈，方爲正辦。而方從哲是這樣奏覆：「

鴻臚寺丞李可灼，自云仙丹，臣等未敢輕信。」由於這樣不痛不癢的話，光宗便命太監，宣李可灼進殿診視。

據「明史紀事本末」記載：李可灼爲光宗看病，對病源說得很詳細。但當着那許多大臣，李可灼必爲皇帝「諱疾」，是可想而知之事。他所說的，可能只是表面的徵象，如煩躁、暈眩、夜不安枕、食欲不振等等，這在光宗聽來，當然都是對的。至於這些病徵的由來，他不可能直言是由溺於女色而起，否則，光宗聽了不會「甚喜」。

病人的心理，只要說中了他的痛苦，便認爲醫生是好的。光宗當時，就是如此，所以立卽命李可灼和藥以進；藥名「紅丸」，其實是湯劑。

十、光宗於淸暴逝世

那時的光宗，凡飲熱湯都會氣喘，獨獨服李可灼的湯藥，無此現象。光宗十分高興，連聲稱李可灼：「忠臣、忠臣！」大家看情形似乎很順利，便先退出殿外，但仍在宮門口等候服藥以後的反應。

不久，太監出來傳諭，說是「聖體用藥後，煖潤舒暢，思進飲膳。」這情形是越發好了。於是「諸臣歡躍而退」。李可灼和照例視疾待命的太醫，則仍舊留在內宮。

此是八月二十九中午的事，到了未申之間，也就是下午三點鐘左右，李可灼出宮；方從哲、劉一璟、韓爌諸輔臣，從內閣中迎了出來，探問消息。李可灼說，皇帝怕藥力接續不上，又進了一丸紅丸；第二次服藥的反應，仍如第一次一樣。照此而言，李可灼進藥有功，所以方從哲擬旨，「賞可灼銀五十兩。」誰知賞格尚未頒發，光宗已經龍馭上賓了。

光宗之崩，來得非常突然。那時顧命諸臣，都宿於內閣；第二天，也就是九月初一，五更時分，太監急急宣召，等趕到乾清宮，光宗已經在卯刻——清晨五點鐘左右，一瞑而逝了。

光宗的後事，暫且不談，這裏先要解決一個疑問，甚麼叫紅丸？

紅丸就是紅鉛，紅鉛的鉛本作鉛粉解，所以紅鉛就是婦女勻臉的紅粉，張祜詩：「紅鉛拂臉細腰人，金繡羅衫軟著身」可證。但講方術的人的紅鉛，別是一物；此物至穢，據「本草」釋名：

月經、天癸、紅鉛。（李）時珍曰：女子陰類也，以血為主，其血上應太陰，下應海潮……術家謂之紅鉛，謬名也。

又當時御史王安舜上疏攻方從哲，亦曾確切指明：

紅鉛乃婦人經水，陰中之陽，純火之精也。而以投於虛火燥熱之疹，幾何不速之逝乎？

「紅丸」也者，如此而已。至於婦人月經，如何可以提煉成劑，此外還要配上那些藥？以及光宗服後，何以即時便有「煖潤舒暢，思進飲膳」的神效；而繼此「神效」以後，何以又忽生奇禍？凡此都非精於中國古方及道家方術的人，不能解答。就現代醫藥的常識來說，此紅丸為一種含有女性荷爾蒙的興奮劑，或許還含有取自鴉片煙的嗎啡成分，所以有鎮喘的奇效，殆無可疑。

十一、劉一燝查問皇長子下落

在史書上都記光宗於前一天八月廿九日「大漸」；大漸者彌留之謂，但以光宗的情形來說，實在應算作暴崩。大致皇帝暴崩，除了篡弒以外，不外腦冲血、心絞痛兩者，光宗之崩，史書不載其致死的直接原因，亦無召醫的經過，以他的年齡來說，此時只三十九歲，死於腦冲血、心絞痛的可能性不高，然則是不是由於紅鉛的作用，而成「牡丹花下死」？是一個永遠無法解答的謎了。

當時在晨光曦微中，奉召而至的十三個顧命之臣，並非一起到達，首先趕到的是楊漣及「七卿」——六部尚書加都御史，到乾清宮外，才知光宗已崩。於是談到保護新君的問題，有些人如吏部尚書周嘉謨、戶部尚書李汝華、都察院都御史張問達等，說皇長子既無嫡母、亦無生母，孤孑可憐，主張把他託付給李選侍。

這是個很糊塗的想法，楊漣表示反對，他說：「天子豈可託於婦人之手？」又引前一天李選侍為了要封后，對皇長子那種呼來喝去的態度，問大家說：「這豈是可以託付幼主的人？」因此他建議：「一進宮就請見皇儲，先呼萬歲，正了名位；然後擁出乾清宮，暫居慈慶宮。」這樣做的用意，非常明顯的，就是要使嗣君能擺脫李選侍的挾制。

楊漣的話還沒有完，三輔臣方從哲、劉一燝、韓爌也都趕到了，會同進宮，而居然有太監拿着木棍守住宮門，不讓顧命大臣進宮瞻視遺容。

楊漣大怒，厲聲喝道：「奴才！皇帝宣召我們進宮，現在已經晏駕，你們不准我們進去；想幹甚麼？」

這一罵才把太監罵走，進殿照例躃踊舉哀，搶天呼地哭過一遍，劉一燝問太監說：「皇長子應當柩前卽位，何以不在這裏？」

那些太監聽他這一問，不肯回答，往東的往東，往西的往西，紛紛避去。只有一個王安還在，輕聲答說：「皇長子爲李選侍藏起來了。」

劉一燝勃然變色，大聲問道：「那個敢藏匿新天子？」王安便勸他不要暴燥，又叮囑大家千萬不要走。說完，他就走了進去，故意從容不迫地告訴李選侍，說顧命大臣請皇長子在柩前卽位。

十二、李選侍派人追皇長子

殿庭深遠，而且猝逢大變，諸事倉皇，李選侍不暇深思，叫人把藏匿着的皇長子由校喚了出來，讓他跟着王安出去。但由校剛一走，她就發覺自己做錯了事，急忙去拉他的衣幅；王安自然容不得她中途翻悔，搶上前去，把十六歲的皇長子抱了就走。

抱出前殿，劉一燝等人，伏地口稱「萬歲」；由校倒頗爲知禮，謙謝着說「不敢當」。

不過此時當然不是說客氣話的時候，劉一燝站起身來，拉着由校的左手，英國公張惟賢拉着他的右手，王安前導，諸臣扈擁，匆匆走出乾清宮；等由校坐上軟轎，只聽李選侍在殿內用悽厲的聲音喊道：「哥兒，哥兒！」顧命諸臣不理，扶輦出乾清門，折而向東，出景運門往南走，就在這一段到文華殿的路上，李選侍派了三起人來追皇長子，其中有一個太監叫李進忠；這個名字很陌生，但提到另一個名字，遺臭萬年，人人知道，那就是：魏忠賢。

魏忠賢是河北肅寧人，本是個無賴，嗜賭如命，賭輸了拿不出錢來，爲跟他一樣的一班無賴所窘辱；情急無奈，自已割了那話兒，投身爲太監，改了姓名爲李進忠。復姓爲魏，賜名忠賢，那是以後的事，這時還叫李進忠。

李進忠本來是光宗生母王才人的廚子；王才人死後，成爲李選侍的心腹，挾制皇長子的主意，就是他想出來的。其時奉了李選侍之命，追上御輦，其勢洶洶地質問顧命諸臣，要把皇長子帶到甚麼地方去？同時伸手來拉由校。由校便有些害怕，楊漣挺身保護，一面痛斥李進忠，一面鼓勵由校說：「殿下羣臣之主，四海九州，莫非臣子，復畏何人？」此時由校尚未卽位，猶是皇子的身份，所以楊漣稱他爲「殿下」。

等擁到文華殿，扶皇長子正坐，羣臣磕頭行禮，奉之爲君，是爲熹宗。

大事已定，李選侍還派人來請熹宗回乾清宮。他本人固然有些怕李選侍，劉一燝、楊漣等人更不肯讓他再落入李選侍手中，所以暫時奉駕至慈慶宮。劉一燝與王安相約，外廷有事，顧命諸臣擔當；宮中皇帝的安危，由王安負責。王安一諾無辭。於是羣臣退出慈慶宮，到內閣商量登極的日期。

十三、左光斗唾責楊漣誤大事

當時商議登極的日期，意見極不一致，共有九月初三、初六及當天——九月初一午時三個日子，楊漣主張初六，他的理由是「含歛未畢，袞冕臨朝，非禮也」。按卽位與登極是兩回事，國不可一日無君，嗣君柩前卽位，是接收天子職權，而嚴格地說，身份仍爲太子；行了登極禮，始正式成爲皇帝，而登極大典，禮儀隆重，父死未歛，吉服臨朝，似不合於孝道。楊漣是個百分之百的君子，這些地方難免迂腐，因此讓左光斗唾了他一臉的口水。

登極定在初六，以楊漣一言而決；退出慈愛宮，經過文華殿，巡城御史左光斗責備楊漣要躭誤大事，唾着駡他：「倘或夜長夢多，未到初六，出了劇變，你死了吃你的肉，又有何用處？」

這一下楊漣的腦子打淸醒過來，此時何時，豈是從容論禮的時候？李選侍還盤踞在乾淸宮，下有太監李進忠、由校的乳母客氏、宮女王壽花等等一班爪牙，而嗣君猶居東宮，大位未正，事成危疑，實在錯到極點。

楊漣越想越害怕，一面要求負責宮中禁警的錦衣衛都指揮使駱思恭，加意防衛；一面與左光斗去看吏部尚書周嘉謨，說李選侍於嗣君無恩德，一定不可以同住在一起。

他們的判斷非常正確，這時李選侍聽了李進忠的話，正千方百計想挾制嗣君；初一下午光宗在乾清宮入斂，嗣君一到，李選侍又把他扣留在暖閣中，幸虧司禮監王體乾再三力爭，方能脫身。第二天梓宮——大行皇帝的棺木由乾清宮移仁壽殿，嗣君先到，李選侍跟着派人來說，一定要嗣君再到乾清宮去見了她，方可回慈慶宮，也虧得嗣君沒有理她，否則周嘉謨和左光斗的奏疏，就不會有甚麼效果。

周、左二人的奏疏，都是要求李選侍遷出乾清宮，此卽三案中最後的「移宮」一案。爲何移宮一事，如此要緊？左光斗的奏疏說得很明白：「內廷有乾清宮，猶外廷有皇極殿，惟天子御天得居之，惟皇后配天得共居之。其他妃嬪，雖以次進御，不得恆居，非但避嫌，亦以別尊卑也。選侍既非嫡母，又非生母，儼然尊居正宮，而殿下乃退處慈慶，不得守几筵（按：大行皇帝靈堂中的桌，稱爲几筵。）行大禮，名分謂何？」此是說李選侍不該住乾清宮。

十四、李選侍怒不可遏

第二段是說李選侍，旣無德，亦無恩，「選侍事先皇無脫簪戒旦之德，於殿下無拊摩養育之恩」，用姜后「脫珥」的故典，是說光宗無后，而李選侍寵冠諸姬，等於皇后，應該可以效姜后規帝於正，卻想不到此，甚至與鄭貴妃勾結，以女色蠱惑光宗，復不能利用統攝六宮的地位，禁止內侍獻各種足以戕身敗德的方藥於帝，則從任何方面看，李選侍不過妾侍的材料，絕不是備作爲一個皇后所必須的賢德和才能。加以於嗣君無恩，「此其人豈可以託聖躬者？」以此作爲反對嗣君與李選侍同住的第一個理由。

第二個理由是爲嗣君本身着想，「且殿下春秋十六齡矣，內輔以忠直老成，外輔以公孤卿貳，何慮乏人，尚須乳哺而襁負之哉？」不但嗣君已長，不必像三歲少兒那樣非婦人女子保育不可，而且正因爲十六歲已將成人，對男女之事正感興趣之時，越不可多近婦人女子，庶幾「不見可欲，其心不亂」，所以左光斗接着又說：「況睿哲初開，正宜『不見可欲』，何必託於婦人女子之手？」光宗誤於女色，前車不遠，左光斗這兩句話，彌見痛切。

最後的結論是：「及今不早斷決，將借撫養之名，行專制之實，武氏之禍，再見於今，將來有不忍言者！」這幾句話涵意甚深，而瞭解了涵意，方知左光斗這話說得太過分，難怪李選侍怒不可遏。

按：武則天原爲唐太宗的宮嬪，位號「才人」，高宗嗣位，封武氏爲「昭儀」，永徽六年更廢王皇后改立武氏，以父妾爲妻，是亂倫的行爲，此所以有「髒唐」之誚。現在拿左光斗這幾句話，與他的上文「況睿哲初開」云云合看，則所謂「將來有不忍言者」，實在是怕嗣君會成爲唐高宗第二。

這也就是說，李選侍執意要十六歲的嗣君同住，懷着一種極卑鄙陰險的用意，是要勾引嗣君成姦，進而迫嗣君立她爲后，師法武則天當年的故事。也許左光斗鑒於明朝宮闈，原有老少畸戀的傳統，如萬貴妃之於憲宗，所以不覺其言之激切。但對李選侍來說，如無其心，固然侮蔑太甚了；果有其心，則是揭了她的痛瘡疤。無論從那個觀點來看，都非恨之刺骨不可。

十五、李選侍遣人召嗣君被拒

從來談三案者，尚未見有似作者所作的如上論斷，而所以對此極明白的一箋，不作詮釋，或者因爲左光斗命意忮刻而不忍言，但作者在此必須表而出之，因爲這是東林與閹黨勢不兩立的開始。在當時，外有忠直，內有老成，本是扭轉萬歷頹政的一個大好時機，就因爲自左光斗爲始，若干東林中人的態度過於峻刻，出言過於無忌，使被抑制的一方不能心服，而失當之言，又成爲此輩所資以合謀勾結的藉口。昔人有言：「東林未必皆君子，閹黨未必皆小人。」非小人而成爲閹黨，細考其故，亦無非苛刻的論調逼得他們不能不反東林而已。

左光斗的箋奏，依當時一種臨時的規定，先送李選侍過目，再送慈慶宮，這是她想垂簾聽政的先聲，亦是外廷非要她移宮不可的主要原因；李選侍既然恨左光斗刺骨，自然會有所行動，首先是遣太監宣召左光斗，他斷然拒絕：「我天子法官也！非天子召不赴，若輩何爲者？」李選侍聽了這話，越發冒火；邀嗣君至乾清宮議事，一樣也遭到拒絕，並且派人到乾清宮把左光斗的箋奏，取了來看。

嗣君雖已十六歲，並未讀過甚麼書，未見得看得懂那篇文章，當時是由王安爲他講解，嗣君以爲左光斗所奏不錯，於是正式下旨促李選侍移宮，這是九月初四的事。

李選侍當然不從，她聽了李進忠的話，堅持要與嗣君同住一起。在彼此相持不下之際，內廷又傳出流言，說楊漣、左光斗都將被捕。楊漣無所畏，照常奔走聯絡；在麟趾門遇到李進忠，有如下一段對話：

「選侍那一天移宮？」

「李娘娘大爲生氣。」李進忠搖着手答道，「母子一宮，有何不可？李娘娘要追究左御史『武氏之禍』這些話，到底是甚麼意思？」

「你錯了！」楊漣用斥責的語氣說，「幸虧遇到我。你要知道，皇長子今非昔比了。選侍移宮，以後封號自在。而且皇長子年紀已長，你們難道一點都不怕他？」這段話中，楊漣提出兩點警告：第一，李選侍如果不肯移宮，將來連封妃的希望都消失了；第二，如果李進忠之流依然作梗，嗣君將會予以斷然的處置。於是李進忠默然而去；從這一刻起，他知道母子一宮的計謀不易實現，而他個人如何希榮固寵，也該另有打算。

十六、大臣逼李選侍遷宮

再下一天是九月初五，亦卽嗣君行登極大典的前夕。正式做了皇帝，便當入居乾淸宮，萬無再住東宮之理，因而顧命大臣在慈慶宮外集議。其時外朝謠言甚多，而這些謠言自是李進忠等人所散佈，說李選侍將垂簾聽政，同時要嚴辦左光斗。外朝的臣子對宮內的情形不甚明瞭，看李選侍依舊盤踞皇帝的正衙，臣工箋奏，先送她過目，再加上這些虛張聲勢的謠言，便多以爲大權還在李選侍手裏，所以羣情惶恐，不敢得罪李選侍，對於主張移宮一派的正人君子，發生了極不利的影響。

首先，方從哲就是這樣一個不明事理、沒有主張的鄉愿；當楊漣提議，請他去催李選侍移宮時，他便是面有難色，說「遲亦無害」。

楊漣大不以爲然，駁他的話說：「在今天以前，嗣君以皇長子的身份住東宮猶有可說；明天成爲新天子反而住在太子宮裏，以避宮人，這成何話說？況且，就算嗣君的嫡母、生母，兩宮太后仍在，夫死亦當從子，把乾清宮讓給嗣君來住，李選侍是何身份，敢藐視天子嗎？」

其時李選侍派來的太監，不斷在窗外窺探動靜，聽見楊漣這話，便插嘴說道：「李選侍亦是顧命中人。」這就是說，李選侍亦是先帝付託於顧命大臣，要他們加以照料的，既然如此，何必苦苦相逼？

這句話惱了楊漣，厲聲申斥「諸臣受顧命於先帝，先帝自然是先顧其子，何嘗先顧其侍妾？當時先帝如何說法，選侍當時也是聽見的，那裏有這些話？請選侍到太廟裏，當着祖宗神靈起個誓看！你們難道吃的是李家的俸祿，如此幫着她說話！」說到這裏，楊漣表示了最後的態度，他說：「除非你們今天能把我殺掉，否則李選侍今日不移宮，就辦不到！」

接着劉一燝、周嘉謨等人，相繼發言，支持移宮的主張，劉一燝指出本朝的成例，兩宮太后、嫡母住東面的慈慶宮，生母住西面的慈寧宮，李選侍移宮，萬不可緩，請嗣君立即降旨，大家在宮門等候，不移宮不退。劉、周等人的詞色亦非常嚴厲，慷慨激昂的聲音，竟連在宮內的嗣君也聽到了。

十七、李選侍移出乾清宮

於是嗣君以息事寧人的態度，派太監傳諭，讓楊漣暫且退出。離了慈慶宮，他立即又上疏作進一步的申論，示進一步的決心，嗣君能够安然正位，得力於這篇文章，且看他的大手筆：

先帝升遐，人心危疑，咸謂選侍外託保護之名，陰圖專擅之實，故力請殿下暫居慈慶，欲先撥別宮而遷，然後奉駕還宮。蓋祖宗之宗社爲重，宮幃以恩寵爲輕，此臣等之私願也。

按：雖謂爲「私願」，其實「宗社爲重，恩寵爲輕」，是萬不可移的正論，因爲如此，所以必欲李選侍移宮，純爲對事不對人；同時亦顯示出楊漣大公無私的立場，站得極穩。

今登極已在明日矣，豈有天子偏處東宮之禮？先帝聖明同符堯舜，徒以鄭貴妃保護爲名，病體之所以沉涸，醫藥之所以亂投，人言籍籍，到今抱痛，安得不爲寒心？

按：這與左光斗同是就事實上說嗣君不宜與選侍同住一宮，但措詞簡而深，引光宗一誤於通利藥、再誤於紅丸的現成例子，尤見痛切，易於打動人心。於此可見楊左的高下，而雖直言切諫，亦必須立言有體。

此移宮一事，臣言之在今日，殿下行之亦必在今日，閣部大臣從中贊決，毋容泄泄，以負先帝憑几輔殿下之託，亦在今日。

按：「今日」爲登極前一日，今日不行，則明日天子仍居東宮，萬無此理，所以行之必在今日，詞氣堅而不厲，猶是臣下立言措詞之法。

此疏一上，李選侍當天就委委屈屈地遷往仁壽殿。移宮一案，到此爲止，勝利屬於主持正義的一方，以後雖餘波蕩漾，無關宏旨；而自移宮後，李選侍的「權威」亦隨之而盡。據王漁洋「池北偶談」記：李選侍死於康熙甲寅五月十八日，那就是康熙十三年，得年至少八十歲。在此順便作一交代。

李選侍的移宮，既非本人自願，當然是有人勸她，甚至逼着她這樣做。這個人是誰！自然是李進忠。所以移宮一案，可以說是楊、左對李進忠，也就是魏忠賢的爭鬪，從而發展爲東林對閹黨的爭鬪。

十八、楊漣操心鬚髮盡白

魏忠賢與熹宗乳母客氏的故事，荒繆絕倫，且留到以後再談；先談熹宗即位以後的事。

依照傳統的儀典，登極頒詔，普告天下，必須詔告改元，定出年號，新君即位的這一年，仍用大行皇帝的年號，第二年開始用新君的年號，這個行之多年的改元程序，從未發生過問題，而在熹宗手裏，成了極大的痲煩。

麻煩出在這一年有兩個大行皇帝。光宗的年號，原已定了泰昌，卻以來不及使用，便已崩逝，所以熹宗即位的日期，在這時仍舊稱作萬歷四十八年九月初六。那末明年如何呢？廷議紛紜，只取得一個結果：熹宗的年號定爲「天啓」。而在兩年之中，如何得能使用萬歷、泰昌、天啓三個年號？有各種不同的主張。

第一種主張：削去泰昌的年號，萬歷四十八年以後，就是天啓元年。

第二種主張：以萬歷四十八年爲泰昌元年。

第三種主張：以明年爲泰昌元年，後年爲天啓元年。

比較這三種主張，最後一種最不合理，明明光宗早已不在位，如何仍用泰昌；明明已是天啓二年，如何可稱元年？這將造成紀事的極大混亂。第二種主張的缺點亦相彷彿，神宗在位四十八年，紀年只有四十七年，則萬歷四十八年所作成的一切文件，都將失去時間上的依據，發生許多糾紛。

爲實用方便起見，當然削去「泰昌」不紀爲善策。但這一來等於抹煞了曾有光宗在位的事實，於理不順，於情不忍。於是左光斗提出一個折衷的主張，以萬歷四十八年八月初一到除夕爲止，稱爲泰昌元年。這個兼籌並顧的辦法，立卽爲大家所接受。因此萬歷四十八年的紀事，在八月初一以後，應稱爲泰昌元年；如果寫作萬歷四十八年八月，則與寫作泰昌元年七月，同樣地都非正確。

自光宗崩逝，至熹宗接位，一共六天；在這六天功夫中，楊漣已可不朽，他的苦心操持，明史本傳有記：

至是凡六日，漣與一燝、嘉謨定宮府危疑，言官惟光斗助之，餘悉聽漣指，漣鬚髮盡白。

伍子胥過昭關，一夜白鬚眉，或以爲妄言，看了這段記載，才知寸心焦憂，確可引起生理上不可思議的變化。

十九、魏朝與客氏配成「對食」

外有楊漣，內則有王安。明朝自罷相以後，宰相的職權，無形中一分爲二，屬諸大學士與司禮秉筆太監。中葉以後，朝廷大事，成敗得失，關鍵往往在掌權的太監是否支持外廷的某一關係人物。如王陽明無張永的調護，不能收平宸濠的全功；張居正沒有馮保的合作，無法大行其志，所以此時有一王安在熹宗之側，正人君子，應該額手相慶。不幸地，王安竟不能自保其身，以致有「客魏」之禍，滅絕了明朝最後的一線生機。

客魏之禍，起於王安的一念之誤，亦可說是他知人不明。當李進忠「淨身」入宮時，是由一個資深的太監魏朝所介紹；魏朝隸屬於王安，因而舉薦李進忠，常常替他說好話，所以王安對李進忠亦頗善視。

「客」者客氏，此姓雖見於「姓苑」，但異常生僻，歷史名人中，幾乎想不出有姓客的人；有之就是此臭名昭彰的客氏。她是河北定興民人侯二的妻子，十八歲那年，入宮爲皇太孫卽熹宗哺乳；兩年以後成了寡婦，有個兒子叫侯國興，大概與熹宗同年；當熹宗踐祚時，客氏是三十四歲。

宮中不知起於何時，太監與宮女常配成一對對的假夫妻，稱爲「對食」；但魏朝與客氏這一對，卻是有夫妻之實的。明朝宮闈的穢亂，有不勝言、不忍言者，我以後將會談到。

及至李進忠當了熹宗生母王才人的廚子，近水樓臺把客氏也暗暗勾搭上了。以後王才人受不了李選侍的氣，憂鬱而逝，李進忠改投新主，成爲李選侍的心腹。熹宗頗恨李選侍，但李進忠在王才人處時，常想出各種新鮮花樣來爲他開心，所以熹宗對李進忠亦有好感。此時眼見李選侍已被打入妃嬪養老的仁壽殿，已無所作爲，於是見風使帆，通過客氏的關係，成爲熹宗的典膳。

不一月，客氏被封爲「奉聖夫人」，而所以有此異數，出於一種爲史家斥爲「穢惡」的陰謀；歷來史家對此都含糊其詞，似乎不忍明言。但一代興亡，此是絕大的關鍵，不能不談。

八　奉聖夫人

一、萬歷末年有道士歌於市

明史「五行志」，專記各種妖孽、怪異、災禍，其中「詩妖」一類有這樣的記載：

萬歷末年，有道士歌於市曰：「委鬼當頭坐，茄花遍地生。」北人讀客為楷、茄又轉音。為魏忠賢、客氏之兆。

「委鬼」當頭，「茄」花遍地，前後只有七年的功夫；而流毒遍天下。從來由正入邪之速、之怪、之荒唐，無有逾於此者。

這七年正確的紀時是：泰昌元年九月初至天啓七年十二月底，也就是熹宗在位的七年。熹宗其人，孟心史先生曾慨乎其言：「明之氣運將盡，產此至愚極不肖之子孫。」誠然，熹宗至愚，極不肖，但平心而論，這不是熹宗本人的過失。「權力導致腐化；絕對的權力導致絕對的腐化。」以此法則推論，明太祖有這樣一個至愚極不肖的子孫，他本人首先應該負責。中國的政治制度，一向君權與相權對立，互爲制衡；洪武十三年罷相，戒後世不得復設相位，從此君權成爲至高無上、獨一無二的絕對權力！就轉統文化的立場來批判，這是違反孔孟學說的「不道」的行爲。秦始皇尚知尊重「廷議」，而明太祖大權獨攬，其專制爲歷代所無。在此絕對的權力之下，發生偏差，很難糾正；明朝宮闈的腐化，就是如此，早有跡象而苦於無所措手，難以着手。熹宗以前幾代，就是這樣一個腐化的環境，所以從他一生下地，所接觸到的氣味，無不是中人欲嘔；但習焉不察，如圊廁之蛆，根本不知此外還有天地，則孟先生責以至愚極不肖，似乎成了苛論。

就現有的史料來看，熹宗的資質並不壞，如果在現代，他很可能成爲一個科學家，至少也可以造就爲一名出色的工程師。同時他的秉性並不暴虐，比起東昏侯等人來，是好得太多了。他的至愚極不肖，是因爲從沒有受過教育，不僅沒有受過皇子教育，甚至也沒有家庭教育；從小耳濡目染的是一切陰鄙穢惡的反教育；如是則非至愚、非極不肖不可得。

明朝宮闈的腐化，在正德以後就很嚴重了。我要先錄一段野史，證明明朝的太監在生理上與以前各朝的太監不同。

二、魏忠賢與魏朝爭客氏

「甲申朝事小記」有一條：

閹人割勢，以便宮中役使，古今用之。豈有勢既割去，尚能淫亂者乎？嘉靖中，宦者劉榮與宮人亂，事聞，黜役遣使。天啓間，宦者趙進教、徐應元、魏忠賢三人，相爲嫖友。又魏忠賢與宦者魏朝，共私客氏。「世法錄」載：石允官河南僉事，民女被閹宦逼淫而死，問抵刑。合數事觀之，宦者姦淫不虛矣。「通鑑世法」係儒生作，或不及詳；「酌中志」乃宦者作，亦言及此，要不妄言也。

按：「酌中志」專記明朝禁宮的規制軼聞，是一個名叫劉若愚的太監所作。明末太監的「淨身」，確有問題；而問題之發生，在於太監太多，「甲申朝事小記」又一條：

淨身男子，大約閩人居多，崇禎十七年中選三次，增萬人，每歲月米增七萬二千石，靴料增五萬。其未選中者，散於皇城外有堂子之佛寺，俗稱「無名白內官」。

此條亦可信。淸聖祖曾聽前明太監談當時宮闈，說太監太多，散居各處，給飯不能遍及，致有活活餓死的；此見於聖祖實錄，必不妄言。宮中太監以萬數，自難保有不「淨」的人混入，而且也不是絕無僅有之事，然則明朝中葉以後，宮闈的穢亂，可想而知。

客氏本爲魏朝的禁臠，所以魏忠賢——本名李進忠，以後復姓爲魏，更後賜名忠賢；移宮一案中首惡的李進忠，就此湮沒逃避。爲行文便利計，從此處起，稱他爲魏忠賢——勾搭客氏是瞞着魏朝的。及至魏忠賢得勢，不必再畏魏朝，因而公開了這一段秘密關係，魏朝無可奈何，不能不承認魏忠賢亦有此「對食」的權利。

這一畸形的三角關係，當然擺不平，爭風的結果，魏朝落了下風。此事有兩種說法，一說是王安對於魏朝與魏忠賢的爭客氏，頗爲不滿，勒令魏朝退讓。此雖見於正史，而實可懷疑，因爲此一爭也，明明是魏忠賢對魏朝無情無義；以王安的爲人來說，似乎不會這樣不明事理去袒護魏忠賢。比較之下，倒是第二種看來荒謬離奇的說法比較可信。

三、客魏陰謀得遂

另一個說法，見於明史紀事本末「魏忠賢亂政」篇：

上（熹宗）即位數月，一夕，忠賢與朝，爭擁客氏於乾清宮曉閣，醉詈而囂，聲達御前。時上已寢，漏將丙夜，俱跪御榻前聽上會。客氏久厭朝猥薄而喜忠賢憨猛；上逆知之，乃退朝而與忠賢。

這好像十分荒唐，而荒唐猶不止此。

明朝有兩個皇帝，有着極不正常的男女關係，一個是憲宗，明史「后妃傳」：

恭肅貴妃萬氏，諸城人，四歲選入掖庭，爲孫太后宮女。及長侍憲宗於東宮；憲宗年十六即位，妃已三十有五，機警善迎帝意，遂讒廢皇后吳氏，六宮希得進御。帝每遊幸，妃戎服前驅，成化二年正月，生產第一子，帝大喜，遣中使於諸山川，遂封貴妃。皇子未期薨，妃亦自是不復娠矣。

按：孫太后爲宣宗皇后，是憲宗的祖母，「土木之變」，英宗兵敗爲也先扣留時，孫太后命立皇長子爲太子，時年二歲。國本所寄，要防輔政的郕王加害，孫太后當然要加意護持，因此我們可以想像得到，萬貴妃必是此時奉孫太后之命，照料東宮；這也就是說，萬貴妃原是憲宗保姆。

這個保姆，何時與憲宗發生了肉體關係，「宮闈事秘，莫之能聞」；所可斷言的，她是憲宗初戀的情人，或者反過來說，憲宗是她初戀的情人，年齡相差十九歲，自是畸戀。憲宗一生受萬貴妃挾制，幾乎不能保其子；但在她成化二十三年「暴疾薨」後，憲宗爲之輟朝七日，則戀情至死不減，可以想見。

熹宗的情形跟憲宗相彷，所不同者，憲宗與萬貴妃的畸戀，出於那一方的主動，難以究詰；而熹宗與客氏的不正常關係，必是客氏的勾引，而又多半出於魏忠賢的陰謀。「甲申朝事小紀」載：

道路傳謂：上甫出幼，客先邀上隆寵矣！

所謂「出幼」者，意指賈寶玉與襲人「初試」之事。於此可見，在此以前，十六歲的熹宗或者只知飲食，不知男女；而開以此種知識的，就是客氏，時間當在熹宗登極入居乾清宮的幾天以後；至遲不會超過半個月，因爲半個月以後，客氏卽邀「隆寵」，是爲客、魏陰謀得遂的明顯跡象。

四、客氏住咸安宮儀制甚隆

明史熹宗本紀，記他在九月初六庚辰卽位後，除了下詔改元大赦的例行公事以外，大書國政的第一件是：「辛卯逮遼東總兵官李如柏。」李如柏爲李成梁次子，李氏父子自隆慶、萬歷年間起，就是備邊防滿洲的大將，李如柏的被逮，恰是顯示了外患已深，他的兵敗是在前一年，經略楊鎬督師八萬八千，號稱二十萬，分四路進攻，李如柏督兵鴉鶻關，張惶失措，而致大敗。明史本傳：

始成梁、如松爲將，厚畜健兒，所向克捷，至是，父兄故部曲已無復存，而如柏暨諸弟，放情酒色，亦無復少年英銳。特以李氏世將，起自廢籍中，顧如柏心中情怯，惟左次避敵而已……楊鎬四路出師，會如柏以一軍出鴉鶻關，甫抵虎攔路，鎬聞如松、馬林兩軍已覆，急檄如柏還。大清哨兵二十人見之，登山鳴螺，作大軍追擊狀；如柏軍大驚，奔走相蹴，死者千餘人。

爲此，御史交章彈劾，此時逮捕到京。敗得如此可恥可痛，如果是一個有知識的十六歲少年，亦當引以爲深恨；但這件可以申明紀律的好事之下，立刻便是：「甲午蔭太監魏進忠兒，錦衣衞千戶；封乳保客氏爲奉聖夫人。」甲午爲九月二十一，恰好是在熹宗登極半個月以後。至於他的嫡母和生母的尊謚「孝元貞皇后」和「孝和皇太后」，則是在兩個月以後的事。

客氏被封爲奉聖夫人後，住在咸安宮。這個宮在武英殿之西，西華門之東，淸朝作爲教習八旗大臣子弟的官學；取其出入方便，客氏捨棄大內許多好地方不住，願意住到這個地方來，也就是爲了出入方便，便於交通各方。

那時，客氏「自居於皇上八母之一」。按：光宗皇后郭氏，熹宗生母王才人，還有個劉淑女，以後也封爲太后，就是思宗的生母，這是熹宗的已去世的「三母」；在世的有西李、東李，還有個趙選侍，也是「三母」；此外更有個「舊貴人」，當然也算「一母」，加起來共是「七母」，湊上乳母客氏，共是八母。

客氏住在咸安宮，每日清晨進乾清宮，儀從極其煊赫，「八母」死的死，在世的都不及此一母，亦爲亘古未有之奇。

五、王安多病不能常見熹宗

客氏被奉爲奉聖夫人，外朝大臣以及宮中的王安，都未表示反對，這因爲第一，熹宗的祖父神宗，沖齡即位，封乳保爲「戴聖夫人」，有先例可援；第二，熹宗生母去世，受託撫育的李選侍移宮，正需有個乳母在乾清宮照料起居，則封以尊號，酬謝她「奉聖」之勞，亦爲人情之常。只是沒有人能想到，客氏是這樣子近乎亂倫地「照料」起居；當然，乾清宮已在魏忠賢一手控制之下，在最初那一段時期中，他一定會很嚴密地封鎖消息，不要說是外廷，就是在內廷的王安，亦未見得知道有此醜聞。

王安對光宗、熹宗父子的保護之功，熹宗是知道的，所以很聽他的話——熹宗這一層與他因生母受凌虐而痛恨西李，都是他本性不昧的一點靈光，亦可見他的資質並非「至愚極不肖」；都以未得到一個良好的教育環境，以致蔽塞聰明，作出蠢如鹿豕的事來。而王安對熹宗有這樣「言無不納」的影響力，竟未能發揮，眞是只好歸之於氣數了。

明史「王安傳」，說他「爲人剛直而疏，又善病，不能數見帝。」此是王安不能發揮其影響力的原因；多病猶可，「疏」則必不可！從來君子與小人之爭，君子理直氣壯，初起必佔上風，周旋到後，往往失敗，癥結就在小人密而君子疏。太監的本性則是密而又密，因爲太監以生理的缺陷造成心理的自卑，幾無不多疑，君子認爲理所當然，無須考慮的事，太監會反覆思考，推究至微，找出許多可利用的空隙漏洞來，特別在遇到切身利害關係時，更是如此。我再舉個現成的例子，楊漣爲移宮一案，六天功夫，鬢髮盡白，就因爲以密對密，思慮太苦；如果稍爲放鬆一步，忽略一刻，必不能成功。

因爲王安不能「數見帝」，於是魏忠賢方得進用；王安對魏忠賢是很不壞的，此亦由於賦性疏略，所以知人不明。照史書上看，魏忠賢其人，恰如捉放曹中曹操的道白：「外貌忠厚，內臟奸詐」；他生得一副傻小子似地「憨」相，這種外型最易博得人的好感和信任，而且明朝的太監有「內書堂」可以讀書，魏忠賢卻是不識字的，越使人疏於防範。

六、內外交諫請逐客魏

魏忠賢得勢後，第一件事就是翦除情敵；由於客氏的好惡、熹宗的無知，魏朝垮了下來，於是魏忠賢假傳聖旨，把魏朝發往鳳陽看守皇陵，一到那裏就被勒斃了，自然是魏忠賢的指使。

第二個目標是王安；王安之死爲客氏主謀，魏忠賢聽了枕上之言，一手安排。這要從天啓元年正月說起。

那時有一道詔令，說客氏保護有功，給土田二十頃爲「護墳香火貲」。魏忠賢侍衞有功，「待陵工告竣，並行敍錄。」所謂「陵工」，是指光宗慶陵；陵工告竣，出力人員，照例敍功，魏忠賢與陵工無關，並未出力，自然無功可敍，而居然有此一詔，很明顯地，是魏忠賢爲自己的昇遷作準備。其時王安未死，魏忠賢的羽毛尚未豐滿，所以不得不製造一個理由，到後來則殺人抄家「莫須有」罪名，加官晉爵更是予取予求，「莫須有」何功績。

這時有個御史，蘇州人王心一，上疏抗議，此爲抨擊客、魏首先發難之舉，他說：

陛下眷念二人，加給土田，明示優錄，恐東征將士，聞而解體！況梓宮未殯，先念保姆之香火；陵工未成，強入閹侍之勤勞，於理爲不順，於情爲失宜。

這幾句話說得很平實，無可駁斥，因而此疏留中不報。但自此開始，客魏的動態，益爲人側目。王安當然也發覺了，正好大婚期近，御史方震孺、劉蘭、畢佐周等人，紛紛上疏，請逐客氏；王安亦在此時勸熹宗懲處魏忠賢。熹宗不捨客氏，說皇后年輕，需要客氏保護，等大葬禮成後，遣之出宮。至於魏忠賢則發交王安鞫問。而這些處置，出於客氏的進言，亦是可想而知的事。

如果王安這時候殺了魏忠賢，則客氏孤立，羣閹喪膽，明朝的歷史又是一個寫法。不幸地，王安又一次姑息了魏忠賢，訓斥一頓，令其自新了事。正人君子當以權力伸直道時，以一念之私而有不忍之心，此最不可恕。所以嚴格地說，王安誤己而又誤國，不是怎麼樣可令人佩服的人。

七、王安具疏辭掌司禮監

到了四月裏，熹宗大婚，册后張氏是河南祥符人，秀才的女兒，是個非常了不起的女人，品格、才具、客貌皆屬第一流，在淸初猶有人稱之爲「聖后」；明朝能多延十七年天下，此「聖后」之功不可沒。可惜，她生不逢辰，所匹非偶！將來我當以專篇，細談其人。

天啓元年五月，也就是大婚的第二個月，熹宗叫王安當司禮監掌印太監，這個職位之重要，無與倫比。我們知道，明朝有個皇帝私人的特務組織，名爲「東廠」，權力駕乎一切司法組織而上的；看過胡金銓導演的「龍門客棧」的，都知道「檔頭」的威風，其實檔頭還是小腳色，而且也不是太監，是由掌管宮城警衞、鑾儀的錦衣衞中，挑「輕黠獧巧者撥充」，專管外勤辦案。東廠最有權威的是提督東廠太監，屬下有掌刑千戶，理刑百戶，亦都由錦衣衞調充。提督東廠太監爲他的屬下稱做「督主」；而此「督主」，要受「宗主」的管制，所謂「宗主」，就是司禮監所屬對其掌印太監的尊稱。

明史稱王安對此任命，「以故事辭」，此「故事」爲何，頗費索解，要細加考查，才能明白。「以故事辭」者並非眞辭，是照例有此一個過程，意在表示，責任太重，恐懼不勝，先辭一辭，等皇帝再次慰勉，始奉詔就職。

這就是王安的疏略了，他應該想到客、魏環伺，機會難得，免了那一套虛僞的手續，當仁不讓；或者要奉行故事假客氣一番，不妨當面辭一辭，算是應了景。不此圖，而眞個具疏辭謝，於是客氏勸熹宗准王安辭而不就，熹宗可能不明「故事」，可能眞的出於體恤，居然聽了客氏的話。

何以謂之「體恤」，這是我設想的情況，但必在情理之中，因爲熹宗既要用王安掌司禮監，則信任如故，客氏在此時不能也不敢在熹宗面前進讒，她一定這樣說：王安體弱多病，在「外邸」休養，皇上體恤老人，似不必責以煩劇，等他病好了再說吧！這番話十分動聽，熹宗是決不會疑心她別有用意的。

如果王安就了司禮監掌印太監這個職位，天啓以後的局面，將會大不相同。

八、客魏密謀殺王安

如果說王安不是那樣迂緩疏略，能够知機達變，毅然受命掌司禮監，那末，內有才德俱備的張皇后，外有劉一燝、韓爌、何宗彥、朱國祚、孫如游、以及復召而將到京的葉向高等等正人君子的輔臣，而以王安綰合其間，內外相維，則雖有客、魏，不成大患。

那時的魏忠賢，在宦官的職位中，不過是一個「惜薪司」的掌印太監；王安如果掌司禮監，權力足以充分控制其人。按：明朝「宦官」編制甚大，最早有十二監、四司、八局，號稱「二十四衙門」，永樂年間恢復東廠，成化年間又設西廠，其後罷革，而東廠終明之世存在，與司禮監爲宦官中最大的兩個衙門。明史「百官志」「宦官」類：

凡內官司禮監掌印，權如外廷元輔；掌東廠權如總憲。

「總憲」就是「都御史」，爲監察首長。又明史「宦官」王體乾傳：

故事，司禮掌印者位東廠上，體乾避忠賢，獨處其下，故忠賢一無所忌。

是故王安錯失司禮掌印這個職務，所造成禍患，可分兩方面來看：第一，內外相維的局勢，以司禮掌印爲樞紐，這個關鍵位置由客、魏所掌握，始得「挾天子以令諸侯」，黜正進邪，大壞朝政。第二，司禮必處東廠以上，才可以制止刑罰的濫施、特務的橫行，而因王安之失，以致制度改變，提督東廠太監不復能制；是則後此數年魏忠賢得能作威作福，流毒四海，推原論始，王安不得辭其咎。此非我持論特苛，不過要表明政治上的正人君子不易爲，必須有當仁不讓的勇氣；高蹈歸隱，潔身自保，並不是美德。

政治無情，應得勢而不得勢，就是失勢。於是客氏與魏忠賢枕邊密謀，要殺王安。魏忠賢受王安深恩，此時天良尚未盡泯，所以有「猶豫不忍」之意；只爲客氏的幾句話，把他最後的那一絲天良也掩沒了。

客氏是這樣說：「你我今天的勢力，難道還比得過當時的西李？你是不是要留個禍根在那裏？」

西李勢燄薰天，六天功夫被打入「養老院」，雖出於楊漣的旋乾轉坤，但如無王安，事不能成，因此，魏忠賢被說動了。

九、魏忠賢教唆霍維華劾王安

在這時，有個管御膳房的太監叫王體乾，得到消息，認爲機會不可錯過，於是向客、魏鑽營，想當司禮監掌印，結果做成了一筆交易，由客氏向熹宗力保，讓王體乾補王安所辭的職位，而王體乾則配合客、魏的行動，殺王安以爲報答。

殺王安的第一步，是告他一狀，這個「告狀」的人名叫霍維華，以進士出宰金壇，「徵授」爲兵科給事中。按：知縣與科道品級相彷，而權勢大不相同，所以必須知縣當得好，才能內調爲科道，這有個專門術語，稱爲「行取」，往往須由大臣保荐，特旨徵授。於此可知，霍維華在金壇的政聲應當是不壞的；不過，我手邊雖無金壇縣志，料想霍維華決不會列入「名宦」，因爲他是天啓年間最早的「閹黨」之一。

霍維華的成爲閹黨，其來有自，第一，他籍隸東光，東光與肅寧都屬於河間府，所以與魏忠賢，早就認爲同鄉，且是至好；第二，霍維華的小舅子名叫陸藎臣，是個太監。通過這樣的關係，霍維華便奏劾王安——欲加之罪，何患無辭？只要有人肯出面奏劾，魏忠賢便好在裏面動手腳了。

在王安這個事件上，就可以看出司禮監掌印這個職位是如何重要。奏劾王安的摺子，如果能直達御前，則熹宗雖愚，必不准此奏；事實上是到了司禮監王體乾手裏，糊裏糊塗便發了一道旨意，以王安「降充爲南海子淨軍」；這是「矯旨」，但出自司禮監，無法究詰眞僞。

南海子就是北平永定門外的南苑，周圍一萬八千六百餘丈，當時是蓄養禽獸、種植蔬菓之所；降到那裏，也就等於充軍，所謂「淨軍」是太監中最低的等級，顧名思義可知只做些打掃的工作。

南海子亦歸太監管理，魏忠賢派了王安的一個對頭，名叫劉朝的「提督南海子」。這是借刀殺人的手法，在宋朝最通行，某官降謫某地，名爲「安置」，其實是交縣官看管；這個縣官與被看管的人有仇，當然要想出各種花樣來虐待，以至於死。明朝的太監學到了訣竅，常用這個殺人不見血的辦法，對付他們的同事，除了南海子以外，可以降充到鳳陽的皇陵、南京的孝陵、以及天壽山各陵爲淨軍，天高皇帝遠，死了不過照例報個「病故」而已。

十、王安被降罰做苦工

劉朝本來也是西李的心腹；西李移宮，境況甚慘，太監看她失勢，首飾衣服，被竊一空，西李自己抱着襁褓中的小女兒，即所謂「皇八妹」自乾清宮走赴仁壽殿。在移宮一案紛擾未定時，劉朝等人以在乾清宮盜庫事發下獄，那時能救他的只有一個王安；而王安公事公辦，未加理會。至是，劉朝以魏忠賢的關係，被赦出獄，調充提督南海子，以怨報直，爲魏忠賢做了劊子手。

王安降充南海子淨軍，當然要罰做苦工；一到，劉朝就絕他的飲食，明史本傳：

（劉朝）絕安食，安取籬落中蘆菔啗之，三日猶不死，乃撲殺之。

「撲殺」者，用蔴袋盛以泥土，壓住身子，使其窒息氣絕，是獄卒祕密處死犯人的一種很古老的方法。

王安一死，魏忠賢在宮裏便肆無忌憚了，不久便自惜薪司掌印調充司禮監秉筆太監，並提督東廠。司禮監掌印，自甘屈居其下；於是原來「宗主」的地位高於「督主」，此時「督主」高於「宗主」了。

照規矩，司禮秉筆太監非識字不可，而魏忠賢一字不識，因此，除了王體乾以外，另外起用一個犯了罪的太監叫李永貞，他是通州人，萬歷中因案下獄，被囚禁了十八年；光宗嗣立，才得釋放。魏忠賢得勢後，引用他的黨羽諸棟等人爲秉筆太監，而李永貞是諸棟的「幕客」；卻與魏忠賢的另一名心腹劉榮爲「死友」。諸棟一死，李永貞以劉榮的推荐，得以跟魏忠賢直接搭上關係，一月五遷，「由文書房陞秉筆太監」。按：明朝宮中的「文書房」，卽等於清朝的養心殿，爲皇帝日常披閱章奏、處理政務之處，值文書房的太監，相當於清朝「內奏事處」的職司，宣達詔諭，因可得聞機密，但究竟只是供奔走的差使，一當上了秉筆太監，好比隨從副官升爲機要祕書，地位權力，自然大不相同。

那時魏忠賢集團的核心份子，在宮內大概有四個人：王體乾、李永貞、涂文輔、石元雅，外廷章奏一到，這四個人先商量辦法，然後由魏忠賢裁決。這四個人同惡相濟，摧殘正人君子的原則是一致的，但那些人該殺、該貶，各人有各人的「祕本」，這個祕本由外廷的閹黨所提供。

十一、客氏出宮熹宗思念

當時朝有正臣，對魏忠賢的勢力逐漸膨脹，多感不安，但用人之權在皇帝手裏，熹宗惟婦人之言是聽，所以驅逐客氏，爲去邪的第一要着。在皇帝大婚前，言官請逐客氏，熹宗答應在光宗下葬後辦理，原是客氏與魏忠賢的緩兵之計；到了九月，光宗慶陵告成，奉安事畢，大學士劉一燝奏申前請，熹宗迫不得已，只好讓客氏出宮回家。按：北平在明朝，城內地名分爲坊、舖、胡同與街，據「酌中志」，客氏家住正義街，不知在那一坊，相傳北平西城的豐盛胡同原名奉聖胡同，卽以客氏而得名。

客氏一出宮，據明史記載：熹宗「思念流涕，至日旰不御食，遂宣諭復入」。此事與唐明皇生楊貴妃的氣，遣回娘家，結果食嚥不下，非召楊貴妃入侍不可，其事如出一轍。星相書上有「墓庫運」之說，杭州人稱惑於女色而荒廢正業者爲「墓庫」，晚年的唐明皇是「老墓庫」，而熹宗是「小墓庫」；老墓庫不過失去皇位，小墓庫則失掉皇朝——明朝最後一個可望延長國祚的機會，就在小墓庫這一把眼淚鼻涕中斷送掉了。

這話怎麼說呢？因爲熹宗如無客氏，腦筋還是相當淸楚的。舉個例說，他對劉一燝他們這班正色立朝的輔臣，是相當敬重的，如無客氏的蠱惑，魏忠賢心存忌憚，還不敢過份胡作非爲。而在外廷的正人君子，要取得熹宗的信任，必先逐去客氏，把魏忠賢孤立起來，然後才可以裁抑他的勢力。於今所謀落空，要制服魏忠賢就很難了。

客氏的出而復入，比一直不曾出宮還要壞。因爲一直不出宮，究不知「聖意」如何，也許天威不測，有一天會生劇變，則客、魏不得不有所顧忌，不得不加收斂；但經過這一次的測驗，熹宗的感情狀態固已深切明瞭，而外廷羣臣的正論，畢竟不能對抗皇帝的權力這一點，亦已彰明較著，如是客、魏及其黨羽，便得到了一個有力的啓示，也找到了一條「正確」的路線，只要維繫住熹宗的感情，甚麼事都可做，不必怕！

當然，有人對此事要說話，第一個是給事中侯震暘，他說：「徘徊眷注，稍遲出入，猶可言也；出而再入，不可言也！么麼里婦，何堪數昵至尊？」

十二、熹宗性好爲匠每自造屋

此外言官上疏論此事的，熹宗無不大怒，要加以嚴譴，大學士劉一燝亦爲此不斷力爭，但所爭的是爲言官免罪或減罪，這一來，奏諫之詞可行不可行，自然就不必談了。

熹宗處理政務，大致也就是在這些地方表現了一點「天威」，此外則遼東丟完了，他亦不問。他在做些甚麼呢？正史有解答，但不如「甲申朝事小紀」來得詳細：

> 熹宗性好爲匠，在宮中每自造房，手操斧鋸鑿削，引繩度木，運斤成風，施設既竟，即巧匠不能及。又好油漆，凡手用器具，皆自爲之。性又急躁，有所起，朝起夕即期成；成而喜，不久而棄；棄而又成，不厭倦也。且不愛成器，不惜改毀，惟快一時之意。當其執器奏能，解衣盤礴，非素喜侍臣，不得窺視。或有緊要本章，奏事者在側，一邊經營鄙事，一邊傾耳且聽之，畢即吩咐曰：「汝們用心去行，我已知道了。」每營造得意，即膳飲亦忘，寒暑罔覺，其專意如此。

這段敍述，相當生動，熹宗喜歡造房子，也喜歡拆房子，「不惜改毀」一語，純爲實錄，我從史料中找到一些記載，可爲佐證：

「明宮史」：乾佑閣，天啓二年拆毀平之。

「圖書集成」職方典：天啓二年建嘉樂殿。
「明宮史」：天啓五年就乾佑閣爲嘉樂殿。

排比上述三條史料，可知乾佑閣之殿，沒有甚麼必要的原因，只是爲拆而拆，而那座嘉樂殿，顯然的，設計、監工、工頭、工匠都是熹宗一身所兼。只是不知道它建了三年之久，還是建而又拆、拆而又建？

對於「熹宗性好爲匠」，史書中都頗致不滿；拿現代的觀點來看，則將予以不同的評價。因爲「經營鄙事」而將「緊要本章」委諸閹人，看起來是不肖，但試問，誰又敎過他如何做皇帝？熹宗自己是看不懂「本章」的，都靠司禮監念給他聽；聽得懂、聽不懂又是一個問題。在這樣的情況，何能責他以朝乾夕惕、孜孜於章奏之中？照我看，他的「經營鄙事」，不失「博奕猶賢」之意，比武宗的荒嬉無度還好得太多。至於「性好爲匠」，仔細分析起來，不但不應責備，而且應該同情他、可惜他。

十三、木匠做了皇帝令人滑稽

因爲熹宗在萬歷末年，雖貴爲皇長孫，卻與貧家子弟失學無異。據當時朝臣的奏疏，得知熹宗九歲「尙未出就外傳」，而光宗在東宮時，闇弱昏庸，自己都有朝不保夕之憂，寄情酒色以自晦，那裏顧得到長子的教育？而熹宗所親近的魏忠賢，又是個不識字的，所以可以斷言，熹宗幼時的光陰，必是等閒拋卻。

一個孩子總要有玩的地方，在那裏玩呢？在修建房屋的工地。宮中的營造，見於記載的，多爲大工。萬歷年間，三大殿以及乾清、坤寧、慈寧三宮都曾被祝融之災而重建；此外興建較小的宮殿，以及修繕工程，終年不斷。熹宗不上書房，四處遊蕩，耳濡目染，學得了一手木匠的好手藝。做皇長孫的時候，因爲西李得寵，他是個「小可憐」，自然不可能給他一座不相干的宮殿，拆了重造，一登九五，富有四海，始得大顯身手。看他孜孜不倦，「膳飲亦忘」，可見其創造慾的旺盛；同時在他來說，亦是「學以致用」，只是學成木匠，做了皇帝，不免令人覺得滑稽而已。

至於客、魏之輩，爲了要竊弄大權，有意轉移熹宗的興趣於營造，格外推波助瀾，那亦是可想而知的事。

其時東林的勢力極盛，但看法太主觀，做法太激切，造成了一種不利的情勢，就是本來並不壞，或者可善可惡的人，被擠到了魏忠賢那一面。門戶之見的造成，本諸春秋責備賢者之意，我們不能不批評東林。

趙翼「廿二史劄記」論明朝「言路習氣」：

萬歷末年，帝怠於政事，章奏一概不省，廷臣益務爲危言激論以自標異，於是部黨角立，另成一門戶攻擊之局，此言路之又一變也。高攀龍、顧憲成講學東林書院，士大夫多附之，既而梃擊、紅丸、移宮三案，紛如聚訟，與東林忤者，衆共指爲邪黨。

追論「三案」是禮部尚書孫愼行挑起來的，目的在攻方從哲。方從哲固然不是輔臣之器，但亦不是巨奸大惡，而孫愼行天啓元年四月還朝一疏，說方從哲的禍國之罪，「不能悉數」，「陛下宜急討此賊，雪不共之仇」，把光宗之死，歸罪於方從哲爲元凶，這實在太過份了。

十四、沈漼入閣與閹人勾結

孫愼行討方從哲的奏疏一上，奉旨會議具奏，這原是一個正常的處置辦法，誰知所得到的是聚訟紛紜、動盪不安的反效果。東林中激烈的一派，如魏大中等人，申援孫愼行之說；另外方從哲因爲久居京師，獨相多年，潛勢力很雄厚，兩派互攻，恰好給了魏忠賢從中取利的機會。因此，對實際政治有瞭解的人，對明末大局，都有言官誤國的感想，而推原論始，孫愼行不可恕也！

當「舊輔」方從哲的罪名未定之時，另一個新入閣的輔臣，在暗中已爲閹人所勾結，這個人就是沈潅。他早年當過南京禮部尙書；提起此人，熟悉天主教在中國傳教的歷史者，對他不會陌生。

在孫愼行的想法，今日之事大壞，壞在萬歷末年，而自萬歷四十二年葉向高辭官回里開始，方從哲幾乎獨相六年之久，因此內而三案，外而遼東的失地喪師，方從哲都應該負責。就史筆論是非，方從哲固難逃誤國之罪，但就當時實際情形而言，孫愼行的放馬後炮，不但無益，而且亦有喪忠厚。因爲誤國爲神宗自誤，天下有亡國之君，始有亡國之臣，神宗讓方從哲獨相，就是因爲他能聽話的緣故；其時神宗躲在深宮，沉湎煙霞，不但朝政不理，連家事都懶得過問，如皇五子常浩，二十五歲尙未選婚，皇六子常潤、皇七子常瀛，亦都二十未婚，這可以說是宮闈中從未有過的不正常現象。然則試問，卽令有安邦定國之才的臣子，又何可有所作爲？至於說方從哲無能作爲而貪位不去爲無恥，這話也只可責君子，不必責小人，小人原只以祿位爲重，談不到甚麼責任感。

孫愼行尤其錯誤的一點是，方從哲事實上在上年年底，已經被攻去位。老實說，在明朝中葉以後，像方從哲這樣能在正論譴責之下引退，猶不失羞恥之心；同時那時候也不是是非分明的時代，有這樣一個結果，得來非易，應該加以珍視護視，不可以把順風旗扯得太足，激出不必要的紛爭——好比久病虛弱的人那樣，當有起色之時，需要培元固本，投以清和的滋補之劑；而孫愼行爲逞其快意，加用一副全無必要的狼虎藥，以致弱者愈弱，引起別樣外感，終於搞成虛不受補的棘手局勢。

十五、熹宗在大內「開內操」

萬歷四十四年（公元一六一六），沈㴶在署南京禮部尙書任內，得到方從哲的支持，盡逐天主敎士，天主敎視作「敎難」。沈㴶與方從哲都是湖州人，一隸德淸，一隸烏程，自少交好，所以在萬曆末年會推輔臣時，孔老夫子岳家的後裔，當時召諫齊、楚、浙三黨中齊黨的首腦亓詩敎，希附他老師方從哲的旨意，提名沈㴶，神宗已內定召用，朝旨未發而崩。光宗即位，大量補用輔臣，沈漼為其中之一，於天啓元年夏天入京。

沈漼與當時的大璫，有師生的關係——明朝宮內設「內書堂」教太監讀書，史玄「舊京遺事」記：

> 內書堂，宣德中創建，以教內臣讀書，選年十歲上下者充補。始自大學士陳山為之師，今以翰林詞臣教習……每學生一名，各具白蠟、手帕、龍掛香以為束修之敬。所讀之書，故事給百家姓、千字文、及孝經、大學、中庸、論語、孟子；寫字給刷印千家詩、神童詩影本。蓋略取識字，不甚於悖高皇之制，垂世守焉。

又明史「沈漼傳」：

> 故事，詞臣教習內書堂，所教內豎執弟子禮。李進忠、劉朝皆漼弟子；李進忠者，魏忠賢始名也。

按：魏忠賢為沈漼弟子之說，似乎不實，因為魏忠賢不識字；且內書堂選十歲左右的少太監入學，而魏忠賢進宮是在成年以後。不過沈漼既在內書堂教過書，則與太監有特殊淵源，轉相牽引，固不必一定要教過魏忠賢的書，亦可與魏接納。

其時清太祖努爾哈赤，已收服扈倫四部，取瀋陽、遼陽，攻西平堡，廣寧巡撫王化貞大敗而逃；經略熊廷弼退入關內，京師戒嚴。魏忠賢借此爲名，仿照武宗異想天開的「內教場」的辦法，請熹宗在大內「選武閹、練火器」開「內操」；沈漼從中附和，以爲結納。

明武宗卽民間所稱的「正德皇帝」，他有四分之一的猺人血統，生性好武，是個有名的頑童，所以雖設「內教場」，自己還能統馭。熹宗則不懂兵事；魏忠賢、劉朝等人「開內操」，加以錦衣衞及東廠也控制在他們手裏，如是一旦要造反起來，撲滅相當麻煩，因而正人君子斥附和其事的沈漼爲「肘腋之賊」，羣起而攻。

十六、劉一爆堅臥不起

戶部尚書王紀則更指沈漼爲北宋的奸臣蔡京。憑心而論，沈漼沒有蔡京那麼奸，也沒有蔡京的「本事」，但自沈漼入閣，爲魏忠賢的勢力滲入內閣之始，這一層關係甚大，因此論史者不能爲沈漼恕。

天啓元年六月，復起的葉向高入京爲內閣首輔，當時的閣臣共六位，葉向高、劉一燝、韓爌、何宗彥、朱國祚、孫如游，清一色的正人君子，且除朱國祚以外，都有很出色的政績，如果能夠保持這個局面，足以匡君之失，抑制魏忠賢的擴張，但自沈漼於天啓元年七月間入相，內閣內部從此多事；不久，劉一燝被攻，退出內閣。

當時言官交劾沈漼，沈漼疑心幕後是劉一燝的指使，其實正好相反，劉一燝一向不賣言官的帳，言路對他頗有怨言；但小人之心，猜疑必多，於是嗾使他所厚相結納的給事中孫杰，上疏力攻劉一燝。熹宗知道自己的皇位是怎麼來的，對劉一燝素具好感，當然加以慰留。

這時就有件莫名其妙的事情來了，一向持正論的侯震暘，忽然亦疏劾劉一燝，譏刺他結納王安。任何一個正色立朝的大臣，最討厭的就是說他不以正道進身；劉一燝把這一點看得很認眞，連上四道奏章辨白，並且請求解職。魏忠賢從中順水推舟，傳旨准他致仕回鄉。首輔葉向高說他「有翼衞功不可去」，熹宗復加慰留，而劉一燝「堅臥不起」，天啓二年正月，又上十二道奏章求去，堅決如此，只好讓他用公家的交通工具回南昌。

劉一燝之所以非摔紗帽不可，實在是傷透了心，第一是爲侯震暘所攻。不容於小人猶可說，君子亦不容，這份委曲何可言宣？第二是爲吏部尚書張鶴鳴所排擠，而張鶴鳴受過劉一燝的提携，恩將仇報，自然亦讓他寒心。宦途險巇，萬念俱灰，唯有退隱田園，不問世事，這原是君子自處之道；但在君子與小人爭得正緊張時，這方面從前線撤退了一員大將，局勢自然大受影響。張鶴鳴平苗有功，而出任「本兵」，措施乖張，顯得他並非大器，固無足論；獨怪侯震暘無緣無故助桀爲虐，不管他是別有用心也好，一時負氣也好，像這樣親痛仇快的舉動，實在令人痛恨！所以爲言官者，不論他如何清操絕俗，侃侃能言，倘不能事事以大局爲重，逞其私忿，操切行事，必誤家國。

十七、沈㴶只好辭官歸里

沈㴶的行爲，在大臣之中，惹起了極大的反感。方從哲不過庸闇不知大體，屈服於來自宮內的壓力之下，到底也還不敢彰明較著地阻撓大計，勾結內監，此所以移宮一案，正人君子得以放手做去，但就這樣，已爲言官攻擊得體無完膚。然則相形之下，沈㴶的甘爲巨璫鷹犬，並且還有交通外戚駙馬都尉王昺的情事，而所倡議者則又爲足以引起大禍的「開內操」，凡此毫無心肝的惡行，自比方得哲更不可恕。

因此，刑部尚書借閹黨徐大化彈劾給事中周朝端、惠世揚一事發牢騷說：

大化誠爲朝廷擊賊，則大臣中有交結權璫，誅鋤正士如宋蔡京者，何不登彈文而與正人日尋水火？

這裏的「大臣」就是指沈漼。閹黨爲沈張目，以王紀所劾「大臣無立名，請令指實」，於是王紀正面開火，直攻沈漼，說他與蔡京「雖生不同時，而事實相類」，把沈漼的「結納魏忠賢」，比做蔡京的「契合童貫」；「逐顧命元臣劉一燝、周嘉謨」，比做蔡京的排擠呂大防、蘇軾。又說：

至於賄交婦寺，竊弄威權，中旨頻傳而上不悟，朝柄陰握而下不知，此又京迷國罔上，百世合符者。

這一段話中的「賄交婦寺」，當然是指客、魏而言；因此他們爲「漼泣愬於帝前」；熹宗認爲王紀太嚕囌，申斥了一頓。

另一方面，沈漼不擇手段報復，利用兵部尚書張鶴鳴在論遼東兵敗一案中，惡熊袒王的機會——遼東經略熊廷弼、巡撫王化貞，熊有膽略而王好大言；張鶴鳴與熊廷弼意見不合，所以唆使王化貞，不受經略節制，以致經撫不和而有廣寧之失，其時方在議罪。此爲明亡清興的一大關目，亦爲當時使門戶之爭深刻化的一大公案——挑起寃獄，將王紀牽涉在內，因而「削籍爲民」，朝野對沈漼越發側目，他的內心很不安，極力求去，於是跟劉一燝一樣，「命乘傳歸」——這一個結果，是輔臣葉向高和朱國祚力爭得來的。

十八、魏宗賢矯旨趙選侍賜死

當葉向高奉召而未到京前，方從哲曾屢次稱劉一燝爲「首輔」，這也許是方的謙虛，也許是諷刺，但不管如何，劉一燝並未以首輔自居；及至葉向高到京，就有人在他面前挑撥，意思是劉一燝想當首輔，忌葉向高的資望，一定會暗中爭權。經過葉向高的觀察，並無此跡象，所以芥蒂渙然，曾極力支持劉一燝。以後王紀與沈漼相攻，王紀去位，葉向高便趁機替劉一燝抱不平，說「紀漼交攻，均失大臣體，今以讞獄斥紀如公論何？」這就是表示，沈漼也該斥逐。朱國祚則以去就力爭，大有羞與爲伍之意。熹宗雖未聽從，而沈漼自知得罪同僚，難安於位，因而極力求去。

沈潅回到湖州，過了一年病歿，「贈太保、謚文定」。於此，我有段題外之話，附帶一談：淸末朝士有南北之分，對政局的影響甚大。南派最早的首領爲沈桂芬，處事廉謹而氣量甚狹，與榮祿結怨，因利用翁同龢與寶鋆加以打擊，榮祿由九門提督降爲副將，自此投閒置散十餘年之久。此爲光緒六年春天的事；當年除夕，沈桂芬病故，恤典甚優，謚「文定」。但據李慈銘日記：「內閣擬謚文淸、文勤、文瑞、文恪；旨出：謚文定」。此特謚的原因何在？出於何人的建議？是否有人爲榮祿不平，借以比擬爲同爲南方人，同爲姓沈的沈潅？是近代史上値得探索的一個有趣的課題。

沈潅雖去，內閣中又來了兩名閹黨，一個叫顧秉謙，一個叫魏廣微，其時在天啓三年正月；從此時開始，魏忠賢的惡勢力已很難制，所以在天啓三年這一年中，客、魏做了許多壞事。

先談第一件，明史紀事本末「魏忠賢亂政」篇：

光宗選侍趙氏，與客、魏不協，矯旨賜死，選侍盡出光宗所賜珍玩列於庭，再拜投繯而絕。

光宗的選侍，早已都打入仁壽殿「養老」，在悽涼寂寞的永巷中，過着爲人遺忘了的日子，何致與客、魏不協？明史記事本末的這段記載，不是採訪不實，就是有意為熹宗諱。我現在把他的眞相揭發出來。

先看明史「后妃傳」：

選侍趙氏者，光宗時未有封號，熹宗卽位，忠賢、客氏惡之，矯賜自盡。選侍以光宗賜物列案上，西向禮拜，痛哭自經死。

十九、裕妃爲客、魏幽禁而死

明史紀事本末與明史「后妃傳」所記的事實相同，唯一的差異是趙氏的封號，依「后妃傳」載，在「光宗時未有封號」，則「選侍」係熹宗所封，如是便又產生有兩個疑問：

第一，嗣君封先帝所眷的宮人，不外三種原因，一種是普遍加恩，如明初諸帝，對殉葬先帝的宮女，往往追封爲妃，蔭其親屬；一種是雖爲先帝所眷，而以某項特殊原因，先帝在日未能加封，此時仰體親心，特予封贈；再一種是於己有恩，以封號爲報答。但不論那一種，傳中一定可以看得出原因；只有熹宗封趙選侍的原因不明。

第二，「后妃傳」說趙選侍有「光宗賜物」，紀事本末則更指明此「賜物」爲「珍玩」；果如所言，則趙氏亦爲光宗所寵，何以未有封號？

這兩個疑問，要看楊漣在天啓四年六月，奏劾魏忠賢二十四款大罪的原疏，才可以找到蛛絲馬跡，其「大罪八」：

傳聞宮中有一舊貴人，以德性貞靜，荷上寵注，忠賢恐其露己驕橫，託言急病，置之死地。

兩相參看，可知這個「舊貴人」就是趙選侍，而「賜物」非光宗所賜，實爲熹宗所賜。客氏「惡之」，當然有吃醋的成分在內。

「寵注」先帝所曾幸的宮人，自爲失德，明史於此以隱筆爲之諱，說「光宗時未有封號」，卻又不明言爲熹宗所封，更不提她因何得封？無文字處有文字；而所謂「西向禮佛痛哭」，則是曲筆，因趙氏以先帝選侍的身份，則必居仁壽殿，其地在故宮東面，卽今壽宮原址，所以「西向」者，是遙叩乾淸宮帝座。禮佛固可以西向，但不必陳設御賜珍物；陳「賜物」而叩別，是謝皇恩，歷朝宮嬪，受雨露之恩而臨死不得一見君王的，往往有此舉動。但此「物」如爲先帝所「賜」，謝恩爲謝先帝的恩，則當北向，不當西向。

客、魏第二件壞事是殺裕妃張氏，明史「后妃傳」：

裕妃張氏，熹宗妃也，性直烈，客、魏責其異己，幽於別宮，絕其飲食。天雨，妃匍匐飲簷溜而死。

按：裕妃其時有孕在身，因爲有孕，方得封爲妃子；而客氏務絕皇嗣，所以裕妃一懷孕，性命就難保了。

二十、成妃被幽禁幸未死

裕妃之死，亦見明史紀事本末及甲申朝事小紀，所記皆同。在此以後，又有李成妃被禍，但幸而未死。

成妃被禍，起於爲慧妃乞憐。慧妃姓范，替熹宗生過一個兒子——熹宗三子皆不育，慧妃生的是皇次子慈然；慈然夭折，慧妃失寵。一夜李成妃侍寢，在枕上爲慧妃講好話；此時熹宗左右，莫非客、魏的耳目，第二天去打了「小報告」，客氏大怒，照對待裕妃的辦法，矯旨革封，幽於別宮，絕其飲食。成妃有裕妃的前車之鑒，「預藏食物於簷瓦間」，經過半個月不死，客氏的淫威少殺，斥成妃爲宮人，遷住大內西北的「乾西王所」。

當時宮中最駭人聽聞的一事，是客、魏陷害皇后，明史「后妃傳」：

熹宗懿安皇后張氏，祥符人，父國紀，以女貴，封太康伯。天啓元年四月，册爲皇后。姓嚴正，數於帝前言客氏、魏忠賢過失。嘗召客氏至，欲繩以法。客魏交恨，遂誣后非國紀女，幾惑帝聽。三年，后有娠；客魏盡逐宮人異己者，而以其私人承奉，竟損元子。帝嘗至后宮，后方讀書；帝問何書？對曰：「趙高傳」也，帝默然……。

按：此當是張后讀史記，僅從這一點來看，可知是個了不起的皇后，關於她的戲劇化的結局，將以別篇記之；這裏只談「誣后非國紀女」及「損元子」。

談到客、魏的所以能把熹宗包圍得密不通風，爲所欲爲，必須先談一談當時帝后的住處。淸朝的皇帝，自康雍以後，很少住乾淸宮，皇后則除大婚以坤寧宮東暖閣爲洞房以外，平時決不住在那裏。明朝不同，依照傳統規矩，帝后分住乾、坤兩宮。此兩宮各有配殿，寢與之所就在配殿內。

乾清宮的配殿，在明朝萬歷以前，東爲弘德殿，西爲雝肅殿。萬歷十一年改雝肅殿爲弘德殿，改名的原因不詳；照我的猜想，大概由於張居正曾上「雝肅殿箴」，而此時正是張居正死後「奪官」之時，神宗討厭張居正的「箴」言，連帶也就討厭雝肅殿這個名字，把東殿「弘德」一名挪了過來；原來的弘德殿則改名爲昭仁殿。

二十一、客氏在交泰殿監視帝后

由於明朝對外朝、內廷的區分很嚴，同時也不像淸朝那樣，軍機大臣、南書房翰林、上書房的師傅，都是「內廷行走」的差使；三品以上的大臣，更有「賜吃肉」、「賜入座聽戲」的恩典，得以深入禁闥，瞻仰九重，因此所記禁宮情形，多不甚淸晰，大致凡說皇帝住乾清宮東暖閣、西暖閣云云者，都是昭仁殿、弘德殿之誤。

萬、泰、天、崇四朝，萬歷、天啓住弘德殿；泰昌、崇禎住昭仁殿。如萬歷曾召見輔臣於弘德殿；崇禎殉國前，手刃公主於昭仁殿，凡此都是信而有徵的。所以會這樣東、西交替着住，因爲大行皇帝原住之處要停柩供靈——靈堂稱爲「几筵」，如是，光宗的几筵設於原住的昭仁殿，則熹宗自然只能住弘德殿了。

坤寧宮在乾清宮北面，也有兩座配殿，但無專門名稱，只叫做「東暖殿」、「西暖殿」。皇后隨皇帝行動，熹宗既住弘德殿，則張后一定住「西暖殿」。兩殿遙遙相對，往來甚便。

在乾、清兩宮之間，有座「交泰殿」，滲金圓頂，規制與中和殿相同。交泰殿兩翼有屋；「奉聖夫人」的「直房」，就在交泰殿西廡屋內，地處弘德殿與坤寧宮西暖殿之間，正是一個最扼要的監視位置。

既有所謂「奉聖夫人直房」，則客氏日常亦有公事要辦，她的公事，就是管理宮女。明朝宮內，除太監有二十四衙門以外，另有女官的編制，共分六局，每局四司；永樂以後，名存實亡，只剩下「司寶」等四史，而御寶御璽藏交泰殿，此爲客氏所以在交泰殿旁有「直房」的由來。而其「職守」，實在是無所不管；管理宮女，僅其小焉者也的一端而已。

皇后懷孕，生子，則爲嫡子，也就是所謂「元子」；歷來皇朝都重嫡子，而以明朝尤甚，成祖爲了奪位，甚至諱言他的外國血統，冒充馬皇后所生。因此，客氏在「務絕皇嗣」的陰謀之下，張后卽使與客、魏無忤，她的「元子」也是保不住的。

客氏所用的「損元子」的手法，是使張后流產；明朝宮中既有假太監，則宮女必有私生子，自有一套處理的方法。

二十二、宮女為張后捻背使其流產

這一套方法從史書上去研究，可以瞭解其大略。原則上是儘快使其流產；眞的把孩子生了下來，就是哺養，亦非太難。但不論如何處置，萬變不離其宗的一個原則是：團結以保密。

明朝宮女、太監，在這方面的「團結互助」，我可以舉明孝宗的出生為例。孝宗的父親憲宗，年號「成化」，他受萬貴妃的控制，較之客氏的控制熹宗，有過之無不及，所不同者，客氏與魏忠賢勾結甚密，而萬貴妃比較孤立，如是始有孝宗。明史「后妃傳」：

孝穆紀太后，孝宗生母也，賀縣人，本蠻土官女，成化中征蠻，俘入掖庭，授「女史」，警敏通文字，命守內藏。時萬貴妃專寵而妬，後宮有娠者，皆治使墮。

按：「皆治使墮」者，無不治亦無不墮。這當然不能請教太醫院；然則明宮精於此術，並視此不足爲奇，都可以從此四字中，想像得之。

帝偶行內藏，應對稱旨，悅幸之，遂有身。萬貴妃知而恚甚，令婢鈎治之。婢謬報曰：「病痞」。乃謫居安樂堂。久之，生孝宗，使門監程敏溺焉。敏驚曰：「上未有子，奈何棄之？」稍哺粉餌飴蜜，藏之他室。貴妃日伺無所得，至五六歲未敢剪胎髮。

按：程敏爲金門人，「金門縣志」有傳。其後程敏洩此事於帝，孝宗得立爲太子。「萬貴妃日夜怨泣，曰：『羣小欺我！』」請試想，以萬貴妃的勢力，竟「日伺無所得，」則太監、宮女聯合一致，何事不可瞞？以孝宗養至五六歲尙不爲人所知，亦可想見宮中必有類似之事；如到十歲開外，則不妨冒充自外選入的小太監，就此在宮內當差。大和尙生小和尙，大太監生小太監，都未必無其事。

至於宮中墮胎，不外用藥物與手術，宮中的御藥房，各種希奇古怪的藥都有，要配成一副墮胎藥，不必外求。張妃的「損元子」，意料中必暗進墮胎藥；而墮胎的手術，則有相當明確的記載。見於甲申朝事小紀：

客氏以乳母擅寵，不容后有子………張后有孕，暗囑宮人於捻背時重捻腰間，孕墜。

二十三、投閒卅年後復起

這個陰謀相當毒辣，出於閹黨邵輔忠、孫杰的設計，而由一個自以爲可死在魏忠賢之先的人來做兇手。

這個人叫劉志選，浙江慈谿人。明朝從方孝孺、王陽明到張煌言，浙東不知出過幾許耿耿精忠的名臣，只有這個劉志選是敗類。他與葉向高是同年，萬歷中期，因爲抗疏爭鄭貴妃册封一事，貶爲外官，當合肥知縣時，以「大計」罷歸。按明朝對於官員的考核，京官六年一考，謂之「京察」；外官三年一考，謂之「大計」。考核的結果分四種：稱職、平常、不稱職、貪汚闒茸；依此四種結果，而有五種不同的處分：稱職者升，不稱職者降，平常者不升亦不降，而貪汚者付法司，闒茸者罷歸。又規定：「計處者不復敍用，定爲永制。」

明朝的人事制度是相當好的，所以世宗、神宗數十年不朝，政務能夠照常推行；間或有奸臣嚴嵩之流賣官鬻爵，但只要賢者在位，此一良好的制度就立即可以恢復作用。因爲明朝的人事制度，最大的優點是制度的本身具有權威，考核可以不公，但旣經決定，該如何便如何，不會破壞制度來遷就現實。因此，劉志選以闒茸罷歸，在家鄉閒了三十年。光宗即位後，建言得罪的人，相繼起復，而他以大計丟官，格於「計處者不復敍用」的定例，獨獨向隅。

其時葉向高奉召復起，由福建經過杭州，劉志選特地趕來招待這位老同年，遊宴盤桓了一個月之久，葉向高爲人雖正直，但處事也有圓滑融通的一面，到了京裏，以首輔的資格，破壞成例，起用劉志選爲南京工部主事。時他已經七十多歲了。

大概是三十年賦閒賦怕了，所以劉志選老而復出，窮兇極惡，一心想向魏忠賢賣身投靠。起初是追論紅丸案，痛詆孫愼行；魏忠賢大爲高興，升了他的官，召入京當「尙寶少卿」；在路上，他迫不及待地又上一疏，繼續攻孫愼行以外，把他的老同年且爲舉主的葉向高也牽涉在內。劉志選固爲忘恩負義，無恥之尤；而葉向高亦是自作自受，君子行事，萬不可徇私壞法，如葉向高者，足資殷鑒。

這一來魏忠賢更賞識了，第二年把他調升爲順天府府丞，照定制，府丞爲府尹之副，兼領學校，用現代的話來說，就是首都特別市副市長兼教育局長。

二十四、客魏不容熹宗有子

「捻背」不是搥背，卽俗語所說的「提筋」，活絡筋骨，以去疲勞，屬於推拿術的一種。張后是個很精明的少婦，能在施行腰部推拿術時，暗下毒手而不讓她本人發覺，自是因爲習用此術，所以才有如此精嫻的技術、「優越」的效果。

寫到這裏，我們要談報應了。料想張后流產，元子既損，客、魏必定慶幸得計，誰知此舉可能正送了他們自己的性命。歷史的改變，常常出於一種偶然的機遇。如果張后能安然生下皇子，則熹宗崩逝，嫡子嗣位，張后垂簾，宮中大權自然仍舊操在客、魏手中；卽令張后有才，充其量能裁抑客、魏的惡勢力而已，決不可能大伸國法。從來太后聽政，必須內有得力的宦官，外有強幹的大臣，內外相維，始可有所作爲。在熹宗崩逝時，閹黨密佈，張后再能幹，孤立少援，在形勢上自然鬥不過客、魏，則唯有妥協，先求自保。

因爲客、魏不容熹宗有子，所以天啓七年八月，張后得以一手主持，授信王入承大統，是爲思宗。國有長君與主少國疑的情形大不相同，此爲客、魏終於伏法的一個關鍵性的因素。由此看來，客、魏務絕皇嗣實爲自絕其命。各地城隍廟裏的那把大算盤，道出一句俗語：「人有千算，天有一算」，眞是對此輩的當頭棒喝。

至於「誣后非國紀女」，這重公案要分兩段來說，前一段的情況不詳，大致是閹黨囑獄卒敎唆一個死刑的囚犯孫二，說張后是他的女兒。後一段是到了天啓四年秋天，魏忠賢惡性大發時，想借此以搖中宮。倘或陰謀得逞，則歷史又是一個寫法，客、魏或許亦可不死。

這話怎麼說呢？長話短敍是如此：客、魏的打算是，廢掉張后，另立魏良卿的女兒爲皇后。魏良卿是魏忠賢的姪子，按：客氏得寵未久，她的兒子，與熹宗年齡相彷的侯國興，她的娘家兄弟客光先，以及魏忠賢的哥哥魏釗，俱蔭授爲錦衣千戶；魏良卿當是魏釗的兒子，這時的官銜是「僉書錦衣衞掌南鎭撫司事」，南、北兩鎭撫司是屬於錦衣衞的「司法機構」，爲魏忠賢荼毒朝士的一個活地獄。如果魏良卿成了「國丈」，她的女兒又有了兒子，則明朝天下勢必改姓爲魏。

二十五、劉志選上書辱及皇后

劉志選既受魏忠賢的「知遇」之恩，先意承志，務投其好，於是而有攻擊后父張國紀之舉。此事之起，是有人在宮門上貼了一張匿名榜，暴露魏忠賢種種謀反惡跡，以及他的同黨姓名，一共七十餘人。魏忠賢疑惑是張國紀幹的事；閹黨邵輔忠、孫杰便設謀，藉此興大獄殺盡東林，借張國紀以動搖中宮，事成則立魏良卿的女兒爲皇后。

這個大陰謀要由參劾后父太康伯張國紀開始。邵、孫兩人擬了一個疏稿，想找人出面來上，這就是所謂「買參」，也就是有言責的人公開出賣自己的人格。但被收買的人，可以無視於清議，卻不能不顧自己的身家性命；彈劾一個官吏，言者無罪，卽令有罪也不重，而現在辱及中宮，是「大不敬」的罪名，在這個罪名之下，不論甚麼人都有被砍頭的可能，所以都不敢「應徵」。

最後找到劉志選——劉志選混蛋，他的家屬更混蛋，不忠再加上不孝，預備出賣他的老骨頭以求富貴；他的家屬是這樣一個想法：此疏一上，有魏忠賢在，可保無慮，但將來一定不得了。不過劉志選已經七十多歲，一定死在魏忠賢之先，則及身而止，可以免禍。他的家屬居然把這番話說了給劉志選聽，而劉志選亦居然聽了進去。至於將來追論大逆不道的罪名，可能會把劉志選開棺出屍，剉骨揚灰，他的家屬就不談了，這不是出賣他的老骨頭是甚麼？於此見得王夫之的話有點道理，他認爲「族誅」這種苛刑是有由來的，凡是謀反，如無家屬參與，或者家屬知道了能夠規勸阻止，則逆謀必不發，所以「族誅」是除惡務盡之意。這話在現在來看，當然是危險的；但照劉志選家屬的情形，則知王夫之的論調，實爲有感而發。

劉志選「極論國紀罪」的奏疏中，說他「謀占宮婢韋氏，矯中宮旨鬻獄」，這些話是不是空穴來風？無可究詰；而最後辱及皇后，則眞是喪天害理，「毋令人訾及丹山之穴，藍田之種」這句話，是極厲害的一枝冷箭——丹山之穴出硃砂，「藍田日暖玉生煙」，此是指張后流產的「龍種」言，而所謂「訾及」者，就因爲死囚孫二自言，張后是他的女兒；然則張后之子，豈非成了死囚的外孫？

二十六、魏宗賢提拔劉志選

照明史記載，此居心叵測的奏疏到達御前，熹宗以與張后「伉儷情篤，但令國紀自新而已。」這是熹宗在位所做過的、少數可以稱道的聰明事之一。

看看這樣一道奏疏，亦不曾惹出禍來，劉志選的膽子更大，依附更甚。孫愼行、王之寀、楊漣、左光斗都爲所攻，魏忠賢大悅，擢他爲「右僉都御史提督操江」。

這個職位正四品，在都察院算是第三號人物，但加上「提督操江」的頭銜就大不相同了。按：明朝的御史，權柄特重，十三道監察御史，官位不過七品，而代天巡方，所至皆爲欽差的身份，稱爲「巡按御史」，地方大吏尊稱之爲「按院」，平劇玉堂春中的「王三公子」，當時就是這樣一個身份。至於劉志選的「右僉都御史提督操江」，駐南京辦事；明朝跟清朝一樣，在開國最初建都之地，都設有一套具體而微的中央政府機構，南京都察院設右都御史、右副都御史、右僉都御史各一人，規定由僉都御史提督操江，獨握實權。

何謂「操江」？最初是水師每年在長江操練，派御史看操，考察訓練情形；到後來就不同了。明史「兵志三」：

洪武初於都城（按：此時都城爲南京）南新江口置水兵八千，已稍置萬二千，造舟四百艘，又設陸兵於北岸，所轄沿江諸郡……凡盜賊及販私鹽者，悉令巡捕，兼以防倭。永樂時特命勳臣爲帥，視江操，其後兼用都御史。

故事：操江都御史防江……其後增上、下兩江巡視御史，得舉劾有司將領，而以南京僉都御史，兼理操江，不另設。

按：自明朝到清初，所謂「上、下兩江」指安徽、江蘇而言；操江御史負責長江江防，得「舉劾有司將領」，這就彷彿是清朝的兩江總督了。蘇州小書「顧鼎臣」，其中「紹興師爺」與「毛少爺」辨罪，有「你儘管到南京操江衙門去告」，聽者往往不知是怎麼回事？其實就是指此而言。

操江御史既等於安徽、江蘇的地方長官，所以劉志選上任時極其威風。可惜，好景不長，不久魏忠賢就垮臺了。

二十七、劉志選最後上吊自盡

魏忠賢垮臺，閹黨自然要論罪，這就是崇禎初年的所謂「定逆案」；劉志選最嚴重的罪行是「傾搖國母」——皇后「母儀天下」，謂之「國母」，而律無「傾搖國母」的罪名，因而援用「子罵母律」，論死。這是非常公平的一個判決。按：法律貴乎有彈性，尤貴乎言簡而意賅，漢高入關的約法三章，定四百年上下信守之基，而至今精神不失，乃由於此三章約法，出於人人謂然的人情。「法律不外乎人情」這句話，在中國流傳了千百年，而實不如英美之見諸實踐，有罪無罪，死刑與非死刑，訴諸但有良知而不一定深懂法律的陪審團，此非「法律不外乎人情」而何？所以律無明文，而準酌比附，有當於人情，才是眞正的法治；因爲定律不能預擬目前未有而將來可能的情況，而犯罪則因時空的不同可常有「創意」。未有外銷退稅條例，法律不可能預定假出口的罰則；既有外銷退稅條例，奸商乃因而萌生眞退稅的盜心，此而不罰，猶如懸榜國門，只要不牴觸法律明文，雖有國人皆曰可殺的行爲，可以不顧。執法如此，大悖人情，不如無法。呂不韋早已慨乎言之，固不可因人而廢言。

劉志選聽了他家屬的話，以爲可死在魏忠賢之先，結果是死在魏忠賢之後；定逆案時他自知不免，上吊自盡。舉此閹黨之一的悲慘結局，以概其餘；我回頭再來看天啓三年。

天啓三年正月有兩個人入閣，沈漼雖去，來了這兩個人更壞——一個叫顧秉謙，江蘇崑山人；一個叫魏廣微，河北南樂人，他們是老牌閹黨，此時以資望够了，經魏忠賢的提攜，相偕入閣。明史記此二人，說「秉謙爲人庸劣無恥，而廣微陰狡。」魏廣微是名父之子，他的父親叫魏允貞，字見泉，立朝頗見風裁；而魏廣微與魏忠賢卻認了同鄉同宗，甘願爲虎作倀；無怪他的父執趙南星要感慨，說「見泉無子！」

趙南星與鄒元標，亦爲東林創始者，與顧憲成合稱三君。天啓三年朝局的紛爭，與趙南星的關係甚大。

二十八、東林黨人正氣凜然

東林名流的特色是正氣凜然，毫無假借，但政治之爲政治，有其藝術，守經從權，應付甚難，不是一味硬幹所能辦得通的。說是守正不阿，無非獨善其身，有作爲的政治家則在「不阿」以外，還能够影響別人「守正」；甚至爲了一個遠大的目標，不惜屈己從人，如王陽明之應付明武宗的左右，胡林翼之籠絡官員，都是第一流政治家的胸襟和手法。可惜東林名流，除了少數如鄒元標等人以外，都不免書生之見。

孫愼行和趙南星都是這樣的人，正氣可敬，卻微嫌剛愎，行事直道而行，不說後果，因而把一些游離份子，都逼到了閹黨那面。「東林未必皆君子，閹黨未必皆小人」，爲清初對天啓朝局的定評，何以君子亦歸於閹黨？其故可思。

以趙南星與魏廣微爲例，魏在入閣後，修後輩之禮，去拜父執的趙南星；如果趙南星不是崖岸自高，正可以利用這層關係，影響魏廣微，使其不致爲惡，誰知「三及其門」，「閽人辭而不見」。結果魏廣微發了話：「他人可拒，相公尊，不可拒也！」本來做此官行此禮，布衣可傲王侯，做了官須守朝廷的體制，宰相拜尙書，三往而不納，是趙南星無禮。東林名流，常有這種過分的言行。

由於東林看不起顧秉謙與魏廣微，處處予以難堪，顧、魏「決意傾善類」以爲報復。人非聖賢，報復不足爲奇，只是君子以直報寃，而小人則常會遷怒無辜。顧、魏兩人就是如此，他們找了一冊「縉紳便覽」，在名字上面做了記號，一個是「邪黨」，一種是「正人」，東林中人自然是邪黨，一共一百多；閹黨及其同路人爲「正人」，共六十餘人。照數字上看，君子多於小人，應該邪不勝正；問題就在於君子疏而小人密，除非「沉默的大多數」能够發生作用，君子總不是小人的對手。

這册「縉紳便覽」成了魏忠賢手裏的黑名單，東林就慘了。而顧、魏二人上了這個黑名單，無異表示與所有的正人君子爲敵；正如俗語所說的「橫豎橫」，小人索性一面倒，整個兒投向魏忠賢，正邪決裂之勢，在此時已充分形成。

二十九、趙南星打落水狗

顧秉謙和魏廣微的一面倒，便得魏忠賢能逐去葉向高、韓爌等輔臣及掌握人事大權的趙南星，這是天啓四年的事。在這一年，東林已經落了下風——東林和閹黨的大規模鬭爭，是在天啓三年，東林這面的主將就是趙南星，所以趙南星的升沉最可以象徵東林的興衰。

趙南星字夢白，河北高邑人，進士出身，資格很老。他做過吏部文選員外郎，這個職位在六部司官中，可以居首席，大致相當於現在的人事行政局長，而權猶過之。萬歷二十一年因處事認眞，爲人所攻而落職；東林的根據地在江蘇，在北方則有趙南星爲桴鼓之應。光宗即位，起用爲太常少卿，昇遷甚速，到天啓二年鄒元標以左都御史告老，趙南星接替他的遺缺。一年以後，調爲吏部尙書。

這年是癸亥年，逢京官大計之年——卽所謂「京察」，六年一次，逢巳、亥之年舉行；趙南星大權在手，毫不客氣，以給事中元詩敎、趙興邦、官應震、吳亮嗣等四人，「先議結黨亂政議黜之」，那四個人的直屬長官吏科都給事中魏應嘉力持不可，趙南星著「四凶論」，終於在「下等」的「八目」中，以「不謹」的考語，把這四個淘汰掉。

按：我以前談過萬歷末年政治上的派系，當時有齊、楚、浙三黨，元詩敎是齊黨，趙興邦是浙黨，官應震和吳亮嗣是楚黨，這些人的靠山是神宗鄭貴妃娘家的鄭皇親，憑藉言官的身分，橫行覇道，其作風之惡劣，可從明史「李朴傳」中所載的奏疏中看出來：

深結戚畹近侍，威制大僚，日事請寄，廣納賂遺。褻衣下車，遨遊市肆，狎比娼優。或就飲商賈之家，流連凶人之室；身則鬼域，反誣他人。

照這個樣子，加以「不謹」的考語，看來毫不寃枉。但事實上不是如此，第一，自光宗做了一個月皇帝，樂極生悲，死於女色時，鄭貴妃已經垮台；冰山一倒，齊、楚、浙三黨無形中銷聲匿跡，大可不理舊案。

第二，如果眞的要公事公辦，那「四凶」是過去之凶；眼前若干閹黨，比他們更凶，何以放過？所以趙南星此舉，卽使不是打落水狗，也難免意氣用事之譏。

三十、東林與閹黨相火拚

由於趙南星曾受三黨排擠，所以他的「四凶」論，不免予人以借故報復的印象。同時援引東林被廢諸人，重登朝班，昇遷亦似乎太快，這都是可議的地方。

至於魏忠賢，起先對趙南星與衆不同，這或許因爲同是河北人的緣故；結果以趙南星的書生習氣，搞壞了關係，明史本傳：

魏忠賢雅重之，嘗於帝前稱其任事。一日遣娣子傅應星介一中書贄見，南星麾之去。嘗並坐弘政門選通政司參議，正色語忠賢曰：「主上沖齡，我輩內外臣子，宜各努力爲善。」忠賢默然，怒形於色。

他對魏忠賢說的話，自是正論；但魏忠賢不識字，那裏懂得這些道理？而況以魏忠賢的作風，又豈是大庭廣衆之間，片言可以使其愧悔改過的？所以趙南星的對牛彈琴，是「不可與言而與之言謂之失言」。明朝的宦官用事，由來已久，這種政治型態上的畸形存在，是一個不能不承認的現實，趙南星如果懂得政治藝術，正應該珍視魏忠賢對他的好感，設法規過私室，則必能有所匡正，那一來可能歷史又是一種寫法了。

由於天啓三年京察的不免失平，因而三黨人物如王紹徽、阮大鋮、崔呈秀、馮銓等人都成了閹黨；崔呈秀後來成了魏忠賢最親近的心腹，那是天啓四年九月間的事。

東林與閹黨大規模開火的第一個高潮，起於天啓四年六月，此卽楊漣劾魏忠賢二十四大罪之一舉。楊漣自光宗泰昌元年，擁立有功，有個後來成爲閹黨的御史賈繼春，說他與王安相勾結，「圖封拜」；正人君子最討厭的就是這種說法，而小人又最喜歡用這種說法來誣侮君子，結果楊漣不勝憤慨，抗疏求去，意志堅決，這年十二月就已出都。天啓二年復起爲禮科都給事中，一年多的功夫升到左副都御史，這一半就是趙南星的力量。

明史本傳：

是時魏忠賢已用事，羣小附之，憚衆正盈朝，不敢大肆。漣益與趙南星、左光斗、魏大中輩，激揚諷議，務植善類，抑憸邪。忠賢及其黨銜次骨，遂與汪文言獄。

三十一、汪文言被逐出都

「奉聖夫人」寫到這裏，開始要談有名的楊漣、左光斗、魏大中被難的經過。從來君子與人之爭，未有如這個寃獄的悲慘壯烈，而汪文言爲其中的一條脈路分明的導火線，所以應從此人談起。

汪文言是個奇士，才氣行逕與清末紅極一時的張蔭桓相彷彿。他是安徽歙縣人，出身獄吏，多計謀，有俠氣；在萬歷末年，爲地方大吏遣到京城當「坐探」，刺探朝中消息，先期馳報，好作準備。

吏與官之間，有嚴格的界限，爲了交遊方便，他捐了個監生，並且傾心結納王安，要借賢者的勢力以伸志。當時政治上的派系，如前所述，爲齊、楚、浙三黨；汪文言找到三黨之間的空隙，使他們擴大裂痕，互相攻擊，大破三黨。及至光宗卽位，王安用事，短短一個月之間，盡罷萬歷年間的秕政，卽出於汪文言的獻議。而王安與劉一燝、楊漣合作，得以逐鄭貴妃、李選侍，扶立熹宗，亦以汪文言居中聯絡之功居多，因而頗爲東林所重。

等魏忠賢殺了王安，順天府府丞閹黨邵輔忠，便彈劾汪文言，褫奪他的監生，驅逐出都，復又逮捕下獄；但此時東林的勢力方盛，汪文言終得無事。而經此一番波折，名氣卻越發響亮了，交遊公卿之間，成了個大名士；其門如市，「輿馬嘗塡溢戶外」。

葉向高復起，用汪文言爲「內閣中書」；這個職位比清朝的軍機章京還重要，彷彿現在的行政院祕書長或副祕書長。韓爌、趙南星、楊漣、左光斗、魏大中等人，都跟他往來，行蹤甚密。

那時左光斗當左僉都御史，他是安徽桐城人，把他的大同鄉阮大鋮，援引入京當給事中。按：給事中依六部分爲吏、戶、禮、兵、刑、工六科；御史按省分爲十三道，合稱「科道」，皆指言官。就言責而論，清朝重御史，明朝重給事中；給事中職掌：「侍從規諫，補闕拾遺，稽察六部百司之事。凡制敕宣行，大事覆奏，小事署而頒之，有失，封還執奏。凡內外所上章疏，下分類抄出參署付部駁正其違誤。」由此可見，給事中不但稽察六部百司，而且亦考查到皇帝的行事。六科給事中的長官，稱爲「都給事中」，權柄更重。

三十二、汪文言廷杖褫職

其時吏科都給事中出缺，照年資推論，該一個性周的遷補，其次是阮大鋮，再次是魏大中。阮大鋮想謀這個缺，活動到魏忠賢左右，發一道「中旨」，借故不准那姓周的遷補，好讓他成爲第一優先；趙南星知道了這件事，很討厭他，於是援用規定，預備以阮大鋮例行調任，連原來的給事中都將當不成。阮大鋮疑心這是左光斗在搗鬼，因而結了怨，當然也恨魏大中。

另一方面，有熊明遇、徐良彥都補僉都御史，而趙南星引左光斗補這個缺，熊徐二人跟左光斗又結了怨。至於魏大中則冤家更多。

魏大中是浙江嘉善人，受業於高攀龍，家裏極窮，而不以窮爲惡，慨然有天下之志；天啓四年春間正當禮科的副長官左給事中。六科稽察六部，其時禮部請封蔭恤典的奏疏甚多，這都是客、魏爲了培植私人預先取得資格的一種手法，魏大中公事公辦，多加裁抑，因而結了許多冤家。

最壞的是東林內部亦有以地域來分的派系，他曾駁了蘇松巡撫王象恆和劉一燝的弟弟浙江巡撫劉一焜的恤典，所以王的同鄉山東人，劉的同鄉江西人，亦都對魏大中大爲不滿，其中有個江西人給事中章允儒，性情尤其忮刻，必欲去魏大中而後快。

於是同惡相濟，由阮大鋮與章允儒定計，熊明遇、徐良彥等人一起教唆給事中傅櫆奏劾左光斗、魏大中與汪文言朋比為奸。魏忠賢大喜，當時把汪文言抓到鎮撫司監獄。左光斗與魏大中則上疏自辨，御史袁化中等人紛紛申救，同時大學士葉向高因為汪文言是他所引進，所以引罪辭官。這正反兩種手段的壓力也很大；而且鎮撫司劉僑又聽了御史黃尊素的話，以為不宜興起大獄，所以處理得很謹慎，只把汪文言辦了廷杖褫職的罪名，其他無所株連。左光斗照舊供職，遷補了吏科都給事中的魏大中，亦准許履任。

京官到任，向例由鴻臚寺轉奏報名，完全是備案性質，從無批諭。魏忠賢心有不甘，矯旨批覆，說魏大中與傅櫆「互訐未竣，不得赴新任」，這個史無前例的舉動，滿朝詫異，甚至連傅櫆都替魏大中講話。

三十三、楊漣疏劾魏忠賢廿四大罪

魏忠賢此舉原是杯葛魏大中，所以經羣臣一爭，魏大中還是接了新職。但魏忠賢對鎮撫司劉僑，頗為不滿，借故把他調走，代以錦衣衛都指揮僉事許顯純。此人是客氏的同鄉，駙馬都尉許從誠的孫子，略通文墨而兼性陰殘，爲閹黨「五虎」之一。這個「劊子手」接掌鎭撫司，東林所被之禍，就不是甚麼斥逐回籍了。

汪文言之獄和許顯純代劉僑，事在天啓四年四、五月間，到了六月裏，楊漣疏劾魏忠賢二十四大罪，此爲東林與閹黨的「決戰」，楊漣的「火力」雖猛，可惜發之太遲，一敗塗地，但其事之壯烈，亦實在可以說是驚天地而泣鬼神。中國讀書人所信奉的「富貴不能淫，威武不能屈」這兩句話，在楊漣他們身上，發揮得淋漓盡緻，不能不令人衷心拜服。

原疏是如此開頭：

高皇帝定令，內官不許干預外事，祇供掖廷洒掃，違者法無赦。聖明在御，乃有肆無忌憚、濁亂朝常如東廠太監魏忠賢者，敢列其罪狀爲陛下言之。

那二十四款大罪，當然也有可以歸納的，但以每一款皆有具體的事實，所以可視作魏忠賢奸惡的「實錄」，擇要敍錄如下：

一、侵奪內閣擬旨的大權。大罪一。

二、翦除顧命大臣劉一燝、周嘉謨。大罪二。

三、光宗「賓天，實有隱恨」，孫愼行、鄒元標追論紅丸案，不容於魏忠賢，而對黨護李選侍的沈漼，「曲意綢繆」，大罪三。

四、任用輔臣的大權，魏忠賢「一手握定」，孫愼行等人照資格應該入閣，魏忠賢借故排斥，「豈眞欲門生宰相乎？」大罪五。按：這是指魏廣微而言，「門生宰相」一語，爲魏廣微所深恨，因而他也起了殺楊漣之心。

五、因建言得罪的臣子，被貶斥後，雖有恩典，而魏忠賢阻格不行，所以京城有「天子之怒易解，忠賢之怒難調」的傳言。大罪七。

六、殺趙選侍、殺裕妃，大罪八、九。

七、「中宮有慶，已經成男，乃忽焉告殞」，傳聞實爲魏忠賢與客氏的陰謀。大罪十。

三十四、魏忠賢修祖墳僭擬皇陵

八、殺王安及其他內監。大罪十一。

九、要挾獎賞，又於河間起建牌坊，縷鳳雕龍，干雲插漢；塋地僭擬陵寢。大罪十二。

十、濫邀封蔭，其親屬魏良弼、魏良材、魏良卿、魏希孔、傅應星等，或則黃口小兒，或則目不識丁，無功而得恩蔭。大罪十三。

十一、誣陷國戚，動搖中宮。大罪十四。

十二、給事中周士樸糾正織造太監，魏忠賢竟停其陞遷，使吏部不得專銓除；言官不敢司封駁。大罪十七。按：周士樸卽爲應陞吏科都給事中的第一優先者，因阮大鋮的活動，才有此「停」，結果反而魏大中陞了上去。這是趙南星處置之失。

十三、北鎭撫司劉僑，不肯殺人媚人，忠賢以不善鍛鍊成獄，遂致罷官，示大明之律令可以不守，而忠賢之律令不敢不遵。大罪十八。

十四、東廠之設，原以緝奸，忠賢受事，日以快私仇、行傾陷爲事。大罪二十。

十五、祖制不蓄內兵，原有深意，忠賢與奸相沈潅，創立內操，藪匿奸宄，安知無大盜刺客，爲敵國窺伺者，潛入其中？一旦變生肘腋，可爲深慮。大罪二十二。

十六、忠賢進香涿州，警蹕傳呼，淸塵墊道，人以爲大駕出幸。及其歸也，改駕四馬，羽幢青蓋，夾護環遮，儼然乘輿。大罪二十三。按：此卽爲平劇「法門寺」的張本，張冠李戴，把他套到了劉瑾頭上。劉瑾在正德年間專權，但猶未敢出警入蹕，妄擬乘輿。又：「九千歲」的稱呼，出於薊遼總督閻鳴泰，以示魏忠賢與「萬歲」僅差一肩。劉瑾並無「九千歲」之稱。

十七、今春忠賢走馬御前，陛下射殺其馬，貸以不死，忠賢不自伏罪，進有傲色，退有怨言。大罪二十四。

由以上罪狀，可以明顯看出，熹宗的生死都操在魏忠賢手中，不篡位只是怕民心不服而已。以後世的眼光來看，大罪之大罪，在於開內操。明朝原有太監監軍的制度，但至嘉靖年間，盡罷不設。魏忠賢想掌軍權，而須有懂兵事的太監爲爪牙，所以開內操的眞正用意，是魏忠賢藉此養成軍官，固不僅有「變生肘腋」之虞。

三十五、閹黨排斥正人君子

楊漣的這道奏疏，自然有人參與，而且參與的人可能還不少，但葉向高事先並不知道，擊奸不成，此爲關鍵所在。

明史「楊漣傳」：

先是，漣疏就欲早朝面奏，值次日免朝，恐再宿機洩，遂於會極門上之。

按：因爲參與的人多，所以要防備洩漏機密。此疏既上，魏忠賢大懼，求援於韓爌，韓爌不理，魏忠賢只好在宮裏想辦法了。

他的第一個辦法是避重就輕。熹宗不大看奏摺——也可能看不懂，都由王體乾跪着念給他聽；楊漣的奏疏中，最重要以及最容易激怒皇帝的部份，王體乾都略而不念。

第二個辦法是哭訴御前，請辭提督東廠的差使，再由客氏從旁勸解，王體乾附和着敲邊鼓，熹宗糊裏糊塗地也就置而不問了。

第三個辦法是包圍皇帝，不讓楊漣接近。當楊漣知道了魏忠賢的手法，越發氣憤，預備第二天上朝面劾。魏忠賢得知消息，借故使熹宗三日不朝；第四日臨朝，無數太監如臨大敵般，帶着刀劍，重重遮護皇帝。楊漣始終得不到面奏的機會。

這時廷臣交諫，攻魏忠賢的奏疏，有數十通之多；有人勸葉向高趁此時下手，而葉向高有他自己的想法：

明史「葉向高」傳：

向高念忠賢未易除，閣臣從中挽回，猶冀無大禍，乃具奏稱忠賢勤勞，朝廷寵待厚，盛滿難居，宜解事權，聽歸私第，保全終始。

這已經是幫魏忠賢了，而魏忠賢不但不領情，且深爲不快；矯旨駁覆，連篇累牘都是稱讚魏忠賢有功的話。這不是太監所能做的文章，一打聽，出於閹黨紹興人徐大化的手筆。

魏忠賢那時雖又氣又恨，想盡殺東林，但還怕外朝正臣講話，不敢暢所欲爲；但閹黨知道那班正人君子，和而不同，有可乘之機，極力煽動，於是魏忠賢放手大幹了。

這年十月，借故驅逐了楊漣、左光斗等人，接着便是對付葉向高。

三十六、葉向高難安于位

葉向高的不安於位，是爲了兩件事，第一件是工部屯田郎中，管理皇陵的萬燝，上疏痛詆魏忠賢，措詞犀利，十分痛快。引錄其中精警的片段如下：

忠賢性狡而貪，膽粗而大，口銜天憲，手握王爵，所好生羽毛，所惡成瘡痏。蔭子弟則一世再世，賚廝養則千金萬金，毒痡士庶，斃百餘人。威加搢紳，空十餘署。一切生殺予奪之權，盡爲忠賢所竊，陛下猶不覺悟乎？

且忠賢固供事先帝者也，陛下之寵忠賢，亦以忠賢曾供事先帝也，乃於先帝陵工，略不厝念。間過香山碧雲寺，見忠賢自營墳墓，其規制弘敞，擬於陵寢，前列生祠，又前建佛宇，璇題耀日，珠網懸星，費金錢幾百萬。爲己墳墓則如此；如先帝陵寢則如彼，可勝誅哉！今忠賢已盡竊陛下權，致內廷外朝，止知有忠賢，不知有陛下，尚可一日留左右耶？

魏忠賢見疏大怒，矯旨廷杖一百，斥逐爲民。葉向高等極力諫勸，要救萬燝。魏忠賢不但不聽，而且聽了王體乾的話，用暴力立威，派一批東廠的太監到萬燝家，把他拖了出來，一路拖，一路揍，拖到宮前，已經氣息奄奄，一頓大杖，死而復甦；魏忠賢必欲置之死地而後快，叫太監輪流在萬燝身上亂踩亂踢，等抬回家，怎麼救也救不活，拖了四天，終於一命嗚呼。而身後還有災禍，誣陷萬燝曾受賄銀三百兩；萬燝是個廉吏，他家悉索敝賦，變賣一切才湊足三百兩銀子，交了這項「贓款」。

在這樣的情況之下，所謂「輔臣」已毫無作用，所以葉向高決意求去，連上了十餘疏，沒有下文，而另一個間接的打擊卻又發生了。

葉向高的外甥林汝翥，其時當巡城御史——這個職位的實權，到清朝還保持着；他的職責是維持京師的治安和寧靜，又稱巡街御史，出巡時極其威風，前面用兩條「響鞭」，在街面上打得「叭噠」、「叭噠」地響，小偷流氓，只一聽見這清脆的響聲，無不躲得遠遠地。有時達官貴人的車伕爭道，相持不下，只要巡城御史將到，立時解圍，否則就有當街被打屁股的可能。

三十七、林汝翥杖責不法太監

林汝翥就因爲行使職權，當街杖責了兩名不法的太監，爲魏忠賢矯旨廷杖。「光棍不吃眼前虧」，具有萬爆的例子在，怕這一頓打會立斃杖下，所以林汝翥棄官而逃，一逃逃到遵化巡撫楊渼那裏，楊渼膽小怕事，據實呈報，結果還是被捉了來打屁股，幸而未死。

當林汝翥開溜時，有人告訴魏忠賢，說他是葉向高的外甥。於是魏忠賢派了一批太監，跑到葉向高家去大鬧，要葉家交出林汝翥來。這是有意令人難堪，葉向高辭官的意志越堅，而這也是魏忠賢所希望的，終於奉旨，「加太傅遣行人護歸」。

葉向高一去，等於作戰喪失了最重要的一個橋頭堡，閹黨很快地攻陷了東林的根本重地。明史「朱國祚傳」：

向高密奏（按：卽請熹宗放魏忠賢歸私第一疏）忤忠賢，決計去，謂國祚曰：「我去，蒲州更非其敵，公亦當早歸。」

「蒲州」是指韓爌。葉向高既去，韓爌爲首輔。明史本傳：

向高罷，爌爲首輔，每事持正，爲善類所倚。然向高有智術籠絡羣閹，爌惟廉直自恃，勢不能敵，而同官魏廣微又深結忠賢，遍引邪黨。其後，忠賢假會推事，逐趙南星、高攀龍；爌急率朱國祚等上言；陛下一日去兩大臣，臣民失望……。

結果不但逐去趙南星、高攀龍，而且又逐楊漣、左光斗、陳于庭，最後連韓爌自己也回了老家。

這時內閣中朱國祚成了首輔，照傳統，輔臣雖有數人，但大權由首輔獨掌，當韓爌還在位時，魏廣微想分首輔之權，特由魏忠賢傳旨，故意責備魏廣微不可吃飯不做事；韓爌卽因此抗疏而去。等朱國祚成了首輔，魏廣微根本沒有把他放在眼裏，這年冬天遂亦被攻去位。

因此，我們可以大書一筆：自天啓四年十二月始，政府言路盡爲閹黨之天下。顧秉謙當首輔，唯命是聽；魏廣微向魏忠賢報告樞務的函件，封面標明爲「內閣家報」，直視大明爲魏家天下了。

於是不久而再起汪文言之獄，正人君子不得保其首領；同時又修「三朝要典」，企圖纂改歷史。在那三年之中，一方面正氣發揚，一方面戾氣所聚，形成兩個極端。

三十八、魏忠賢哭訴御前

在此以前有個插曲，也可能是翦除魏忠賢的最好的一個機會，可惜未成事實。天啓年間，關於對抗滿洲入侵，曾有一個比較穩定的時期，得力於以輔臣督師的孫承宗。此人是個奇男子，史書形容他「貌奇偉，鬚髯戟張，與人言，聲殷墻壁。」他早年以教讀爲生，往來燕晉邊關，每到一地，喜歡跟戍守的老兵，讀關塞險要，因而熟悉備邊的軍事。萬歷三十二年榜眼及第，一直在翰林院、詹事府供職；熹宗卽位，充「日講官」，爲皇帝講書。孫承宗的聲音宏亮，擅於詞令，兼以早年教讀的經驗，懂得深入淺出的方法，所以在經筵上莊諧並陳，頭頭是道，熹宗每聽他進講，總說「開心」，眷注特殷。

當楊漣、趙南星等人被逐時，孫承宗剛在薊州、昌平一帶視察防務，覺得魏忠賢太不像話，決定上書彈劾；但怕熹宗未必能看得到，恰好萬壽節近，便上疏「以賀聖壽，入朝面奏機宜」為名，拜疏以後，隨卽進京。

那知道魏廣微得到了消息，連夜奔告魏忠賢，他說：「孫承宗擁兵數萬，將清君側；朝內有兵部侍郎李邦華跟他聯絡。等孫承宗一到京城，立刻便有粉身碎骨之禍。」

魏忠賢一聽這話，嚇得魂飛天外。熹宗已經歸寢，他進寢殿去喊醒了，「繞御床哭」。熹宗一念不忍，會內閣擬旨，阻止孫承宗到京。

這時的首輔是韓爌，魏忠賢自然不會去請教他，由次輔顧秉謙擬旨，奮筆直書，以統兵將帥無旨擅離防區，法所不許，違者不赦。擬好上諭，半夜裏開禁門，召兵部尚書進宮，把上諭分繕了三通，交兵部以飛騎分道投遞。魏忠賢又矯旨守城門的太監，如果孫承宗一到，立刻將他逮捕，綑送進宮。

兵部的專差，行到通州，遇到了孫承宗。旣有上諭，孫承宗不能不遵。魏忠賢還不放心，派人去偵察，孫承宗只帶了一名隨從，那裏有領兵數萬入清君側的話？這一番虛驚，也可讓魏忠賢看透了規行矩步的正人君子，幹不出甚麼石破天驚的大事，所以放手大殺東林，指使閹黨梁夢環再度挑起汪文言之獄。

三十九、許顯純用苛刑逼供

楊漣、左光斗、魏大中、袁化中、周朝瑞等人的血海寃獄，是歷史上有名的事件，明末清初的筆記中，談此案者，不知凡幾？左光斗識拔史可法的故事，在戰前曾被選入初中國文讀本（按：出於顧公燮「消夏閑記摘鈔」）。然而，試問一句：殺楊、左五忠烈的眞正兇手是誰？恐未見得有一個明確的答覆。

依我的研究，本案眞正的兇手是馮銓。此人旣是閹黨，又是漢奸，雙料無恥，合當遺臭萬年！在未細談全案以前，我先指出四點：

第一，汪文言第一次被捕，魏忠賢就想興大獄，只以鎭撫司劉僑接受了黃尊素的忠告，魏忠賢未能如願。但明史上好幾處都說，楊漣參魏二十四大罪，魏忠賢深爲恐懼；然則何以不久便態度大變，不但不懼，而且想盡殺正人，此即出於馮銓的敎唆。淸史列傳「貳臣傳」：

魏忠賢進香涿州，（馮）銓跪謁道左，泣訴父爲東林黨陷害（按：馮銓的父親名馮盛明，官河南左布政，被劾回籍）；忠賢憐之起故官（按：復馮銓的官，爲翰林院檢討），洊陞少詹事充講官，副都御史。楊漣劾忠賢二十四罪，忠賢懼，求助外廷，銓具書於忠賢姪良卿，言「外廷不足慮」，且敎之行廷杖、興大獄。

罪名重主謀；這就是馮銓主謀的證據。

第二，汪文言之獄再起，魏忠賢的乾兒子，廣東順德的梁夢環爲第一隻猫腳爪，而梁爲馮銓所引荐。而第一次汪文言之獄的發難者傅櫆，亦爲馮銓所荐。

第三，二次汪文言之獄，牽涉到熊廷弼，此爲馮銓的綰合，因爲馮與熊有仇，必欲殺之而後快。

第四，馮銓要一網打盡善類，始有入閣的希望，因爲他的資望太淺，會推輔臣，無論如何輪不到他。

當時梁夢環受指使重新挑起已結之案，汪文言被捕到鎭撫司，許顯純用苛刑逼供，要他招認楊漣等人貪贓受賄，這是出於閹黨徐大化的獻議：「彼但坐移宮罪，則無贓可指，不如坐納楊鎬、熊廷弼賄，則封疆事重，殺之有名。」但徐作此獻議，則係「承要人指」，早就力詆熊廷弼了，這「要人」就是馮銓。

四十、楊漣等被捕到京

當然，這「要人」中還有一個兵部尙書張鶴鳴，但勸魏忠賢興大獄者是馮銓，必欲殺熊廷弼者是馮銓，爲坐實熊廷弼行賄，必須綰合楊、左，誣其受賄；是則馮銓雖無殺楊、左之名，而楊、左在馮銓如此用心之下，不死不可得，所以說馮銓爲殺楊、左眞正的兇手。

熊廷弼行賄之事，並非空穴來風，只是行賄的對象，不是楊、左。那末是誰呢？試看明史「熊廷弼」：

> 廷弼論死。後當行刑，廷弼令汪文言賄內廷四萬金，祈緩；既而背之，魏忠賢大恨，誓速斬廷弼。

這件事汪文言做得大錯；與他後來的被冤，自有因果關係。君子立身處世，於此等處眞是不可不愼。

當汪文言被捕送鎭撫司後，許顯純交下來一紙名單，要汪文言誣供。汪不肯，受刑大呼：「世間豈有貪贓的楊大洪？」大洪卽是楊漣的號。然而汪文言的「不合作」，難不倒許顯純；他略通文墨，撕掉了汪文言的供詞，自己僞造一份，東林中人「無所不牽引，而以漣、光斗、大中、化中、朝瑞、大章爲受楊鎬、熊廷弼賄」。於是魏忠賢矯旨逮捕。

這六個人一半已罷斥爲民，由錦衣衞派番役持「駕帖」，從他家鄉逮捕到京，當時的情形是：

楊漣：坐「受贓」銀二萬兩。被捕時「士民數萬人擁道攀號，所歷村市，悉焚香建醮，祈祐漣生還」。

左光斗：坐「受贓」銀二萬兩。被逮時「父老子弟擁爲首，號哭聲震原野，緹騎亦爲雪涕」。

魏大中：坐「受贓」銀三千兩。被逮時「鄉人號泣送者數千人」。

周朝瑞、袁化中、顧大章則猶居官，在京被捕，一齊下鎮撫司監獄，許顯純苛刑拷問，血肉狼籍；用刑之慘，如「消夏閑記摘鈔」中「左光斗識史閣部」條所記，可見一斑：

史（可法）公持五十金，涕泣謀於禁卒，卒感焉，使更敝衣草屨，僞爲除不潔者，引至左公處，則席地倚牆而坐，面額焦爛，不可辨；左膝以下，筋骨盡脫矣！

在刑訊中途，楊漣等人又犯了一個錯誤，以致貽累子孫，這個插曲不可不敍。

四十一、許顯純改篡楊、左供詞

楊漣、左光斗等人被捕受審，最初都否認受贓，但不屈則必用苛刑逼供；也許是他們自己的主意，也許是獄外的設謀，姑且先承認下來，可以不吃眼前虧，也可以說保住了一條命，這樣全案就會移送刑部，那時再來翻供洗刷。誰知承認了正好，許顯純改篡口供，加重罪名，一奏報上去，魏忠賢矯旨仍由鎭撫司追贓，五天一追比，追不出來就打，不但誣服，而且苦頭吃得更多，此時大悔失計，可是已來不及了。

這時又有個奇士叫孫奇逢，也就是淸初的理學大儒夏峯先生，他與參贊孫承宗軍事的鹿善繼是好朋友，孫承宗在上年十一月間，準備入覲面攻魏忠賢，卽由於間接受了孫奇逢的影響。此時見鎭撫司「追贓」，孫奇逢便聯絡鹿善繼的父親鹿正，還有一個新城人張果中，發起募捐，爲左光斗繳納「贓款」。左光斗當過巡城御史，曾捕治吏部魚肉鄉民的不法書吏，破獲過一椿僞造假印案，被捕的假官有一百餘人之多，同時又曾有效地改善畿輔水利，第一次讓河北人知道如何種稻子？老百姓對左光斗有極深的感情，所以「范陽三烈士」登高一呼，很快地就募集了數千兩銀子。

閹黨一看這情形不妙，「贓款」一繳足，必須把左光斗放出去，但已打得不成人形，在如此激昂的民氣之下，看見那種慘狀，一定激出民變，後果不堪設想；至少限度要殺幾個閹黨，才能平息民憤，也說不定孫承宗眞的會帶兵入淸君側。這就是所謂「擒虎容易縱虎難」，索性一不做二不休，指使獄卒，把楊漣、左光斗、魏大中在獄中秘密處決，其時爲天啓五年七月二十六深夜。

同案被害的，還有周朝瑞和袁化中，但不知是與楊、左、魏同夕畢命，還是前後有參差？只知道魏大中與楊、左雖同時就義，而獄卒故遲數日呈報「病斃」，天氣太熱，以致魏大中的屍體腐爛，不可辨識。

這時未死的還有一個顧大章。閹黨自己也知道「潛斃五人於獄」這件事，無以向天下交代，爲遮人耳目計，把未死的顧大章，移送刑部訊辦。楊漣等人在鎭撫司監獄，如何受刑，如何被害，就是由顧大章透露了，始爲外人所知。

四十二、左光斗等家人悽慘

顧大章移送刑部後，重新開審，但並不能替他帶來昭雪的機會。刑部尙書李養正，就鎭撫司的原案，將已死的五烈和顧大章都判成死罪；魏忠賢則根據刑部的判決，矯詔佈告四方，楊漣等人的死，變成「罪有應得」。顧大章則仍移鎭撫司，他不肯再回此「秘獄」，與他孿生的弟弟大韶訣別，飲藥酒不死，投繯而卒。

當楊漣等被捕時，鎭撫司監獄忽現祥瑞，生黃芝一本，光彩輝映，等他們六個人入獄，黃芝亦正好生成六瓣。芝爲瑞物，而生於暗無天日的「秘獄」，顧大章認爲這是他們六個人終將不免的徵兆，結果不幸而言中。

人死官司沒有完，魏忠賢令地方官在各人原籍「追贓」，楊漣家產入官，不到一千兩銀子，母親和妻子無處容身，住在鼓樓上，兩個兒子淪爲乞兒，而「贓」猶不能不完，由地方上募捐代納，「下至賣菜傭亦爲輸助」。

左光斗家屬的境遇亦很慘，長兄光霽被累，憂急而死，老母哭子，不久亦棄世，僕從十四人被逮，後來由於孫奇逢在京師募捐代繳，左光斗的靈柩，始得運回桐城。

魏大中有兩個兒子，長子學洢是個秀才，當魏大中在家鄉浙江嘉善被捕時，魏學洢就要跟着父親一起入獄，魏大中不許，認爲「父子俱碎無爲也」；於是魏學洢易裝秘密隨行，暗中留心父親的起居。到了京城裏，閹黨爲防忠義之士有所活動，搜查極嚴，魏學洢化名住在旅館裏，晝伏夜出，四處告貸，爲父「完贓」。及至魏大中被害，魏學洢扶柩還鄉，晨夕號哭，以致神經有些失常，結果竟致哭死。

至於汪文言，早在楊漣等被捕之先，就已死於獄中。此人是一條硬漢，至死不肯誣攀楊漣等。明史敍此案還有段微近因果報應之說的文字，贅於「魏大中傳」後，不可不讀：

始，熊廷弼論死久，帝以孫承宗請，有詔待以不死。刑部尚書喬允升等，遂欲因朝審寬其罪，大中力持不可。及忠賢殺大中，乃坐以納廷弼賄云。

此有微責魏大中過苛之意，衡情度法，熊廷弼的死是有點寃枉的。

四十三、東廠旂尉到蘇州抓人被揍

汪文言之獄以後，又有周起元案。魏忠賢的黑名單上，第二批要殺之而後快的，一共有七個人：周起元、高攀龍、周順昌、繆昌期、黃尊素、李應昇、周宗建。在此以前，京裏派出一個駐蘇州的織造太監，名叫李實，旣貪且橫，私自增加供應皇家絲織品的定額，苛求無厭。周起元爲蘇松十府的巡撫，裁抑李實，雙方互攻；李實有魏忠賢的後臺，因而周起元被削職，閒居家鄉福建海澄。當雙方互攻時，李實這方面根本是由閹黨假其名義以行，所以李實有許多蓋了「蘇州織造太監」關防的空白奏疏，存在京裏，此時便爲魏忠賢用作殺人的工具，取一張空白奏疏，倒塡年月，誣劾周起元當巡撫時，乾沒公款十餘萬，同時將高攀龍等人牽扯在內；然後根據這道「奏疏」，交東廠派出番役去抓人。

東廠的鷹犬到了蘇州，犯了衆怒，被揍得不死卽傷，吳人的剛烈之氣，隨金聖嘆之死以俱盡；在此以前，固不似清朝康熙以後的文弱馴順。虎邱山塘的「五人墓」，實爲蘇州最難得的光榮紀錄。

明史「周順昌傳」：

周順昌字景文，吳縣人……天啓中歷文選員外郎署選事，力杜請寄抑僥倖，清操皭然，乞假歸。順昌爲人剛方貞介，疾惡如仇，巡撫周起元忤魏忠賢削籍，順昌爲文送之，指斥無所諱；魏大中被逮到吳門，順昌出餞，與同臥起者三日，許以女聘大中孫。旂尉屢欲起行，順昌瞋目曰：「若不知世間有不畏死男子耶？歸語忠賢，我故吏部郎周順昌也。」因戟手呼忠賢名，罵不絕。

這樣的人物，自然不容於魏忠賢。天啓六年二月，便在追論周起元案中，誣指他「請囑，有所乾沒」。周順昌居鄉，熱心地方公益，「有寃抑及郡中大利害，輒爲所司陳說，以故士民德順昌甚」。本傳又記：

及聞逮者至，衆咸憤怒，號寃者塞道，至開讀日，不期而集者數萬人，咸執香爲周吏部乞命。諸生文震孟等，謁（巡撫毛）一鷺、巡按御史徐吉，請以民情上聞。

民情如此激昂，而東廠的旂尉不識風色，以致自取其辱。

四十四、顏佩韋等五人從容赴義

明史修於康熙開「博學鴻詞」科以後，史館諸臣，生於明末，見聞甚確，所以「周順昌傳」敍東廠旂尉被毆，極其生動：

旂尉厲聲罵曰：「東廠逮人，鼠輩敢爾！」大呼曰：「囚安在？」手擲鎯鐺於地，聲琅然。衆益憤曰：「吾始以爲天子命，乃東廠耶！」蠭擁大呼，勢如山崩，旂尉東西竄，衆縱橫毆擊，斃一人餘負重傷，踰垣走。一鷺、吉不能語；知府寇愼、知縣陳文瑞素得民，曲爲解喻，衆始散。順昌乃自詣吏。又三日北行，一鷺飛章告變；東廠刺事者言吳人盡反，謀斷水道，刼漕舟，忠賢大懼。已而一鷺言，縛得倡亂者佩韋、馬傑、沈揚、楊念如、周文元等，亂已定。忠賢乃安然。自是緹騎不出國門矣。

顏佩韋等五人，都是「市人」，周文元則是周順昌的轎夫，結果：

論大辟。臨刑，五人延頸就刃，語寇愼曰：「公好官。知我等好義，非亂也。」監司張孝流涕而斬之。吳人感其義，合葬之虎邱傍，題曰：「五人之墓」。其地卽一鷺所建忠賢普惠祠址也。

至於周順易被逮後，硬漢作風如方孝孺。

順昌至京師，下詔獄。許顯純鍛鍊坐贓三千，五日一酷掠，每掠治必大罵忠賢。顯純椎落其齒，自起問曰：「復能罵魏上公否？」順昌噀血唾其面，罵益厲，遂於夜中熸斃之。

時六年六月十有七日也。

當東廠旂尉到蘇州時，無錫亦有行動，「高攀龍傳」：

遣緹騎往逮，攀龍晨謁宋儒楊龜山祠（按：應卽爲東林書院，或在東林書院內），以文告之。歸與二門生一弟飲後園池上，聞周順昌已就逮，笑曰：「吾視死如歸，今果然矣！」入與家人語如平時。出書二紙告二孫曰：「明日以付官校。」因遣之出，扃戶。移時，諸子排戶入，一燈熒然，則已衣冠自沈於池矣。發所封紙，乃遺表也。云：「臣雖削籍，舊爲大臣，大臣受辱則辱國，謹北向叩頭，從屈平之遺則。」

四十五、黃尊素的兒子就是黃梨洲

不上吊而投水，是高攀龍以屈原自擬，連尋死的方法都有講究，可見他赴義的從容。明史本傳談他的學養說：

初，海內學者率宗王守仁，攀龍心非之，與顧憲成同講學東林書院，以靜爲主，操履篤實，粹然一出於正，爲一時儒者之宗。海內士大夫，識與不識，稱「高顧」無異詞。

按：心非陽明，必爲程、朱。陽明一死，以媚世宗起家的「大禮議」主角桂蕚，首攻陽明；於是復以程、朱爲正學，心性空疏，無裨經世致用之學復昌。東林君子，遇見小人，一籌莫展，弄到頭來，不過成了爲天地留正氣的烈士，苛刻而論，無非獨善其身。如果東林君子不薄陽明，重視「致良知」之說，使吾心與外物貫通，理論與實際一致，如照他應付許泰、張忠的辦法來對付魏忠賢；換句話說，多能像黃尊素那樣，局面必不如此之糟。

黃曾素是王陽明的同鄉，他有個兒子，名氣甚大，就是黃宗羲，字梨洲；黃梨洲從父遺命，學於劉宗周，劉出程、朱，入陽明，著有「陽明傳信錄」。黃家父子受陽明的影響，行事就大不相同了。

明史本傳說「尊素謇諤敢言，尤有深識遠慮」，可惜東林有此智囊而不能用。他的見事之明，據正史可以提出下列數點：

第一、他以徐克啓爲例，勸鄒元標說：「都門非講學地。」果然，鄒的首善書院奉旨拆毀。

第二、楊漣嚴劾魏忠賢，他跟魏大中說：「清君側者必有內援，楊公有之乎？」楊漣沒有，如有王安在，黃尊素就不會說這話。

第三、魏大中爲細故劾魏廣微，此是打草驚蛇。黃尊素勸魏，魏不聽。

第四、東林內部有以地域分的派系，黃尊素盡力設法團結彌縫，而魏大中一意孤行，因而有汪文言之獄。

第五、汪文言之獄初起，由於黃尊素向劉僑進言，釜底抽薪，始得免於擴大，魏忠賢及閹黨卽因黃「多智慮」，必欲殺他。

第六、黃尊素曾準備以正德年間，楊一清利用太監張永誅劉瑾這以毒攻毒的辦法，策動李實殺魏忠賢，事不成被害。

四十六、抓黃尊素的旂尉也挨了打

楊一清當時授張永的秘計是，當面在武宗那裏告發劉瑾，請卽誅捕。話要有條理，委曲盡致，如果武宗不信，卽頓首請死；等到奏准，須立卽行動，不能稍緩頃刻，否則必致洩漏，禍不旋踵。

據「明史紀事本末」載：張永完全照楊一淸的話行事，他征寧夏回朝：

上迎之東華門賜宴。比夜，瑾先退。夜半，永出疏懷中，謂瑾激變寧夏，心不自安，陰謀不軌狀。永黨張雄、張銳亦助之。上曰：「罷矣！且飮酒。」永曰：「離此一步，臣不復見陛下也。」上曰：「瑾且何爲？」永曰：「取天下。」上曰：「天下任彼取之。」永曰：「置陛下何地？」上悟，允其奏。當夜卽命禁兵逮瑾，永等勸上親至瑾第觀變；時漏下三鼓，瑾方熟寢，禁兵排闥入，瑾驚問曰：「上安在？」對曰：「在豹房。」瑾披衣起，謂家人曰：「事可疑矣！」趨出戶，被執就內獄。……永之獻俘也，瑾使以乙未入；永知，卽以甲午入，以故得先發。

劉瑾的被誅，要訣在「迅雷不及掩耳」，其間不能有絲毫空隙。黃尊素最明白這一層道理，雖然他的如何向李實策動，未見有何記載，但策動這回事，一定是有的；最明顯的一個證據是，黃尊素此刻是在蘇州。削籍回里，照例交地方官管束或監視，黃尊素不可能公然離鄉出遊；所以他到蘇州的行蹤是秘密的，住在城外，但魏忠賢的耳目密佈，所以仍舊逃不脫掌握。

當城裏抓周順昌的旂尉，爲顏佩韋等痛毆時，城外抓黃尊素的旂尉也挨了打。一打把「駕帖」打得丟掉了，因而不敢去抓黃尊素。「駕帖」這個名字，可能有許多人知道，因爲胡金銓所導演的「龍門客棧」中曾介紹過；影片放映後我與金銓曾研究過這玩意，「駕帖」的作用，大致相當於如今檢察官所簽發的拘票或「執行命令」，由鎮撫司所發。這個制度到清朝還存在，但已納入刑部的辦事程序，執行死刑，須有「駕帖」，大致是由刑部「提牢廳」的司官所簽發。提牢廳主管獄政；刑部監獄有二，稱「南所」、「北所」，北所即明朝鎮撫司原址。

四十七、上蒼垂憐孤忠之報

其實東廠旂尉、番役如狼似虎，他們失去了「駕帖」，並不如現在法警失去了拘票，便不能執行任務。當時的老百姓，一看穿白靴的廠衞人員，便已嚇得魂飛天外，那裏還敢問一聲：「把駕帖拿出來看看！」只是此時蘇州正鬧打狗腿子的風潮，旂尉已經挨了揍，倘或沒有駕帖去抓人，更得吃苦頭，所以不敢找黃尊素。

黃尊素心裏有數，逃得了和尙逃不了廟，自己在餘姚有一大家子人，倘或潛逃，必定禍延妻兒，所以自己穿了囚服到旂尉那裏去報到。在京城鎭撫司監獄，一樣爲許顯純「搒掠備至」；後來預知獄卒將加謀害，「叩首謝君父，賦詩一章」而死，年四十三歲。明朝末代的皇帝，就是這樣在不知不覺中，自毀人才，不亡不可得也！

黃尊素有三個好兒子，有「東浙三黃」之稱。老大黃宗羲，享名更盛，他是古今學人中第一流人物；他看不起程、朱那一派，捧着一本「語錄」當金科玉津的陋儒，務爲博學，兼通經史，又精天算歷學，早在康熙朝的梅文鼎之前，就已發古籍中天文的奧秘。這都不去說它，且談一談他爲父報仇。

據清史稿「遺逸傳」，思宗卽位，黃宗羲進京爲父頌寃，做了好幾件大快人心的事。第一件是與許顯純對質，他預先藏了一把錐子在身上，在公堂上「修理」許顯純，流血被體，又把崔應元揍了一頓，拔了他的鬚子，回家祭父。

第二是追殺獄卒葉咨、顧文仲，因爲黃尊素就是死在他們兩個人手裏的。

第三，原任蘇州織造太監李實，上疏自辨，說參劾黃尊素的原疏，不是他自己所上，乃是他人冒用他的空白疏文。同時送黃宗羲三千兩銀子，希望他不要追究。黃宗羲立刻具疏奏報，說李實在今日之下，猶敢行賄，則其所辯能否採信，不言可知。

等這個寃獄平反，黃宗羲率領被害諸家的子弟，在鎭撫司獄門設祭，哭聲竟達禁中，連思宗亦爲之長嘆。說「忠臣孤子，甚惻朕懷」。這些被害諸家的子弟，就是有名的所謂「東林孤兒」，學問事功，各有所顯，也算是上蒼垂憐孤忠之報。

四十八、各地紛紛為魏忠賢建生祠

當黃尊素被殺之時，正當魏忠賢逆燄薰天之際，時為天啓六年六月，忽有為魏忠賢建生祠之舉，其事起於杭州，而貽杭州這番羞辱者，為下城的機戶——機戶者，織造衙門所屬的工匠；按：明朝織造太監，分駐江寧、蘇州、杭州，清仍其舊，但歸內務府管轄。江寧、蘇州如何，我不知道，杭州的機戶，實為各城之累，因為這些機戶成了流氓地痞，杭州人稱之為「機坊鬼兒」；與杜月笙齊名而居心行事有天淵之別的張嘯林，就是「機坊鬼兒」出身。

據明史三百六「閹黨傳」：

生祠之建，始於潘汝楨。汝楨巡撫浙江，徇機戶請，建祠西湖。六年六月疏聞於朝，詔賜名「普德」，自是諸方效尤，幾遍天下。其年十月，孝陵衛指揮李之才建於南京……。

尤其荒唐的是，甚至京師國子監亦準備建魏忠賢生祠：

監生陸萬齡至謂，孔子作春秋，忠賢作「要典」，孔子誅少正卯，忠賢誅東林，宜建祠國學西，與先聖並尊。

至於建祠的糜費：

每一祠之費，多者數十萬，少者數萬，剝民財，侵公帑，伐樹木無算。開封之建祠也，至毀民舍二千餘間，創宮殿九楹，儀如帝者……建祠南昌，毀周、程之賢祠蓋其地；黷澹召明滅祠，曳其像碎之。

生祠的規制，大致如宮殿，每一祠皆有題名，不外德、惠、恩、澤等等字樣；祠中塑魏忠賢的金像，用冕旒，擬於王者。凡疏詞揄揚，一如頌聖，稱以「堯天舜日」，而內閣則以典雅富麗的駢文褒答。又每一生祠皆勒石為記，碑文多為張瑞圖所寫，張瑞圖是閩南人，做過一年九個月的大學士，他的字寫得很好，但不值錢，就因為自己把筆墨弄臭了的緣故。

對外如此，對皇帝則稱「廠臣」而不名，明史「魏忠賢傳」：

大學士黃立極、施鳳來、張瑞圖票旨，亦必曰：「朕與廠臣」，無敢名忠賢者。山東產麒麟，巡撫李精白圖象以聞，立極等票旨云：「廠臣修德，故仁獸至。」

四十九、客氏進出宮淸塵除道

稱廠臣不名以外，魏忠賢的官爵，稱爲「上公」。親族封侯伯，蔭官職爲都督者無數，一個姪子叫魏良棟，一個從孫叫魏翼鵬，封爲東安侯加太子太保、安平伯加少師，而此二人都還在襁褓之中，其他可想而知。

魏忠賢沒有兒子，有個姪子叫魏良卿，最受寵信；魏良卿甚至「代天子饗南北郊」，南郊祭天，北郊祭地，是最隆重的大典，由於魏忠賢命魏良卿代行，隱然表示以「天命有歸」，所以「天下皆疑忠賢竊神器矣！」事實上熹宗的性命早就在魏忠賢掌握中，但弑君容易，得天下則甚難，最主要的一個原因是，魏忠賢還未抓到兵權，所以不敢走向最後一步。但如熹宗享圖稍久，會出現怎樣的局面？那就誰也不知道了。

至於客氏，與魏忠賢相爲表裏，在宮中的身份，像太后又像皇后，「甲申朝事小記」敍客氏的煊赫，相當詳盡，轉錄如下：

出宮入宮，必傳特旨，清塵除道，儀仗大約與皇后同。內臣皆蟒袍玉帶，步行擺隊，客氏盛服靚粧，乘錦玉輦，從宮婢數百，前提御爐，焚爇沈香龍涎，氤氳如霧。紗燈角燈，紅蠟黃炬，亮子數千，黎明耀如白晝。呼殿之聲，遠迎數里，清液悠長，擬於警蹕。從者數千，皆車如流水，馬若游龍。客氏張青蓋羽幢，儼然神仙在上。

客氏的親屬不多，一子侯國興封伯爵，一弟客光先，官拜都督。這樣威風到天啓七年八月，出了大事，熹宗一命嗚呼了！

手頭沒有實錄，不知記熹宗死因若何？明史本紀則僅有簡單的記載：

（天啓七年）秋七月乙丑朔，帝不豫……八月乙巳召見閣部科道諸臣於乾清宮，諭以魏忠賢、王體乾忠貞可計大事……甲寅大漸，乙卯崩於乾清宮，年二十三。

按：自乙丑至乙巳共四十天，即得病四十天後，已知不起，所以召閣部科道諸臣有所諭示；又十天病勢惡化而崩。以他的年齡、及天氣和得病的時間來看，不是急性的心臟病、高血壓，也不是慢性的肺結核，大概是傷寒、濕溫之類的險症。

五十、熹宗曾有覆舟之事

談到熹宗的死，就其過程而言，與武宗頗有相似之處。武宗是一個有名的頑童，他的得病不起，出於一種偶然的因素，明史本紀：

（正德）十五年，九月己巳漁於積水池，舟覆救免，遂不豫。

又「明武宗外紀」對此記載較詳：

還至淸江，復幸太監張楊第，踰三日，自汎小舟漁于積水池，舟覆溺焉。左右大恐，爭入水掖之出，自是遂不豫。

按：此時武宗係以「總督軍務威武大將軍總兵官，後軍都督府太師鎭國公朱壽」這個怪銜名，親統各鎭邊兵征宸濠，事實上宸濠早爲王守仁所平，武宗不過藉此戲嬉一番而已。及至凱旋還京，爲「不豫」後的三個月，卽正德十五年十二月，告捷於太廟，第四月大祀天地於南郊，嘔血于地，竟至不能終禮，延至第二年三月崩逝。以嘔血不能終禮的情況看，似乎是生活不正常所導致的胃出血，而致疾之由，則爲落水受驚受寒。

熹宗亦有覆舟之事，「甲申朝事小記」：

熹廟五年五月十八日，祭方澤壇回，卽幸西苑，與客氏乘舟，飮酒樂甚。上身自刺船，二內臣佐之，隨波盪漾，方相顧歡笑，擬若登仙，倏忽大風陡作，舟覆，上與二內臣俱墜水底。兩岸驚呼，從者俱無人色。內官談敬急奔入水，負帝以內。二臣已斃於水，船上金寶酒器，並湮沒無存。

此是否熹宗所以得病的原因，已無從推斷，但有一點是可以確定的，就是武宗與熹宗之死，皆未得盡其天年，是起居無節、縱慾自伐的必然結果。

還有一點可以確定的是，熹宗之死，是魏忠賢的大不幸，因爲客魏相爲表裏，難得有熹宗這樣一個傀儡；魏忠賢以兵權尙未歸入掌握，雖有篡位之想，卻還不敢動手，熹宗在位，便得一最好的庇護，可以逐漸培養勢力，不想羽毛尙未豐滿至能够「振翅高飛」的地步，驟失靠山，無怪乎他會哭得「目盡赤腫」。當然，這副眼淚中或亦有感情的成份在內，但無論如何不及利害關係的深刻嚴重。

五十一、熹宗崩逝信王入承大統

明史記事本末「魏忠賢亂政」篇，有一條記事，頗值得留意，說霍維華的內弟陸藎臣爲管理午門的太監，曾進仙方「靈露飲」：

其法雜取秔稉諸米淘淨入木甑蒸之，甑中底安長頸大口空銀瓶一，米漸添漸熟，水漸熟漸易，不數易而瓶中之露滿矣，乃米穀之精也。上飲而甘之，以餘瀝分賜近侍，及上不豫，忠賢歸罪於此。

由這條記載，可以推想到：第一，「靈露飲」非「紅丸」之類，服用不致引起病症；但唯有傷寒對飲食須特別注意，或者此條記載有疏漏，陸藎臣是在熹宗得病以後進「靈露飲」，引起症狀的反復；第二，魏忠賢對熹宗的病勢頗爲關心，而且其變化似乎出於魏忠賢的意料，所以並無應變的準備。

熹宗死在天啓七年八月廿二日，病危時由於張皇后的安排，召皇五弟信王入，諭以「當爲堯舜之君；再以善事中宮爲託」，旋卽崩逝。此亦爲危疑震撼的一刻，當時朝臣惴惴不安，多以爲魏忠賢將有非常的逆謀，朝中會發生變亂，所以整夜在寓觀變，到第二天才上朝，因爲內中主持無人，情況甚亂。據明史紀事本末載：

> 厥明，至殿門，宦者持門不得入，告以宜用喪服。旣改服，又言未成服，宜如常，羣臣奔走出入者三，氣喘且不續，哀訴宦者乃得入。旣哭大行皇帝，司禮太監王體乾及忠賢在喪次，獨體乾語禮部備喪禮。忠賢目且腫，無所言。羣臣出，少頃獨呼兵部尚書崔呈秀入，屛人語移時，秘不與聞，或曰忠賢欲自簒，而呈秀以時未可止之。

又有一說，魏忠賢擬迎立福王。不論如何，「時未可」三字是魏忠賢的致命傷。從上引的記載來看，魏忠賢在宮內是有絕對的控制力，毫無疑問，而宮門之外的天下，縱令生祠遍地皆是，卻不能爲所欲爲，此亦是連他們自己都深切明瞭的。所以然者，一方面是兵權不在手中；另一方面則以皇帝的權威，根深蒂固，挾天子以令諸侯，固無奈其何，如果想天下自爲，就會遭遇到普遍而強烈的反抗。

五十二、信王入宮表現沉着

既不能取而代之，就得有積極的表現；大致歷史上熱中利祿，或處於政治鬬爭尖端的人物，都有見風使舵的本領，倘不能篡位，就得成擁立之功，所以魏忠賢親自把信王迎入宮中，先做了擁立的姿態再說。

此時宮中，羣情惶惶，而都在觀望之中。情勢則非常曖昧，誰也不知道魏忠賢及其黨羽的下一步行動是甚麼？信王當然亦深具戒心，受到忠告，甚至不敢食宮中之食；不過，他在宮中的第一夜，表現得非常好：

上（按：指熹宗）崩，忠賢自出請王入。王危甚，袖食物以入，不敢食大官庖也。當是時，羣臣無得見王者，王秉燭獨坐，久之，見一閹攜劍過，取視之，留置几上，許給以賞。聞巡邏聲，勞苦之；問左右，欲給以飲食，安從取乎？侍者以宜問之光祿寺。傳令

旨給取之，歡聲如雷。次日，卽皇帝位於中極殿，受百官朝，冊賀。（明史紀事本末）

按：熹宗崩於天啓七年八月乙卯，信王卽皇位於丁己，則入宮之日當爲丙辰，且在下午，中間有好幾個時辰的「無主」狀態。以傳統來說，儲位早定，則先帝一崩，首迎儲君，因此，從時間上來推論，說魏忠賢曾想自篡或改立，確爲事實。

信王卽位，是爲思宗。這是個被人談得很多，引起爭議也多的皇帝；他的後期的作爲，不在本文所談的範圍之內，論他卽位之初的表現，相當沉着。當其時也，魏忠賢及其閹黨，自知冰山已倒，大禍將臨，各人都亟亟乎求自保，而手法不一。魏忠賢最初採取一種蠱惑的手法，據說有一天晚上，思宗方在讀書，忽聞異香一縷，令人心蕩不已，思宗找太監來查問，太監答奏，說是照例爇燃此香，思宗長嘆，說「皇父皇兄，皆誤於此」，立命撤走。由此可以想見，太監是用一種「催春」的香味來引誘皇帝惑於女色，如果思宗上鈎，立刻便像鄭貴妃爲光宗進美一般，有絕色宮人準備在那裏，非導帝於荒淫一路不可。

蠱惑之技既無所施，魏忠賢只好請辭東廠，思宗故意不許，並有其他的安撫表示，作用都在穩定局面，待時而發。

五十三、客氏叩辭熹宗梓宮

撫的行動，見於史書記載者有二：

一、國子監司業朱之俊，奏劾監生陸萬齡，請在國學爲魏忠賢建生祠。陸萬齡雖被捕下獄，但魏忠賢奏請停止建祠，卻蒙「優答」，凡以前魏忠賢生祠，御賜的匾額，照舊可以懸掛。

二、賜太師寧國公魏良卿、少師安平伯魏翼鵬鐵券。按：鐵券起於五代，明太祖得天下，擬仿製以賜功臣，不知制式。當時吳越錢武肅王的後裔，家藏有此，明太祖遣使取來，照式仿製。洪武三年大封功臣，並賜鐵券，共分七等，形式如瓦，高六寸五分至一尺不等，廣一尺二寸五分至一尺六寸不等，用嵌金的字，記明受賜者的履歷、功績，以及犯罪時免刑減祿的數量。券分左右兩半，左頒功臣，右藏內府，仿兵符的辦法，用到時能够符合，始爲有效。以後除永樂初，靖難功臣有受賜者外，一直到天啓六年，魏良卿始又以肅寧侯晉封爲寧國公，加賜鐵券；此時當屬改賜較高等級的一種。魏翼鵬這時只有兩歲，亦受賜鐵券，由此可以推想。翼鵬爲魏良卿之子；魏忠賢的親屬，以魏良卿最有勢力，爲防止他蠢動，所以思宗賜其父子鐵券。

在魏忠賢請辭東廠的同時，客氏出居宮外，臨行之前，叩辭熹宗的梓宮，取出一個繡龍的黃包袱，內中包着熹宗的指甲、牙齒等等，焚化靈前，痛哭而去。

至此，客、魏的命運，已非自己所能掌握，雖未蓋棺，亦可論定，而閹黨也到了結算生平的時刻。

閹黨除了王體乾等太監以外，外廷有「五虎」、「五彪」、「十狗」、「十孩兒」、「四十孫」之稱，其中巨擘，首推五虎之魁的崔呈秀。

崔呈秀是薊州人，天啓初當淮揚巡按御史，聲名狼藉；任滿還朝，作爲都察院「召長」的都御史高攀龍檢舉他貪污不法，吏部尚書趙南星議罪要充他的軍，崔呈秀夜投魏忠賢哭訴，願爲乾兒，因而成爲魏的第一號心腹，無日不見，每見必屏人密語，傾陷善類，爲之一空，而「暮夜乞憐者，莫不緣呈秀以進，蠅集蟻附，其門如市。」無恥朝士，多拜在門下；心狠手辣，連他的同黨亦都怕他。

五十四、魏忠賢畢命崔呈秀自縊

像客、魏一樣，他的親屬也是「一人得道，鷄犬升天」。據明史本傳載：

（崔呈秀）子鐸不能文，屬考官孫之獬，獲鄉薦。其弟凝秀爲浙江總兵官，女夫張元芳爲吏部主事，妾弟優人蕭惟中爲密雲參將，所司皆不敢違。

上述人物中，孫之獬值得順便提出來「介紹」一下，他是蒲松齡的同鄉，山東淄川人，降清擢爲禮部右侍郎。當時服飾並無定制，連滿州的官服，都是孝莊太后的一個宮女，匆匆設計而成。降清的明臣，束髮戴加簪冠，長袖大服，與拖着辮子用馬蹄袖的滿臣，大異其趣。殿階之間，亦分滿漢兩班，各不相涉。

那知無恥的孫之獬，有一天突然改了滿人裝束，想列入滿班，滿洲以其漢人，不受；再回入漢班，又因爲服飾不同，亦不受。孫之獬進退失據，大爲狼狽，於是惱羞成怒，疏言「陛下平定中國，萬事鼎新，而衣冠束髮之制，獨存漢舊，此乃陛下從中國，非中國從陛下。」多爾袞大爲贊賞這幾句話，因而有「薙髮之令」，漢人以衣冠淪亡，痛心無比，不從薙髮令而死者無算，都是孫之獬造的孽。到了順治三年，山東布衣謝遷起義兵抗清，攻入淄川，首先就找孫之獬，被報復甚慘而咎由自取，誠可謂「可憐不足惜！」

當思宗即位後，閹黨都知魏忠賢必敗，有人便以「自相殘殺」作爲効忠新君的表示，楊維恆和賈繼春就以崔呈秀爲目標，上疏力攻。崔呈秀請求解職，思宗猶以溫諭慰留，三請而後得回鄉。不久，魏忠賢畢命，崔呈秀自知不免，決心自殺，死前還有一個很可惡的動作，明史本傳：

時忠賢已死，呈秀知不免，列姬妾，羅諸奇珍異寶，呼酒痛飮，盡一巵卽擲壞之，飮已，自縊。

以後「定逆案」，閹黨以崔呈秀爲首，開棺戮屍。當魏忠賢盛時，崔呈秀上疏稱頌，有「臣非行媚中官者，目前千譏萬駡，臣固甘之」的話，傳到外邊，朝野轟笑。而與崔呈秀同樣恬不知恥者，則有曹欽程，他是江西德化人，先諂事汪文言，汪敗後由其座主馮銓的引薦，拜魏忠賢爲義父，成爲「十狗」之一。

五十五、曹欽程尤爲無恥

曹欽程在「羣小中尤無恥」，日夜奔走魏忠賢之門，搖尾乞憐的卑諂之態，窮兇極惡，因此閹黨亦羞於有此同類。吹、拍原是做官這一行的大學問，拍馬尤貴在「羚羊掛角，無跡可尋」，曹欽程肉麻得過了分，連魏忠賢都覺得吃不消，因而有點討厭他；加以閹黨說他的壞話，所以魏忠賢責以「敗羣」。天啓六年正月，爲人所參劾，魏忠賢毫無顧惜地摘了他的紗帽；動身回江西以前，他向魏忠賢去辭行，說是「君臣之義已絕，父子之恩難忘。」又哭了半天才走。

等魏忠賢一死，思宗「定逆案」，曹欽程在「首等」，論死，但不是斬立決，關在監獄裏許久。他的家人與劉志選的家人差不多，先還常常送牢飯，到後來就不管他了；曹欽程便在監獄中「掠他囚餘食，日醉飽」。逆案後來有翻覆，論死者多未死，曹欽程就在刑部大獄中關了十幾年，到李自成入京師，曹欽程「破獄出降」。等到吳三桂請清兵入關，李自成敗走山西一帶，曹欽程跟在一起，不知所終。

大致「十狗」者專以諂媚爲能事，除曹欽程以外，爲首的「狗頭」是周應秋，他是江蘇金壇人，當到左都御史；此人的拍馬方式，又與衆不同，家廚絕妙，尤善於烹製豬蹄，魏良卿常到他家去作客，非此味不歡，因而得了個外號叫做「煨蹄總憲」。總憲者，都御史的別稱。

天啓六年七月，周應秋調任吏部尚書。明朝六部權重，吏、兵兩部尤甚；周應秋獲得了這個要缺，學嚴嵩的樣，勾結文選司郎中，公然賣缺分贓；而清流未盡者，周應秋隨便找個藉口，拿他們或降或調，無日無之。楊漣、左光斗死在獄中，周應秋半夜得到消息，敲開他門客的臥室，說是：「天眼開！楊漣、左光斗死了！」小人陷害君子，有些心知爲非，而利害所迫，不能不出以辣手；亦有些確實以爲正人君子該死，如周應秋，以及清末的徐桐等等，都是這類喪心病狂的妄人。

在閹黨中，亦不是個個能保富貴；魏忠賢很難伺候，稍有忤犯，頓時失寵。但有的是良心未死，說了幾句正論，不爲魏忠賢所喜；而有的只是無意中觸犯了魏忠賢的忌諱，應當分開來談。

五十六、石三畏無意中犯忌諱

前者可以王紹徽爲例，後者可以石三畏爲例。王紹徽原以排擊東林出名，曾經編過一部「東林點將錄」，以李三才擬作「托塔天王晁蓋」，葉向高擬作「及時雨宋江」，楊漣擬作「大刀關勝」，汪文言擬作「鼓上蚤時遷」。而崔呈秀所進的「天鑒錄」，則以王紹徽與於

「眞心爲國，不附東林」之列，因此左光斗被逐後，王紹徽得代以爲左僉都御史，很快地遷升爲吏部尙書。魏忠賢叔姪要加官晉爵，王紹徽無不唯命是從，但他亦有不可抹煞的一面，明史「閹黨傳」：

至忠賢遣內臣出鎭，紹徽乃偕同官陳「四不可」。王恭廠、朝天宮並災，紹徽言誅罰過多，忤忠賢意，得譙讓。

按：史書稱某某建築物「災」，都指火災，而「王恭廠災」是火藥爆炸，「舊京遺事」言：

京師諸火藥局以王恭廠爲大，舊在城西南包家街，天啓乙丑以藥發燬……擊壞西城兩三條街，傷百許人。

又「畿輔通志」及「兩朝從信錄」亦皆記其事，時間在天啓六年丙寅五月，非乙丑。火藥局爆炸，當然是管理有問題，這與天然的災異不同，確是當政者値得警惕的事。王紹徽以此上言，雖「得譙讓」，仍有所陳：

已復上言，四方多事，九邊缺餉，難免催科，乞定分數，寬年限，以緩急之宜付撫按。正殿旣成，兩殿宜緩。請敕工部裁省織造、瓷器諸冗費用佐大工。奸黨削除已盡，恐藏禍蓄怨，反受中傷，逮繫重刑，加於封疆，顯過三案巨奸，則人心悅服，餘宜少寬貸。復忤忠賢意。

因此，王紹徽爲閹黨中後起者所排擊，魏忠賢未有表示，削職而去。

石三畏爲魏忠賢「十孩兒」之一，又跟崔呈秀有密切關係，「鍛成楊左之獄，咆哮特甚」。有一天他到親戚家赴宴，魏良卿亦在；伶人來請點戲，石三畏喝醉了酒，忘卻忌諱點了一齣「劉瑾酗酒」。魏良卿回去告訴他叔叔，魏忠賢以爲石三畏有意譏諷，大怒，革了他的職。及至魏忠賢事敗，石三畏反以此爲功，得復官爲御史，後來爲人所劾，指出眞相，依舊削職。

五十七、霍維華開新運河無功

小人之爲小人，最大的特徵就是反覆無常，只問利害，不講道義。當魏忠賢將敗時，閹黨中「內相携貳」，以設法攻魏忠賢或其同類求自保其身家爵祿的，還有許多人，甚至包括「老牌」的閹黨霍維華和賈繼春在內。

霍維華以攻王安，爲魏忠賢立下第一功起家，與崔呈秀同爲魏的謀主。熹宗得病，魏忠賢認爲是「靈露飲」吃壞了的，而進此「仙方」，有霍維華參預其事，因之失寵。霍維華心裏害怕，便起了叛魏之心。當時關外用兵，袁崇煥有寧遠大捷，淸太祖努兒哈赤，竟因此憤恚而死；論功行賞，霍維華以兵部侍郞署理尙書，至是眞除，並恩蔭一子爲錦衣衞千戶。霍維華「慮有後患」，想擺脫閹黨的臭名，所以力辭恩命，請求把蔭封讓給袁崇煥。魏忠賢知道他的用意，「降旨頗厲」。如果熹宗不死，他遲早會被魏忠賢驅逐回鄉。

思宗卽位，霍維華與楊維恆，百計彌縫，避免牽涉及於魏忠賢，因而仍以「兵部尙書協理戎政」。但在京還不安全，想借「行邊」的名義，避到關外。按：兵部尙書行邊，卽等於國防部長視察前線，名正言順，自無不可。那知有個言官顧繼祖識破他的奸計，上疏說道：

維華狡人也！璫熾則借璫，璫敗則攻璫。擊楊左者維華也；楊左逮而陽爲救者亦維華也。以一給事中，三年躐至尙書，無敍不及，有賚必加，卽維華亦難以自解。

因此，思宗不准他出關。逆案一起，霍維華充軍充到徐州。按：充軍是俗稱，這個刑罰稱爲「流刑」，明朝的流刑與唐朝相同，分三等，自一千里至三千里，稱爲「三流」，各杖一百。路程以京師起算，不問地方好壞，這裏面就有人情好託；霍維華大概在刑部有人照應，所以充軍能充到徐州這樣很不錯的地方。

到了崇禎七年，徐州以南，宿遷以北的駱馬河淤塞；霍維華想利用這個機會復起，建議自宿遷到徐州開一條新運河，引黃河水通漕。結果，徵用民工，費銀五十餘萬兩，而運河沒有開成功。明思宗這個人，對賞罰向來輕率，看霍維華治河無功，立卽下獄論死。

五十八、閹黨結局非死卽充

「五狗」、「十孩兒」大致是替魏忠賢出壞主意；出頭作貓腳爪，至於荼毒正人的實際執行工作，則另有其人，文的是「五虎」、武的是「五彪」。

「五虎」以崔呈秀爲首，依次是工部尚書吳淳夫、兵部尚書田吉、太常寺正卿倪文煥、副都御史李夔龍。「五彪」以掌錦衣衛的左都督田爾耕爲首，他跟魏忠賢爲莫逆之交，又是魏忠賢所有乾兒子當中，最有權勢的一個，所以有「大兒田爾耕」之謠，他有個心腹是蘇州人，名叫楊寰，官居錦衣衞理刑官，亦爲「五彪」之一。

此外還有錦衣衞指揮崔應元，原是個市井無賴，充校尉以冒緝捕之功起家；東廠理刑官孫雲鶴，以及掌鎭撫司的許顯純。

「五彪」中除去田爾耕，就以許顯純的惡名最著。他是客氏的同鄉，河北定興人；家世很好，祖父許從誠是駙馬。他本人是武進士出身，先當錦衣衞指揮僉事，及至劉僑去職，魏忠賢派他代替。此人略曉文墨，在廠衞中算是一個人材，但才適足以濟其惡，而此才又只是小有才，出以貪殘陰狠之性，便只能爲魏忠賢作毒爪，自己不能有所作爲。

據明史本傳：

顯純性殘酷，大獄頻興，毒刑鍛鍊。楊漣、左光斗、周順昌、黃尊素、王之宷、夏之令等十餘人皆死其手，諸人供狀，皆顯純自爲之。

這就是他「略曉文墨」才能做得出來的壞事。但小人常有極端矛盾的兩種性格，許顯純在羊面前是狼，而在狼面前是羊：

每讞獄，忠賢必遣人坐其後，謂之「聽記」；其人偶不至，即袖手不敢問。

怕魏忠賢怕到如此，就因爲他知道，如果得罪了魏忠賢，一旦爲階下囚，則他今日所施於楊、左的毒刑，就會照樣降落到自己身上。

「五彪」的結局自然非死即充軍；田爾耕與許顯純罪最重，於崇禎元年六月伏誅，人人稱快，可想而知，忠奸之判，往往在臨刑畢那一刻，顯示得最強烈。

五十九、開館修「三朝要典」

當閹黨對東林及其他異己者展開攻擊時，魏忠賢手中，握有好幾張黑名單，最初是魏廣微、顧秉謙所進的一部「縉紳便覽」，上有記號，點明「邪黨」、「正人」；後有齊黨王紹徽的「東林點將錄」；又有御史盧承欽仿「點將錄」所編的「東林黨人榜」，分爲「元帥」、「副帥」、「先鋒」、「敢死軍人」、「土木魔神」等等名目。此外還有「天鑒錄」、「蝗蝻錄」等所謂「七錄」，最後則有「三朝要典」。

三朝是萬歷、泰昌、天啓；要典則是梃擊、紅丸、移宮三案。由霍維華創議，以大學士顧秉謙、黃立極、馮銓爲總裁，開館編纂。如是就不問可知，編三朝要典的用意，在混淆是非，爲東林黨人製造罪名。

三朝要典論三案的結論是如此：

其論梃擊，以王之宷開釁骨肉，爲誣皇祖，負先帝；論紅丸，以孫愼行創不嘗藥之說，妄疑先帝不得正其終，更附不討賊之論，輕詆皇上不得正其始，爲罔上不道；論移宮，以楊漣等內結王安，故重選侍之罪，以張翊戴之功。於是遂以之宷、愼行、漣爲三案罪首。（明通鑑卷八十。）

這就是說，閹黨認爲神宗對光宗與福王之間，並無偏心；光宗的崩逝，並非爲紅丸所誤；李選侍盤踞乾清宮，並沒有甚麼了不起。其時正在修「光宗實錄」，凡事關三案的，都根據三朝要典，加以「更正」。這是篡改歷史！而從此魏忠賢要殺東林，只要根據三朝要典來編造罪名就行了。

幸好，三朝要典成書不久，熹宗即已崩逝，歷史眞相，始不致泯滅。崇禎初，首請毀三朝要典者，是倪元璐，他的奏疏，立論相當公平，他認爲對三案持正反兩種看法的，「各有其是」，譬如認定梃擊一案，爲鄭貴妃及其親族的陰謀，用意是在保護東宮；而不以爲有甚麼陰謀的，用意是在安定朝局。此正反兩面，雖然主張不同，勢如水火，但只是就事論事，並不像魏忠賢得勢後，「逆璫殺人則借三案，羣小求富貴則借三案」。

六十、「三朝要典」奉旨銷燬

倪元璐認爲三案「經此二借」，面目全非，「故凡推慈歸孝於先皇，正其頌德稱功於義父」；換句話說，在閹黨談三案，東林是欺誣先皇、離間骨肉的罪人，而魏忠賢則是苦心調護宮廷、安定政局的功臣，於是打擊東林，乃爲勢所必然。但「網已密而猶疑有遺鱗，勢已重而或憂成翻局」，閹黨爲了教東林永世不得超生，於是「創立私編，標題要典」，因爲是奉旨所編的官文書，自具有法律上的作用，在當時，可據要典所認定的是非，入東林於罪；在將來，萬一有翻案的局面出現，則魏忠賢可恃欽定的要典爲有力的證據，免去死罪，因此，倪元璐提出非常通達明快的結論和建議：

三案者，天下之公議；要典者，魏氏之私書，三案自三案，要典自要典也。今為金石不刊之論者，誠未深思！臣謂翻即紛囂，改亦多事，唯有毀之而已。

思宗接納了倪元璐的建議，降旨收集三朝要典成書以及原版，加以銷燬。時為崇禎元年五月，魏忠賢死後半年。

魏忠賢死於思宗接位以後的第三個月，當時彈章紛飛，思宗都一概未發；以後有嘉興貢生錢嘉徵劾魏忠賢十大罪：一、並帝；二、蔑后；三、弄兵；四、無二祖列宗；五、剋削藩封；六、無聖；七、濫爵；八、掩過功；九、朘民；十、通關節。思宗看局面已經穩定，可以動手了，於是把魏忠賢找了來，叫一個識字的太監，把錢嘉徵的奏疏念給他聽。

由太監念奏疏，是明朝皇帝處理政務的一種特殊方式。清朝皇帝，凡有奏章，都是親自閱看，降旨亦必出於親裁；此即鑒於明朝政柄下移之失的有力矯正。明朝皇帝由「值書房」的太監念奏疏，出於兩個原因，一是懶，自己不高興看，叫太監念；像明神宗那樣，可能一面躺着抽鴉片，一面聽奏章。再有一個原因是看不懂，像熹宗那樣。不看而聽，必生流弊。楊漣劾魏忠賢二十四大罪，由王體乾念奏疏，把其中要緊的話，略而不念，就是一個明顯的例子。

六十一、客氏步赴浣衣局笞死

至於思宗命太監念錢嘉徵的奏疏給魏忠賢聽，自是治罪的第一步，所以魏忠賢大起恐慌。其時思宗有個從王府帶進宮的太監，名叫徐應元，算是心腹；魏忠賢跟他是賭錢的朋友，便走他的路子，送了一份極重的禮，希望他能在思宗面前說情。結果徐應元受了一頓申斥，發遣顯陵安置；而魏忠賢得到了發鳳陽安置的處分，行到安徽阜城地方，得到消息，已降旨逮捕法辦，魏忠賢知道這一下決無生理，被捕後徒然受刑吃苦，於是在旅途自縊，但亦並未落到一個全屍，奉旨「磔屍，懸首河間」——明朝的太監出在兩個地方，南則福建，北則直隸河間府，此舉的用意在警告那裏的「淨身男子」不可學魏忠賢。

魏忠賢一死，客氏的一條命當然也靠不住了。她是先被抄家，發現宮女八人，明史上說她「蓋將效呂不韋所爲」；這也就是計劃使這些宮女受孕後，進於熹宗，生子繼承大明天下，爲李代桃僵之計。只不知預定中的呂不韋是魏良卿，還是客氏的兒子侯國興？

客氏的畢命，使用宮內的單行法。按：明制，宮人年老退休或有罪者，發浣衣局居住。浣衣局俗稱漿家房，所以有漿家房胡同，卽北平西北的蔣養房胡同。客氏奉旨步赴浣衣局受杖，被活活打死，明人筆記上說，還有「焚屍揚灰」的身後之刑，可以想見思宗對她的深惡痛絕。

當魏忠賢發遣時，魏良卿亦下鎮撫司獄；及至太監王文政奉旨抄客氏的家，發現宮女，思宗大怒，笞死客氏的同時，她的兒子侯國興亦被捕，與魏良卿一起正法。明史紀事本末記：

良卿謹愼稍善言詞，國興昏愚，與人坐，輒欠伸入夢鄉。至是，俱駢首受戮，嬰孩赴市有盹睡未醒者，天下以爲慘毒之報，無不快之。

就當時客魏流毒天下而言，固自有此一「快」，但三百年後的今天來看，侯國興似乎是個白癡，在智力上還不能對自己的行爲負責；那些嬰孩更屬無辜，糊裏糊塗降世，糊裏糊塗送命，其間還糊裏糊塗封侯封伯，有過一場他人辛苦一生所巴結不到的富貴，這樣的怪事，實不知其爲悲慘，還是滑稽？

六十二、客、魏的親屬都被充軍

其餘客、魏兩家親屬，如客氏的兩個內侄客光先，客璠；魏忠賢的女婿（按：魏忠賢入宮已在成年以後，當是早年生過一個女兒）楊六奇都得了不准贖還的「永戍」的罪名，在當年多天，鋃鐺就道，充軍遐荒。

客、魏伏誅，天下稱快。當時社會宣洩鬱積之情，表達是非之感，有個最流行的方法，就是編劇搬演。張岱的「陶庵夢憶」有一篇「冰山記」：「魏黨敗，好事作傳奇十數本，多失實，余爲删改之，仍名『冰山』。城隍廟揚臺，觀數萬人，臺址鱗比，擠至大門外。」他又描寫，伶人扮楊漣一上場，觀衆無不動容，都說：「楊漣、楊漣！」彷彿眞的楊漣出現了似地，這就是所謂「公道自在人心」。

在京裏，元兇既除，次及閹黨，一個個削官或者充軍。特別值得一提的是霍維華、楊維垣、阮大鋮三人，早就留下了後路。首先是阮大鋮，從魏忠賢殺了楊、左，被召入京，當太常寺卿，此時他已看出魏忠賢不可恃，所以住了幾個月，告假仍回原籍；同時做了消滅罪證工作，厚賂魏忠賢的門官，把他平日謁見魏忠賢所投的名刺，全數收了回來。

這三個人是死黨，等魏忠賢一敗，禍將及己，阮大鋮便寫信給楊維垣，附了兩個疏稿，一個參劾魏忠賢、崔呈秀，一個是所謂「七年合算」，把熹宗在位的七年，都看做邪黨當政，起先是王安，佐以楊漣及東林，王安一死便是魏忠賢，佐以崔呈秀。如果形勢嚴重，便上前一疏；倘或事態緩和，猶有可為，便上後一疏。

阮大鋮這個「七年合算」一說，確是政治上的高級手法，楊維垣得疏大喜，立刻繕上，大致是說：

汪文言以徽州庫吏逃罪投王安幕下，引左光斗入幕，移宮之疏，紛紛迎合，此中外傾謀宮闈之始。御史賈繼春疏揭力爭，汪文言等嗾臺省譭王安，佐楊漣、左光斗。賈繼春削職，此中外謀殺言官之始。汪文言處霍維華以謝王安，逆閹效之，逐感畹，撼中宮，此中外謀危母后之始。

六十三、思宗卽位枚卜求賢

以王安為「亂政」的罪魁禍首，東林為王安的幫手這個說法，來抵銷魏忠賢亂政及閹黨這個名目，為阮大鋮「七年合算」的主旨所在，目的是要搞成「一鍋黃」，無所甄擇，只好不了了之；其中最巧妙的一句話是「逆閹效之」，意指魏忠賢所做的壞事，是學王安的樣。

阮大鋮的奸狡，由此一端，即已充分表現。

到了崇禎二年正月，終於開始「定逆案」。所以遷延到這時候，主要的原因是，魏忠賢雖敗，閹黨猶滿佈朝列，沒有適當的人，可以來主持此案。明史「錢龍錫傳」：

莊烈帝即位，以閣臣黃立極、施鳳來、張瑞圖、李國榗皆忠賢所用，不足倚，詔廷臣推舉，列上十人，帝倣古枚卜典，貯名金甌，焚香肅拜，以次探之，首得龍錫、次李標、來宗道、楊景辰。輔臣以天下多故，請益一、二人，復得周道登、劉鴻訓。並拜禮部尚書兼東閣大學士。

這六個人都是新進，資望較淺，還鬭不過閹黨；同時也不能獲得思宗的充分信任，於是崇禎元年五月，召韓爌還朝，十二月抵京；下一個月就有定逆案的詔旨，由韓爌主持其事。當時邊患正急，而關中賊勢已熾，韓爌和錢龍錫等人的意思，以閹黨中的首要次要份子，斥逐已多，為了安定政局，不主張大張旗鼓來辦，而思宗不允，明史紀事本末載：

逆璫既伏法，上欲因臺諫言，定逆案。大學士韓爌、錢龍錫不欲廣搜禁錮，僅列四五十人以請。上大不悅，再令廣搜，且云：「皆當重處！輕則削籍。」閣臣又以數十人進。

上怒其不稱。

思宗不但要辨外廷的閹黨，而且還要辨同惡的太監。閣臣以「外廷不知內事」推辭；思宗認爲閣臣不是不知道，是不肯任怨。於是：

閱日，召閣臣，指黃袱所封章疏纍纍示閣臣曰：「此皆璫實跡也！宜一一按入之。」閣臣知勢難遺漏，乃云：「臣等職司輔導，三尺法非所習也。」

六十四、大學士韓爌等定逆案

於是降旨以刑部尚書喬允升、左都御史曹于汴參定逆案。據明史紀事本末載：

二月壬子召廷臣於平臺，問張瑞圖、來宗道何以不在逆案？對曰：「二臣無實事。」上曰：「瑞圖善書，爲璫所愛；宗道祭崔呈秀母，稱『在天之靈』，其罪著矣。」問賈繼春何以不處？閣臣言繼春欲善待（李）選侍，不失厚道。後雖反覆，其持論間有可取。上曰：「唯反覆故爲小人。」……三月辛未，廷臣上「欽定逆案」，詔刊布中外，以七等定罪。

據明史「閹黨傳」七等定罪的名單是如此：

一、首逆凌遲者二人：魏忠賢、客氏。

二、首逆同謀決不待時者六人：崔呈秀、魏良卿、侯國興、李永貞、李朝欽、劉若愚。

三、交結近侍秋後處決者十九人：劉志選、梁夢環、倪文煥、田吉、劉詔、薛貞、吳淳夫、李夔龍、曹欽程、許志吉、孫如洌、陸萬齡、李承祚、田爾耕、許顯純、崔應元、楊寰、孫雲鶴、張體乾。

四、結交近侍次等充軍者十一人：魏廣微、崔應秋、閻鳴泰、霍維華、徐大化、潘汝楨、李魯生、楊維垣、張訥、郭欽、李之才。

五、交結近侍又次等，論徒三年，輸贖爲民者一百二十九人：顧秉謙、馮銓、張瑞圖、來宗道、王紹徽、阮大鋮等。

六、交結近侍減等革職閑住者四十四人：黃立極等。

七、忠賢親屬及內官黨附者五十餘人，另行處置。

逆案定罪有僥倖、有寃枉，尤以太監中爲然。總結這重公案，客、魏七年，百毒盡發，而大傷元氣者，在邪正攻伐，兩敗俱傷，人才一空，以致思宗拜相，不得不用枚卜；而崇禎十七年間，用宰相至五十人之多，此雖由於思宗輕於進退賞罰的個性所然，但基本上還是因爲才難，以致如楊嗣昌這樣稍有作爲的，便得大用，而周延儒、溫體仁、薛國觀之流，居然大拜。可惜的是東林孤兒，類皆大器，但國亡家破，不得其用，山林野寺，與腐草同朽，可悲之至。

國家圖書館出版品預行編目資料

明朝的皇帝

高陽著. – 初版. – 臺北市：臺灣學生，1973
面；公分

ISBN 978-957-15-0508-4(平裝)

1. 皇帝 – 傳記
2. 中國 – 歷史 – 明(1368-1644)

782.27 82001786

明朝的皇帝

著作者 高陽
出版者 臺灣學生書局有限公司
發行人 楊雲龍
發行所 臺灣學生書局有限公司
地址 臺北市和平東路一段75巷11號
劃撥帳號 00024668
電話 (02)23928185
傳眞 (02)23928105
E-mail student.book@msa.hinet.net
網址 www.studentbook.com.tw
登記證字號 行政院新聞局局版北市業字第玖捌壹號
定價 新臺幣九〇〇元

一九七三年六月初版
二〇二〇年七月初版五刷

78206

ISBN 978-957-15-0508-4(平裝)